# SOLUNG

En illustrert kulturhistorisk, naturhistorisk
og personlig skildring

**Asbjørn Sollien**

*Tilegnet min mor og far, Gerd og Henry Sollien, som hadde en uendelig tålmodighet med en altfor vilter guttunge, som de lot løpe uhemmet gjennom barndommen og erfare en lang rekke opplevelser – opplevelser som senere inspirerte ham til å huske fortida, bringe den opp til nåtida, og ta den med videre inn i framtida.*

Forsidebilde: Namnsjøen.

Foto: Jan Erik Fosseidengen.

Copyright © 2015 Asbjørn Sollien.
Revidert 2019
All rights reserved

ISBN-10: 1500639052
ISBN-13: 978-1500639051

# ANDRE BØKER AV ASBJØRN SOLLIEN

1976: *Fuglefaunaen i Grue.* (med Birger Nesholen og Jan Erik Fosseidengen). Berger Langmoen/Amazon.co.uk. 78 s.

2011: *Finnskog og fugleliv.*
– landskapsformat 10x25 cm. Blurb.com. 124 s.
– landskapsformat 28x32 cm. Blurb.com. 124 s.
– e-bok. Blurb.com. 124 s.

2013: *From the Hornets' Nest to the Custer Fight. The Olaus Hansen Immigrant Saga.* Amazon.co.uk. 360 s.

2014: *Scientific publications 1976 - 1986 – and their Stories…* Amazon.co.uk. 182 s.

2014: *Norwegian Accordion Music. Six melodies by Gerd Marit Sollien.* Amazon.co.uk. 34 s.

2015: *Trekkspillmusikk fra Finnskogen. Seks melodier av Gerd Marit Sollien.* (Norsk utgave). Amazon.co.uk. 34s.

2015: *Management. Everything is always your fault. Disagree? Don't be a manager.* Amazon.co.uk. 110 s.

2015: *SULV. Et umulig økologisk paradoks i ULVESONA.* Amazon.co.uk. 120 s.

2015: *JOKES and RIDDLES for Scandinavian KIDS of all ages.* Amazon.co.uk. 122 s.

2016: *Little Bighorn! Nordmann i kamp mot Sioux-indianere.* Amazon.co.uk. Utgivelse i forbindelse med at det er 140 år siden Custers Last Stand. 124 s.

2017: *Bird Guiding and Contract Research 1970 – 1982 – and the stories...* Amazon.co.uk. 370 s.

2017: *Suicide by Army Life.* Amazon.co.uk. 196 s.

2018: *Militærliv som selvmordsvåpen.* (Norsk utgave). Amazon.co.uk. 210 s.

2019: *Minnesota Pioneers 1871. Ole Iver Berg and Hans Hansen.* Amazon.co.uk. 200 s.

2019: *HENRY SOLLIEN. A Life of Creating Homes.* Amazon.co.uk. 415 s.

2019: (NORTHEG). *Slaughter at Little Bighorn.* Amazon.co.uk. 97 s.

E-bok. Amazon.co.uk. 97 s.

# INNHOLD

Innledning og takk: .................................................... 11
Referanser.................................................................. 13
Kapitel 1 Bosetning og omstreifere....................... 15
Kapitel 2 Skogsarbeid, fløting og bygging.............. 45
Kapitel 3 Husholdningsstrategi og landbruk......... 99
Kapitel 4 Industri, transport og servicenæringer.. 153
Kapitel 5 Pengesystem, verdiforandring,
  lønninger og priser .............................. 199
Kapitel 6 Oldtidsfunn, jakt og fangst................... 221
Kapitel 7 Fiske....................................................... 277
Kapitel 8 Fugleliv.................................................. 333
Kapitel 9 Dyreliv................................................... 371
Kapitel 10 Insekter................................................. 407
Kapitel 11 Planter................................................... 445
Kapitel 12 Overtro, fortellinger og sagn................ 475
Kapitel 13 Vintersport........................................... 505
Kapitel 14 Sommersport........................................ 541
Kapitel 15 Lek og spill............................................ 581
Kapitel 16 Skole..................................................... 611
Kapitel 17 Høytider................................................ 661
Kapitel 18 Bading og ulykker............................... 681
Kapitel 19 Samkvem og rekreasjon...................... 707
Kapitel 20 Teater, film og musikk........................ 725
Kapitel 21 Den Andre Verdenskrig...................... 759
Konsultert litteratur............................................... 817

# INNLEDNING OG TAKK

I Solørboka i 2001 ga Bjørn Tuer meg en glimrende idé. Han skrev en artikkel, som han kalte «Namnåa», som var ei vandring i tid og rom fra Glomma østover langs vassdraget. Det antente en gnist i meg og i noe, som hadde ulmet lenge: En tanke om å skrive ei lokal historie sett fra mitt eget ståsted i oppveksten, i 360 graders vinkel, og så langt bakover i tid, som jeg kunne komme. Resultatet ble denne boka – et sammendrag av hva jeg opplevde, så, hørte, lærte og ble fortalt om folk, dyr, landskap og hendelser i de vel 20 årene jeg bodde hjemme – og alt jeg har lært og funnet ut senere.

Jeg har støttet meg mye til Bjørns omfattende kildeskrifter for å binde noen av kapitlene sammen – «Bureising i Solør» (20-02) og «Navnsjøboerne» (2005). I den forbindelse vil jeg forøvrig fastslå at jeg ikke har noen språklig uenighet med Bjørn vedrørende konklusjonen basert på hans forskning, om at Navnåa, Navnsjøen og Navnsjøboerne er mest riktig. Jeg bruker Namnåa og Namnsjøen simpelthen fordi det var det jeg ble lært og brukte da jeg vokste opp – Namsjø'n, som korrekt skulle skrives Namnsjøen.

Mitt mål med denne boka har vært å lage ei visuell historie – det er informativt å lese om noe, men et bilde sier mer enn 1000 ord. Jeg var heldig nok til å ha en far, Henry, og ei søster, Anne Berit, som begge var interesserte i fotografering, og selvom de ikke hadde tilgang til speilrefleksamera ble det mange bilder, som dokumenterte både mennesker og hendelser. Fra midt på 1930-tallet til 1970 ble det ei samling på ca. 600 negativ. Fra 1970 tilbragte jeg mye tid sammen med min fetter Jan Erik Fosseidengen – som jeg hadde gjort gjennom hele oppveksten – og Birger Nesholen. De tok en mengde bilder, noe de har fortsatt med fram til i dag. Jeg skylder disse fotografene stor takk for alle bildene, som de har bidratt med.

Bjørn Tuer og Solør slektshistorielag lot meg få full tilgang til bildene i Bjørns bøker, og det samme gjorde Kjell Aasum når det gjaldt postkortene i boka «Hilsen fra Glåmdal» (2004), noe jeg er veldig takknemlig for. I tillegg har mange andre fotografer bidratt med ett eller flere bilder. Boka er også et forsøk på å samle materiale på ett sted, som tidligere har vært publisert på forskjellige steder om lokalsamfunnet mitt, slik at opplysningene kan finnes *her*, eller litteraturlista brukes til å gå enda dypere inn i materialet.

Det vil føre altfor langt å takke alle og enhver, som har bidratt med opplysninger – det ville bli ei lita bok i seg selv. Jeg vil likevel rette en varm takk til fire av bidragsyterne, som har gitt meg en mengde unike og uvurderlige opplysninger om spesielle sektorer, med bilder, tegninger og grafiske oversikter, som ellers aldri ville ha kommet samlet på trykk. De fire er Olav Madshus (gamle Namnå), Johs. L. Sorknes (oldsaksfunn, bosetning rundt Namnsjøen), Bjørn Uggerud (gamle Namnå, Hjemmestyrkene under 2. Verdenskrig) og Halvor Noer (Namnerud gård og Teglværk). Opplysningene, som disse fire har bidratt med, gjør boka til et viktig tilskudd til den regionale kunnskap om disse emnene.

Salford, Manchester,
England.
April 2015.

Asbjørn Sollien

# REFERANSER

Alle bilder, tegninger og kurver har sine egne referanser, enten til en person eller en kilde. Visse referanser og forkortelser går ofte igjen:

*Bjørn Tuer – SSL*: Bjørn Tuer – Solør slektshistorielag.

*FA* – Forfatterens arkiv.

*FS* – Forfatterens samling.

*GK-94* – Grue-kalenderen 1994.

*IF*- Illustrerende foto. Et fotografi som illustrerer en situasjon beskrevet i denne boka, tatt av en ukjent fotograf i en analog situasjon.

*NK -99/05* – Noggar'n-kalenderen 1999 – 2005.

*S* – Stock foto. Et bilde kjøpt med lisens til publikasjon og distribusjon over hele verden.

*UF* – ukjent fotograf.

*W* – Wikipedia.org.

Fotografier, illustrasjoner og grafikk er enten kjøpt, lånt, referert eller brukt med antagelse om at de befinner seg i «public domain». Hvis det er noen som har annen informasjon, og vil ha bilder eller grafikk fjernet, bes de henvende seg til forfatteren på adresse ozziesollien@yahoo.com.

All pictures, illustrations and graphs are either bought, borrowed, referenced or used under the assumption that they are in the public domain. If anybody has information to the contrary, and would like a picture, illustration or graph removed, please inform me at ozziesollien@yahoo.com

## BOSETNING OG OMSTREIFERE

I oppveksten bodde jeg i Monsrudgrenda. Eller var det Namnerudsgrenda? I de voksnes dagligtale bodde vi noen ganger i den ene, så i den andre, uten at jeg forsto hvordan grensene var lagt ut. Gården nærmest hjemmet mitt, den som lå ved Namnåa, het Nord-Sagen. Hvor var Sør-Sagen? Min grandonkel Oskar Sagen bodde på Namnerud, som han hadde arvet etter mine oldeforeldre Hans og Mathilde – var *det* gården, som var opphavet til grendenavnet? Nei, sa de voksne. Det var en annen gård – men hvor var den? Det ble sagt at Ole og Anna Baksjøberg, som var naboene til min grandonkel, også bodde på Namnerud. Var det *den* gården? Nei, ikke den heller. Hvorfor lå gården Stemsrud nede ved Glomma på Namnå, mens Stemsrudberget var ved Rotna? Eller Skulstadgårdene på Kirkenær, mens Skulstadberget var ved Namnsjøen?

Etterhvert skulle jeg komme til å forstå hvordan dette hadde utviklet seg, fra et klassedelt samfunn i gammel tid der store eiendommer var fordelt på få hender, at hver gård kunne eie store skoger som lå langt unna, at småbruk under hver gård i tida med husmannsvesenet ble drevet av husmenn, som bodde på brukene, men ikke nødvendigvis eide dem. De store gårdene ble etterhvert delt opp og solgt, husmannsplassene kunne bli fradelt, eller hele hovedbølet solgt og bli oppkalt etter de nye eierne. Slik hadde det seg derfor at jeg hver dag kikket tversover jordene på Sør-Sagen, uten å vite det. Der bodde mine besteforeldre, Torvald og Margit Sollien. I 1960-åra fikk jeg være med min søster Anne Berit til hennes venninne Inger Marie Kolstad for å se på TV. Da var jeg på Namnerud – gården jeg kjente som Kolstad var nemlig hovedbølet på den store, gamle gården.

På Namnå var det mange som het Moen. For meg betydde ikke det noe annet enn at de antagelig var i slekt. Imidlertid gikk det etterhvert opp for meg at Bernt *Øst*moen hadde gård på *øst*sida av veien, mens både Harald og Mentz Moen hadde gårder på *vestsida*. De tre gårdene var en stor del av Namnå sentrum, og tilsynelatende deler av et hele.

Moen ble antagelig ryddet i gammalnorsk tid og lagt øde under Svartedauen. Siden den lå nærmest brua over Namnåa har det blitt antatt at den er gården, som ble solgt sammen med Stemsrud i 1414, kalt Namnebru. Den ble så nevnt ved det nåværende navnet i et skjøte fra 1616, da Torger Stemsrud begynte å drive den. Utskiftningskartet fra 1827 viser at Moen hadde tunet og den oppdyrkede jorda på vestsida av hovedveien, mens den uoppdyrkede, skogkledde jorda lå på østsida. Fra 1616 fulgte Moen Stemsrud videre helt til 1823.

Mjølnerud (Møllerud) har samme historie som Moen fra gammalnorsk tid, og fulgte antagelig Stemsrud i en lignende handel i 1404, og begynte å bli drevet igjen ca. 1630. Omkring 1715 fikk Mjølnerud en oppsitter, som het Johan Monsen (Mogensen), og det er av interesse for den delen av det geografiske området, som blir kalt Monsrudgrenda. Han ble første gang nevnt i ei liste over svenske husmenn og tjenestedrenger på Stemsrud i år 1700, og det har blitt antatt at han var sønn av en finne som het Mons. Tradisjonen sier at det var Mons som ryddet gården Monsrud – i dag Nord-Monsrud – ved Namnsjøoset, noe før år 1700. Den plassen tilhørte da Stemsrud, og der ble Johan født.

I boka «Navnsjøboerne» (2005) forteller Bjørn Tuer hva som skjedde videre: Det ble ryddet enda tre husmannsplasser ved navn Monsrud. Stor-Monsrud (ca. 1760), som i min ungdom tilhørte Kristian Huatorp, og derfor ble kalt ved etternavnet til Kristian. Den hadde tidligere vært lærerbolig for skolen, som lå på et hjørne som var fradelt eiendommen. Så var det Sør-Monsrud – som farmorsida mi stammer fra - ved Torstjennet. Der bodde Oskar Holter, så den gården het Holter. Så var det Monsrud Vestre (ca. 1780), som jeg kjente som Thors. Der bodde Thorolf Sagen, Oskars sønn. De fire gårdene gjorde det klart at Monsrudgrenda, den lå langs den østre delen av Monsrudveien, mot Namnsjøen. At Kolstad var Namnerud plasserte mitt eget hjem solid i Namnerudsgrenda.

*Flybilde av Namnå tatt i 1935 av flyselskapet Widerøe. Se neste side.*

*Samme bilde som side 17, bildetekst side 19.*

*Bildetekst til fotografiet side 17 og 18. De tre gårdene Moen utgjør fremdeles en stor del av arealet rundt Namnå sentrum.*

*Pilene indikerer følgende bygninger:*

*a: Hvilebrakke på Stemsrudsaga.*
*b: Bernt Bråten.*
*c: Jacob Kjensmo. Huset brant ned i 2014, nytt hus er bygd.*
*d: Solås. Bygd av Halvor Uggerud i 1922. Hotell og kino drevet at brødrene Eriksen i 1930-åra. Martin Møllerud startet sportshandel i 1939.*
*e: Modal*
*f: Olaf Berg.*
*g: Asbjørn Stenvadet.*
*h: Harald Berg.*
*i: Uthus, som tilhørte Hylin (poståpneriet).*
*j: Uthus, som tilhørte Namnå Handelslag - der det ble leid ut frysebokser.*
*k: Åsmund Madshus.*
*l: Vestlisaga.*
*m: Vestli snekkerverksted.*
*n: Johannes Vestli, eier av saga.*
*o: Tuer.*
*p: Møllerud (Mjølnerud).*
*q: Namnå ullvarefabrikks spinneri.*
*r: Johan Pedersen Bergum, eier av ullvarefabrikken.*
*s: Transformatorbygning.*
*t: Georg og Åsmund Eriksen.*
*u: Bernt Østmoen.*
*v: Harald Moen.*
*w: Bedehus, som ble revet.*
*x: Lærer Håkon Rambøl.*
*y: Uthus tilhørende forretningen til Erling Colbjørnsen.*
*z: Mentz Moen.*
*æ: O. Skulstadberg.*
*ø: Namnå jernbanestasjon.*
*å: Hulda Hylins poståpneri.*
*1: Namnå Handelslag.*
*2: Hjalmar Svarstad.*

3: Erling Colbjørnsens Namnå Mote og Manufaktur, med melkeutsalg i kjelleren.
4: Skredder Oskar Mølleruds konfeksjonsbutikk, som var en av de største mellom Kongsvinger og Elverum. Huset brant ned i februar 2015.
5: Namnå skole.
6: Sveens bakeri og kafé.

Frederik og Margrethe Østmoens kolonial var enda ikke etablert.

Et damplokomotiv forlater jernbanestasjonen på vei nordover.

**All informasjon fra Olav Madshus.**

Så ble Kamphaugen, Thorsberget og Monsrudteppen ryddet tidlig på 1800-tallet. I tidsrommet 1836 – 1880 økte folketallet betraktelig i bygda, og nye boplasser ble tatt i bruk omtrent i denne rekkefølgen: Namnsjøholmen (Nils-Henriksholmen), Holmslia, Hesttjernskoia, Namnsjøbråten, Granerud, Storkroken (Kroka), Feierholmen, Nordli, Mellem (Seigerud), Granerudsholmen, Skulstadsetra, Meiningen og Stenberg. Namnsjønæbben, Holtet og Myrvold ble bosatt mellom 1885 og 1900, dessuten ble det fast bosetning i Brusetra. Plassen som ble ryddet sist var Nordahl (Hovelsås) i 1939. De som bosatte seg ved sjøen var etterkommere etter finske innvandrere, eller av norsk-finsk avstamning. Så sent som i 1875 ble det gjort anmerkninger i folketellingene om Namnsjøboernes dagligtale gikk på norsk eller finsk.

Gunder Paulsen (1872) nevner at han fant steinrøyser i Graslia øst for Namnsjøen, noe som tyder på at det engang kan ha vært drevet jordbruk der, og Brunæbben ved Jernåoset kan også ha vært en boplass. Disse plassene må isåfall ha vært fraflyttet før 1865. Fraflyttinga deretter skjedde først på Granerudsholmen og Feierholmen, like før år 1900. Namnsjøholmen (Nils-Henriksholmen), Granerud, Holmslia, Holtet, Namnsjøbråten og Skulstadsetra ble fraflyttet tidlig på 1900-tallet. Namnsjønæbben ble forlatt i 1938.

I 1950- og 1960-årene var Namnsjøen et stille og fredelig sted med noen få hytter, dit vi dro for å fiske. Jeg hadde overhodet ingen kunnskap om det yrende livet som fantes rundt sjøen og på holmene 100 år tidligere. De holmene besøkte vi både om sommeren og vinteren. Om sommeren rodde vi over dit for å fiske rundt breddene, om vinteren pilket vi på sjøen utenfor. Det var nok mangelen på kunnskap om den tidligere bosetninga, som gjorde at vi klarte å unngå å finne rester etter den. På Granerudsholmen, som også har blitt kalt Arnesholmen og Tigerhjelmholmen, var det tydelige tegn for bare noen få tiår siden. Nå kan en bare finne kjellergropa. Det var omtrent en dekar dyrket mark på holmen, der skomaker Arne

*Namnsjøen ligger i dype og vidtfavnende barskoger i det, som kalles Europas boreale taiga. Dette bildet er tatt på 1930-tallet ved atskillig lavere vannstand enn i dag, etter at sjøen ble tappet ned under fløtinga.*
*Bjørn Tuer – SSL.*

A: Hoppbakken Monsrudkollen lå like utenfor bildekanten.
B: Her ble Hegerstein - hytta til familiene Sollien og Berg – bygd på eiendommen Søderstrand i 1956.
C: «Næbba», kjent som et godt område for gjeddefiske. Her hekket fiskeørn i furuskogen ca. 1956 (en ble skutt) og en flokk på ca. 250 storfugl ble sett mellom 1936 og 1941.
D: Namnsjønæbben. I bjørkene på sjøbredden skjøt min far den første orrhanen jeg så.
E: «Den grønne sletta», brukt til St. Hans-feiring.
F: Omtrentlig plassering av et «bjørnehi», som viste seg å være et grevlinghi, side 381.
G: Navnløs holme i Salbergsvika.
H: Grautå-oset.
I: Feierholmen.
J: Graneruds/Arnesholmen.
K: St. Hansholmen.
L: Namnsjøkoia (Søndre).
M: Bruberget med Bruseterknarten, Knartkjerka og Knartkjella.
N: Brunæbben.
O: Jernå-oset (Jannu-oset).
P: Nils-Henriksholmen, Namnsjøholmen eller Nuffeholmen. Her hadde postmester Arnulf «Nuffen» Hylin sin hytte.
Q: Skulstadvika (under berghammeren).
R: Lensefurua.
1: Storæla, god fiskegrunne.
2: Kattæla, god fiskegrunne. Etter ekstrem nedtapping av sjøen kunne den være synlig over vann.

Holmene er separert fra hverandre og fra land ved høyere vannstand.

*Kjellergropa på Granerudsholmen, bygget av gråstein. Bjørn Tuer – SSL.*

*Arne Otto Hansen Holmslien tok med seg huset fra Granerudsholmen da han flyttet til Meiningen (s. 294, -95, -96) like inntil Monsrudveien vest for Namnsjøen ca. 1875. Morten Søgård/FA.*

Hansen Holmslien bodde fra ca. 1871 til 1875. Han tok med seg huset idet han flyttet til husmannsplassen Meiningen det året, da han overtok plassen som selveier fra Martin Noer. På slutten av 1870-tallet bodde Arne Olsen «Hjelmen» på holmen, og han bygslet den i 1881, men flyttet senere til Holtet med kona, Karen Arnesdatter.

På Feierholmen, eller Namnsjøholmen under Sorknes, forteller navnet oss at det bodde en feier. Det var Ole Olsen, Hjelmens bror. Han var gift med Maren Hansdatter, og når Ole reiste rundt og feiet piper, satt han på taket og sang skillingsviser mens kona var innendørs og feiet ovnene. Paret flyttet vekk fra holmen en periode mellom 1865 og 1875, men bodde så der igjen tilsynelatende til begynnelsen av 1890-årene. I 2005 kunne en fremdeles finne spor etter våningshuset på holmen.

Lengre sør, utenfor Jannu-oset (Jernå-oset) lå Namnsjøholmen, også kalt Henriks-holmen eller Nils-Henriksholmen. Ved ekstrem nedtapping av sjøen under fløtinga – som på bildet

*Feierholmen har et areal på bare ca. 2 da. Jan Erik Fosseidengen.*

*Namnsjøholmen eller Nils-Henriksholmen tilhørte i min oppvekst Arnulf Hylin og Erik B. Dahl, og ble kalt «Nuffeholmen». IF.*

side 22 – var holmen landfast med Jernåoset. Den er på ca. 3 da og hadde 2 da dyrket mark. Det var sannsynligvis husmannen og skredderen Arne Arnesen (1808 – 1875) som først flyttet dit, sammen med kona Olea Nilsdatter, mellom 1836 og -39. I 1875 bodde det 11 mennesker på den vesle holmen, fordelt på 3 generasjoner, 6 av dem var barn. De hadde 2 sauer og 2 geiter - som bodde under samme tak som beboerne! Arnes datter Andrine giftet seg med enkemannen Henrik Eriksen, som ble kalt Nils-Henrik, i 1879. Det var han, som holmen kom til å bli oppkalt etter. Nils-Henrik levde et dramatisk liv. Da han var 9 år døde både hans mor, en onkel og 3 søsken i en tyfusepidemi, kona Oline Halvorsdatter døde i Bjølsjøtorpet i 1874, mens kona Andrine døde i barselseng i 1886. Nils-Henrik fulgte 2 av sine koner og 5 av sine 10 barn til grava. Han ble dessuten fengslet 2 ganger, én gang for å ha stjålet en kopperkjele, som ifølge Nils-Henrik ble funnet i veikanten av hans datter. Den andre gangen ble han arrestert for å ha slått noe starrgras på en annen manns eiendom(!)

*Ei som ble født på Nils-Henriksholmen var Olivia Hansdatter (1871 – 1953). Her er hun sammen med ektemannen Peder Hansen. Bjørn Tuer – SSL.*

Etter sterkt påtrykk fra presten Lauritz Christian Peter Ottesen, giftet Nils-Henrik seg for tredje gang – denne gang med sin husholderske Marthea Hansdatter – da han var 67 år gammel. Bruden var da 66 år. Bryllupet ble holdt i Brusetra, og flere av setereierne – blant andre Johs L. Sorknes' bestefar, Per J. Sorknes – tok del i bryllupet. Nils-Henrik ytret sin dype uenighet i at bryllupet hadde blitt tvunget gjennom, og gikk deretter ut og la seg i løa. Bruden derimot festet for fullt og svingte seg etterhvert over slinda i eldhuset. Slinda var en tverrbjelke, som gikk fra grua tversover rommet, til å tørke klær på. Under den akrobatiske øvelsen traff hun Sorknes i panna med en av skoene og påførte ham et sår!

*Nordre Namnsjøkoia ca. 1915. Mannen til venstre er Olaf Kjensmo og helt til høyre står Åsmund Madshus. En av mennene i midten er sannsynligvis Bernt Svenneby (Ruud). Bjørn Tuer – SSL.*

Det er usikkert hvor lenge det var beboelse på Nils-Henriksholmen, men en antar at det var den siste holmen, som ble fraflyttet. Kaspara Sorknes solgte holmen til Arnulf Hylin i 1955, og han videresolgte en del av den til Erik B. Dahl. Begge bygde seg fritidsboliger der.

St. Hansholmen - som ligger ved sida av Granerudsholmen - har tilsynelatende ikke vært bebodd, men navnet indikerer at den kan ha vært brukt til St. Hansfeiring. På den navnløse holmen i Salbergsvika har det ikke vært noe bolighus, men ei utløe eller lagerhus for torv sto der til ca. 1950.

På sjølandet sørøst for Feierholmen lå Namnsjøkoia, ei koie for tømmerhoggere og –fløtere. I min barndom kalte vi den Søndre Namnsjøkoia, for det lå en voll i strandkanten like nordafor, der Nordre Namnsjøkoia en gang hadde ligget. Ved begge koiene var det tegn som tydet på at det hadde vært dyr-

*Dette bildet viser muligens bygningene ved Nordre Namnsjøkoia en gang før 1918. Bjørn Tuer – SSL.*

ket mark, tydeligst ved den nordre. På et topografisk kart fra 1889 over Søndre Solør, som ble revidert i 1909, er det ikke indikert noen bygninger på østsida av Namnsjøen. Likeledes nevner ikke folketellingene fra 1865 til 1900 noe om bosetning på sjøens østre bredd. På utskiftningskart fra 1925 er imidlertid Namnsjøkoia og Nordre Namnsjøkoia inntegnet.

Koia, som er avbildet på side 29, ble satt opp i 1868 av Johannes Pedersen Sorknes. På bildet er taket lagt med teglstein fra Navnerud Teglværk (1888 – 1914). Ca. 1918 ble koia tatt ned og flyttet til Juberget av Johannes' sønn, Per J. Sorknes. Den ble aldri gjenoppsatt. På bildet side 30 synes bygningen i midten å være den samme som Nordre Namnsjøkoia på side 29. Koia har like mange stokker i veggene, likeledes plassert vindu og tilsynelatende er taket lagt på samme måte, med teglstein. En stall, som sto ved koia, kan være bygningen til venstre, mens det som ser ut som en låve er det ingen som husker. Mannen på bildet er ukjent. Han ser ut til å ha mistet den ene hånda, og holder fisken i en krok. Kan det ha vært ei arbeidsulykke ved et sagbruk?

Granerud lå på vestbredden av sjøen rett innafor Granerudsholmen og var husmannsplass under Moen. Ved folketellinga i 1865 bodde Erik Iversen der med kona Karen Olsdatter – søstera til Arne Olsen Hjelmen. De hadde 5 da dyrket mark, ei ku og en sau. I 1930-åra var det vanlig at ungdommen samles på Granerud. Under ei samling i juni 1933 skrev lærer Abraham Bergseth:

### GRANERUDSSANGEN

Vår seter heter Granerud
et vakkert lite sted –
med blomstervoll og skog omkring
ved sjøens stille bredd.

*Inngangsparti på Granerud. Ragnar Nordli – SSL.*

*I 1930-årene var det vanlig at ungdommen samlet seg på Granerud. Her er det 17. mai, og fra venstre ser vi Arne Kjensmo, Anna Tuer, Birger Tuer, ukjent, Kolbjørn Vestli og Magnhild Vestli – de 4 til høyre er ukjente. Bjørn Tuer – NK-99.*

Den gamle tømmerstua står
så trygg og god og lun –
og drømmer om de farne år
da andre gikk på tun.

Granerud ved sommerstid
med fagert blomsterflor –
med fuglesang i grønne li
og bølgeskvulp på fjord.

En sommersøndag lys og blå
med rogn i sommerskrud –
dersom du vil en tur deg gå,
bli med til Granerud.

Når sommerkvelden siger inn
og himlen står i brann –
da jubler det inni ditt sinn
at her er lykkeland.

Ja, kom til oss på Granerud
vår heim så god og skjønn –
så har du deg til minne fått
en deilig sommerdrøm.

Sør for Granerud lå Holmslia, men det råder usikkerhet om når og av hvem den ble ryddet. Det kan muligens ha vært Ole Olsen (1814 – 1887), som flyttet dit en gang før 1851. Den er en av de eldste boplassene på vestsida av sjøen. I 1865 var det antagelig 8-10 da dyrket jord der, og besetningen var på 1 ku, 3 sauer og 3 geiter. I 1953 kjøpte Erik Moen Holmslia, og han fant da både en tjæreovn og en steinovn som ble brukt til avlusning av klær ved hjelp av røyk. Avlusningsovnen ble også brukt til tørking av skinnfeller for beredning. I tillegg fant han slagghauger etter jernutvinning.

*Dette bildet viser muligens den gamle bygningen i Holmslia, og isåfall ser vi sørspissen av Granerudsholmen stikke fram rett over takskjegget til høyre. Ragnar Nordli – SSL.*

*Holmslia i 2002. Bjørn Tuer – SSL.*

I hjemmet Holtet bodde den tidligere nevnte kopperslageren Arne Olsen Hjelmen (1831 – 1913) og hans kone Karen Arnesdatter Namnsjøholmen (1833 – 1920) etter at de hadde bodd på Granerudsholmen, framover til ca. 1909 (bilde s. 100). Det er mulig at de også bodde der før de flyttet til holmen. Det var primitive forhold i noen av boligene ved Namnsjøen på den tida. Holtet, som hadde ei grunnflate på 20 – 25 kvadratmeter, hadde jordgulv. Ovnen var laget av 2 gryter satt oppå hverandre. På slutten av 1950-tallet var det fremdeles igjen rester av tømmerbygningen, men i 2005 var bare noe av grunnmuren av gråstein synlig.

I Namnsjøbråten (Kopperslåhjemmet, Den grønne sletta) bodde i 1865 Ole Olsen Namnsjøbråten (1811 – 1892) og kona Maren Olsdatter (1833 – 1920). Ole var den eneste ved Namnsjøen som oppga yrket «fisker» i folketellinga. Maren var søstera til Karen Olsdatter Granerud, feier Ole Olsen og Arne Olsen Hjelmen. Det var ca. 2 da dyrket mark i Namnsjøbråten.

Namnsjønæbben, som jeg kjente som Næbba, ble fra 1885 forpaktet av Jørgen Olsen Namnsjønæbben (1853 – 1944). Næbba var den siste av plassene, som ble ryddet på vestsida av sjøen, og det var ca. 5 da dyrket mark. I 1930-årene bodde Ole Olsen Norgren på Næbba, den samme Ole Norgren som sitter sammen med min bestefar og oldefar på side 77 og bygger kullmile på side 153. Ifølge Magna Holen, som arbeidet for ham, var våningshuset lite og hadde jordgulv. Næbba ble fraflyttet i 1938. I dag er det fritidsbolig der.

I Skulstadsetra hadde Skulstadgårdene setervoller, antagelig til omkring 1870. Plassen ligger ca. 300 meter sør for Namnsjøen. Arne Arnesen Skulstadseteren (1835 – 1930) bosatte seg der sammen med kona Marte Nilsdatter Thorsberget (1841 – 1873) en gang mellom 1870 og 1873. De bragte med seg de 3 eldste av sine 4 barn. Marte døde 3 dager etter at hun fødte sønnen Martin. Bare 19 dager gammel døde også han.

*Namnjønæbben hadde jordgulv. Ragnar Nordli - SSL*

*Ole Norgren på Næbba. Bjørn Tuer – SSL.*

*Namnsjønæbben i dag. Bjørn Tuer – SSL.*

I 1891 bodde Arne Arnesen fremdeles på Skulstadseteren, nå med sin 3. kone Maren Olsdatter (1833 – 1920) og 3 av barna fra tidligere ekteskap.

En type «bosetning» som var generell for området i min ungdom var utedoet – enkeltsetere og dobbeltsetere. Vi hadde ikke spesialprodusert 3-lags, mykt og lukttilsatt toalettpapir i 1950-åra. Vi rev sider ut av Glåmdalen, myknet dem så godt vi kunne ved å skrubbe dem mellom hendene, og brukte dem så til dopapir.

Da bosetningen ved Namnsjøen ble etablert var utedo – og innedo – ukjente byggverk. På den tida var antagelig en planke festet over to stubber eller ei raie festet mellom to trær det som var vanlig. Raiene skulle visstnok ha plass til både tre og fire personer, og kunne ved anledning gi seg under vekta av de som gjorde sitt fornødne, med utilsiktet og uønsket resultat. Først etter 1850 kom utedoet til store gårdsbruk, og på de mindre gårdene varte det enda 30 år før de dukket opp. I 1892 ble det satt opp utedo ved Monsrud skole, etter vedtak i herredsstyret.

*Nå er det fritidsbolig i Skulstadseteren. Bjørn Tuer – SSL.*

På sommerstid kunne utedoet være koselig nok, men om vinteren var det mange harde basketak i temperaturer under 25 kuldegrader. Den kaldeste dagen jeg har opplevd var forøvrig nyttårsdagen 1981, med - 49°C, men da hadde vi WC. Diaré på nattestid var den verst tenkelige situasjon. Under lange perioder med «sprættkale» bygde det seg opp høye pyramider nede i doet, og disse måtte veltes overende med en solid trekjepp for at de ikke skulle vokse opp til setet. En radikal forbedring skjedde da isoporplatene ble introdusert. Siden isopor har veldig dårlig termisk konduktivitet – det vil si at den er en dårlig varmeleder - er den en tilsvarende god isolator. Derfor skapte ei 2 centimeters plate en følelse av at en satt på noe varmt – ei 5 centimeters plate eliminerte hele problemet med å gå på utedo om vinteren. Vi kunne slappe av og ha situasjonen under full kontroll.

Selvom min far hadde lagt inn badekar og dusj da han bygde om huset i 1953, var nok vannklosettet noe utenfor sfæren av det som ble påtenkt. I slutten av 1960-åra ble de kjemiske

*Da gårdene ble fraflyttet falt uthus og utedoer ned. Denne dobbeltseteren, på Bekkelund i Namnerudsgrenda, berget seg ved å lene seg på ei bjørk ...... Jan Erik Fosseidengen.*

tørrklosettene lansert, og ble i noen år brukt innendørs i nødstilfelle på nattestid om vinteren. WC ble ikke innlagt før 11. juni 1970 av min nabo, Leif Sagen. Jeg arbeidet forøvrig sammen med Leif under arbeidsuka i 8. klasse på ungdomsskolen, og fant rørleggeryrket interessant. På den tida var det temmelig forskjellig fra i dag. Vannrørene var av kobber, og ble fylt med sand og varmet opp med blåselampe for å kunne bøyes og skjøtene så sveiset sammen. Støpte 5 tommers jernrør løp fra toalettene, der skjøtene ble forseglet med flytende bly, som ble smeltet og tømt i, på stedet.

Det var også mennesker i bygda der jeg vokste opp som tradisjonelt *ikke* hadde hatt fast bosetning. I folketellinga i 1845 ble det registrert 68 «løsgjengere» i Grue – noen ganger ble de også omtalt som omløpere. En av Namnsjøboerne – fra Granerudsholmen – Arne Olsen Hjelmen, vandret rundt som kopperslager og selger av egne produkter mye av livet, selvom han hadde fast bopel. De regulære lofferne hadde gjerne en «hjemstavnskommune», slik at de ved ankomst til en annen kommune gikk til fattigforstanderen og fikk nok penger til å komme seg til neste kommune. Så krevde fattigforstanderen pengene tilbake fra hjemstavnskommunen. Det var om å gjøre å få lofferen videre, slik at han ikke valgte kommunen han var i, for øyeblikket, som ny hjemstavnskommune! I tillegg tagg lofferne penger, og gjorde et dagsarbeid eller to, her og der, for kost og losji.

Bjørn Tuer forteller om to kjente loffere. Den ene var Henrik Frisk, som var ca. 60 år gammel da han døde i Skulstadberget 27.10.1824. Den andre, som var kjent over hele Norge, ble kalt Keiser Dal. Han var født i Åsnes i 1806, men vokste opp i Grue, på Dal. Til de, som ville lytte, fortalte han ei historie om at han var i Grue kirke under brannen i 1822, og at han mistet mange nære slektninger. Han ble imidlertid reddet, fordi han skulle bli keiser. Utsagnene rimer godt med at han var innlagt på sinnssykeasyl i mange år – han var faktisk elev ved krigsskolen da brannen i Grue brøt ut. Da han kom ut fra asylet vandret han rundt som loffer, kledd i en slitt uniform med sabel, glitter og stas. Det nærmeste jeg selv kom omvandrende håndverkere og tjenesteutøvere var en skjærsliper, som syklet rundt i bygda i min barndom. Ham var jeg redd, og da noen sa at skjærsliperen kom, tok jeg beina på nakken og løp.

På den tida, da jeg ble født, skjedde det en radikal forandring i levesettet hos de som kalte seg det reisende folk – Romani, eller tatere. De norske myndighetene tok fra dem retten til å ha hester i 1951. Det var antagelig årsaken til at min søster Anne Berit, født i 1947, husker taterne som kom på besøk, mens jeg, som ble født i 1953, ikke opplevde det. Hun syntes det var spennende da de kom - det var en egen aura rundt dem. De var mørke i huden, damene var tungt behengt med smykker, de hadde fine og fargesprakende, lange skjørt og kjoler og alltid hodetørkle - og de luktet av eksotiske parfymer som var forskjellige fra de, som hun var kjent med. De snakket også en annen dialekt, og hun trodde de var svensker. I bagasjen hadde de et rikholdig utvalg av kammer, små duker, hårspenner, knapper, sikkerhetsnåler, synåler, sytråd,

*Min bestefar Torvald Sollien hadde mye omgang med det reisende folket – taterne – når det gjaldt hestehandel. FA.*

strikk og bendelbånd. Hesten var et meget spesielt dyr for taterne, som den har vært for alle folk som har vært på reisefot, og de var kjent for å være svært gode hestehandlere. Min bestefar Torvald Sollien var også en veldig dreven hestekar og hestehandler, og hadde ofte besøk av taterne hjemme på gården. Som et kompliment til ham ble det sagt, at når det gjaldt hestehandel, ja, da var Torvald «mer tater enn taterne»!

Taterne hadde sitt eget språk, som de kommuniserte på når de ville føre en privat samtale, som kunne overhøres av andre. To av dem ble overrasket en dag de var i en forhandlingssituasjon med min bestefar og begynte å diskutere seg imellom på taterspråket, da han plutselig slo seg med i samtalen mens han snakket like flytende som dem. Han hadde lært seg språket, noe som åpenbart ga ham fordeler i slike situasjoner. Da jeg gikk på folkeskolen var alle tatere jeg kjente bofaste. Gustav Frederik Johansen lærte meg endel ord og vendinger på taterspråket, men jeg har funnet ut at 50 år senere er det

*100 år gamle Stor-Johan på aldershjemmet i Våler.
(Glåmdalen 10.12.1943).*

ikke så mange av dem, som jeg fremdeles husker – men noen er det!

Den mest kjente av taterne var Stor-Johan, eller Karl Johan Fredriksen/Løvgren (1844 – 1946). Han dro langs veien med et stort familiefølge – 17 barn inkludert de han hadde tatt til seg. Han ble beskrevet som en stor, vakker, blond og kjempesterk mann, som alle måtte legge merke til. En av døtrene hans var Jenny Emilie Pettersen (1886 – 1976), kjent som Tater-Milla fra Dagfinn Grønosets bok ved samme navn. I alle beskrivelser av Stor-Johan er hans hederlighet og integritet spesielt uthevet. Han styrte sin familie med sterk hånd og etter faste regler, og det faktum kan jeg bekrefte ved en hendelse, som fant sted da min mor var småjente. Mine besteforeldre, Karl og Ella Ruud, tok inn Stor-Johans følge da de bodde på Grinder – huset lå like i veikanten og det var naturlig at taterfølget spurte om husrom der. Det ble selvfølgelig veldig trangt – alle lå på gulvet - noe som gjorde at det var praktisk talt umulig å bevege seg omkring den natta. Ei god stund etter at følget hadde reist avgårde neste dag, sto to taterjenter utenfor og banket på døra. Da min bestemor åpnet hadde de ei sinkebøtte med poteter som de leverte til henne. Den hadde de sneket med seg da følget forlot Grinder samme morgen, men da Stor-Johan oppdaget det som hadde skjedd, stoppet han følget og beordret dem tilbake med bøtta, og å be om unnskyldning!

## SKOGSARBEID, FLØTING OG BYGGING

Hvor lenge det har vært tømmerfløting i Namnåa er det ingen som vet. Ved Sagelva i Skedsmo var det oppgangssager fra disse ble tatt i bruk ca. 1520. Tømmeret som ble skjært på 1600-tallet ble fløtet til Skedsmo helt fra Solør og Odalen, noe som tilsier at det kunne ha vært fløting i åa allerede da. I 1724 overlot Hans Colbjørnsen Stemsrud en dam i Namnsjøen til trelasthandler Iver Elieson fra Christiania. Den må ha ligget omtrent der dammen ligger i dag. Hans C. Stemsrud skulle være ansvarlig for fløtinga, og for arbeidet og damleia skulle han få 1ort for tylfta. Det sto i sin tid ei vanndrevet oppgangssag eller rammesag i Jernåa på plassen Hesttjernsberget (Hesttjennskoia) og ei sag i Grautsjøoset som var i drift fra omkring 1880 til 1900. Saghuset der ble revet i 1907. Ei sag er også avmerket ved Grautåoset på et kart fra 1909.

*Oppgangssag. W.*

*Dampdreven lokomobil for sagbruksdrift. IF.*

Fra ca. 1860 hadde Grøset gard ei oppgangssag på Nord-Monsrud, vest for Namnsjøoset, som var i drift til 1923. Det var «Generalinna» - eller Ole Olsen Husebys datter Dorthe, enke etter general Hakon B. Hansen - som var grunneier, da Nord-Monsrud var husmannsplass under Grøset. I 1875 var det husmann Martinius Olsen på plassen som var sagmester.

I 1923 bygde Martin Skytteren (1872 – 1928) et sagbruk like sør for og inntil Namnsjøoset. Saga var dampdrevet av en «lokomobil» og produserte sitt eget drivstoff, som var sagflis. Den hadde to sagbenker med kantsag, kleivsag og kappsag, og et mannskap på 13. Drifta startet vanligvis utpå høsten eller tidlig på vinteren og varte til utpå våren eller forsommeren. Noen ganger var pågangen så stor at det ble kjørt doble skift. Det meste av veden (fra kappsaga - bakhon og avkapp) og trelasten som ble produsert ble kjørt til Namnå stasjon med hest og sendt til Oslo. Sagbruket var i drift til 1947, selvom Martin selv ikke drev det mer enn et par år. Det ble overtatt av Generalinna på Grøset gård, som døde 25. mai 1926. I 1929 overtok sønnen Tjostulf – som hadde forandret etternavn til Falkner – Grøset gård. Grøsetskogene på 40 000

*Saghuset på Monsrud sag danner bakgrunnen for denne søndagsutflukten ved damoset. Saga var i drift til 1947. Arne Monsrud – SSL.*

dekar lå fra Namnsjøen østover mot Rotna, og det var mest fra disse skogene tømmeret kom, som ble skjært på Monsrudsaga. I min barndom så vi bare flishauger på sørsida av oset som minnet om at det hadde stått ei sag der. Hadde vi lett inni krattskogen kunne vi imidlertid ha funnet betongmuren etter fliskjelleren, som var synlig så sent som i 2002.

Lengre sør i åa – i Sagafossen bak Nord-Sagen - hadde Grue prestegård ei oppgangssag på Stemsrud sin grunn, som ble ødelagt av flom allerede i 1743. Prestegårdssaga ble ikke satt opp igjen, men Stemsrud fikk sag i 1780, og det er mulig at den ble oppsatt på samme sted. Grøset fikk sag samme år, og den sto antagelig ved Kvernbakkbrua. Der hadde Grøset fremdeles sag i 1895, med høvleri og taksponhøvel. Ved å ta en kikk på de forskjellige oppnavnene som sagarbeiderne ble påsatt, er det lett å forestille seg noe av språkbruken i arbeidslagene i gamle dager. Den som sto lavest på rangstigen og trillet flis – som oftest en unggutt – ble kalt «flispuken», mens fyrbøteren ble kalt «gnisterpuken».

*Kvernbakkbrua i 1895 med Grøsetsaga lengst bort. Den ble kjøpt av Ole Olsen Huseby i 1861. Nærmest ligger fargeri med vadmelsstampe, som ble drevet for Grøset av Johan Pedersen Bergum 1890 - 1905. Fløterne er Otto og Thomas Holter og Harald Moen. Bergum 1987.*

*Foruten å være slakter var Karelius Holter også sagmester på Grøsetsaga på Kvernbakken. Her er han ca. 1911 med kona Rikka på Grasvolden, som også tilhørte Grøset. Paul Larson.*

Tømmeret som skulle fløtes ble kjørt ut på Grautsjøen, Jannutjennet (Jernåtjernet) og Namnsjøen om vinteren og fløtet derfra da isen smeltet om våren. Tømmeret måtte ikke kjøres ut på isen før 1. februar, eller når isen var tykk nok. Grautåa hadde to dammer og kunne fløtes i en strekning av 5 kilometer. Jernåtjernet hadde egen dam og tømmeret ble fløtet ut i Namnsjøen ved Brunæbben. Fra Monsruddammen ble tømmeret fløtet nye 5 kilometer nedover Namnåa, gjennom Kvernbakkdammen og ut til Glomma. Hvis tømmeret i gammel tid gikk til Sagelva i Skedsmo ble det i begynnelsen fløtet til Bingen lenser, senere til Fetsund lenser. Der ble det lagt i flåter og seilt til Stalsbergstranda ved Nitelva, hvoretter det ble kjørt til hvert enkelt sagbruk. I nyere tid gikk fløtinga til Sarpsborg og Fredrikstad. Avvirkningen i skogen og dermed fløtekvantumet i Namnåa varierte mye fra år til år. I 1893 var det helt nede i 809 tylfter, mens det i 1900 ble fløtet 6 314 tylfter.

Som det ble kjørt planker fra sagene ved Namnsjøen hadde

det tidligere blitt kjørt planker helt fra sagene ved Rotna, ned til Namnå stasjon. I 1920 – 1922 ble Grøsetskogen forpaktet bort til uthogst, til Taugbøl og Nilsson fra Eidskogen og brødrene Langmoen fra Hof. Da vokste det opp lokomobilsager over hele Finnskogen og Peppervik-, Storberg-, Morttjenn-, Svarttjenn-, Lillestrøm- og Steineisagene var blant de som leverte til Namnå. Tømmeret ble skåret til planker og bakhonen, som var nærmest verdiløs, ble enten kappet opp til langved eller, som nord i Rotna, trukket ut på isen på Bakhontjennet der den sank da isen smeltet om våren. Til slutt var hele tjennet fylt opp med bakhon.

Det var ingen bilveier eller lastebiler – all kjøring foregikk med hest og geitdoning. Plankekjøringa startet tidlig på vinteren og fortsatte etter juleferien – noen drøyde den ferien til trettendedagen, andre helt til tjugendedagen. Plankekjøring var et hesteslit. Hvis det var 25 – 30 minusgrader og et par tommer nysnø var det «stiggtongt» å kjøre, og ingen ville være først ute om morgenen. Etter at to-tre lass var kjørt var det «meidd» etter de blanke stålmeiene på bukken og geita - da gikk det lettere. Noen kjørere brukte ei granbuske bak lasset til å feie ut sporet, og ble svært lite populære. Mange ganger måtte kjørerne gå hele veien fra Namnå og tilbake, da det var for kaldt til å sitte på lasset.

Plankekjøringa var ikke like høyt verdsatt som tømmerkjøring, og ble ikke like godt betalt. Tømmerkjørerne var spreke hardinger som baset i snøen i kamp med tunge stokker og tok på seg usikre akkorder for å tjene gode penger. Plankekjørerne var gjerne bønder, småbrukere eller eldre folk og unggutter som ellers ikke hadde noe med skogen å gjøre. De kom både fra Grue og Hof, fra begge sider av Glomma. De ferdes langs den hardtråkkede, oppkjørte tømmerveien og visste stykkprisen på varen de fraktet. Plankene var skåret året før og sto i stabel og tørket. Det var samme prisen pr. tylft om planken var kort eller lang, derfor var det best å laste fra en nyåpnet stabel. Plankene på toppen var både tørrest og kortest, og derfor lettest.

*Plankekjøring - et hesteslit som foregikk i stor fart. Ill: Trygve N. Foss*

Det var konkurranse plankekjørerne imellom om å ha den sterkeste og fineste hesten, det mest velsmurte seletøyet med de mest blankpussede nysølvspennene. En sterk hest kunne ta ei større vende, og fortjenesta ble bedre. På den venstre skåka hang ei skinnende Morabjølle. Bjøllene ble betegnet med «nuller», fra 3 til 8, hvorav 3-5-nuller og 8-nuller låt finest.

*Store skåkbjøller og små stasbjøller kalt «vekker». Einarsrud 1987.*

*Min bestefar, Torvald Sollien (1895-1976), på tømmerlasset med bjølle festet på venstre skåka. FA.*

Hestesælen

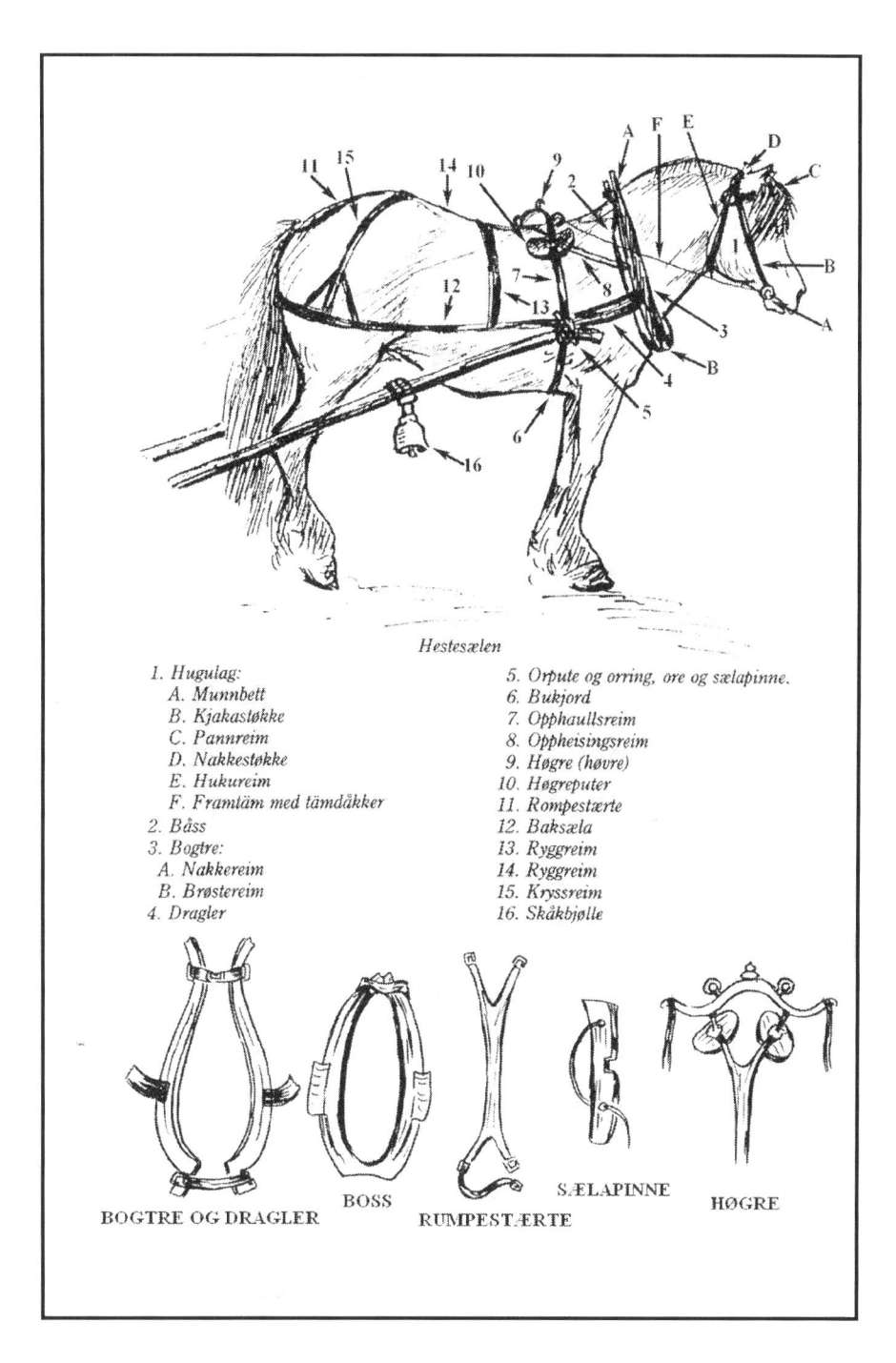

1. Hugulag:
    A. Munnbett
    B. Kjakastøkke
    C. Pannreim
    D. Nakkestøkke
    E. Hukureim
    F. Framläm med tämdäkker
2. Båss
3. Bogtre:
    A. Nakkereim
    B. Brøstereim
4. Dragler

5. Orpute og orring, ore og sælapinne.
6. Bukjord
7. Opphaullsreim
8. Oppheisingsreim
9. Høgre (høvre)
10. Høgreputer
11. Rompestærte
12. Baksæla
13. Ryggreim
14. Ryggreim
15. Kryssreim
16. Skåkbjølle

BOGTRE OG DRAGLER — BOSS — RUMPESTÆRTE — SÆLAPINNE — HØGRE

*Hesteselen. Illustrasjon: Hans Rønåsen i Bondekvinnelagene i Grue 1987.*

Ei 8-nullers bjølle var nesten for ei matklokke å regne, og kunne høres 4-5 kilometer. Åsta Holt beskrev hvordan plankekjørernes bjøller hørtes ut i 1920-åra i boka «Piga»: «Eg glømmer aldri ljomen av alle hestevekkene når den kilometerlange rekka av hester og lass drog forbi Revholdt. Det var eit orkester av klokker, frå den fineste singlebjølle til den store skåkbjølla, som let som ei vellingklokke».

Fra Lillestrømsaga, ved Nordpolen lengst nord i Vintersjøen, gikk kjøreveien opp langs Skålbekken - eller Steineibekken - i kroker og svinger over frosne issvuller opp den drepende mota ved Steineie (antagelig Steinheia), som kom etter Morttjennet, Rundtjennet og Langtjennet. Det var et ulendt terreng med store steiner som var fryktet av plankekjørerne, og vegen steg fra 280 m.o.h til 325 m.o.h. Hvis motbakkene ble for drøye brukte plankekjørerne et par forskjellige måter til å komme seg opp. Enten ble lasset «tekstet», det vil si to hester ble spent for, som sammen dro det opp, eller det ble «kippet» - halve lasset ble kjørt opp om gangen, for så å bli omlastet til fullt på toppen. Ved Steineikoia var det en times hvil der karene tok seg ei brødskive og et par fleskebiter, og hesten fikk hengt på seg havreposen.

Så gikk ferden videre om et annet hvilested, Hansekoia, før kjørerne passerte Loppholen, så veiskillet til Byersetra og Bjølsjøene, og begynte på «medluta» nedover Bruberget. Av praktiske grunner var det der kjørt opp to veier ved sida av hverandre, en «tomslaveg» for oppadgående trafikk, og en «lassveg» for nedadgående. Der skjedde det ei dødsulykke den 2. april 1927. Mannen som forulykket var 32 år gamle Asbjørn Hansen fra Nord-Skulstad på Kirkenær. Han hadde kommet opp gjennom Monsrud kvelden før og stoppet på Myrvang, gården overfor Mellem (Seigerud). Vanligvis ble lassene kjørt langs nordsida av Namnåa – der var det kjerreveg fra Monsrud sag til Smidholen. På slutten av 1800-tallet hadde det blitt laget «rodelagte» veger fra Smidholen til Namnå stasjon og fra Grøsetkverna til Monsrud. Det var veger der oppsitterne på visse strekninger – «roder» - var pålagt å vedlikeholde den.

Asbjørn H. Skulstad hadde nok kommet opp på sørsida av åa fordi det var den korteste veien fra Kirkenær. Han satt og spilte kort mesteparten av natta, noe som var vanlig blant plankekjørerne. De satt på toppen av lasset og spilte femøres poker når terrenget var flatt. Kjørerne var gjerne oppe i 5-tida om morgenen for å komme tidlig til saga og velge gode planker. Etter en lang vei til Rotna om morgenen, slitsom pålasting og en stri tilbaketur opp forbi Steineie og Hansekoia, la Asbjørn høysekken under hodet og sovnet på toppen av lasset. Hesten startet på nedoverturen fra Loppholen, passerte veiskillet til Byersetra og kom rett nedafor veien til Kjelsås i Brusetermåling teig nr. II, da den fant ut at den ville ta tomslavegen. Lasset gled imidlertid ned i den ordinære lassvegen der det veltet over Skulstad, og drepte ham momentant. Naboen, som kjørte i følge, så ulykken uten at det var mulig å gjøre noe for å forhindre den. Da vi passerte stedet i 1960- og 1970- årene kunne vi fremdeles se korsene, som var risset inn i granene der ulykka skjedde.

Allerede i april 1913 hadde det skjedd ei dødsulykke i en tomslaveg på Finnskogen, ved ei sag som tilhørte Marcelius Gjems. Den ble satt opp i 1912 eller 1913 på samme lokalitet som Lystadsaga hadde stått – helt nede på spissen mellom Rotna og Svenskegrensa. Den gangen var det en svensk kjører ved navn Gustav Rimsobråten, som var kjent for å være temmelig uvøren, som tok en snarvei ned til saga på en tomslaveg. I en sving sklei venda ut og svensken, som satt foran og forsøkte å styre med meiene, ble klemt ihjel mellom lasset og ei furu.

Jeg kjenner til enda ei dødsulykke, som hendte i min egen familie den 15. mars 1933. Lars Juliusen Larsen fra Kirkenær var 22 år gammel og drev tømmerkjøring på Øverbyveien i Monsrud, da også han kom under et lass og ble drept. Lars var forlovet med min grandtante Olaug Dammen - datter av Magnus og Olivia – og var også onkelen til min tante Solveig (Bjørklund) Sollien. Olaug sørget i lang tid. Som vanlig var på den tida hadde hun veldig langt hår, og hun satte seg på låvebrua på Smea – mine oldeforeldres gård i Bergesida –

©Kartverket

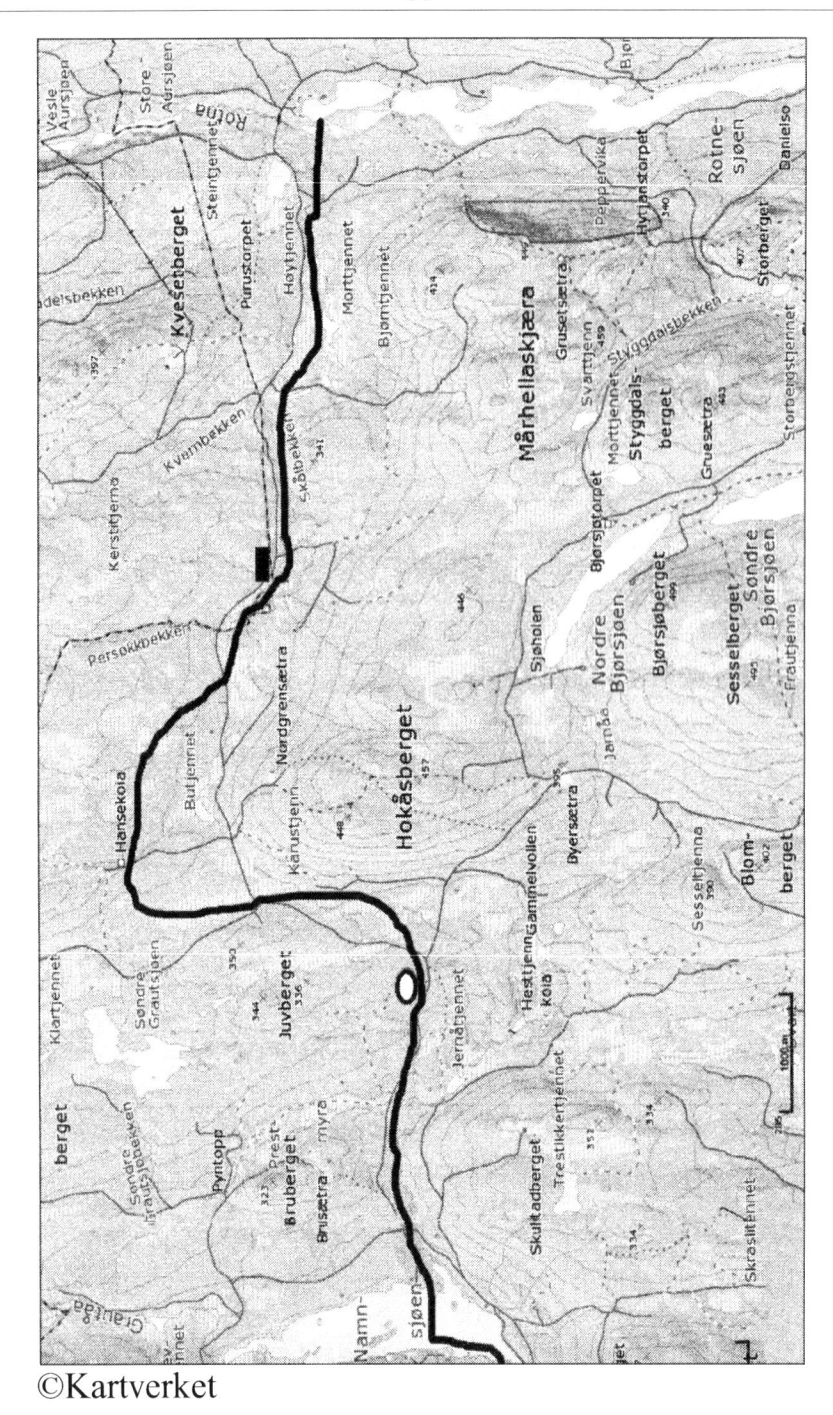

*Plankeveien fra Lillestrømsaga til Namnsjøen. Derfra gikk den på nordsida av åa til Namnå jernbanestasjon. Svart rektangel: Omtrentlig plassering av Steineikoia. Oval: Her omkom Asbjørn Hansen Skulstad.*

*Trærne der Asbjørn Hansen Skulstad forulykket. Pilene indikerer to innrissede kors, og skaden er tilsynelatende fra plankevenda som veltet. Bildet er tatt i april 1976. Jan Erik Fosseidengen.*

*Lars Juliusen Larsen, som omkom, og Olaug Dammen. FA.*

spredde ut håret slik at det dekket hele henne, og gråt utrøstelig.

Fra stedet der Asbjørn Skulstad forulykket gikk kjørevegen så ned på Namnsjøen og tversover den, videre nedover langs Næbba og langs nordsida av Namnåa til jernbanestasjonen. Der møtte sortererne opp og gjorde sine målinger, og kjørerne fikk kvittering for lasset. Da oppgjøret kom om våren kunne fortjenesten være 6-8 kroner dagen for hest og kar og noen

*På låvebrua på Smea satt Olaug fullstendig dekket av det lange håret sitt og gråt.....FA.*

ganger helt opp i 10 kroner. Ca 1930 hadde det tilsynelatende sunket noe, da lassprisen for en dags kjøring var kr. 4.60.

For å gi et inntrykk av hvor heseblesende planketrafikken var, kan jeg nevne at ei Kongsvingeravis fortalte at det på begynnelsen av 1900- tallet var 400 hester som kjørte planker fra Finnskogen til Roverud. Stasjonen ble kalt landets største ved- og tømmerstasjon og vegen kjørerne laget var flere titalls meter bred, og så hard at en kunne kjøre bil på den.

Liksom min bestefar, Torvald Sollien, tok min far Henry del i tømmerhogging, kjøring og fløting. Det var tungt kroppsarbeid og uforutsette hendelser fant sted som gjorde det ekstra utfordrende. Henry fortalte om en episode der hesten hans gikk gjennom isen på Jernåtjennet øst for Namnsjøen med full vende. Hesten sto i isvann til opp på ryggen og Henry måtte inn i skogen og hogge ungtrær som han dyttet ned i råka slik at det etterhvert ble en haug, som var stor nok til at den fikk tak med frambeina og dro seg opp på isen igjen.

Hestene var ikke alltid like samarbeidsvillige, og kunne gjøre

*Slik så det ut på Solørbanen under plankekjøringa – dampdrevne lokomotiv og store stabler med planker. Vi ser Flisa i 1903. Aasum 2004.*

pek som mangedoblet arbeidsmengden. En dag Henry var i ferd med å laste på høyt oppe i åsen øst for sjøen, la plutselig hesten i vei med usikret vende og stoppet ikke før den var nede på isen. Da måtte han stampe nedover i snøen og hente hesten og deretter samle sammen alt tømmeret fra venda, som lå spredd utover åssida. Alle strabasene førte til at Henry, i en alder av 18 år, la den to meter lange skanten – målestaven – over en stokk og hogg den opp til småved. Deretter gikk han avgårde, ut av skogen.

Namnsjødammen var en glidelukedam, som om våren ble lukket og lot vann-nivået i sjøen stige som følge av tilsiget av smeltevann fra nedslagsområdet, hovedsaklig ført inn gjennom Grautåa i nord og Jernåa i øst. Det lå lenser langs sjøen for at tømmeret ikke skulle kjøre seg opp på land eller inn i myrene, som lå langs breddene. I sørvestenda av sjøen, der den svinger mot vest, sto Lensefurua. I den ble lensa festet hvert år, og det gamle treet står fremdeles, tilsynelatende uberørt av tidens tann og skiftende forhold. Den lokale kunstneren Ragnar Nordli skrev et dikt til dens ære.

Fløtinga ga ekstra inntekter til den lokale befolkningen, da mennene gikk «mann av huse» for å ta del i arbeidet. De ble

*Min far, Henry Sollien (1926-1996) ved familien Sibberns hytte Sibiria ved Skulstadvika et års tid før han begynte med tømmerkjøring. FA.*

delt opp i «lag» - det var sjølag, damlag og ålag. Sjølaget brukte «Fleitareika», en båt som var både større og mer solid enn de som hytteeierne rundt sjøen brukte. Torvald skrev et dikt i 1970, som han kalte «Et femtiårsminne», der vi både i teksten såvel som mellom linjene kan lese om polariseringa mellom arbeidsfolket og den økonomiske eliten. Torvald var kjent for å være rappkjeftet i sin kommunikasjon med arbeidsgivere, og laget kritiske sanger som han sang godt innenfor hørevidde av den de var tiltenkt. I diktet kritiserer han forskjellene i lønnssystemet for karene i sjøen og i åa. Uten at jeg vet hvordan systemet fungerte i Namnåa, så var det i Rotna vanlig med et akkordsystem og prosenter i forhold til hvor mye tømmer som ble fløtet. I 1953 ble det imidlertid forandret til et system med «dagtimer» og «overtidstimer». Hvis det var motvind og laget ble liggende uten å fløte, ble de betalt for «liggedager». Torvald nevner at de måtte hente Oliver som hadde sovnet på en stubbe. Det var ikke uvanlig

*Torvald Sollien var tidlig en høylytt kritiker av arbeidsgivere og arbeidsforhold han fant uakseptable. Bildet er tatt i 1912. FA.*

at det fysisk krevende, våte og kalde kroppsarbeidet og lange dager førte til at søvnen kunne ta overhånd. Det er flere historier om at en kar kunne sovne og falle av stokken han satt på ved leirbålet, og fortsette å sove på marka uten å våkne av fallet. Torvald henviser også til at de brukte neverkonter, noe som var svært vanlig i begynnelsen av 1920-åra. Senere kom Bergansmeisen i bruk. I kontene hadde fløterne gjerne brød, smør, ost, sirup, flesk, kaffe, sukker, noen kokte poteter, kaffekjel og steikepanne.

*Geitdoning for tømmertransport. Se også side 70. Illustrasjon Hans Rønåsen i: Bondekvinnelagene i Grue 1987.*

*Sjøholen ved Nordre Bjølsjøen er blitt tatt vare på og modernisert. Her lå Henry alene på tømmerhogst som 16-åring, vinteren ca. 1940. Her er søstera Åse, 91 år, sammen med hennes svigerdatter Else Marie. Jan Erik Fosseidengen.*

*Tømmer på Namnsjøen i 1957. Til høyre sees Bruberget. Johs. L. Sorknes.*

*Namnsjøkoia i 1957, husvær for tømmerhoggere og fløtere. Johs. L. Sorknes.*

*Namnsjøkoia sett fra sør. Jan Erik Fosseidengen.*

*Etter at Namnsjøkoia ble stående tom for fløtere og hoggere brukte vi den som overnattingssted på fisketurer, og til å søke ly for kulda i om vinteren. Her er det min fetter Cato Sletten som er i ferd med å fylle opp flasker med et uidentifisert brygg, ca. 1972. Jan Erik Fosseidengen.*

*I oktober 2013 – 40 år senere – er det bare veggene igjen innvendig i koia, og all skrivinga i taket indikerer at den har vært brukt en god del i årenes løp. Vi ser mine fettere Johnny Engen (th) og broren Jan Erik Fosseidengen (fotograf).*

*Lensefurua ved Namnsjøen. I høyre bildekant sees Bruseterknarten. Jan Erik Fosseidengen.*

*Ragnar Nordli ca. 1975. FA.*

## LENSEFURUA VED NAMNSJØEN

Eldgammel, grov, stutt og akselsbrei
lik mange av innvånerne rundt sjøen.
Røtter klorer seg fast djupt ned blant stein og grus,
tok spenntak og tviholdt på baklensa når vinden
presset tømmerbommen oppover oset att.
Står og ser nordover sjøen, men må bli der den er.
Årene går, veksler med snø, is, flom og tørke.
Men furua lever.
Er bare blitt litt flatere i krona på sine gamle dager.

RANO

## ET FEMTIÅRSMINNE
(1920)

### Torvald Sollien

Vi dro ut ifra hjemme den anden mai det år,
opp til Monsruddammen der vi da fløting får.
Med økser og med hakar og konter på vår rygg,
når fanten den får arbe' da føler den seg trygg.

Før vi dro avgårde et møte der ble holdt,
hvor kravet vårt av kaksene ble avvist nokså stolt.
Den dagspris som vi tjente hardt reduseret ble,
prosentene vi hadde dem gikk med tyve ned.

Når talen om prosenter den kom på tunga fram,
da svarte ene sjefen: Det går da ikke an!
Prosenter det er noget i åen vi ei har,
men for kara oppi sjøen så virker dem jo bra.

På møtet var det mange personer som du vet,
jeg vil jo ikke si deg direkte hva dem het.
Men en takk jeg vil dem bringe de listesjefer fem,
som ofret denne stunden for kone, barn og hjem.

En stubb jeg vil spandere på sjølaget i en fart,
Oliver ble tilbake for det ble så hurtig start.
For tida vi må passe hvert eneste minutt,
så måtte vi over og hente ham til slutt.

Vi så ham da forsvinne der bakom Trettarhaug,
to mann vi gikk og leita for vi trodde han var daug.
Vi huijet og vi ropte og leita hvor vi gikk,
men tefta av'n Oliver det ingen av oss fikk.

Men det skulle lykkes å finne ham til slutt,
han sov da på en stubbe og snorka jevnt og trutt.
Og så vil jeg nevne de menn som var her,
'n Hakon og 'n Ola og Norgren og Per.


En hilsen vil jeg sende til alle i vår krets,
jeg er dog blevet eldre, men meget vel tilfreds.
En takk til ham der oppe som styrer og som rår,
og nu om ikke lenge jeg atter fyller år.

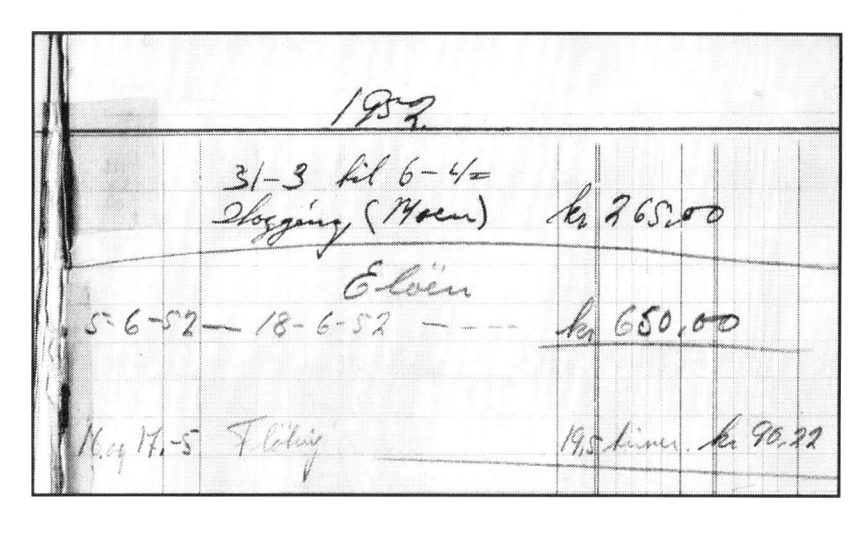

*I 1952 deltok Henry i fløtinga – det var liten fortjeneste for hardt arbeid. FA.*

*Min bestefar Torvald på tømmerlasset. Den glatte og isete venda er lastet med tømmersaks og sikret i to lag med to forskjellige lenker, som er strammet til med lenkebjønnen som kan sees øverst på lasset. Han har gjort plass for høysekken, som han sitter på. «Geitdoningen» besto av bukk og geit, og vi kan her se bukken. Geita hang etter i en lenke, der lengda avhang av lengda på tømmeret. Bukken hadde svingbank som gjorde at den alltid fulgte etter draget fra hesten. Se også side 62. FA.*

*Lenkebjønn og tømmersaks – uunnværlig redskap ved manuell håndtering av tungt tømmervirke. IF.*

Fløterne var «postkarer» og ble utplassert langs åa med ansvar for visse strekninger. Martin Johannesen Monsrud, som var sjef for fløterne ved Monsruddammen, falt en gang uti sjøen og ble dratt med flomvann og tømmer gjennom lukene og nedover fossen. Han hadde følgende kommentar til den farlige dukkerten: « *-mein så kjinte je batten* (på åa), *å da gikk je teil lands....*»

*«Tomreipes» kjøring med geitdoning. Geita er plassert oppå bukken og kjøreren sitter på høysekken. Fra venstre Od[...] Sagen, ukjent, ukjent, Oskar Sagen og Torvald Sollien. FA.*

*Martin Monsrud falt uti Namnsjøen og ble dratt med gjennom damlukene under fløting. Her er han avbildet på gården til Torvald Sollien. FA.*

*Fløting ved Namnsjøoset i 1957. Johs. L. Sorknes*

*Damlaget ved Monsruddammen i 1957. Fv: Thor Holter, Johan Søgård, Ole Sørensen (kjent som Ola Bom, da han var ansvarlig for bommen på Rotnaveien), Harald Høgbrenna, Helge Søgård, Anton Sæther, Reidar Seigerud og sjefen Martin Monsrud. Johs. L. Sorknes.*

*Ei flomstor Namnå, før vannstanden har sunket til sommernivå. Legg merke til skådammene langs bredden. Jan Erik Fosseidengen.*

*Dammen i oktober 1972. Ei «flytemyr» la seg til i oset siden det ikke var nødvendig å trekke den nordover i sjøen igjen. Jan Erik Fosseidengen.*

*Skådammene har falt ned, steinforankringa rullet uti og styrtgolvet råtnet. Et slikt anlegg hadde ei estimert levetid på ca. 15 år. Bildet er tatt i 1972. Jan Erik Fosseidengen.*

*Neverkonter, som Torvald nevner i sitt dikt. Her ser vi (fv): Martin Monsrud, Julius Monsrud, en besøkende og Lyder Monsrud foran låven på Nord-Monsrud. Arne Monsrud-SSL.*

*Slik så det ut når problemene hopet seg opp..... Bildet er fra Grue Finnskog. Eva Wiger - GK-99.*

*To gamle fløtere - min bestefar Torvald Sollien (tv) sammen med Ole Norgren, som er nevnt i Torvalds dikt. Ole er også avbildet på s. 36 og s. 153. Til høyre min oldefar, Hans Sagen. Bildet er tatt i inngangspartiet på Torvalds gård ca. 1940. FA.*

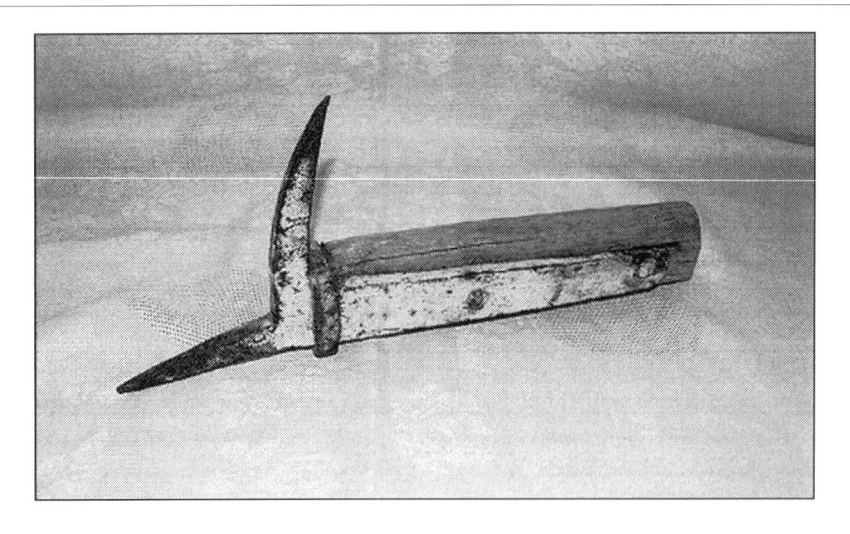

*En fløterhake med langt fal og hakering. Falet kunne brukes både til å dytte stokkene fra seg (piggen til venstre) og å hogge inn i stokkene og trekke dem til seg (piggen i 90 graders vinkel). IF.*

Fløterhaken var et spesiallaget redskap som var tilpasset den enkelte fløter, og han kunne ha store problemer med å bruke en annen manns fløterhake effektivt. Både falet og håndtaket kunne være av forskjellig lengde etter fløterens preferanse. I Rotna foretrakk fløterne lange, lette, mjuke skaft av tynne granstammer, som var 4 meter eller lengre, og det var konkurranse mellom fløterne om å ha den beste haken. Bildet av Damlaget ved Namnsjøen i 1957 viser at hakene var relativt kraftige og kanskje bare 2.5 meter lange. Det var sterke haker som var bedre å bruke i ei steinrik, smal å der tømmeret kjørte seg opp på steiner og måtte brytes eller «våges» uti igjen. Det var flere smeder som smidde haker – B. Lismoen i Hof, Mjølnerudsmeden Bernt Bergersen på Roverud, Alfred Storberget og Åsmund Håven. Dessuten var kommersielt produserte haker i bruk, Basthaken, Orsahaken og Lekvattenhaken med to forskjellige størrelser på falet. Riktig skjefting var svært viktig, for at fløteren skulle treffe der han ville da han slo etter stokkene. Skaftet ble økset flatt på den sida, som haken skulle sitte. Brukte fløteren venstre hånd foran på skaftet, måtte haken sitte på høyre sida, og omvendt. Det ble brukt smidde spikre til å feste falet til haken, for den var seigest. Senere ble det brukt svart fabrikkspiker, som var kile-

*I 1949, da motivet ble valgt for den nye 100-kroneseddelen, var fløtinga fremdeles ansett som en så viktig del av norsk næringsliv at den ble illustrert på baksida av seddelen. FS.*

formet og derfor slått gjennom skaftet på tvers, slik at veden ikke sprakk. Den ble så «nøkket» - bøyd og slått tilbake inn i skaftet – **nedover** mot hakeringen. Gikk nøkkinga oppover kunne den gi seg ved sterk påkjenning. Da ble det slark i haken, noe som kunne få den til å falle av. Var skaftet buet måtte buen vende ned – en fløterhake med «rygg» vred seg i hånda og var ustødig å arbeide med. Hakene ble sløve og måte hvesses. Det måtte helst gjøres i smia, men i nødstilfelle kunne den files skarp igjen.

På tross av sin avsky for arbeid i skogen måtte Henry likevel vende tilbake til kjøring for å tjene til livets opphold, og notatene han gjorde gir oss et innblikk i hvor mye en mann kunne kjøre, og hva han fikk betalt. I 1949 kjørte han tømmer i 46 dager. Det fikk han 920 kroner for, det vil si 20 kroner dagen. I løpet av 15 arbeidsdager mellom 19. november og 7. desember 1951 brøt han ned 997 reis med ved – eller «vearés», som de ble kalt. De kjørte han fram til tømmervelta med stutting – en kort slede, som ble brukt for å få veden ut til veien med - for derfra å transportere den videre på geitdoningen. På 7 dager mellom 10. og 18. desember transporterte han veden ut av skogen. Det fikk han 1000 kroner for, relativt godt betalt et år da den samlede inntekta var ca. 7 200 kroner - men likevel bare ei krone reset.

Ved å bo i et samfunn der skogbruket hadde slike tradisjoner var det umulig å unngå at også vi ble involvert i arbeidet da vi vokste opp. Jan Erik og jeg hogg ved i skogen på eiendommen til bestefar Torvald og tjente noen kroner på det. Saging og kløyving av ved for lagring i skåla var noe vi ikke så med blide øyne på, men likevel måtte delta i.

Jan Eriks far, min onkel Ole Fosseidengen, var en fremragende skogsarbeider. En gang da han hogg sine 10 kubikkmeter pr. dag - en uhørt manuell produksjon - spurte skogeieren: «Hvor mange er dere?» Den 23. mars 1964 fikk vi gutta anledning til å arbeide sammen med Ole. Han hogg i skogen mellom Meiningen og Monsrud Vestre (Thors) og vi ble «leid» til å barke stokkene. Det var et blodslit, og etter en dag

*Julius (far) og Jørgen (sønn) Velten med hest og stutting i 1905. Bjørg Ada Thuer - NK-99*

med verkende rygg og åpne blemmer inni hendene hadde jeg barket åtte stokker, mens Jan Erik hadde barket ti. For det fikk vi 10 øre stokken – ei dagsfortjeneste på henholdsvis to, og to og ei halv krone.

*Vearés. Jan Erik Fosseidengen*

*I Monsrud sa vi at veden varmet deg to ganger – når du hogg den og når du brente den. Her har Henry hogd vinterveden for Haugli høsten 1995. FA.*

*Barking for hånd - et blodslit. IF.*

*Det var mange typer barkespader – de fleste av dem var svenske. IF.*

*Min onkel, Ole Fosseidengen, var en fremragende skogsarbeider. «Hvor mange er dere?» spurte skogeieren da han så det Ole hadde hogd alene. Her er han med sin kone, min tante Åse Sollien. Utenfor myra bak dem sees Nils-Henriksholmen i Namnsjøen, som er nesten landfast, så St Hansholmen (tv) og i venstre bildekant Granerudsholmen. FA.*

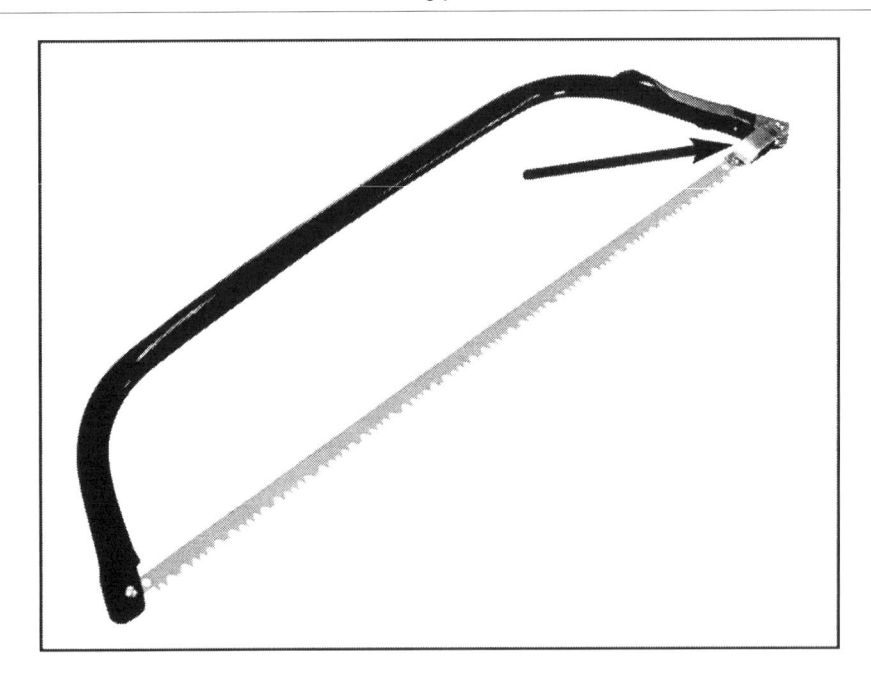

*Da mine bestefedre Karl Ruud og Torvald Sollien hogg tømmer brukte de «bågåsag» til å felle trærne, gjerne med ei stålfjær festet ved pila, som ble ført rundt trestammen og hektet tilbake på samme sted. Fjæra hjalp til å trekke saga i retning* **fra** *skogsarbeideren, da han dyttet. IF.*

*I 1964 hadde motorsaga forlengst gjort sitt inntog, og Ole hadde nettopp investert i ei ny Solo 624 modell 70 (70 var sylindervolumet i kubikkcentimeter), introdusert året før. IF.*

Oles kvaliteter som skogsarbeider gikk i arv til sønnen Ole Johnny (Johnny Engen), som sammen med min onkel Ivar Sollien og Robert Dahl fra Grue Finnskog var kjent som det mest effektive hoggerlaget i Grue en periode i 1970-åra.

Mye tømmer ble foredlet lokalt, og det var flere sagbruk i distriktet. Min far arbeidet både på Namnå sag og Vestlisaga, og mang en hustrig vintermorgen måtte han kaste seg på sykkelen for å slite seg ned til Namnå i snøen. Det var ikke store fortjenesta, men den inntekta var alt mine foreldre hadde å leve på med ei to år gammel datter, min søster Anne Berit. Min far hadde alltid en trang til å konstruere og bygge – allerede som tenåring bygde han sitt eget værelse. Etter at han hadde gjort seg ferdig med skogsarbeid, fløting, gårdsarbeid og førstegangstjeneste i Tysklandsbrigaden bygde han sitt første hus i 1949. I 1953 utvidet han husets gulvflate til det dobbelte og satte på 2. etasje. Han arbeidet 12 år på anlegg i Oslo før han etablerte seg som selvstendig næringsdrivende, med snekring som yrke. Han kom til å etterlate seg mange monumenter over sin kapasitet som byggmester fra 1960 til 1995, bare et år før han gikk bort. Det gikk forøvrig

*Henry på vei til saga en kald vintermorgen. FA.*

*Henry på saga. FA.*

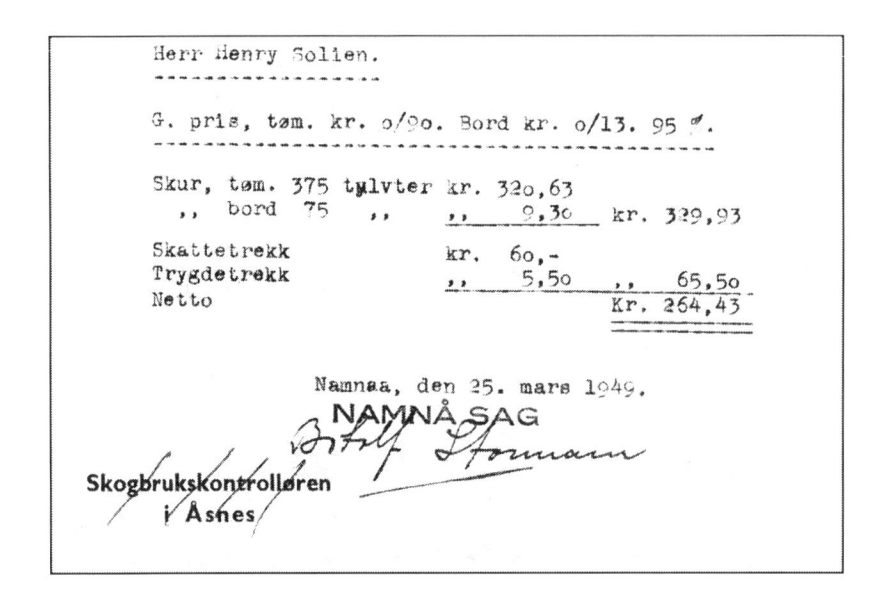

```
Herr Henry Sollen.
-----------------

G. pris, tøm. kr. o/9o. Bord kr. o/13. 95 ø.
-----------------

Skur, tøm. 375 tylvter  kr. 320,63
  ,,  bord  75   ,,       ,,   9,30   kr. 329,93

Skattetrekk             kr.  60,-
Trygdetrekk              ,,    5,50  ,,   65,50
Netto                                Kr. 264,43


              Namnaa, den 25. mars 1949.
                      NAMNÅ SAG
   Skogbrukskontrolløren
         i Åsnes
```

*Lønningskonvolutt som Henry fikk annenhver uke fra Namnå Sag. FA.*

*Sedlene i Henrys lønningskonvolutt. 1- og 2-kronesedler var fremdeles i omløp på grunn av mangelen på skillemynt under og etter 2. Verdenskrig. FS.*

*Henry på arbeidsplassen med standard hodeplagg til beskytt-
else mot sola – et lommetørkle knyttet i alle fire hjørner. FA*

inflasjon i tittelen «byggmester» i distriktet i 1960-åra. Til slutt ble alle «byggmestrene» i kommunene rundt Kongsvinger pålagt å komme dit for å gjennomgå ei prøve, for å finne ut om alle som brukte tittelen var kvalifisert til det. Bare en eneste av de frammøtte besto prøva, nemlig Henry. Han kunne lage alt fra et dokkehus til en låve, og bygge et hus fra et hull i jorda for kjelleren helt opp til pipa, og håndlage inventaret, om nødvendig. Det står hus som han har både satt opp fra grunnen og reparert, på mange steder på Østlandet – foruten over hele hjemtrakten også på begge sider av Oslofjorden, i Oslo, Nordmarka, Nannestad, Hurdal, Trysil, Rendalen og på Hardangervidda.

Ca. 1962 var han med på arbeidslaget som satte opp lærerboligen på Namnå – under ledelse av faren, Torvald – ved Namnåa rett overfor veien til gården som da tilhørte Ola Moen. Noen av de største byggverkene, som han var ansvarlig for kan sees langs «Bergesi'vegen». Han satte opp de to uthusene på Kingelsrud, som står overfor hverandre på begge sider av veien. Fjøset med låvebrua var jeg selv med på å sette opp, i sommerferien 1970. Jeg var ansatt som håndtlanger til å hjelpe med å støpe støttepillarene i kjelleren og golvet i 1. etasje, da sementen ble tømt i forskalinga. 3 sementbiler gikk kontinuerlig og 7 mann trillet sement og tømte den på «valven» (Grue «a» og tjukk 1). Min jobb var å løfte og riste det store nettet av armeringsjern, som var lagt i golvet – og som hang sammen fra ende til ende - slik at sementen sank helt ned i bunnen av forskalinga. Det var et utrolig slit i brennende solsteik, og det gikk med 230 tonn sement. Selv var jeg særlig imponert over låvebrua til Sverre Lund, da Henry gjorde om låven. Den måtte konstrueres i ei bue på grunn av mangel på plass, og hvor Sverre foretrakk å kjøre inn på brua. Siden brua gikk i bue, måtte veggen på den delen av låven som lå langs den også konstrueres i bue, noe som ikke var helt enkelt da reisverksbygninger jo som regel konstrueres kvadratiske eller rektangulære med rette vinkler i hjørnene. Men det gikk på et vis.

Når Henry snekret kunne selvfølgelig bygningene «skreddersys». Da Jens Monsrud skulle bygge ny garasje til lastebilen

*Lærerboligen i ferd med å bli satt opp ved Hulali på Namnå ca. 1962. FA.*

*Torvald (tv) og Henry inne i bygningen. FA*

*Arbeidslaget som satte opp lærerboligen. Fv: Torvald Sollien, Magnus Bjørklund, Isak Olsen, Ivar og Reidar Sollien og Ole Sørensen. Henry har tatt bildet. FA*

*Lærerboligen vel 50 år senere, i juni 2013. FA.*

*I fjøset på Kingelsrud gikk det 230 tonn sement i kjellerpillarene og golvet i første etasje. FA*

Bygningen på den andre sida av veien ble satt opp noen år etter fjøset. FA.

Lund. Fra den hvite pila går veggen i ei konkav bue opp låvebrua. FA.

*Jens Monsrud valgte garasjen med brukket tak. FA*

laget Henry to modeller i papp, ca. 30 cm lange. Den ene hadde gavltak, mens den andre hadde brukket tak, slik at Jens kunne se hvordan de tok seg ut og velge den han ville ha. Jens valgte den med brukket tak, og Henry gikk igang med bygginga. Noe av det mest interessante detaljarbeidet jeg så var et våpenskap, som var skjult i veggen i ei hytte i Nordmarka, for å hindre at våpen (og brennevin!) ble stjålet av eventuelle innbruddstyver. Døra på skapet var simpelthen en del av den liggende panelveggen, og kunne løftes opp og ut av to gliderenner ved å bruke en liten krok.

Henry hadde en sterk sans for historie, og hva som ville skape interessant historie i framtida. I 1960 gjorde han om hjemmet vårt innvendig, og i den forbindelse – uten å fortelle det til noen - gjemte han en plastikkpose med 12 jule-, påske- og fødselsdagskort fra 1958 og 1959 i en vegg. I 2011 – 51 år senere og 15 år etter at han gikk bort, 13 år etter at min mor solgte huset og 2 år etter at *hun* gikk bort – ble kortene funnet under ei ny omgjøring innvendig! Et av julekortene var veldig tidstypisk – 1958 var året etter at Sovjetunionen plasserte den første satelitten, Sputnik 1, i jordomløp. Verden sto ved be-

*Da han ble eldre fant Henry det mest interessant å restaurere gamle bygninger tilbake til fordums standard. Han gjorde restaureringa i Sollien i Svullrya, finnetorpet som vi stammer fra, da det ble fredet. FA.*

gynnelsen av romkappløpet og vi så alle fram mot ei mulig landing på Månen. Dette ga seg blant annet utslag i at ett av julekortene viste to nisser, der den ene var i ferd med å tenne en rakett for å sende den andre til Månen!

Under tømmerhogging, sagbruksdrift og annet kroppsarbeid med skarpe redskaper var det uunngåelig at det skjedde ulykker eller uhell. Det er utrolig at det ikke skjedde flere enn det gjorde. Verneutstyr var ikke-eksisterende og vel bare ansett for å «være iveien» når jobben skulle bli gjort fort nok. Noen ulykker var alvorlige, andre ikke fullt så alvorlige, noen var bare skrammer mens enkelte ganger slapp en fra det med bare skrekken. På sagene var det ikke uvanlig at de som jobbet ved de ubeskyttede sagbladene ikke lengre kunne telle til ti på fingrene. Min onkel Kåre Sletten var utsatt for ei slik ulykke i 1981, da han mistet en finger i en fresemaskin i en trevarefabrikk. Johnny Engen hogg seg alvorlig i beinet under vedhogst på rot i Monsrud, mens Cato Sletten slapp fra det med skrekken da motorsaga flådde olabuksa av låret hans uten å skjære særlig langt inn under huda. Selv klarte jeg å falle på økseeg-

*Et tidsriktig julekort som Henry gjemte i en vegg på Haugli i 1960. Det ble gjenfunnet sammen med 11 andre kort i 2011. FA.*

gen mens jeg kvistet et stort bjørketre, og skar meg inn til beinet i langfingeren, mens Jan Erik skar en stykke ut av låret med kniv da han brukte det som støtte for noe han teljet på.

Vi kom tidlig i kontakt med skarpe redskaper i alle størrelser og former, og forskjellige typer kniver var veldig vanlige presanger både til jul og fødselsdager. Vi ble vel fort for vant med å omgås dem, og litt uvørne i behandlinga. Når vi fikk knivene var vi ikke sene om å finne slipesteinen, for deretter å bryne eggene sylskarpe. Jeg ville ha en skikkelig Morakniv, en slik som alle de voksne kara hadde, og den kunne fåes i miniatyrutgave – like skarp og farlig som den i full størrelse.

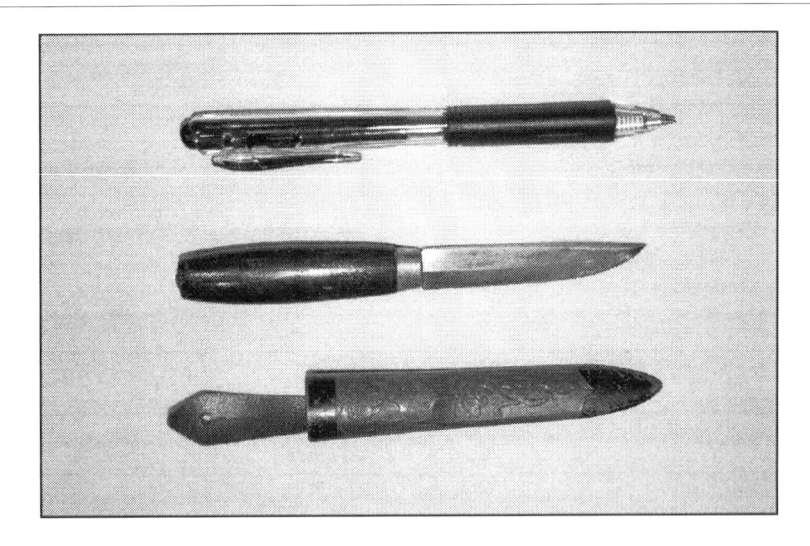

*Morakniven kunne fåes i miniatyrutgave, like skarp og farlig som den i full størrelse. Den var en ettertraktet og vanlig fødselsdagspresang. FS.*

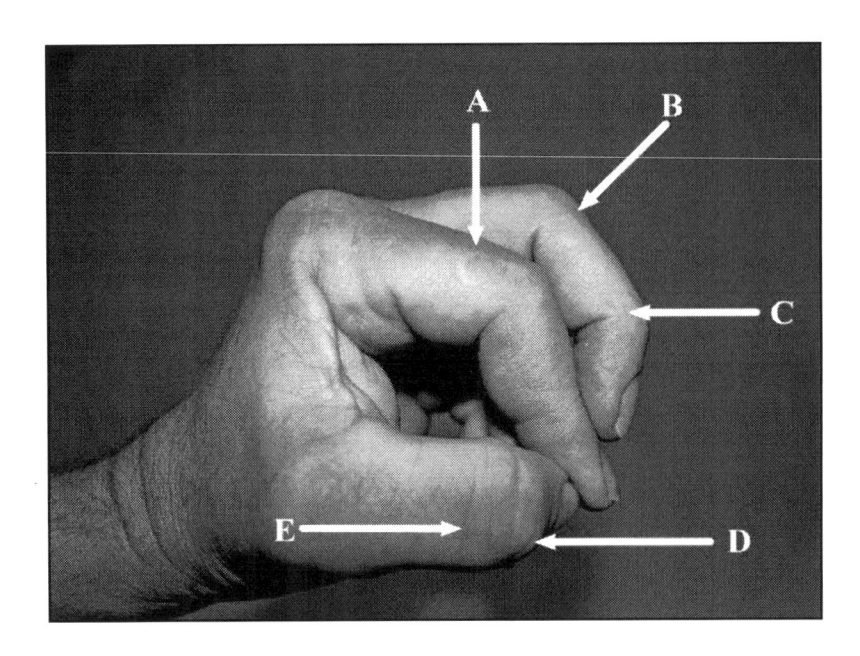

*Ei typisk venstrehånd på en høyrehendt gutt som vokste opp i Monsrud. Arrene er fra A: Kniv, B: Øks, C: Kniv, D: Kniv og E: Spade. FA.*

Et notat i dagboka den 1.4.69, skrevet etter en tur på orrhaneleik i vått snødrev der vi overnattet på Nordpolen ved Vintersjøen, kan summere opp noe av det som kunne hende av uhell med skarpe redskaper på en slik tur: «Frode (Lerdal) skar seg helt inn til beinet i fingeren med kniv under arbeid med å reparere sykkelkjedet, mens jeg hogg meg i ankelen med øks idet jeg forsøkte å dra ei islagt furu fram fra snøen til peisved». Arret tversover ankelen har jeg den dag i dag, som et minne om opplevelsen. Heldigvis unngikk jeg de såkalte *Peroneus brevis* og *peroneis longus* – de to senene, som ligger bak ankelen - med én fattig centimeter, ellers hadde hjemveien på snøføre fra Rotna blitt lang.....

# HUSHOLDNINGSSTRATEGI OG LANDBRUK

På 1800-tallet og utover på 1900-tallet blandet folk i Namnjø, Monsrud- og Namnerudsgrendene naturalhusholdning med byttehusholdning og pengehusholdning. Det betydde i praksis at folk klarte seg med det som kunne produseres på en gård og ei sæter, ved jakt og fiske og ved å bytte eller selge de varene de selv produserte. Husmennene under Grøset kunne få varer i Ole O. Husebys landhandel etter at den ble etablert, og sette det på konto for så å ha det trukket fra lønna. Visse varer var det nemlig nødvendig å skaffe seg utenfra, enten som fullstendig foredlede (salt, sukker og tobakk), eller ved å levere råstoff (korn) og få varen tilbake foredlet (mel).

Innbyggerne rundt Namnsjøen gjorde de tjenester de kunne utføre og solgte eller byttet viltet og fisken de fanget, eller produkter de lagde selv. Det er grunn til å anta at tyttebær, blåbær og multer var viktige elementer i husholdningen om høsten, både til eget bruk, til bytte og til salg. Erik Iversen (ca. 1819 – ca. 1902) bodde på Granerud og laget sopelimer, som han gikk rundt med. Kona hans, Karen Olsdatter (1823 – 1913), søstera til den velkjente lokale størrelsen Arne Olsen Hjelmen, vevde bånd som hun solgte. Om sommeren pakket hun fisken de tok inn i friskt lauv og våt mose, og solgte den også.

Noen utførte mer spesialiserte tjenester, men de måtte selv oppsøke kundene ved å gå rundt på de større gårdene, og kunne slik bli kompensert med både penger, overnatting og kost. Arne Hansen, som bodde på Granerudsholmen fra 1871 til 1875, var skomaker, og skomakere på den tida gikk gjerne gårdmellom og utførte sine tjenester. I 1881 fikk Arne Olsen Hjelmen bygsel på holmen. Han livnærte seg ved å reise rundt som kobber- og blikkenslager. Fram og tilbake fra holmen kom han visstnok ved å bruke ei ca. 100 meter lang flytebro som lå over vannet. Ole Olsen Namnsjøholmen bodde på Feierholmen sammen med kona Maren Hansdatter.

*Arne Olsen «Hjelmen» og kona Karen Arnesdatter på handletur med neverkont på sleden til butikken på Kvernbakken. Olav Madshus.*

Holmen ble oppkalt etter Oles profesjon, og da han reiste rundt og feiet piper, feiet Maren ovnene. «Mestersmeden» Petter Thors på Monsrud Vestre (bilde side 241, faren til skøyteløperen og smeden Oskar Thors) hadde gått i lære hos sin far og reiste så til Kristiania hvor han skaffet seg kunnskap og erfaring som håndverker på flere verksteder. Han tilbragte deretter et par år i USA før han kom tilbake og gikk fra gård til gård og gjorde smed- og snekkerarbeid. Ei av døtrene hans – Mathilde – reiste også til USA, men kom tilbake og livnærte seg ved å reise rundt på de større gårdene som sydame.

Imidlertid skjedde det fra generasjon til generasjon en glidning mot mindre og mindre naturalhusholdning, simpelthen fordi det ble født altfor mange unger til at næringsgrunnlaget kunne bære dem. Det var ikke nok jordbruksland, som var lett tilgjengelig, slik at det kunne ryddes i samme takt som befolkningen økte - og selvom det hadde vært nok tilgang på fruktbar jord, gjorde husmannsvesenet, klassedelinga og mangelen på økonomisk evne en slik utvikling i jordbruket umulig.

Det ble en ren befolkningseksplosjon i grendene - i 30-årsperioden fra 1835 til 1865 økte antall innbyggere i Grue med 50 %, fra 4314 til 6457. Derfor fikk Monsrud fastskole allerede i 1864 – boplassene langs breddene og på holmene i Namnsjøen ble tatt i bruk. Utviklinga var et ledd i en generell befolkningsøkning som fant sted over hele landet, og skyldtes i hovedsak økt matproduksjon, framveksten av et organisert helsevesen og at Norge hadde den laveste spebarnsdødeligheten i Europa. Fra bare ca. 200 000 overlevende etter Svartedauen i 1350 passerte den norske befolkningen 1.2 millioner rundt 1840. Samfunnet opplevde en naturlig respons på økt befolkningstrykk - det ble motvirket av utflytting. Fra 1866 til 1900 reiste 4425 personer fra Grue til Amerika. Fra grendene rundt Namnsjøen og Namnåa flyttet også mange ut, men endel av dem kom tilbake. Min nabo, Anna Sagen på gården Nord-Sagen, var en av dem.

*Smea-hjemmet i 1990-åra. I 2013 hadde det råtnet fullstendig ned. FA.*

*Ikke alle emigranter fra Namnå reiste til Amerika. Magnus Dahler deltok på en av de mislykkede koloniseringene av Galapagos, som startet midt i 1920-åra! Her ser vi avskjedsselskapet hans i Brusetra. Bak (fv) Karen Olsdatter Bruseteren, Pål Sorknes, Alma Nylen, E. Nylen, ukjent, ukjent, Ragna Haagensen, Thorleif Haagensen, Mentz Skara, Kristine Skara, Arne Sorknes og Magnus Dahler. Foran (fv) Johs. P. Sorknes, ukjent, Astrid Madshus, Åsmund Madshus, Jenny Madshus Granseter, Einar Larsen Bruseteren, ukjent, Oskar Sorknes og Ole Th. Sorknes. Bildet er tatt i 1927. Olav Madshus.*

*Min mor Gerd tilbragte 6 sommere på Smea sammen med tvillingbroren Arne og lillesøstera Else, i slutten av 1930-åra. FA.*

Da min mor gikk på folkeskolen (1934 – 1941) tilbragte hun sommerene hos sine besteforeldre på Smea i Bergesida. Der drev de fremdeles en utstrakt naturalhusholdning. De hadde 3 kuer, 2-3 griser og høns. Økonomien var ikke god nok til å kjøpe og holde seg med hest - den ble leid inn når det var nødvendig. Det var alltid mer enn nok mat på bordet – blant min mors favoritter var sirup, jordbærsyltetøy og kakao. Min oldemor Olivia hadde en hageflekk der hun dyrket 5-6 «reiker» med jordbær, videre hadde hun rips, stikkelsbær, bringebær, rabarbra, kål, gulerøtter, poteter og noen epletrær. Gerd lærte å separere melk til skummet melk og fløte, og så ble det laget smør. Olivia laget også tettemelk, potetmel og dessuten sukkerbiter til kaffen. På bordet sto det hjemmebakt hvetebrød, da de hadde en liten åkerlapp med hvete som de fikk malt på ei mølle. Alle de ferdiglagde produktene som måtte lagres kjølig, ble plassert i en steinkjeller i jorda.

Et brudd fra naturalhusholdning til pengehusholdning skjedde på min mors side mellom mine oldeforeldres og besteforeldres generasjon. På min farsside skjedde det mellom mine besteforeldre, Torvald og Margit Sollien, og deres barn – min far og 9 onkler og tanter. Ingen av barna overtok og drev gården, selvom min far og onkel Ivar til forskjellige tider forpaktet den – det vil si de drev ei kombinasjonsnæring av åkerbruk og betalt arbeid. En viss naturalhusholdning var fremdeles i bruk hos mine foreldre fra 1950 og 20 år framover. De holdt seg med gris, som dekket mye av kjøttbehovet, siden de gjorde det til et poeng å ha minst 2 eller 3 fiskemiddager i uka. De satte sine egne poteter, gulrøtter og noen ganger erter, de holdt noen høns som la egg og et par år hadde de kalkuner. Min mor plukket tyttebær om høsten som hun både foredlet til eget behov og solgte. Det endelige bruddet med naturalhusholdningen skjedde i min egen generasjon, der jeg aldri drev noen form for matproduksjon, men flyttet vekk fra landet, inn til byen, og kjøpte alt jeg trengte for penger tjent ved arbeid.

*Mine foreldre holdt høner. Her er min søster Anne Berit med favoritthøna, som likte å sitte på fanget hennes. Bildet er tatt i 1951. FA.*

I en periode rundt 1960 kunne fisk kjøpes direkte fra en omreisende bil i Monsrud, kjent som «Fiskebilen». Den kjørte «runden» fra Namnå østover Feiarvegen til Namnsjøen og kom ned igjen Monsrudvegen, en gang i uka. Det var en spesialbygd Volkswagen-buss som hadde et sidepanel som kunne felles ned og fungerte som disk for vekta, og skjæreplate da kundene hadde bestemt seg for hvilken fisk de ville ha, og hvor stor filéten skulle være. Da jeg hørte et langt, skingrende signal fra et bilhorn i retning av gården til mine besteforeldre, visste jeg at det var Fiskebilen. Faste kunder var min bestemor Margit og hennes nabo tversover veien, Martha Hytjanstorp. En måtte bo relativt nær veien for å kunne benytte seg av tilbudet – fra hjemmet mitt ned til mjølkerampa til Nord-Sagen, som sto ved Monsrudveien – «mjælkebokken», som vi kalte den - var det bortimot 300 meter å gå. Så lenge ventet nok ikke sjåføren.

Selvom naturalhusholdning i motsetning til pengehusholdning ofte baserte seg på å være veldig mangfoldig og trekke på en rekke forskjellige ressurser, kunne også pengehushold-

*Bestemor Margit Sollien (tv) og Martha Hytjanstorp var faste kunder hos Fiskebilen. Bildet er tatt i juni 1961. FA.*

*Med noen kyr var en selvforsynt med melkeprodukter. Her ser vi min bestefar Torvald Sollien med min søster Anne Berit (th) og kusina Aase Johansen fra Bekkestua, med kua Lita. I bakgrunnen sees rankene av stubber og steiner, som hadde blitt brutt opp av jorda og fraktet tilside ved rydding av åkerland. Bildet ble tatt i 1953. FA.*

ning bli divers under ekstreme forhold. I 1930-årene var det vanskelig å få én godt betalt jobb som dekket det økonomiske behovet for en hel familie. Derfor måtte mange små ressurser utnyttes til et større hele. Min morfar, Karl Ruud, drev en slik kombinasjonshusholdning. Han plukket tyttebær som han solgte, plukket poteter på en gård, ladet bilbatterier, fortinnet kaffekjeler, strikket herresokker på en strikkemaskin for levering til Langseths forretning på Kirkenær, reparerte radioer, motorsykler og biler, og drev drosjekjøring. Han fortalte noe som resonnerer med tilstandene i dagens samfunn: På en eneste lørdagskveld tjente han mer på å spille til dans, enn

*Det krevde mye mat å underholde en familie på 12. Bak fv: Åse, Ivar og Henry. I midten Margit og Torvald Sollien. Foran fv: Solveig, Ingrid, Torbjørg og Randi. Bergljot, Reidar og Bjørg var ikke tilstede. Bildet er tatt ca. 1937. FA.*

han gjorde på vanlig arbeid hele resten av uka.

På en gård som mine besteforeldres gikk naturalhusholdningen fra 1920 og framover hånd i hånd med pengehusholdningen. Med opptil 7 kyr, griser, høns, kalkuner, kaniner og 80 dekar jord var en berget med det en kunne lage selv. Det krevde mye mat å underholde en familie på 12. Fredag kveld bakte Margit 12 brød. Søndag kveld var alle oppspist. Da stekte hun en stor stabel med vafler.

Jeg var heldig nok til å oppleve ei tid da det fremdeles var dyr på mine besteforeldres gård og onner der hesten utførte arbeidet, og kunne følge med på hvordan maskinene gradvis overtok arbeidsoppgavene, til hestearbeidet til slutt opphørte å eksistere. Jeg hadde også ubegrensede muligheter til å bidra med min egen arbeidskraft, ved å plukke steiner fra jordene hver sommer, som frosten hadde presset opp, og kaste dem i rankene......

*Torvald og Margit underholdt også min oldefar, Martin på hans gamle dager. Han var bærer av ei ubrutt mannlig anelinje tilbake til Finland der slekta utvandret fra. Han hadde bodd på Haugsetra, like ved familiegården Sollien i Svullrya, da Torvald ble født. FA.*

*Søndag kveld stekte Margit en stor stabel med vafler. Jan Erik Fosseidengen.*

*Selvom mine foreldre praktiserte en partiell naturalhushold-ning var jeg ikke alltid enig om arbeidsfordelinga. Her har jeg blitt satt til å luke mine egne gulrøtter, som jeg i tanke-løshet og ubegrunnet optimisme hadde sådd om våren. Bildet er tatt ca. 1963. FA.*

På mine besteforeldres gård ble det holdt kaniner. Her er min onkel Reidar med kaninen sin ca. 1932. FA.

En generasjon senere ble det også holdt kaniner, nå på Bekkelund. Her er Asbjørn (tv, med katt) sammen med Else Marie og Jan Erik Fosseidengen ca.1962. FA.

*Mot slutten på 1960-tallet ble de siste kaninene middagsmat – deretter forfalt burene. Jan Erik Fosseidengen.*

Å ha et godt samarbeid med hesten var en fordel når gårdsarbeidet ble gjort. Det som imponerte meg med min bestefars forhold til de store dyra, var at han behandlet dem som om de var små. For ham var en hest ikke større enn en hund, og det

*Min bestefar, Torvald, hadde et godt håndlag med hester. Bildet viser ham hjemme på gården Namnerud, Sør-Sagen, eller ved det navnet, som jeg kjente den – Sollien, ca. 1935. FA.*

var slik han kontrollerte den – som om han var den største av de to. Hestene var tilsynelatende ubetinget lydige, og gjorde som han ville – han lærte dem til og med å løfte frambeinet og takke for maten da han ga dem en godbit. Han kunne behandle dem med takt eller med hard hånd – en gang fikk han en hest om hender som var umulig å få til å trekke, uten at den røsket istykker skjækene i det samme selepinnene ble slått i. Torvald spente den for en geitdoning og satte en trestokk tversover brystet på den, som han festet til skjækene på hver side. Så satte han seg på doningen og lot hesten trekke den på grusveien fra Namnerud til Kirkenær. Etter det oppførte den seg slik han ville. En annen hest sto på stallen i møkk opp til buken, fordi ingen turde å gå inn til den. Han ble fortalt at hvis han kunne måke ut den hesten uten å bli sparket helseløs, kunne ha få den. Han gikk inn i stallen, måkte stallen rein og leide hesten med seg hjem.

Jordveien på Sollien ble mye brukt til havre, bygg, høy og poteter. Når det var nødvendig med sesongbetont arbeidskraft var det ungene – og senere også svigerbarn – som hjalp til da det trengtes. De første minnene om gårdsarbeid er fra høyonna – fordi vi da fikk hoppe i høyet etter at det var lastet inn i høygolvet. Da kunne vi hoppe fra de høyeste mønsåsene i låven og likevel ikke skade oss, og grave tunneler og gjemme oss i. Selvfølgelig ville jeg kjøre hesten, men det var jeg fremdeles for liten til og selv etter at jeg ble eldre var det enkelte redskap, som jeg aldri fikk røre. Et av dem var slåmaskinen, som ble brukt i høyonna. De trekantete skjærebladene – som senere skulle bli brukt til øksehode i ei indianerøks – hadde flere katteliv på samvittigheten. De skar lavt over marka og kunne resultere i alvorlige skader. Jeg løp på høystubben etter maskinen da det ble slått – det var utrolig mange smågnagere på høylandet og det beveget seg over alt, da høyet plutselig ikke skjulte dem lengre.

Bare 15-20 år tidligere – ca. 1940 – forteller Bjørn Tuer at det fremdeles ble slått med ljå på Heggerenga, der slåmaskinen

*Slåmaskin. Pilene peker på tannhjulene som overførte krafta fra hjulene til skjæreknivene, som gikk fram og tilbake. IF.*

*Slått med ljå. IF.*

*Bryning av ljåen. IF.*

*Håndraking av høy. IF.*

*Sleperive. www.arbeidshest.net.*

*Sleperiva tømmes. www.arbeidshest.net.*

ikke kunne komme til. Etter at mannfolka hadde slått ble høyet liggende og soltørke noen timer, før kvinnfolka og ungene kom med river og vendte det. Siden ble det rakt opp i såkalte «kåler» hvoretter mannfolka kom med høygafler og samlet det i såter. Ljåen fikk jeg anledning til å bruke på gras hjemme, og det var litt av en kunst å slå lavt over bakken uten å kjøre «toa» på ljåen i marka i ett sett. Å se drevne slåttekarer som brynte ljåen sin var et imponerende syn. Brynet ble dratt ned på den ene sida av eggen og opp igjen på den andre med lynets hastighet. Det fikk jeg aldri til.

Da høyet var slått med maskin måtte det rakes sammen, og til det brukte en ei sleperive, og til finraking ei høyrake. Sleperiva var det vanskelig å bruke hvis en ikke var stor og sterk nok. Som 10 åring måtte jeg bruke alle krefter for å løfte bakenda opp slik at den tippet over, og så gjøre det samme for å få tinnene på riva til å peke forover igjen. Høyraka trengte også endel muskelkraft – å presse hele rekka av buede tinner opp med håndspaken slik at de slapp høyet på riktig plass var et skikkelig løft for en smågutt.

*Høyrake. Pila peker på spaken som ble brukt til å løfte rekka av buede tinner. IF.*

*Høyhekking. IF.*

Høyraka ble også brukt til å rake sammen halmen, som lå igjen på jordene etter skuronna om høsten. Den ble så stukket i brann. Det var ei spennende tid. Hele jordet sto i flammer og vi løp rundt periferien med store greiner fra grantrær og slo på ilden for å slukke den hvis den åt seg ivei i en retning den ikke skulle. Min mor syns ikke det var like spennende. Når jeg kom hjem om kvelden stinket klærne mine av røyk, som fra en utbrent vedovn. Da ble det klesvask.

Etter at høyet var raket sammen måtte det hekkes, som var litt av et blodslit i solsteiken. Staurene var satt opp på forhånd. Spett var brukt for å lage hull til å sette dem i, og etter at de var plassert ut ble det trukket ståltråd til å henge høyet på, mens vi måket ivei. Jan Erik og jeg hekket for Odd Sagen to uker i trekk sommerene 1970 og 1971. Det var best å ha et mål i sikte for hva en ville bruke pengene til, for å klare å stå ut med solbrent ansikt, verkende rygg, stikkende agner og høystøv - og en kunne ikke være allergisk mot timotei. Da rant tårene i strie strømmer og nesa tettet seg fullstendig. I 1971 var målet krystallklart: Jeg ville kjøpe professor Svein Haftorns nye, 860-siders oppslagsverk, som het Norges fug-

*Det var utrolig hvor mye høy som kunne lastes i vogna. IF.*

ler. Det kostet 160 kroner, og da gikk hele lønna for 2 uker med.

Da høyet var tørt var det klart til å kjøres inn på låven. Vi ungene kunne få tråkke høyet ned i vognene da det ble lastet ombord, men å kjøre hesten var utelukket, selv da jeg ble eldre. Det skulle ei stø og erfaren hånd til for å la hesten ta god fart på tunet og rase opp låvebrua, for så å bråstoppe på det øverste låvegolvet før den braste ut gjennom veggen på motsatt side.

Etter slåttonna kom skuronna. Min søster Anne Berit, som er 6 år eldre enn meg, kan huske at min bestefar kjørte slåmaskinen da han skar havren, og hun var med på å binde kornband. Da jeg ble gammel nok til å følge med på onna gikk selvbinderen over jordene. Den skar og trakk inn kornet på den ene sida, som den så via en sinnrik mekanisme bandt sammen til kornband med et spesielt og usedvanlig sterkt snøre – selvbindersnøre. Deretter kastet den de ferdige kornbandene ut på den andre sida. Bandene – eller loa - ble satt opp mot hverandre i grupper til tørk (muger) og så tredd på staur (sneis).

Da loa var tørr var det tid for å bringe treskeverket til gårds.

*Uthusene på Sollien, som nå er revet. Det skulle ei stø hånd til for å la hesten rase opp låvebrua og stoppe i riktig tid på det øverste låvegolvet. FA.*

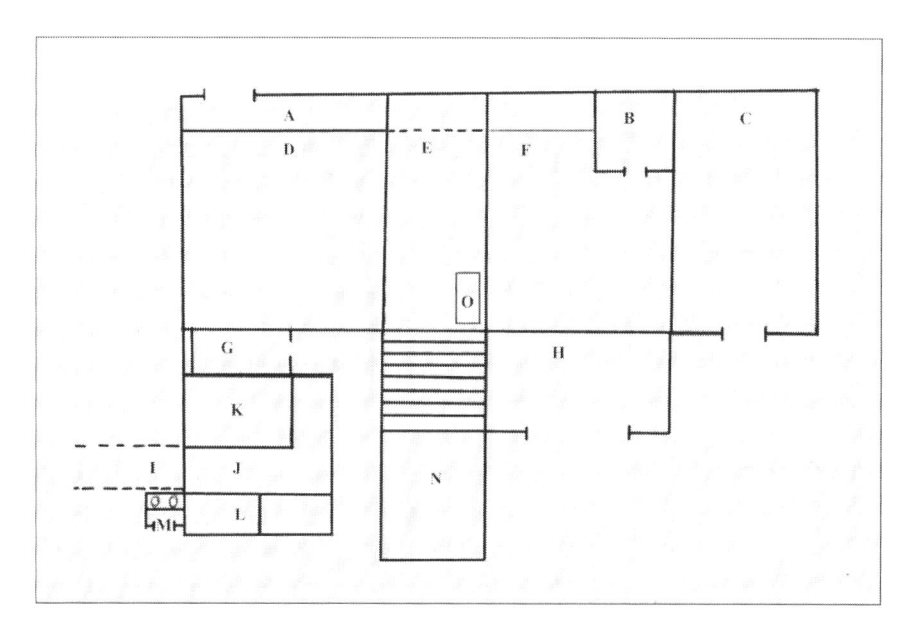

*Omtrentlig skisse over hvordan uthusene på Sollien var lagt ut. A: Vognskjul, B: Hakkrom, C: Vedskåle, D: Høygolv («undergolv» E: «Overgolv», F: Høygolv, G: Stall, H: Vogn- og Redskapsskjul, I: Utkjøring, gjødselskjeller, J: Fjøs med K: Kubåser og L: Grisebinger, M: Utedo, N: Låvebru, O: Mjølkiste i 1. etasje. FA.*

*Det var ikke bare på Sollien vi hoppet i høyet. Her er jeg sammen med Anne Holter på Persholen ca. 1956. Der ble det også hoppet mye. FA.*

*Selvbinderen i bruk. Kornstråene blir skåret og trukket inn på ene sida, sendt gjennom maskinen for å bli knyttet og så kastet ut på andre sida. I venstre bildekant sees kornbandene – loa – satt opp i muger til tørk. W.*

*Enkelte steder brukes selvbinderen fremdeles – nå henger den etter en traktor. W.*

Det gikk på omgang i bygda, ble drevet av en trefaset elektrisk motor, og fikk strøm ved at kablene ble hektet på de tre ledningene på kraftlinja. (Det samme prinsippet gjaldt også for kappsaga). Det trengte en stor stab av frivillige slektninger for å operere. Støyen fra den store maskinen var øredøvende, og all kommunikasjon mellom operatørene foregikk via roping og tegnspråk.

Kornet ble fylt i 100-kilo strisekker, og hakket ble blåst inn i hakkrommet. Hakk ble brukt som dyrefór ved å blande det med vann og andre tilsetninger som var tilgjengelige, som for eksempel en kopp mel. Det ble kalt «sørpe». Tidligere ble halmen skåret i småstykker på hakkelsmaskin, noe som ofte var ungenes jobb. Da jeg var ung kom den ferdig rett fra treskeverket, men det sto fremdeles gamle hakkelsmaskiner i låvene. Sørpe ble mange steder regnet som godt fór som ga ekstra krefter – min far fortalte meg at da han kjørte tømmer ved Bjølsjøene vinteren ca. 1942 spiste hesten hans 90 kilo hakk i uka. I dag ville hakksørpe bli betraktet som utilstrekkelig næring for en hest i fullt arbeid.

*Et treskeverk i aksjon. Kornbandene ble matet inn ved A, kornet ble tatt ut i sekker (bak) og hakket blåst ut ved B. W.*

*Kornbandene ble matet inn i treskeverket. W.*

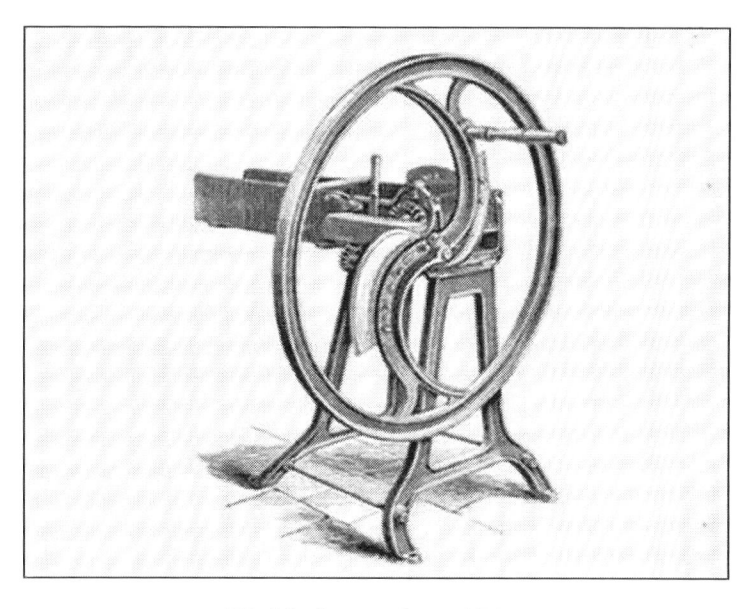

*Hakkelsmaskin. IF*

*Ved disse ripsbuskene hvilte gårdsfolka da de kom til Sollien for å arbeide på treskeverket. Låvebygningen sees i venstre bildekant. Her er Asbjørn på armen til bestemor Margit, og søster Anne Berit. Bildet er tatt i 1954. FA.*

«Middasvila» midt på dagen var minneverdige anledninger, der alle som arbeidet med treskinga samlet seg rundt det store kjøkkenbordet og spiste havregrynsvelling og digre brødskiver. Det var visse retningslinjer som måtte følges, til og med når det gjaldt hvordan en spiste brød. Min bestefar betraktet meg mens jeg smurte på skiva, og mens han lo oppgitt utbrøt han: «Sjå på'n – han smær på gærne sia på brøskiva, gett!» Brødskiva skulle smøres på den sida som vendte inn mot midten av brødet – den var størst, så der gikk det mest smør. Jeg smurte på «utsida», den som var minst, mens den største sida lå ned mot bordet. Kaffen ble også drukket på en spesiell måte. For at den ikke skulle være for heit, drakk bestefar den av skåla, mens han dyppet sukkerbiter i den, som ble spist samtidig.

I begynnelsen av 1960-åra, da min far forpaktet eiendommen, hadde skuronna blitt overtatt av skurtreskeren og en eneste mann kunne gjøre alt arbeidet som det før hadde tatt bortimot et dusin å utføre. Det var Sverre Lund som skar, et utrettelig

*I begynnelsen av 1960-åra hadde skuronna blitt overtatt av skurtreskeren. IF.*

*I august 1994 hadde skurtreskeren blitt atskillig mer avansert, med kahytt som gjorde at føreren var beskyttet mot vær og vind, noe som ikke var tilfelle 30 år tidligere. Her passerer treskeren tunet på Haugli. I bakgrunnen ser vi huset til Ivar Hytjanstorp. FA.*

arbeidsjern som satt på treskeren praktisk talt 24 timer i døgnet, i tillegg til at han drev sin egen gård. Da jeg gikk til sengs om kvelden så jeg fremdeles lyset fra maskinen som kjørte i firkanter ute på åkeren. Det var noe jeg misunte Sverre, og det var hans lange hår. Det ville jeg også ha, for det hadde The Beatles og de andre rockstjernene. Sverre hadde imidlertid ikke langt hår fordi han sto på scena og moret seg, men fordi han arbeidet kontinuerlig uke etter uke nesten uten søvn for å tjene til gårdens og familiens opphold, og ikke hadde tid til å gå til frisøren. Det var jeg for ung til å forstå og verdsette, og jeg hadde nok ikke selv vært villig til å betale en slik stiv pris for noen ekstra centimetere med hår.

Da potetplukkinga kom i gang kunne det være langt uti slutten av september. Da var det kaldt om morgenen, og plukkerne brukte votter for å unngå «valne» hender. Potetsengene ble delt inn i «oner», med 3-4 plukkere i hver one. Potetopptakeren kunne bli kjørt med hest eller traktor – på Sollien skjedde det med hest, og bestefar Torvald bak opptakeren. Den fungerte etter kastehjulprinsippet. Et hjul som satt i 90 graders vinkel på kjøreretningen hadde ei rad av «gaffeltinner» der hver enkelt eike skulle ha sittet. Et lite plogskjær løftet potetene ut av «reika» og hjulet spant dem utover til høyre i en avstand av opptil 5 meter. Så var det bare å sette igang og plukke. De voksne – kvinnfolka, i de dager - gikk foran og plukket matpoteter, og ungene kom etter og plukket små og ødelagte poteter til dyrefor. Sinkebøttene med matpoteter ble tømt i ei kjerre – gjerne ei møkkakjerre – og kjørt til kjelleren. Kjelleren på Sollien betydde under snekkerbua til min bestefar. I bua sto også lefsetakka - nær råstoffet....

Det fins ingen dokumentasjon eller muntlig overlevering fra tida på bildene, om de hadde problemer med sykdom på potetene. I min oppvekst hørte jeg ingenting om at sykdom på poteter var et problem på gårdene der vi plukket. I dag er bladlusoverførte virus et problem i Norge. Virusene som overføres blir kalt PVA og PVY – Potetvirus A og Potetvirus Y. Virusene kan påvirke både riset og selve potetene, og PVY

*Arbeid med potetene ca. 1939. Bak fv: Ivar Sollien med tømmene, Åse Sollien, Helfrid Sagen (bestemor Margits søster), Margit og Torvald Sollien. Barna bak fv: Øystein Bekkevoll, Torbjørg, Solveig og Ingrid Sollien (foran, minst). Foran hesten fv: Randi og Bjørg Sollien. FA.*

*En potetopptaker med kastehjul. De som ble brukt på Namnå hadde ei rekke med tinner - som en gaffel - ved hver «eikeposisjon», istedenfor en todelt arm. W.*

*Potetopptaking ca. 1946. Bak fv: Gerd Sollien, Henry Sollien (halvt skjult), Randi, Torbjørg og Åse Sollien, Odd Sagen og Torvald Sollien. Foran: Ingrid Sollien. FA.*

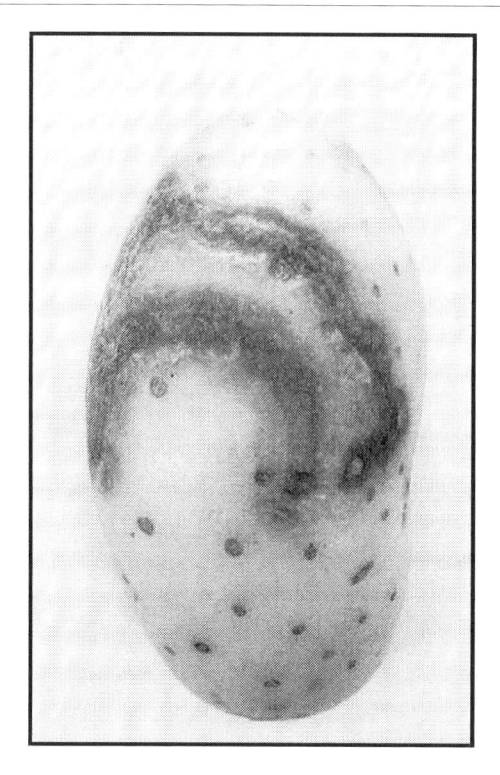

*Bilde som viser nekrose på grunn av PVY-virusangrep. W.*

PVY kan føre til nekrose, som i sin tur kan gi store produksjonstap. Hvert år er det partier av settepoteter som ikke kan godkjennes på grunn av for høyt virusinnhold. Foreløpig er det lite kjent hvordan og når på sommeren de forskjellige bladlusartene påvirker potetåkrene, derfor ble et forskningsprogram satt igang i regi av Bioforsk Plantehelse, der bladlus ble fanget, telt og identifisert på forskjellige steder i landet. Fellene var vannfeller der bladlusene falt oppi, plassert i høyde med toppen av potetriset, og de ble hevet synkront med at potetriset vokste.

Antall bladlus i fellene varierte mye fra uke til uke, fra lokalitet til lokalitet og fra år til år. Den første kurven viser at antallet som ble fanget fra uke 29 til uke 32 i 2011, lå godt under 50 pr. uke på alle lokaliteter, og Grinder hadde det laveste antallet av de tre. Året etter var det et stort oppsving i fangsten, og Namnå var på topp, med 747 bladlus i fellene i uke 27 og nesten 300 i uke 32. Det ble altså ikke fanget på

*Betebladlus, en av hovedartene for virusoverføring, som det varsles for blant potetdyrkere i Danmark. Den ble funnet både i 2011 og 2012. W.*

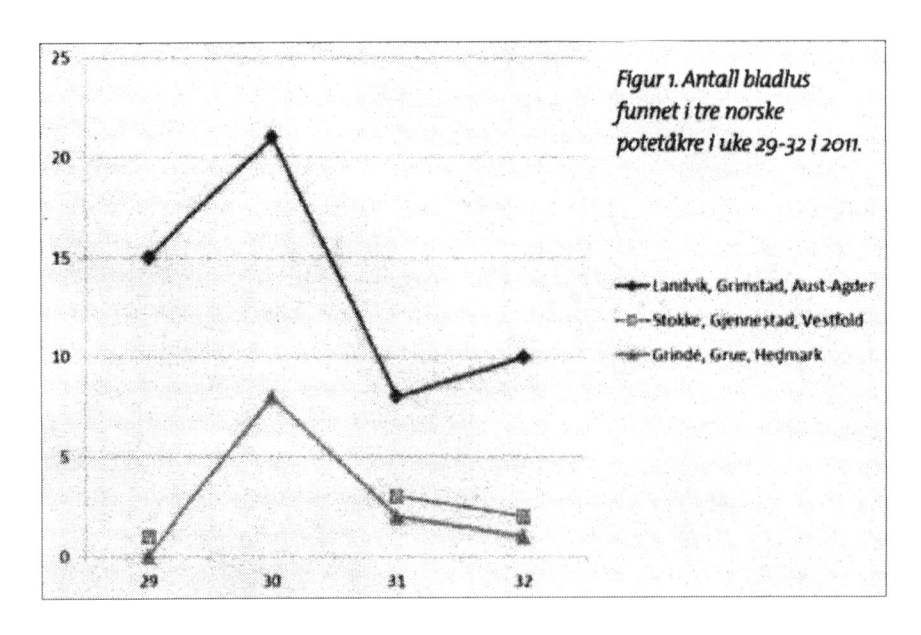

*Bladlusfangst i 3 norske potetåkre i 2011, der Grinder hadde det laveste antallet i fellene. Klingen 2013.*

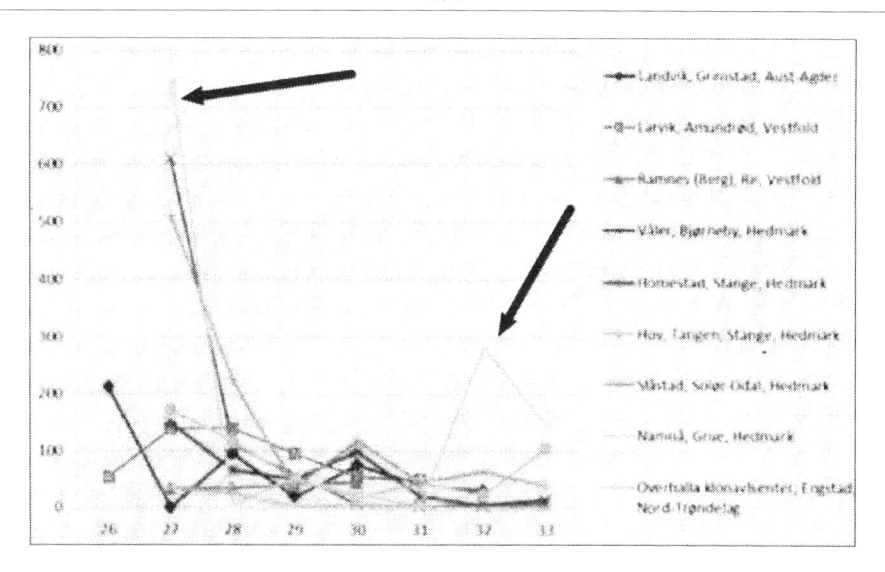

*Bladlusfangst i 9 norske potetåkre i 2012. Namnå (kurven ved pilene) er høyest med 747 bladlus i fellene. Klingen 2013.*

Namnå året før. Det ble identifisert 9 arter i 2011 og hele 22 arter i 2012, mange av dem hadde tidligere hadde blitt rapportert som vektorer for PVA og PVY. Prosjektet skulle også forsøke å kartlegge når bladlusinnflyvningen til potetåkrene foregår, om de aktuelle bladlusene er effektive vektorer, og om potetplantene er spesielt mottagelige i innflyvningsperioden. Videre ville en forsøke å finne sammenheng mellom de forskjellige artenes innflyvningsperioder og virussmitten som blir påvist i de delene av sesongen.

I slutten av 1950-åra var det fremdeles en del jord å bryte på mine besteforeldres gård, selvom mesteparten av skogen var hogd. Det var dyrt å leie bulldozer til å rydde, så stubbebryteren ble tatt i bruk for å fjerne stubbene, mens steinene ble sprengt med dynamitt og kjørt vekk med «steinslac» eller kjerre. På tross av sin enkle konstruksjon var stubbebryteren et dyrt redskap, som ble leid, heller enn kjøpt inn på gårdene. Ved hjelp av taljer og tannhjul ble selv den mest motstridende stubbe trukket opp av jorda, og kunne en få et «leikkje» forsvarlig sikret rundt en ikke altfor stor stein, kom også den opp.

*Det var fremdeles mye jord å bryte på Sollien midt på 1950-tallet. Hesten Nansi gikk overende ved pila med ei kjerre full av stein. Bakerst (th) hjemmet til Sigurd Hytjanstorp. FA.*

*For stubbebryteren måtte selv den mest motstridende stubbe gi tapt. W.*

Det mest spennende jeg visste var når bestefar sprengte stein. Dynamitten måtte plasseres på visse steder og i visse vinkler for å ha størst mulig effekt, slik at en stor stein ble til flest mulig små. Tidligere hadde en brukt håndbor og feisel for å bore hull, der en modig hjelper dreide boret en kvart omdreining for hvert slag, mens han med slegga slo kraftige slag på toppen av boret. Rundt boret ble det festet en «stakk» av granbar, slik at den som holdt det ikke skulle få steinsprut i øynene. Et 40 cm bor ble brukt til hullet var 20 cm dypt (2 timer!), så ble det boret byttet ut med et 60 cm bor til hullet var 40 cm dypt, 80 cm bor til 60 cm dybde osv. I min barndom hadde den prosessen avansert til hamrende bormaskiner som gjorde jobben på en brøkdel av tida det tok å håndbore.

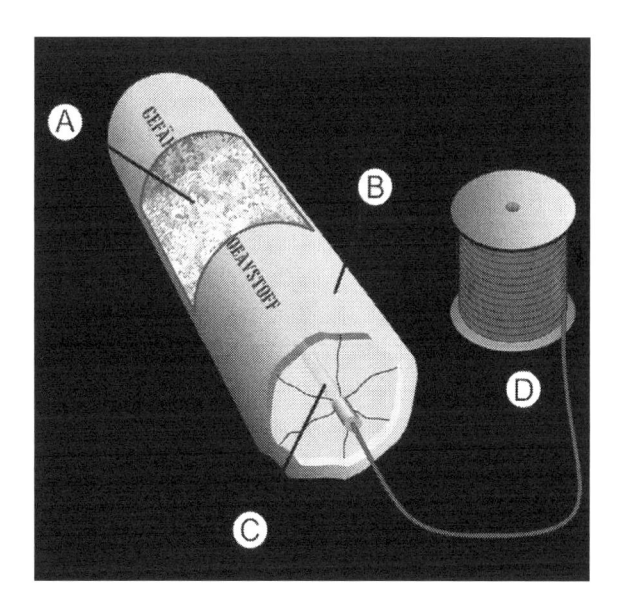

*Dynamitt, oppfunnet av den svenske kjemikeren Alfred Nobel, som freds- og vitenskapsprisene er oppkalt etter. A: Et absorberende materiale, som for eksempel sagflis, gjennomvætet av nitroglyserin. B: Beskyttende innpakning, gjerne papir. C: Detonator, eller fenghette. D. Lunte, for fyrtenning. Detoneringa kunne alternativt skje med en elektrisk detonator der D var ledninger, og eksplosjonen utløst ved å berøre ledningene med de to polene på et lommelyktbatteri. W.*

*Omkring 1960 hadde hamrende bormaskiner overtatt for håndboring av stein. W.*

*Dynamitt senkes i et borehull. W.*

Når en stein hadde blitt boret og dynamitten plassert, ble den dekket med trelemmer, gamle traktordekk og annet materiale for at steinskjær og splinter ikke skulle fly for langt. Bestefar tente lunta, og med et «FYR HER! LUNTA BRENNER», tok vi beina på nakken og sprang til et skjul han hadde sett seg ut på forhånd. Eksplosjonen rystet marka vi lå på, og selvom steinen hadde vært dekket, hørte jeg likevel at steinskårene traff taket hjemme på Haugli som ei haglskur en gang han sprengte rett foran gårdstunet vårt

Etter den spennende sprengninga var det den kjedelige steinsankinga og – kjøringa tilbake. Alle steiner måtte fjernes fra «plogmålet» - ca. 15 cm ned i jorda. Hesten Nansi ble bragt ut på jordet og alle steinene som kunne løftes ble kastet i møkkakjerra og transportert bort i rankene. En dag Nansi var i ferd med å trekke kjerra opp i en av dem trådte hun feil og gikk overende på høyre sida, innviklet i skjæker og seletøy. Det var ikke ofte hun falt, og det kunne ha vært en farlig situasjon, da hestebein er sprø og vanskelig lar seg hele ved spjelking. Et brukket bein var vanligvis en dødsdom. Min onkel Kåre Sletten, som kjørte ved den anledningen, beroliget henne der hun lå for at hun ikke skulle streve for å komme seg opp og skade seg i forsøket, mens bestefar ble tilkalt. Han kom springende over jordene, tok et blikk på den falne hesten og behandlet henne som vanlig, som om hun var på størrelse med en hund. Han røsket ut selepinnen og med noen oppmuntrende ord grep han tak i kjakastøkket og trakk. Nansi rullet seg over og reiste seg opp som om ingenting hadde skjedd.

Noen ganger brukte Torvald hesten til å trekke steiner opp av jorda med, som ikke lot seg våge. Etter å ha gravd dem fram festet han et «leikkje» rundt og hektet den til sjækene. Jeg kunne tydelig hvordan hesten lente seg i skjækene og trakk i forskjellige retninger for å se om hun enkelt kunne dra den ut. Ved et tilfelle tok hun seg for god tid, og Torvald ble utålmodig og ropte i til henne. I løpet av sekunder oppløste skjækene seg i fyringsved og tresplintene føyk i alle retninger, der hun trakk dem fra hverandre mens steinen lå like rolig. Det var ikke noe, som Torvald satte særlig pris på, og han lot

*Nansi gikk overende i ranken med ei møkkakjerre full av stein. FA.*

hesten få vite det uten filter.

Som guttunge var det bare enkelte hesteredskap, som jeg fikk tillatelse til å kjøre. Om vinteren var det utelukket å kjøre snøplogen. Det var for tungt arbeid for hesten til at en uerfaren smågutt kunne herje med tømmene - men jeg fikk sitte på. Møkkaslaen var aldri aktuell å kjøre, og det var jeg glad for. Bestefar kjørte ut vende etter vende da marka fremdeles var hardfrossen, med en slede som så ut som ei liggende, halv tønne med et langt sett med meier. Da holdt jeg meg på god avstand. Den flytende delen sto helt til taket i møkkakjelleren, ut gjennom døra og opp i den skrånende kjøreveien som førte ned dit. Alt måtte håndmåkes oppi sleden. Hvis det var tørrere møkk og løsføre kunne møkka kjøres ut med møkkakjerre – ei kort kjerre med karmer og en enkel aksel med store vognhjul. Selvfølgelig var det et stinkende arbeid, men det hadde også sine gode elementer: Lukta av møkk som hang i lufta over hele bygda ble ensbetydende med at det gikk mot vår – og pussig nok var den plutselig ikke så frastøtende, men snarere et oppfriskende vårtegn.

Slådden, som ble brukt til å jevne «pleiksla» med – den pløyde jorda - var heller ikke noe jeg kunne kjøre. Den var for farlig. Å stå på en liten «flåte» av tverrliggende bjelker lastet med stein - hvis den plutselig kastet på seg og gikk rundt - var noe som lett kunne brekke både armer og bein, og verre ting kunne skje hvis en kom under. «Å flige å detta kaull på halklaka pleiksle» var forøvrig et av de uttrykkene som ble stående som typiske for min dialekt. Den dialekten har endel beskrivende ord som en ellers ikke finner i det norske språk, og det spesielle uttrykket betydde å løpe og falle på hardfrosne plogfurer, hvis det var barfrost om høsten eller tidlig på vinteren. Det var knærne det gikk utover, og siden jeg har gjort nettopp det mange ganger, kan jeg bekrefte at det er noen av de mest smertefulle opplevelsene jeg har hatt. Steinslaen var også bedømt som for farlig for en smågutt, og plogen var jeg ikke sterk nok til å håndtere.

Såmaskinen ville bestefar kjøre selv. Der var det nødvendig med nøyaktighet – ikke spille korn ved å så over furene to ganger, men heller ikke kaste bort plass ved å få endefurene for langt fra hverandre. Kunstgjødselsprederen hadde samme type kasse som såmaskinen, men kunstgjødsla trillet ut i små skåler bak kassa og ble derfra spredd via horisontale, spinnende hjul som lå i skålene. Den kunne jeg kjøre, for spredningen var tilfeldig og gjødsla skulle likevel løses opp og spres via regnvann. Jeg kjørte fjærharv, men det satte hesten lite pris på. Jeg tok for krappe svinger i endene på jordet og trakk Nansi rundt på en måte som hun tydelig ga uttrykk for at hun mislikte, ved å rykke brutalt i tømmene i motsatt retning og å ikke lystre min kommando. Hun skjønte utmerket godt at hun kunne ta seg friheter med den uerfarne spjælingen med de dårlige kjøreregenskapene bak harva, som ville ha vært både unødvendige og umulige hvis Torvald hadde holdt tømmene.

*Såmaskinen ville bestefar kjøre selv. IF.*

*Fjærharv. IF.*

*Piggharv. IF.*

Piggharva, som ble brukt som et lukeredskap mot ugras, var det enklere med – den hadde ingen mekanisme til å heve og senke tinnene, og trengte ingen organiserte svinger. Den bare hang etter hesten der vi trasket fram og tilbake over jordene.

Velta var den enkleste av alle redskapene å kjøre. I korthet var det en trestokk med stor diameter, med sete på, som ble rullet over jordene etter såinga. Den trakk hesten med den største letthet, og veltinga var for rene ferien å betrakte, sammenlignet med de andre kjøreoppgavene den ble pålagt. Hvis det var godvær og tørt gikk det imidlertid hardt utover kjøreren. Etter noen timer var jeg fullstendig dekket av jordstøv, som trengte inn alle steder, leppene sprakk og blødde mens skinnet falt av. Jeg ble forøvrig fortalt at da min onkel Reidar var kjørekar som smågutt – i slutten av 1920- årene – gikk han i støvskya etter hesten til rumpeballene ble oppskrubbete og såre der de gned mot hverandre time etter time. Han løste det ved å kutte en passende lang kjepp av ei selje, flekke barken av og stikke den mellom de to sårbare kroppsdelene! Den glatte kjeppen hodt dem atskilt, og slik ble det ingen åpne

*Slik våges en stein. Det var vanskelig å våge og samtidig balansere steinen på våget, hvis den lå dypt i jorda. Hesteskoen ble spikret på ved pila og hjalp til å holde et godt grep. Desto lengre våget var, desto mer kraft fikk en ved å holde så langt bak som mulig. Var våget langt, og en kom altfor langt bakover mot enda, brakk det. IF.*

gnagsår.......

I høyonna fikk jeg lov til å kjøre sleperiva og høyraka. Begge lå på grensa av det jeg klarte, siden å tippe sleperiva over tok en god del muskelkraft, og likeledes å operere spaken som løftet hele rekka av buede tinner på høyraka. Tomme høyvogner var det tillatt å kjøre, men fulle høyvogner var voksen manns kjøretøy.

Vi fjernet mange steiner fra jordene og slengte på rankene. Noen ganger prøvde jeg meg på steiner som lå dypt og bare såvidt stakk opp av jorda. Hvis jeg trodde jeg kunne få dem opp gjorde jeg det til en utfordring. Med spett, spade og våg – en lang 4-toms x 4-toms bjelke, kanskje med en hestesko spikret fast på enda for å få bedre grep på steinen – hakket og grov jeg i timevis. Jeg prøvde og feilet med våget til jeg endelig klarte å heve, balansere og rulle den store steinen opp på marka ved sida av hullet. Det var en personlig seier.

*Traktor med gravemaskin i 1960-åra. IF.*

Etterhvert ble det bragt inn maskiner for å gjøre deler av eller hele onna. Emil Ansett kom for å pløye og harve. Han var en hyggelig fyr, som visste at vi lekte cowboy og indianer, og hver gang han så meg «skjøt» han på meg med fettpressa fra traktoren. Det slo aldri feil at han stoppet og lot meg få sitte på. Da nye grøfter skulle graves kom han med gravemaskin. Det var et spennende syn – å se maskinen enkelt og ubønnhørlig trekke steiner, stubber og røtter opp av jorda, der bare en eneste av dem ville ha tatt meg timer å lirke opp.

*Keramiske rør brukt i gårdsgrøfter for 50 år sida. IF*

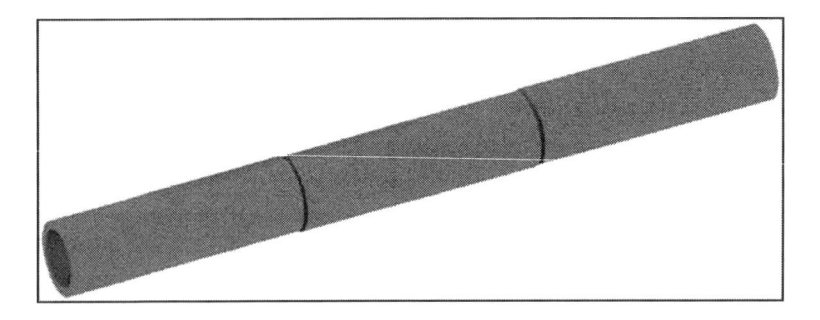

*Slik ble rørene lagt ende mot ende i grøftene. IF.*

Rørsystemet var endel mer primitivt enn det vi er vant til i dag. Det ble brukt keramiske rør med en diameter på 6.5 – 12.5 cm som var 30-45 cm lange. De ble ganske enkelt lagt «butt i butt» mot hverandre, og fyllmasse gravd over. De var nok langtfra så effektive som dagens perforerte dreneringsrør av plastikk som blir lagt i porøs masse av grus, men de kunne drenere godt gjennom flere tiår, hvis de ikke av en eller annen grunn tettet seg.

Husdyra hadde jeg lite å gjøre med, men det var noen hendelser som gjorde uutslettelige inntrykk. I dag klippes sauer

*Saueklipping med saks. W.*

med elektriske klippere og hele prosessen tar relativt kort tid. Da jeg var gutt fikk jeg anledning til å se at det ble gjort på den gamle måten – med sauesaks. Det var bare én person jeg kjente som kunne klippe sauer, og det var Dagny Rismoen. Det skulle en spesiell teknikk til for å få sauen til å være rolig – den satt på baken mens den hvilte ryggen og bakhodet mot Dagny. Hun holdt den så fast om livet med venstre arm, og klippet med høyre hånda.

En annen opplevelse som var både spennende og skremmende var slaktinga av julegrisen. Det var min onkel Ivar Sollien, som var bygdeslakter. Han slaktet alt fra kalkuner til okser, og tok også gårdens hund eller katt av dage, hvis det var noe som bonden selv kviet seg for. Ivar ankom med et stort utvalg usannsynlig skarpe kniver, sag, øks, slaktemasker i både kaliber .22 og 9 mm, og noen ganger ei salongrifle, også i kaliber .22. I tillegg hadde han et spesielt, kremmerhusformet redskap med en krok i enda – kremmerhuset ble brukt til å skrape busta av grisen med, mens «neglene» ble trukket med kroken. De måtte fjernes for at føttene skulle kunne brukes til syltelabber, noe som foreldrene mine syntes var en delikatesse, men som jeg ikke rørte.

Grisen hadde kommet som unge om våren, og det var ingen tilfeldighet at norske sparebøsser var formet som griser, og kalt sparegriser. Alt, som vi ikke spiste, «gikk i grisen». Det var ingen matvarer som gikk til spille. Grisefór var noe, som

*Sauesaks. W.*

*Min nabo Dagny Rismoen var den eneste jeg kjente, som kunne kunsten å klippe sauer. Her er hun (foran) sammen med min mor, Gerd, ca. 1989. FA.*

vi måtte kjøpe, men det ble drøyet ved at vi i tillegg fóret med vassarve og eldmerkje. Det likte den godt, og det var gratis. Begge kunne plukkes bak do. Grisen ble ei kjæledegge, selvom jeg visste at den måtte slaktes ved juletider. Å bo i nær kontakt med gård og natur og se skapninger leve og dø skapte ingen illusjoner om hva som var nødvendig når Jula banket på døra. Juleribba og –pølsa måtte på bordet, og at det var «Petter Galterud» som skulle forsyne oss med dem skapte ingen uro i mitt sinn. I mellomtida gjorde jeg livet dens så behagelig som mulig, skrubbet den på nakken og ryggen med en piassavakost og måkte – om enn noe uvillig – bingen, et arbeid som skulle få konsekvenser.

En sektor i landbrukets helsestell som det ble fokusert altfor lite på i 1950- og 1960- åra var grisens innvollsparasitter. Trikinundersøkelsen var en selvfølge - trikinose var dødelig, og ingen fant på å spise grisekjøtt før resultatet av trikinprøva var kjent, og negativ. Med grisens spolorm, *Ascaris suum*, var det annerledes. I 1960-åra var teorien at mennesket var mel-

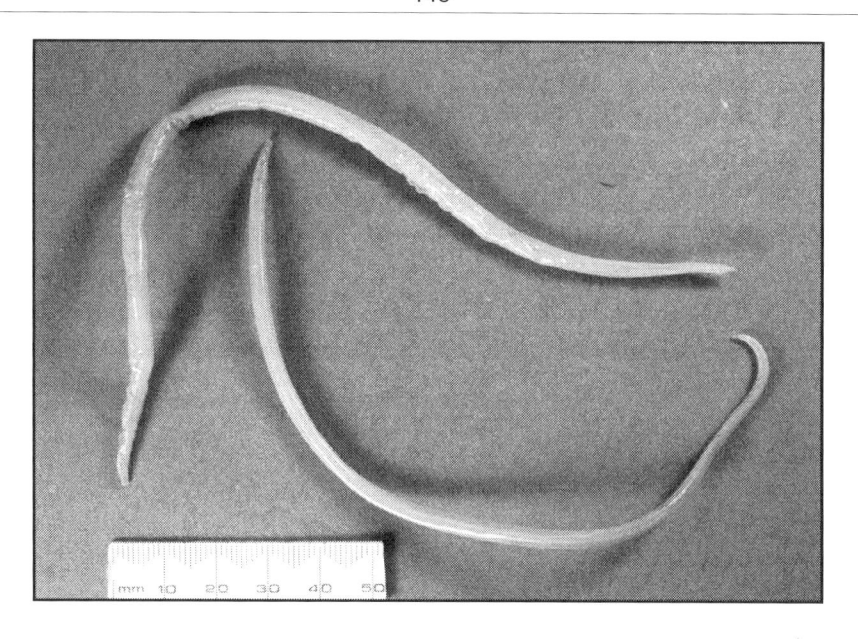

*Spolormen,* Ascaris sp., *kan bli opptil 40 cm lang. W.*

lomvert for grisens spolorm, men at det også hadde sin egen art – *Ascaris lumbricoides*. Det har lenge vært uenighet i vitenskapelige kretser om menneskets og grisens spolorm faktisk er to forskjellige arter, eller den samme, selvom de nå har forskjellige artsnavn. I 2012 konkluderte et forskerteam fra USA og Brasil med at de er én og samme art, siden gensettet til de to bare viste en forskjell på 1.49 %. Det har etterhvert blitt klart at anslagsvis 21.5% av alle slaktegriser i Norden er infisert med spolorm. I Danmark er oppfatningen at praktisk talt alle besetninger er infiserte, og at ca. 1000 barn blir infiserte gjennom kontakt med avføring hvert år.

Etter at spolormens egg kommer ut av verten (grisen), utvikles larver inni eggene da de ligger i gjødsla, og de kan der overleve i opptil 15 år(!), til og med i temperaturer under 0 grader Celcius. Eggene telles i hundretusener, og de har ei klebrig overflate som gjør at de fester seg til hender, sko og klær. I praksis betyr det at en grisebinge som har blitt infisert, vil forbli infisert, selv med det mest intense renhold. I andre kulturer, som for eksempel i Nord-Carolina i USA, gir grisefarmere ungene sine ormekurer med jevne mellomrom. Det er for å forsikre seg om at de blir kvitt ormer hvis de er blitt infiserte. Selv oppdaget jeg at jeg hadde vært infisert av den snylteren i juni 1967, og at årsaken var måking av grisebingen opptil 2 år tidligere er nok hevet over enhver tvil, selvom andre kanaler var mulige. Å gjødsle landbruksprodukter som grønnsaker med naturgjødsel var også en mulig kilde til å få kontakt med egg fra spolorm. Den praksisen var ikke helt uvanlig.

Det sjenket jeg imidlertid ikke en tanke da onkel Ivar ankom for å sørge for at vi skulle ha kjøttmat for resten av vinteren. Slaktekrakken var allerede satt opp, den hengende vanngryta hadde lenge vært fyrt oppunder med ved for å få skoldevannet et sted mellom 72 og 80 grader og de tre staurene, som var bundet sammen i toppen der grisen snart skulle henge, var klare. Tida hadde kommet for å få hovedpersonen ut av fjøset. Griser var veldig forskjellige når de ble leid ut – noen var urokkelige, nektet å komme frivillig og måtte trekkes ut under ville hyl. Andre var lett nervøse, men lot seg likevel overtale, mens atter andre tok ledelsen og trakk slakteren etter seg bortover mot slaktebenken.

Ivar brukte vanligvis slaktemaske – enkelt forklart et kort løp som kunne skrus fra hverandre og en patron legges i kammeret. Da løpet var skrudd sammen igjen kunne tenn-nåla, som stakk ut på toppen av løpet, slås på med ei lita treklubbe. Maska i kaliber 9 mm var noe i kraftigste laget – kula gikk tvers gjennom grisehodet og slo i bakken, noe som kunne være veldig farlig. Det er slaktere i Norge som har blitt drept av rikosjetter fra slaktemasker.

Det grelle lyset fra den store lyspæra over slaktebenken, det blekksvarte mørket utenfor og den hylende grisen skapte en uhyggelig, men spennende atmosfære, som gjorde at jeg nesten frøs nedover ryggen - og PANG! – der var det hele over. Grisen lå overende, men å holde den nede og rolig under de automatiske krampetrekningene som fulgte i beina, slik at halspulsåra kunne snittes og blodet tas - det var minst tre personers jobb. En til å holde, en til å snitte, og min mor til å ta blodet. Blodet måtte røres kontinuerlig for ikke å koagulere, og gikk rett i steikepanna til blodpannekaker.

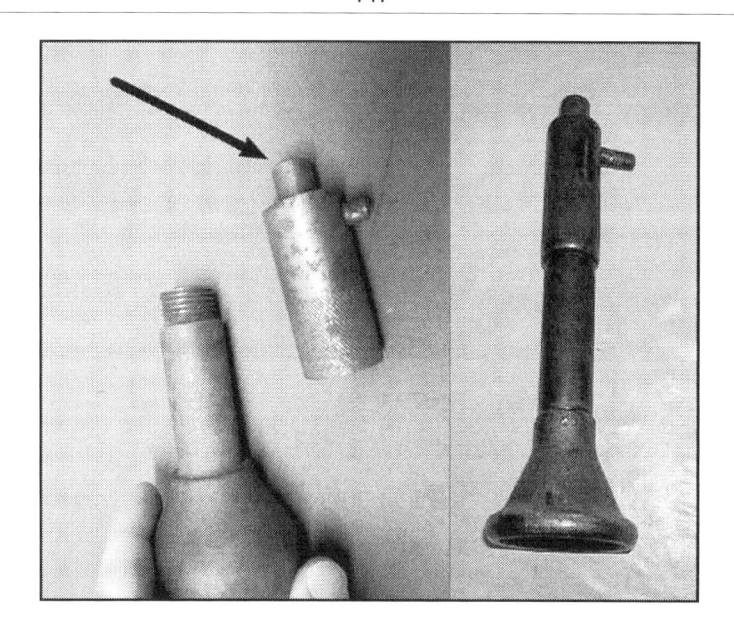

*Slaktemasker i kaliber 9 mm. Pila viser enda på tenn-nåla som stikker opp på toppen av løpet. Etter at patronen var lagt inn og løpet skrudd sammen, ble tenn-nåla slått på med ei lita treklubbe. Masker i kaliber .22 manglet den koppformede lyddemperen. IF.*

*Et utvalg av slaktekniver og sag som oppbevares på finnetorpet Sollien på Grue Finnskog. FA.*

*Skolding med vann som holdt 75-80 grader – uten å bli skoldet selv - og skraping i mange kuldegrader, var beinhardt fysisk arbeid. Legg merke til det kremmerhusformede redskapet med krok. IF.*

Skoldinga og skraping av bust var beinhardt fysisk arbeid, og minutiøst detaljarbeid, gjerne i mange minusgrader. Da skrapinga var gjort med det kremmerhusformede redskapet gikk Ivar over hele kroppen med en gnistrende skarp kniv – ikke et hår måtte være tilbake. To snitt bak hver hæl for å få akillessenene ut - og tredd over hver ende av et trestykke for å holde beina ute i skrevende posisjon – og grisen var ferdig til å heises opp i stativet ved hjelp av tau og talje. Stativet ble plassert over benken, grisen heist opp og krakken trukket unna. Nå kunne parteringa begynne. Tida var inne til å si fra hvis vi ville ha litt mer av det ene og litt mindre av det andre – sideflesk, buklist, «rygghaug», og så videre. Da Ivar hadde fått den informasjonen han trengte tok det ikke mange minutter før grisen lå i sine enkelte faktorer. Et langt snitt fra hale til hake åpnet grisen. Med et eneste krafttak stakk Ivar armene ned langs innsida av ryggsøylen helt til nakken, vippet alle innvollene opp, bakover og ut på bakken, og skar dem fra. Da jeg kom i 16-årsalderen var de automatisk mine. De skulle fungere som åte for kråkefugljakt resten av vinteren.

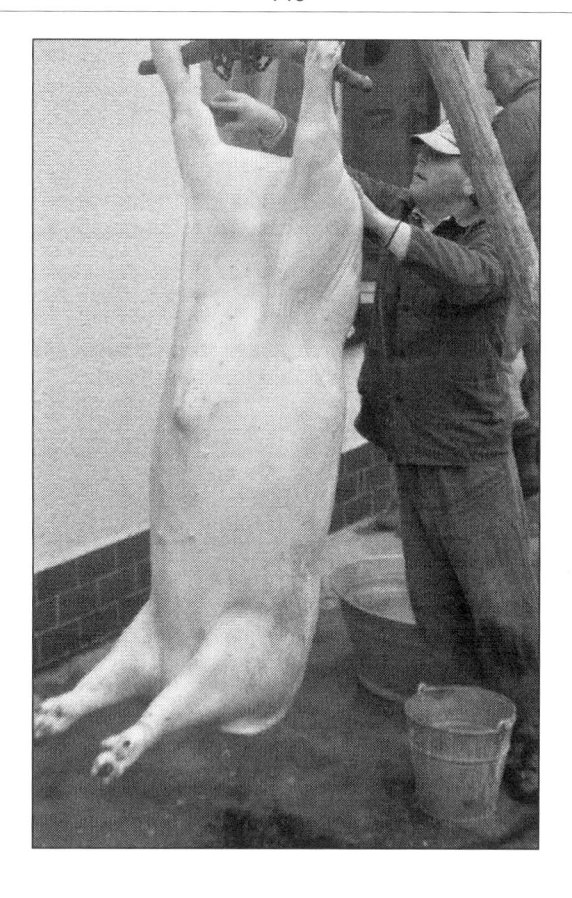

*Grisen er ferdig til partering – neglene er trukket for å kunne bruke føttene til syltelabber og den spesiallagde stokken av tre festet bak akillessenene slik at den kunne bli heist opp. Denne slakteren foretrakk å beholde hodet helt, istedenfor å dele det. IF.*

Først tok vi vare på endel av innmaten til innmatkaker, innmatpølser, lungemos og lever. Etterhvert ble det noe som vi kjøpte ved behov. Ryggsøylen ble delt med sag fra halen til nakken, et par solide hogg med øksa delte hodet i to, og parteringskniven kom fram. Ivar skar av hodet, bog, sideflesk, buklist og alt som ellers var bestilt så fort at vi knapt rakk å ta i mot bitene og legge dem i snøen. Til sist hang bare skinkene tilbake i stativet. Så var det å vaske og rense benken og utstyret, pakke det vekk – og slaktinga var over. Lampa ble slokket, og det ugjennomtrengelige desembermørket rådet igjen utenfor grisehuset.

Nå begynte etterarbeidet. De delene av grisen som skulle brukes slik de var, ble pakket og kjørt på fryseriet på Namnå – til midten av 1960-åra drevet av Namnå Handelslag, og så av Hans Svarstad, da han overtok bygningene. Resten ble kjørt til slakter Enger på Kirkenær til maling. Hjemme på kjøkkenbenken gjensto fremdeles blanding og finmaling til kjøttkaker, medisterkaker og pølser. Pølsedeigen ble kjørt gjennom ei håndkvern og presset inn i pølseskinn – rensede grisetarmer, som vi hadde fått tilbake fra Enger. Ei spekeskinke ble hengt ut på bua – den klarte seg fint utendørs på vinterstid.

Å lage sylte var en lang prosess, med koking av grisehodet, detaljarbeid med å skjære kjøttet av det, lagvis ordning av kjøtt og svor, innpakking i sylteklede, koking igjen og pressing ei uke eller to. Kalvekjøtt måtte også blandes inn i en viss prosent. Det ble sagt at ikke bare ble smaken bedre - brukte en ikke kalv ville ikke sylta sitte skikkelig sammen.

Det hadde etterhvert blitt nødvendig å kjøpe ny hest på mine besteforeldres gård. Nansi hadde blitt sendt på slakteriet, 16 år gammel. Det var en trist dag på Sollien, og knapt et øye var

*Pølser ble laget ved at deigen ble presset ned i ei håndkvern og kjørt gjennom en spesiell «tut», som en renset grisetarm var trukket over. Tarmen gled så av ettersom den ble fylt. Her sees en tarm trukket helt inn på tuten, klar til å bli fylt. IF.*

*Hver kveld klokka fem på halv åtte kom bestefar Torvald ut gjennom inngangsdøra, satte hatten på snei og gikk over Monsrudveien for å se på Dagsrevyen. En æra var forbi. FA.*

tørt. En ny hest ble kjøpt – Stjerna – en lovende hest, som løftet på beinet og takket for maten, men det ble et kortvarig mellomspill. Jordveien måtte drives mer effektivt, med så lite arbeidskraft som mulig, hvis det skulle bli noe overskudd. I praksis betydde det at gården måtte forpaktes sammen med andre enheter til et større bruk, som kunne underlegges mekanisert drift. Slik hadde det seg at Emil Ansett hadde blitt en fast gjest med traktoren og plogen, og Sverre Lund gjorde skuronna med treskeren sin - men da onkel Ivar Sollien overtok, kjørte han traktoren selv. I vognskjulet bak låven sto hesteredskapene trukket inntil hverandre. Høygolvet var tomt. Hakkrommet også. Og fjøset. Det var ingen kyr, ingen høns og ingen gris gryntet i bingen. Klokka fem på halv åtte hver kveld kom bestefar Torvald ut av inngangsdøra, satte hatten på snei og gikk over Monsrudveien til min onkel Ivar og tante Torbjørg Hytjanstorp for å se på Dagsrevyen. Da den var slutt, gikk han hjem. En æra var forbi.

# INDUSTRI, TRANSPORT OG SERVICENÆRING

Ifølge fortellinger ble det på den tida, da den første stavkirka ble bygd i Grue, brent tjære ved Namnsjøen og den tjæra ble brukt til å tjærebre kirka. Sikkert er det at tjærebrenning har foregått, da det er blitt funnet tjæreovner både i Holmslia og på Brunæbben. I tidligere tider foregikk det også jernutvinning – det er blitt funnet slagghauger etter utvinning i Holmslia. Jernåas navn er også sannsynligvis assosiert med jernutvinning. På østbredden av Namnsjøen finnes det stein med rødlig brunfarge som er en indikator på forekomst av den kjemiske forbindelsen jernhydroksid av treverdig jern (Fe(OH)$_3$), det vil si rust. I Konttorpet i Hof, ved Grautåa, var det tidlig på 1800-tallet et jernverk som var i drift.

Som i alle norske samfunn foregikk den opprinnelige transporten til Namnå via vannveien, til fots eller til hest. I 1870 var det bare 20 058 km offentlig vei i Norge, og de to første

*Tjærebrenning: Ole Norgren (foran) og Marius Hestmoen Hemseter i ei mile på Hof Finnskog i 1924. Leif Høgbrenna.*

bilene skulle ikke dukke opp før rundt år 1900. Den 5. september 1861 ble dampbåten Solungen satt i rute mellom Norsfossen og Eidsfossen. Ideen bak prosjektet var at det skulle arbeides for å bygge en jernbane til Nor, og at båten skulle ta over transporten derfra. Den ble levert fra Akers Mekaniske Verksted og satt sammen i Branvald. Båten, med en motor på 22 hestekrefter, hadde plass til 63 passasjerer. Den hadde stoppested blant annet ved Stemsrud på Namnå. Aasmund Olavson Vinje deltok i festlighetene da over 100 aksjonærer var passasjerer på jomfruturen, og langs elvebredden samlet folk seg og skjøt salutter og ropte hurra. Vinje skrev også en sang om Solungen som kan finnes i «Årbok for Glåmdalen» 1977. Solungen ble imidlertid en økonomisk fiasko. Den gikk for dypt i tørre somre – nesten en meter med 63 passasjerer - og måtte stadig endre tabellen eller instille regulær trafikk.

*Foto av et maleri av Solungen som passerer Svenneby, malt av E. Skari i 1865. Riksantikvarens fotoatelier.*

Rutefarten tok slutt ca. 1884, men båten skal ha gjort en siste tur i 1893.

Siden all kraftkrevende industri i samfunnet ble drevet av fossekraft, og Kongevegen – riksvegsnettet som Kongen hadde ansvaret for å vedlikeholde – gikk på østsida av Glomma forbi Kvernbakken, ble den plassen opprinnelig et naturlig sentrum på Namnå. Grøset hadde ei gammel mølle der, som Ole Olsen Huseby hadde kjøpt i 1861. Mølleren var en svenske som het Fredrik Bentson. Den mølla brant ned i 1873, men året etter sto det ferdig ei større, brannsikker mølle med 5 vasshjul, 5 kverner samt grynkvern og sikte. Det verserer ei fortelling om at da den nye mølla var under bygging, var det en av arbeidskara som hadde med seg ei flaske brennevin. Han hadde ikke engang fått åpnet den da Ole O. Huseby dukket opp, så han snudde seg fort rundt, la den på mørtelen og dekket den til. Huseby ble der hele dagen, og karen måtte mure videre på flaska – og alt det gode kjøpebrennvinet ble liggende innemurt i mølla..... Fra ca. år 1900 var Jon Kristiansen fra Vinger møller. Han hadde vært møller i Åmot i 1865 og i Åsnes iallfall i perioden 1874 – 1880. Da han døde

*Ole O. Huseby på Grøset. Sven R. Gjems.*

*Dette bildet er tatt ca. 1912 da Otto Jonsen (nr. 2 fh.) og broren Martin hadde tatt over som møllere på Kvernbakken etter faren Jon Kristiansen. Til høyre for Otto står hans svoger, småbruker Richard Søgård, til venstre jernbanemann Anton Engebakken og (i skalk) krøtterhandler Karl Hagen. Morten Søgård.*

*I 1950 kjøpte Bernt Svenneby (Ruud) Grøset-mølla og bygde den om til mekanisk verksted. Her ser vi Bernt og kona Laura (som var isbader!) foran, og (tv) Borge, som overtok det mekaniske verkstedet, Bergljot og (th) Odd, som hadde gård lengre oppover langs Namnåa, overfor ullvarefabrikken. Borgny Ruud (Viggen).*

*Den gamle møllebygningen på Kvernbakken i dag. FA.*

i 1922 hadde sønnene Martin og Otto Jonsen tatt over drifta av mølla. Den var i drift helt til slutten av Andre verdenskrig, i 1945. Mange fikk malt ulovlig der under krigen når det var rasjonering og de var opprådde for mjøl. I 1950 kjøpte Bernt Svenneby (Ruud) bygningen og drev mekanisk verksted der. Etter Bernts død i 1980 overtok sønnen Borge. Han gikk bort i oktober 2014.

Det var neppe noen tilfeldighet at fargerimester Johan Pedersen reiste nedover Gudbrandsdalen i 1890. Han tok toget fra Lillehammer til Grundset og fortsatte videre derfra til fots. Han hadde nok bare ett mål i sikte, nemlig Namnå. Det ble en lang gåtur for Johan, som på Namnå ble kjent som «færjarn», og for ikke å bli sårbeint nappet han høy fra hesjene der han fôr og stappet i skoene. Sannsynligvis hadde han arbeidet på et av garveriene i Gudbrandsdalen. De var det flere av - blant annet på Vågå, der han kom fra. Ole O. Huseby, malersvennen som hadde slått seg opp som skogspekulant og kjøpt godset på Grøset i årsskiftet 1864/65, startet fargeri på Kvernbakken i 1890, og trengte en bereder. Det var et yrke, som det tok lang tid å lære, og en slik fagmann kunne nok ikke finnes blant skogsarbeidere og bønder.

Huseby hadde mange kjente i Fåberg, etter den brede kontaktflata som han hadde utviklet ved å vokse opp som yngste sønn i «Uroa». Den plassen ble brukt som stoppested for lasskjørere knyttet til ei nikkelgruve i nabobygda. Derfor er det sannsynlig at han hadde sendt bud på Pedersen via kjente i Gudbrandsdalen, slik at Johan ble bragt inn ens ærend for å drive vadmelsstampa og fargeriet på Kvernbakken (nærmest på bildet side 48). Huseby hadde brukt samme fremgangsmåte ved en annen anledning. Da hans eiendommer begynte å vokse i størrelse til han ikke klarte å holde full oversikt, sendte han bud på sin nevø, Nils Iversen fra Fåberg, som senere var en nøkkelperson i opprettelsen av Gruetunet.

Pedersen giftet seg, fikk 7 barn og arbeidet for Ole O. Huseby i 15 år. Deretter kjøpte han ei tomt av Gunnar og Olea Møllerud lengre oppover langs åa, satte opp en murbygning og

*Johan Pedersen Bergums fargeri i 1929. Paul Larson.*

*Navnå Uldvarefabrik i 1929. Pila indikerer begynnelsen på stien ned til gangbrua som vi brukte over Ruud-åa i 1960-åra. Den lå også der så langt bakover som i 1940. Paul Larson.*

*Johan Pedersens fargeri. Pedersen selv ved sentrifuga, Ivar Bergum ved tøyvaskemaskinen og Thorbjørn Tolfsen ved ullvaskemaskinen. Mikael Knudsen.*

begynte for seg selv. Det betydde slutten for fargeriet ved Kvernbakkdammen. Pedersen investerte i nye maskiner og hadde fire ansatte. Under første verdenskrig, 1914 – 1918, var det mangel på det meste. Etterspørselen etter vadmel og garn var stor, så Pedersen fikk med seg noen bønder fra Grue og dannet et aksjeselskap som ble kalt A/S Navnå Uldvarefabrik. Spinneri- og veveribygningen sto klar i 1919, og produksjonen kom i gang året etter. Det ble kjøpt opp filler og ull, men fabrikken tok også imot leiearbeid, eller folk kunne bytte tøyer og garn mot ull. Det ble spunnet garn og vevd tøyer og tepper, som så ble stampet til vadmel. En spinnerimester var sjef for de ansatte. Blant de som var ansatt var Torbjørn Tolfsen, Arne, Thomas og Jens Østmoen, Harald Uggerud, Kolbjørn Uggerud, Anna Tuer, Gustav Bye og Ivar Bergum, som var Pedersens sønn. Bergum ble sendt til Tyskland til I-G Farbenindustri for å bli fargerimester. Konrad Knudsen ble ansatt som disponent i 1923, og sønnen Kaare ble disponent noen år senere.

I de vanskelige økonomiske forholdene i 1930-åra var det bare såvidt fabrikken bar seg, men resultatene forbedret seg fram mot begynnelsen av Andre verdenskrig, i 1940. Den tyske okkupasjonsmakta ville legge ned fabrikken i 1942, men den var i drift under hele krigen. Ca. 1960 stoppet imidlertid produksjonen for godt og maskinene ble solgt som skrapjern. Spinneribygningen ble solgt til Namnå sag og ble brukt som lager for trevarefabrikken.

Navnå Uldvarefabrik lå på toppen av åbakken der vi krysset gangbrua over Ruudåa på vei til skolen tidlig i 1960-åra. Gangstien ble brukt til alle døgnets tider for å slippe å reise omveien om Kvernbakkdammen, og vi syns det var veldig skummelt å gå gjennom skogen langs den store, uopplyste, forlatte gamle spinneribygningen på mørke høstkvelder.

På slutten av 1800-tallet og begynnelsen av 1900-tallet hadde Huseby kontroll med all den kraftkrevende industrien på Kvernbakken – både mølla, vadmelsstampa med fargeriet og saga tilhørte Grøset. Krafta ble produsert via et regulerbart dambasseng som sørget for vann selv i nedbørsfattige perioder, og som også var til hjelp under tømmerfløtinga. Tidlig på 1900-tallet ble vasshjulene skiftet ut med tre turbiner.

Det eneste industriforetagendet av sammenlignbar betydning i nærheten langs Namnåa var Navnerud Teglværk. Men Rønaasen og Huseby var svogere, gift med hver sin datter fra Voll, så visstnok var Huseby også involvert i teglverket. Det er mulig at det opprinnelig var 4 medeiere i teglverket. Martin Noer kjøpte Namnerud av Jens Freckland Nilsen i 1862 for 3000 speciedaler. I handelen inngikk også *Husfornødenheder i oberstliutnant Arntzen og Christian Olsen forhen tilhørende Dele i Gaarden Schulstad Hjemskov.* Namnerud var da på 184 dekar dyrket mark samt 116 dekar annet areal og endel skog. Noer og Arne Rønaasen skrev ei kontrakt om anlegg av teglverk på eiendommen i 1884. Noer ble medeier i verket med 25%. Så kjøpte Rønaasen Namnerud i 1887 og startet verket året etter. Noer solgte da sin fjerdedel i teglverket til Rønaasen samme år (1888). Fem år senere ble verket overtatt av Navnerud Teglværks Interessentskap, som i 1895 i tillegg kjøpte halve Namnerud. I 1902 kjøpte så teglverket den andre halvparten av gården. Verket hadde opprinnelig stor omsetning over hele distriktet, men måtte innstille i 1914. Hovedbølet av Namnerud ble solgt til Karsten Kolstad fra Hof i Vestfold samme år og ble til gården, som i min oppvekst var kjent som Kolstad.

Da ungene lekte på eiendommen til Sigurd Holter i 1950- og 1960-åra, nord for og like inntil Monsrudveien, ble den sletta kalt «Verket». Ikke visste jeg hvorfor lekeplassen hadde det navnet, og ei heller noe om et teglverk i fordums tid, men jeg merket meg at det var mye knust teglstein blant gressrøttene. Hvor leira til teglverket ble brutt er uvisst, men langs bekken mellom teglverkstomta og Namnåa er det mye leire, og kart over forekomster av marin leire fra Norges Geologiske Undersøkelser viser at det antagelig ligger et felt på 175 moh sør for Namnerud, som ender opp i en kile et sted ved «Verket». Det var også et tydelig leirebrudd på bredden av Namnåa, i nordøstre hjørnet av Blekkvettskogen.

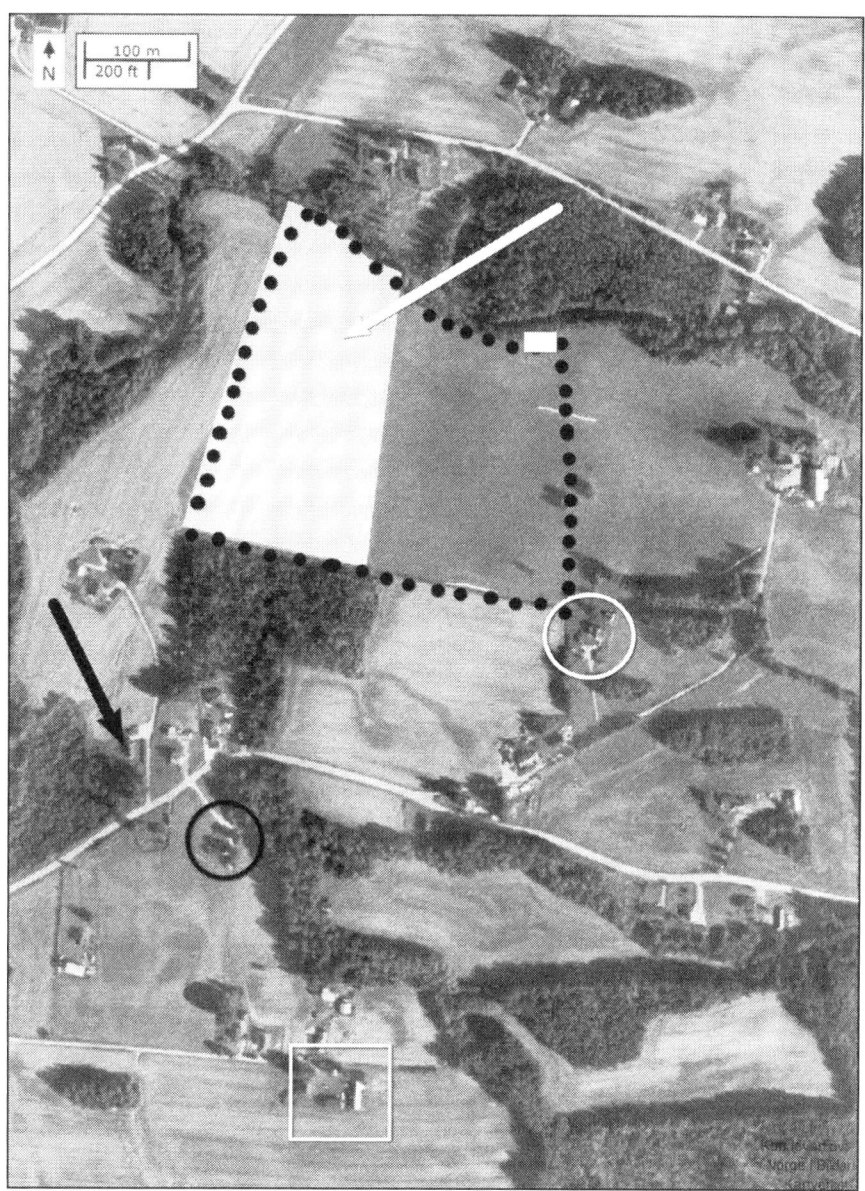

©Kartverket.

*En kjeller ble funnet ved den hvite pila da Blekkvettskogen (prikket omkrets) ble hogd og planert til jorder i 1975. Sannsynligvis var det Teglverksstua, nevnt i folketellinga i 1900. Den svarte pila viser teglverkets beliggenhet, og svart sirkel den gården vi kjenner som Namnerud i dag. Det åpne hvite rektangelet viser hovedbølet på gamle Namnerud, som i dag blir kalt Kolstad. Hvit sirkel indikerer barndomshjemmet mitt og fylt hvitt rektangel leirebrottet ved Namnåa.*

*Navnerud Teglværk lå på det som nå er Persholen (bak), der Sigurd og Karen Holters sønn, Arne, bygde hus (nærmest).*

Ikke langt unna det leirebruddet ble det funnet en støpt kjeller da skogen ble hogd i 1975. Den ble gravd ned av en bulldozer da stubbene ble fjernet og grunnen planert til jorde. Ingen visste noe om en gammel bosetning i den skogteigen. Ved å sjekke folketellinga for Grue i 1900 viser det seg at det bodde en teglverksarbeider ved navn Ole Arnesen sammen med kona Kaja Johansen, svigerinnna Mina Johansen og de tre barna Marie, Jenny og Anna i «Teglverksstua». Et søk på gårds- og bruksnummeret på websida www.seeiendom.no viser at den Teglverksstua lå på et område i vestre halvdel av Blekkvettskogen, det vil si nettopp der kjelleren ble funnet. Sannsynligheten taler for at den overgrodde kjelleren som ble funnet og gravd ned på Namneruds tidligere eiendom i skogen nettopp var Teglverksstua.

Lenge før jernbanestasjonen ble bygd i 1893 kom det en tømmermann ved navn Johannes Johannesson – Gamle-Johannes – fra Sverige, giftet seg med ei dame fra Namnå og satte opp et stort hus på Kvernbakken, på nordsida av åa. Der drev han landhandel til 1905, da Menz Rynning overtok og drev butikk i den eldste seksjonen, vendt mot landeveien. Thea Holter ville bake brød og selge til jernbanesluskene. Rynning, som imidlertid også solgte brød, ville ikke ha noen konkurranse og nektet henne å kjøpe mjøl og gjær i butikken. Theas to sønner, Otto og Thorvald, dro imidlertid lange veger for å skaffe

*Kvernbakken sett fra nord i 1905. Aasum 2004*

*I Rynnings epoke, etter 1905, så bygningen slik ut. Den nye seksjonen (til høyre) var utvidet, tårn var påsatt, kjellerinngangen innelukket og det var satt opp gjerde. Bildet er tatt ca. 1915. Olaf Johansen.*

*Bygningen som Magne Stenvadet satte opp og Hjalmar Svarstad overtok for bruk til forretning i 1933, fotografert i 2012. Anne Berit Sollien*

sin mor bakevarer. En gang de møtte Rynning forteller historien at de gikk på hendene forbi ham, for å vise at kontene deres var tomme! Ca. 1920 kom Hjalmar Svarstad fra Kongsvinger og overtok butikken, men i 1933 flyttet han til en bygning som Magne Stenvadet hadde satt opp mellom Handelslaget og nybygget til Erling og Margit Colbjørnsen.

Under og etter Andre verdenskrig brukte Namnå skole det gamle butikklokalet som snekkerskole. Da jeg passerte huset på vei til og fra skolen mellom 1960 og 1966 kalte vi bygningen «Lilleskjæret», etter den siste eieren. Huset lå på en topp slik at privatveien opp til fasaden gikk bratt opp på begge sider. Derfor pleide jeg å ta fart nedover hovedveien fra Namnå sentrum, suse opp på Kvernbakken, passere foran huset og ake videre ned på andre sida for å få toppfart da jeg passerte over Kvernbakkbrua..........Huset var stort og dyrt å vedlikeholde, og sto der og forfalt. I 1981 ble det stukket i brann under en øvelse for brannvesenet, og brent ned til grunnen.

*Feststemte Namnåinger venter på det første toget med Kong Oskar og Prins Eugen den 3. november 1893. GK-94*

Høsten 1861 ble arbeidet med Solørbanen påbegynt. I 1893 var den bygd ferdig til Flisa, og Navnaa stasjon ble offisielt åpnet. Kong Oscar II av Sverige og Norge og kunstnersønnen, Prins Eugen, var passasjerer da det første toget – som liksom dampbåten var kalt Solungen – gikk på strekningen den 3. november samme år. Middagen på togreisa besto av skilpaddesuppe, bayonneskinke og «hjerpe og ungfuglsteg med compot og salat». Historien forteller at det var opprinnelig planlagt å legge stasjonen en kilometer lengre nord, men Ole O. Huseby fikk lagt inn et ord for at den burde bygges nærmere Kvernbakken, og at Namnå ville bli et nytt senter. Han inviterte baneingeniørene til fest på Grøset, og klarte på den måten å overtale dem......

Namnå er den jernbanestasjonen i distriktet som har skiftet navn flest ganger, og likeså skiftet åa og sjøen også navn. Ved åpningen av jernbanen i 1893 het stedet Navnaa, i 1894 ble det Navnaaen. En kilde hevder at skolen fikk navnet Kvernbakken skole da den ble åpnet i 1894, at navnet ble

*Kong Oscar II (tv) og prins Eugen av Sverige og Norge besøkte Namnå. Prinsen var maler og en stor beundrer av norske landskap. W.*

forandret til Navnåen i 1902 for så å bli til Namnå skole i desember 1911. En annen kilde hevder at stasjonens navneforandring ikke fulgte samme kronologi – den ble ikke kalt Navnåen før i 1921, mens Namnå kom året etter, i 1922. Opprinnelig var Namnå betegnet som «stoppested», som ble oppgradert til «stasjon» i 1923.

Stasjonsbygningen var tegnet i sveitserstil av arkitekten Paul Due, som tegnet bygningene på den eldste del av Solørbanen. Due bodde forøvrig en lengre periode i USA, og oppholdt seg under den amerikanske borgerkrigen mellom 1861 og 1865 i Charleston, Virginia (som i dag ligger i West Virginia). Der tegnet han blant annet planene for festningsverkene rundt Richmond, hovedstaden i CSA, the Confederate States of America – sørstatene som ville bryte ut av Unionen og bevare slaveriet. Han tegnet også Victoria Terrasse i Oslo, som ble brukt som hovedkvarter av de tyske Sicherheitspolizei og Sicherheitsdienst under den Andre verdenskrig.

Jernbanen ble overmåte viktig for Solørtraktene for utførsel av tømmer, ved og planker og Flisa, som lå ved enda av spo-

*Navnaaen stasjon. Skrivemåten tyder på at dette bildet er tatt mellom 1894 og 1921 – siden den er ombygd må det antas at det er nærmere 1921. Aasum 1994.*

ret helt til 1910, ble betegnet som en «plankeby». Transporten gikk med dampdrevne lokomotiver, noe som krevde at det fantes vanntårn langs linja. Da jeg som 4-5-åring satt ved kjøkkenvinduet hjemme på Haugli kunne jeg se helt ned til jernbanelinja på Namnå, og visste alltid når det gikk et «godstog», for det lå ei lang stripe av svart kullrøyk langs hele jernbanesporet så langt øyet kunne se. De dampdrevne lokomotivene forsvant nesten helt da diesellokomotivene ble tatt i bruk.

Togankomstene var begivenheter som var verd å være tilstede ved, og «å gå på stassjon'» var noe folk gjorde som atspredelse for å se hvem som ankom og reiste. Vi som bodde i Namnerudsgrenda var imidlertid langt unna stasjonen, og de turene ble ikke sett på med blide øyne av foreldrene verken i min generasjon eller den forrige. Min bestefar Torvald hadde i sin tid lagt ned forbud om at et par av døtrene - Randi og Ingrid - gikk til Namnå for å være på stasjonen da kveldstoget kom. De gikk likevel, og da de kom hjem var døra låst. Imidlertid visste de at det var ei utvendig dør til loftsetasjen, så de klat-

NSB type 86 – «padde» - forsvant fra Solørbanen i 1994. W.

NSB type 26c dampdrevet, kullfyrt lokomotiv, var i bruk på Solørbanen til april 1969. W.

ret opp dit for å ligge der om natta. Men Torvald hadde kommet dem i forkjøpet – han hadde spikret igjen døra. Jentene satt ute i forgangen resten av natta og ble oppspist av mygg, til Margit åpnet inngangsdøra for å gå i fjøset om morgenen.

Kom det noen fra fjerne steder – som min bestefar Karl fra Trondheim – var det spennende å vente på stasjonen til toget rullet inn og den etterlengtede besøkende hoppet ned på perrongen i en aura av langveisfarende gjest. Hvis jeg selv reiste med toget var det viktig at jeg hadde min egen billett i hånda, og høytidelig kunne levere den til konduktøren. Toget ble brukt til kinobesøk, og så lenge jeg gikk på barneskolen var det viktig å ikke bli stående alene og vente på toget på stasjonen på Kirkenær. Da kunne en bli offer for guttegjenger som fløt omkring og lette etter en utenbygds spjæling som de kunne banke opp for moro skyld.

Etter 1967, da den nye riksveien ble lagt vest for jernbanestasjonen, ble trafikksituasjonen annerledes på Namnå. Den usikrede overgangen i bjørkealléen sørover fra stasjonen, som svingte inn til Namnå, ble sikret med en låst nettingport og skolebarna måtte gå under den nye veien og gjennom den gamle jernbaneundergangen, for å komme inn til sentrum. Min bestefar Torvald henviste til dette i ei vise han skrev om Namnå, der han også kom inn på problemet med narkotika, som tidligere hadde vært et ukjent begrep i den vesle stasjonsbyen.

## ET MOTENSDIKT

Jeg stemme vil min lyre for Namnåstadens pris,
for stedets vel og trivsel på alle sett og vis.
Med skolebil og melkebil og ølutsalg og slikt,
hvor alle gjør sin plikt, med ikke lite svikt,
hvis valgspråk ennu klinger som et motensdikt.

Ref:

Det skal gå fortere og fortere og bare, bare mas,
bare, bare hastverk og bare, bare stas.
Kom igjen om fem år, men kanskje helst om ti,
vi kommer ifra Grinder i et lite fly.

Vi må kjøre under linja til Namnå st. torg,
for porten den er stengt nu, det er da bare sorg.
Vår kurs vi nå må legge der sør omkring han Jens*[1]
for der er ingen pens,
og huset blir vel borte, der vi før slo lens.

(Ref:)

Hos han Bernt i Mølla der får du gjort istand
både bil og traktor for bare lite grand.
Han Bernt er blitt eldre, men Borge griper an,
så du får gjort i stand,
og du kjører trygt gjennom by og land.

(Ref:)

Hos Andersen*[2] på hjørnet du krite*[3] kan hver dag,
til bilen får du bensin og «oil» til motorsag.
Men siden blir det verre og det til siste slutt,
når momsen den skal ut,
for futen skal ha skatten, ja, foruten prut.
(Ref:)

En flyplass nedpå Grindermoen blir nok sikkert bra,
for sprit og narkotika det vil så mange ha.
Men hvorhen dem skal gjemme sin dyre last på mo'n
det vet ennu ikke no'n,
det er den gode gamle norske tradisjon.

(Ref:)

*Namnå stasjon, fasade, i 2011. W.*

*Namnå stasjon, bakside, i 2012. Anne Berit Sollien.*

*Bjørkealléen langs den gamle stasjonsveien, sett fra stasjonen sørover mot jernbaneovergangen. Veien svingte i rett vinkel til venstre og passerte over skinnene foran det mørke feltet i venstre bildekant. FA.*

*[1] - Jens Monsrud, som bodde i krysset Monsrudveien-gamle Rv 2, «Nerstadkrysset».
*[2] - Henry Andersen, som overtok bakeriet etter Andreas Sveen.
*[3] - Kjøpe på kreditt, eller «handle på bok».

Fra 1970, da jeg begynte på Gymnaset på Kongsvinger, brukte jeg toget som framkomstmiddel hver eneste dag 6 dager i uka – 7-toget om morgenen og 4-toget om ettermiddagen. Det var et koselig miljø i kupéen, med elever som gikk på, på Kirkenær og Grinder, og vi snakket og leste lekser hele veien sørover. Det forandret seg i løpet av et år, da buss ble satt opp fra Kirkenær. Persontrafikken via jernbanen gikk naturlig nok nedover ettersom bilparken økte, og folk flest ikke hadde bare én, men to biler. Stasjonen ble ubetjent i 1982, og persontogene forsvant fra Solørbanen i 1994. Ti år senere gikk det bare to godstog i døgnet sørover, som hovedsaklig fraktet tømmer og flis, og så returnerte tomme for å laste opp igjen. Stasjonen gjenåpnet som en «kulturstasjon» fra 2007 og huset Namnå

*Sporet under flisopplastingsanlegget ved Namnå stasjon er igjengrodd. Bernt Dillerud.*

Stasjon Kunst og Design. Det ble drevet butikk, verksted, galleri og kurs- og selskapslokaler. I 2014 var Namnå Stasjon Lille Kaffihuset etablert i bygningen.

Da Ole Olsen Huseby døde 26. mai 1911 tok svigersønnen, Generalmajor Hakon B. Hansen, over drifta av gården. H.B. Hansen hadde vært Norsk generalstabssjef under unionsoppløsningen i 1905, men konsentrerte seg nå fullt og helt om Grøset og det som falt inn under gårdens doméne. Han satte opp et av bygdas to første elektrisitetsverk på Kvernbakken, som skulle forsyne kvernene, saga og gården med elektrisitet. Kildene strides om året var 1913 eller 1914, Olaf Johansens bilde er fra 1915. Generalen fikk imidlertid ingen langvarig innflytelse på gårdsdrifta, da han døde 18. mars 1916. Bernt Svenneby – som jeg kjente som Bernt Ruud, da jeg vokste opp – var lysverkssjef ved Grøset Elektrisitetsverk. Bernt sto ikke opprådd når det gjaldt verken elektrisitet eller mekanikk. En gang lagde han en traktor av en gammel T-Ford!

I 1920-årene lyttet Namnå-boerne på krystallradio. Det var imidlertid omtrent umulig å høre noe på grunn av spraking.

*Generalmajor Hakon B. Hansen. Sven R. Gjems*

*Grøset elektrisitetsverk i 1915. Olaf Johansen.*

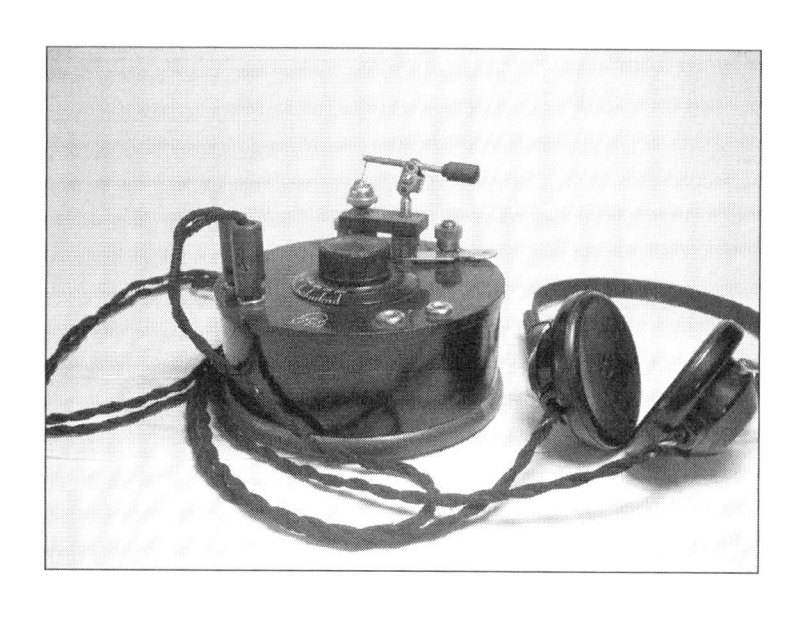

*I 1920-åra ble Namnåboerne forstyrret av spraking på krystallradioene. W.*

Det var mye verre mottagerforhold på Namnå enn andre steder i bygda, så først ble skylda lagt på saga, smia og snekkerverkstedet til Johannes Vestli, bygd fra 1922 og utover nær ullvarefabrikken. Den smia var i bruk til 1942 og sagbruket til 1951. Snekkerverkstedet ble senere ombygd og utvidet av forskjellige eiere, og i 2001 var det et bakeri etablert i bygningen. Det skulle imidlertid vise seg at det var elektrisitetsverket, som var årsaken til forstyrrelsene. Siden Grue kommune hadde elektrisitetsverk som sto ferdig på Tjura 21. Januar 1920, som skulle produsere nok elektrisitet til hele bygda, ble Grøset E-verk nedlagt ca. 1930.

Den første butikken som ble bygd i forretningsstrøket på østsida av gamle riksvei 80, øst for jernbanestasjonen på Namnå, var Navnaaen Handelslag. Det ble startet av stedets gårdbrukere i 1908. Bygningen ble lagt lengst nord på den rette strekningen langs riksveien - etter skolen og nærmest Jonsebakken. Omtrent midt i 1960-åra flyttet Hjalmar Svarstads sønn, Hans, forretningen sin over i lokalene til det nedlagte Handelslaget. Drifta varte iallfall til 1964, for jeg har et notat i dagboka mi fra 10. februar det året, som forteller at bilen, som de fraktet varer til kundene med, hadde vært involvert i en kollisjon med «en blå lastebil med firehjulshenger....».

Både Handelslaget og Hans Svarstad drev utleie av (de samme) frysebokser i et bygg som lå på samme eiendommen. Det var før det ble vanlig at folk hadde hjemmefrysere, og det var flere forskjellige størrelser – jeg tror de største var på 100 liter. Dit reiste vi ofte for å hente ferdigpakkede middager av grisen som ble slaktet sist jul.

Andreas Sveen bygde Sveens bakeri på Namnå i 1924. Andreas var veldig interessert i idrett, og kort etter at Grue Idrettslag ble startet i 1906 bygget Riiser-Moe, Thomas Schøyen og Sveen Mosegreinbakken, den første virkelige skibakken i Grue, der det så ble arrangert skirenn. I 1915 giftet han seg med Petra Stenberg, odelsjenta på Stenberg i Monsrud, som hadde arvet gården etter mora Berthea. Alle Petras søsken hadde emigrert til Amerika. Etter at de giftet seg på Jul-

*Navnaaen Handelslag i 1911. Fra et gammelt postkort.*

*Namnå Handelslag i 1970-åra. Røsås m.fl. 2009.*

*Familien Sveen med en 1926-modell T-Ford på Namnsjøen i 1932. Fv: Bjarne, Reidar, Paul, mora Petra Stenberg, Leif, faren Andreas og Egil. I bakgrunnen sees hytta til lærer Abraham Bergseth kalt Stølen, antagelig den første fritidsboligen ved sjøen. Den la min fetter Jan Erik Fosseidengen og jeg nytt torvtak på, tidlig i 1960-åra, under ledelse av vår bestefar Torvald. Reidar Sveen – SSL.*

aften, bosatte Andreas og Petra seg på Stenberg. Det ble lagt inn strøm på bruket mens Sveen bodde der.

Andreas Sveen var utlært baker, og ikke bonde, og arbeidet hos kjøpmann O.G. Rynning på Kirkenær. Petra hadde gått amtsskole og vært husholderske på en stor gård på samme sted, så i 1924 solgte de Stenberg og bygde bakeriet, der utsalget lå i 1. etasje mens selve bakeriet og en kafé, som Petra drev, lå i kjelleren. Sveen solgte brød og konditorivarer, sukkertøy og iskrem. I tillegg til bakerbutikken drev Sveen bensinutsalg og drosjekjøring sammen med sønnen Reidar. Bensinen ble pumpet opp med håndpumpe i 5-liters porsjoner. Reidar overtok bedriften, men solgte den ca. 1950 til Henry og Kirsten Andersen, som hadde bakeriet da jeg gikk på folkeskolen. Jeg kunne aldri få det til å rime at Andersen hadde Sveens bakeri, mens Sveen bodde ved Monsrudveien like ved

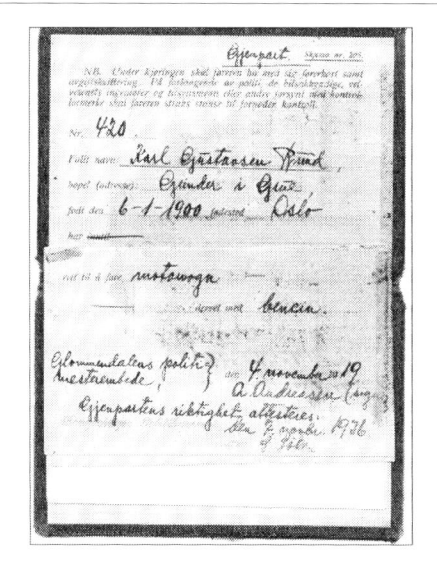

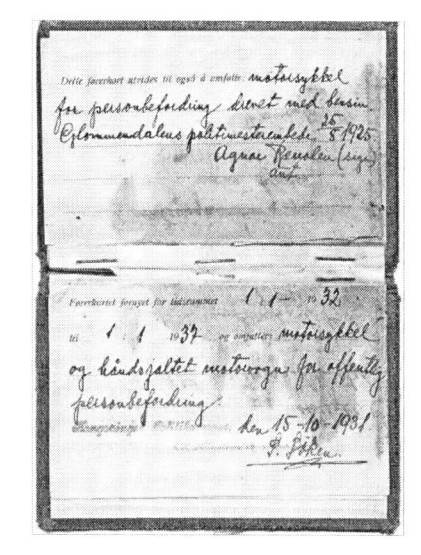

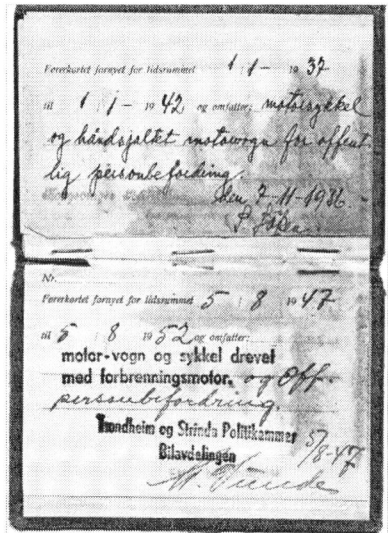

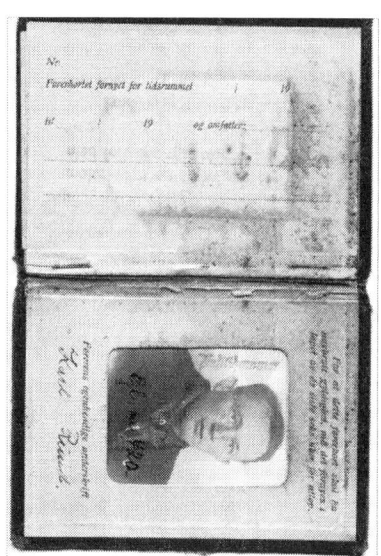

*Et av de tidligste førerkortene i Grue. Min bestefar, Karl August Ruud, tok sertifikatet som 19-åring, i 1919, bare 12 år etter at den første bilen ble kjøpt til Grinder gård. Det ble fornyet og utvidet i 1925 til å omfatte motorsykkel. I 1932 ble det utvidet til også å gjelde offentlig personbefordring, da han drev drosjekjøring. Det ble fornyet i Kongsvinger igjen i 1937, men etter 2. Verdenskrig flyttet han til Trondheim, så da ble det fornyet der i 1947, og løp ut i 1952. Da jeg tok førerkort i 1971 ble dette formatet fremdeles brukt, 52 år etter at han tok sitt første. FA.*

det såkalte Nerstadkrysset!

Det var ikke ofte jeg hadde penger til å kjøpe noe. Om sommeren ble det helst «frøsin læskedrikk» i forskjellige smaker og farger – rød, brun, gul osv. – til 25 eller 50 øre avhengig av størrelsen, «båtis» til 75 øre , 50-øres ispinne eller Kroneis, som da kostet den krona det ble reklamert med. Reidar Sveen hadde forøvrig en svært intelligent hanhund av rasen Engelsk setter som het Raggen. Den var brun og hvit og ble 17 år gammel. Såvidt jeg forsto hadde den bodd på Namnå før bakeriet ble solgt. Det ble nemlig sagt at den gikk fra Sveens hus bærende på en pose med penger i, til Andersens bakeri, fikk boller i posen og returnerte hjem med dem.....

Skredder Oskar Møllerud solgte konfeksjon fra omtrent 1920 mens sønnen Reidar drev kafe i 1. etasje etter 1945. Erling og

*Sveens bakeri og kafé ca. 1926. Fv: Petra Sveen, Paul Sveen, ukjent, Bjarne og Reidar Sveen. John Arne Sveen.*

*Prisnivå på iskrem noen få år etter at jeg besøkte Sveens bakeri (1960 – 1966). FA.*

*Namnå i 1932. Nærmest ligger skolen – som nederst hadde hvitmalte vinduer så ungene ikke kunne se ut - så Møllerud, Colbjørnsen og Svarstad. Møllerud brant ned i januar 2015. Aasum 2004.*

*Skredder Oskar Møllerud. Olav Madshus.*

*Udatert postkort fra Namnå, 1940-50-årene. Fra høyre: Møllerud, Colbjørnsen og Svarstad. Fotograf: T(ora?) Møllerud. Kjell Aasum.*

*Karin (Colbjørnsen) Slettens Namnå Mote etter påbygging i 1970-årene. Anne Berit Sollien.*

*Karin Sletten sammen med Åse Fosseidengen i 2012. Jan Erik Fosseidengen.*

Margit Colbjørnsens Namnå Mote og Manufaktur ble bygd like før 1933, året da Hjalmar Svarstad overtok bygningen som Magne Stenvadet hadde satt opp mellom Colbjørnsen og Handelslaget. I 1950-åra – og kanskje ut i 1960-åra – hadde Colbjørnsen melkeutsalg i kjelleren. Vi bragte tomme melkespann, Erling fylte dem opp, og min mor betalte. Da Erling og Margit tidlig i 1960-årene trakk seg tilbake, moderniserte dattera Karin (Colbjørnsen) Sletten butikken og drev den helt til ca. 2012, da den ble nedlagt. I Hjalmar Svarstads gamle lokaler var det i år 2001 en frisørsalong.

Av de opprinnelige butikkene på Namnå var det Frederik og Margrete Østmoen som etablerte seg sist, ved sentrumskrysset, rett overfor henholdsvis Sveens bakeri og skolen. Ca. 20-12 var det den eneste butikken som fremdeles var åpen, sammen med Karin Slettens manufakturbutikk, og de to ble nedlagt omtrent samtidig.

*Frederik Østmoens kolonial ca. 1960. Fra et gammelt postkort.*

*Åse Fosseidengen hos Ivar Østmoen, Frederik og Margretes sønn, i 2012. Jan Erik Fosseidengen.*

*Kolonialbutikken etter at den ble nedlagt ca. 2012. FA*

*Hulda Hylins hus fra ca. 1920 – Namnås første poståpneri. Bildet er tatt i 1926 – merk lysledningene som viser at Grue el-verk har startet produksjon (1920). Bygningen bakenfor er en lagerbygning, så ser vi Navnaaen Handelslag. Aasum 20-04.*

Lengst nord på Namnå, på nordsida av Navnaaen Handelslag og på toppen av Jonsebakken, lå Hulda Hylins hus. Det ble bygd ca. 1920. Mannen hennes var stasjonsmester, men hun ble tidlig enke. Hun ble Namnås første poståpner med kontor i 1. etasje. Sønnen Arnulf overtok poståpneriet – forøvrig en kunstner og dikter som var en drivende kraft bak noe av kulturlivet på Namnå. Han skrev mye materiale for lokale revyer – en av dem huskes spesielt, som ble spilt etter 2. Verdenskrig, kalt «Når bladene faller». Arnulf holdt til i Hylins hus til 1965, hvoretter posthuset ble flyttet til Namnå gamle skole. Det var mulig, fordi min far hadde modernisert vestre sal på skolen for å innrede en manufakturforretning mine foreldre drev et års tid fra 1963. Den ble kalt Gerd Sollien & Co. Gerd var syerske og veldig interessert i klær og moter, og investerte i en forretning. Den bar seg imidlertid ikke, men iallfall fikk Jan Erik og jeg noe ut av den: Da varene ankom før åpningen av butikken var de pakket i to kjempestore kasser av finér. De spikret vi sammen og heiste opp i noen høye bjørketrær i skogen ved Bekkelund, der Jan Erik bodde. Slik fikk to tiåringer ei hytte høyt oppe i trærne, som Tarzan....

*Henry Solliens tegning for den utvendige ombygginga av skolen, som senere skulle bli fasaden på posthuset. FA.*

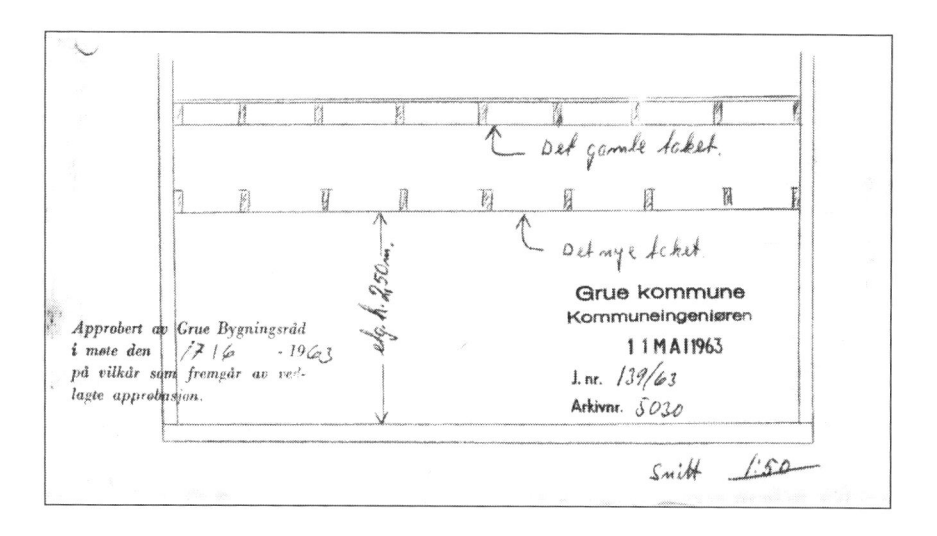

*Henrys tegning av planene for ombygging av vestre sal i Namnå gamle skole til manufakturforretning i 1963. FA.*

*Fasaden på lokalene til Gerd Solliens manufakturforretning i september 2007. FA.*

Etter at min mor la ned forretningen flyttet en blomsterbutikk inn i lokalene. De ble så brukt som postkontor fra 1965, hvoretter Grue Handicaplag tok over i 1987. Østre sal var også i bruk. Den ble leid av Grue husflidlag en periode, i 2001 ble den brukt til musikkøvelser. I 2. etasje startet Elgen hanskefabrikk våren 1965 med 6 -7 ansatte. Etterspørselen økte, og arbeidsstokken fordoblet seg til 14. Etterhvert ble det sterk konkurranse fra Asia og i 1976 opphørte produksjonen i den gamle skolen. To av de ansatte fortsatte i boligen til Asbjørn Myrvang i enda to år, men deretter var det slutt. I 1998 kjøpte Namnå idrettslag gammelskolen. Salen i 2. etasje ble innredet til møterom og kjøkken, og lærerleiligheten til kontorer og lagerplass. I 2009 var bygningen privatbolig

Like nord for jernbanestasjonen sto et stort hus som ble kalt

*Forretningsstrøket på Namnå i 1960-åra. Fra venstre ser vi Hans Svarstads butikk i de ombygde lokalene til Navnaaen Handelslag, deretter faren Hjalmar Svarstads gamle forretningsbygg som han ervervet fra Magne Stenvadet. De tre siste bygningene er Colbjørnsens og Mølleruds manufakturforretninger og lengst sør Østmoens kolonialforretning. Fra et gammelt postkort.*

Solås. Det ble oppført av Halvor Uggerud i 1922. I 1930-årene ble det overtatt av brødrene Eriksen, som drev hotell og kino. Senere ordfører Martin Møllerud kjøpte så bygningen i 1939 og startet sportshandel der, og den gikk deretter i arv til Stein Moen.

Namnå Damp og Badstubad ble bygd på Kvernbakken i 1932 (midt på bildet side 703). Det var Namnå Vel som sto for oppføringa, og det ble senere overtatt av Namnå Sanitetsforening. Da jeg gikk på folkeskolen i 1960-åra hadde barna badedag hver uke.

I 1930-åra ble Hulali bygd, et stykke oppover langs åa fra Kvernbakkdammen, der lærerboligen senere skulle ligge. Det var en bygning som var reist for speiderne, men den ble også brukt bla.a. til lokale for idrett – det var et av de stedene der min far trente med atletgruppa De tre Ikelos. I tillegg ble det holdt basarer der, som jeg gikk på da jeg var guttunge. I nærheten av den nedlagte ullvarefabrikken startet Kåre Pettersen snekkerverksted. Det var i drift i 1960-åra - vi passerte det hver eneste dag på vei til og fra folkeskolen, da vi tok snarveien over brua ved spinneriet. Ved årtusenskiftet hadde Ketil Wilvang etablert bilverksted der. Da det var bensinmangel under 2. Verdenskrig gikk bilene med knottgeneratorer. I en bygning i nærheten av Vestlisaga ble det produsert knott for disse generatorene. I en annen bygning like ved ble det i 1940-årene bygd båter.

I 1960-åra var det en ispinnefabrikk i drift i forbindelse med Vestlisaga. Fabrikken ble uhøytidelig døpt «Plundre» og baserte seg på hjemmeproduksjon. Det var mange som benyttet seg av den anledningen til å tjene noen ekstra kroner, blant andre min tante Åse Fosseidengen. Slik hadde det seg at jeg fikk mulighet til å prøve hvordan det var å legge pinner, men det var nok mest for min egen underholdning, og noe jeg ga opp når jeg ble lei av det. Pinnene ble fraktet hjem i strisekker og lagt i ei spesiell ramme, som kunne strammes til og ei strimmel med bredt, brunt papirlimbånd festes rundt for å holde dem sammen. Så ble de pakket i pappesker som hadde

*Bildetekst side 195.*

*Forrige side: Namnå Sanitetsforening overtok drifta av Namnå Bad. Bildet viser Misjonsforeningen, som hadde besøk av pastor Johannes Hals, men mye av tida var de samme personene medlemmer av begge foreninger. Foran fv: Tora Nerstad, Ruth Moen, Minda Stemsrud, Anna Bye, Ragnhild Pedersen, Petra Sveen, Olivia Hoel og Olivia Nerby. Bak fv: Aslaug Jordan Hoel, Olivia Kjensmo, Jørgine Sandlund, Agnes Lund, Johannes Hals, Borghild Vestli, Elida Vestli og Elise Bjørkerot. NK-03.*

*Eva Ruud på vei fra ispinnefabrikken «Plundre» langs Smidholsveien innover mot Namnå sentrum, sammen med dattera Borgny. På rattkjelken, som var håndlaget av ektemannen Borge, ligger striesekken med ispinner og pappeskene som pinnene ble pakket i. Uthuset til venstre tilhørte brødrene Åsmund og Georg Eriksen, mens huset ved pila var eid av Kåre Pettersen. Borgny Ruud (Viggen).*

*Midt i 1960-åra var tomta ved jernbanestasjonen på Namnå (sett fra sør) plass for tømmerlager og barkeanlegg. Fra et gammelt postkort.*

*Hjullasteren som matet barkeanlegget ble kjørt av Johnny Engen. IF.*

En stokk er på vei inn i inntaket på barkemaskinen – da stokken var stukket inn, var det best å la den gå, uten forsøk på justering..........IF.

Riksvei 2 nord for Namnå ca. 1955 sett mot sør. Til venstre ligger kolonialforretningen til Olav Ibenholt. Ved pila kan vi såvidt skimte bygningen til ungdomslaget Verdande, omtalt i kapitel 20. Fra et gammelt postkort.

det rette målet for buntene av pinner og fraktet tilbake til fabrikken.

I samme perioden ble stasjonstomta brukt til lager av ubarket tømmer, og det var innstallert en barkemaskin for barking før det ble transportert ut med jernbanen. Tømmeret ble lastet inn på ei innføringsrampe til barkemaskinen av en hjullaster, og én og én stokk ble matet inn i maskinen. Det var Johnny Engen, som kjørte hjullasteren, og noen ganger var Jan Erik og jeg der og matet maskinen. Det kunne være en farlig jobb. Stokkene måtte stikkes rett inn i inntaket - kom stokken litt på skeive grep inntakstrinsene på maskinen tak foran og ga bakenda et sirkelrundt spinn mens stokken forsvant innover, og da var det best å holde seg unna. Ble en truffet av den spinnende stokkenda var nok arbeidsdagen slutt.

Nord for idrettsbana var det enda en kolonialforretning, nemlig Olav Ibenholt. Det var den siste forretningen på vei nordover gjennom Namnå, langs den gamle riksveien. Et lite stykke lengre nord, på samme sida av veien, lå bensinstasjonen Caltex. Den reklamerte alltid med bensinen, som var California-Texas Oil Companys hovedprodukt helt til 1980-åra – Boron.

*Bensinstasjonen Caltex nord for idrettsbana solgte Boron. IF.*

# PENGESYSTEM, VERDIFORANDRING, LØNNINGER OG PRISER

Et tilbakevendende tema når pengeverdi og priser blir bragt opp er at alt var billigere «før». Det er en naturlig utvikling basert på forandring i tilbud og etterspørsel over tid kombinert med lønnsforhandlinger, som kan summeres opp i det enkle, menneskelige prinsippet at mye vil ha mer. Disse faktorene er noe av drivkrafta bak fenomenet inflasjon. Pengesystemet har til alle tider vært blandet opp med et system av varebytte, og det har også blitt benyttet i nedgangstider på Namnå, eller blant grupper som har hatt liten tilgang på hard valuta. Det ble perfeksjonert av taterne, som praktiserte varebytte med mellomlegg, der kunden alltid betalte mellomlegget.

Da Hans Colbjørnsen Stemsrud overlot Namnsjødammen til

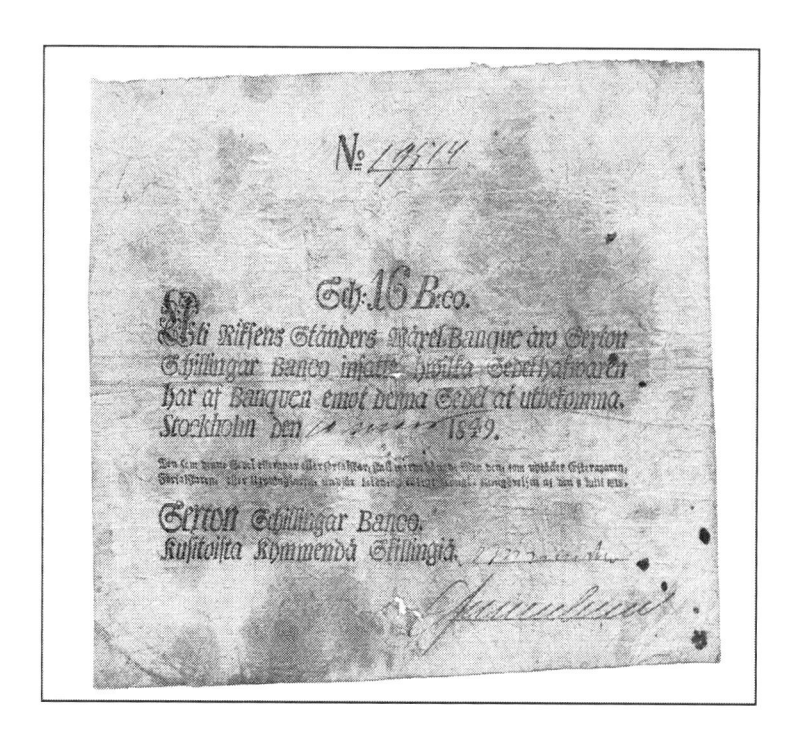

*Slik så sedlene ut før kronesystemet ble tatt i bruk. Bildet viser en svensk 16 Shilling Banco fra 1849. FS.*

*Eksempler på to mynter fra Dansketida. Øverst en 2-shilling fra 1713 – DAN&NOR kan sees mellom pilene. Nederst en ½-shilling fra 1719. FS.*

trelasthandler Iver Eliasson fra Christiania i 1724, skulle damleia være 1 ort pr. tylft med tømmer som ble fløtet gjennom den. På Østlandet ble orten helst kalt mark. Fra 1628 gikk det 24 skilling på en ort (mark), og 4 ort (mark), altså 96 skilling, på riksdaleren. Fra 1794 forandret det seg. Da gikk det 5 ort (mark), dvs 120 skilling, på en ny daler – speciedaleren. Ved innførsel av kronesystemet i 1875 ble 1 speciedaler lik 4 kroner. Hans C. Stemsruds damleie er blitt omregnet til ca. 36 kroner tylfta etter dagens pengeverdi.

Ole Olsen Huseby på Grøset startet sin egen krambu der arbeidsfolket kunne kjøpe varer. Det var vanlig praksis blant store firma både i Norge og andre land, der de ansatte bodde nær arbeidsplassen, eller i firmaets husvær. I prinsippet tjente det to formål: Lønnsutbetalingene til arbeidstagerne returnerte inn på arbeidsgiverens bankkonto med fortjeneste – fra varesalget - og kreditten som ble gitt sørget for at arbeidsfolket ofte sto i konstant gjeld til arbeidsgiveren, som de ikke kunne komme ut av, og arbeidsstokken derfor holdt seg stabil. I Ole O. Husebys tilfelle viste det seg at det siste prinsippet ikke var tungtveiende i hans evaluering av situasjoner som kunne oppstå. Etter at han hadde gått til det skritt å si opp en husmann som var både hard på flaska og oppsetsig, fant han ut at mannen skyldte ham 180 kroner på krambua. 180 kroner på slutten av 1800-tallet var en stor pengesum, og det var innlysende for Huseby at noen tilbakebetaling av gjelda i forbindelse med oppsigelsen kunne det ikke bli snakk om. Han satte derfor to tjukke streker over kontoen, og så seg ferdig med saken.

For å sette de 180 kronene i perspektiv, så var prisen på et mårskinn rundt århundreskiftet det samme som ei månedslønn for en skogsarbeider. I 1915 lå prisen på 60 til 80 kroner, så husmannen må anslagsvis ha skyldt Olsen 3 måneders lønn. Mentz Sæther fra Namnå skjøt i 1927 en rev med et uvanlig fint skinn, som han fikk 160 kroner for. Det forteller mye om hvor høyt pelsverk ble verdsatt, siden timebetalinga for manuelt arbeid så sent som i 1950 fremdeles var bare 3 til 4 kroner – revepelsen representerte altså selv 25 år senere

*Mentz Sæther fikk 160 kroner for en revepels i 1927. Her er han med kona Karen på bureisingsbruket Bergheim i 1990-åra. Bjørn Tuer – SSL.*

mer enn ei 40-timers uke. Til sammenligning kunne gråverk – ekornskinn – i 1950 leveres til J. Langseths landhandel på

*Ekornets pels ble kalt «gråverk» etter fargen på den grå vinterpelsen, som kan sees her. W.*

Kirkenær til en pris av kr. 2.40 pr. stykk. Det representerte altså på den tida bare knapt en times arbeid.

Liksom pelsdyra har rovfuglene vært utsatt for langvarig forfølgelse. Når både stat og kommuner betalte skuddpremier, kunne det være mer penger å tjene på rovfugljakt enn på regulært arbeid, selvom fangsten var sesongbetont. Da jernbanestasjonene ble etablerte i Norge ble de naturlige sentre i små samfunn. Hvis en ville spre et budskap ble det derfor ofte hengt opp utvendig på stasjonsveggen. Oppropet som lover skuddpremie på vandrefalk var laget spesielt for å brukes som oppslag på jernbanestasjonene, og ble laget en gang mellom 1912 og 1925. Norsk Brevdueunion investerte mye penger på eget initiativ for å bekjempe falken - den hadde blitt innlemmet på lista over fugler som var fredløse i 1899. Vandrefalken jaktet ofte eksklusivt på duer i byer og tettsteder og var derfor sett på som en stor trussel mot dueslagene. Det hadde ofte blitt funnet dueringer i reir av vandrefalk. 25 kroner var en stor pengepremie rundt 1920 og andre kilder viser til at

# HALLO! JÆGERE HALLO!

**Norsk Brevdueunion betaler i skudpræmie for vandrefalk (Falco perigrinus) kr. 25.00 pr. voksen, kr. 10.00 pr. unge.**

De væsentligste kjendetegn er: Farven er skiffergraa, under bugen lys med hjerteformede pletter, — nebbet har en tydelig t a n d, som forekommer kun hos vandrefalk. Størrelse som en kraake.

**For udbetaling af præmien maa falken sendes Reidar Korneliussen, Snippen 13, Kr.a til kontrollering.**

*NORSK BREVDUEUNION.*

*Plakaten om premie på vandrefalk ble hengt opp på norske jernbanestasjoner. Per Skogrand.*

*Vandrefalken – verdens raskeste flyver - jaktet i byer og tettsteder nesten eksklusivt på duer, ved å slå dem i stupflukt i en fart av opptil 325 km/t. Den var verd 25 kroner stykket for Norsk Brevdueunion. W.*

Brevdueunionen fremdeles betalte samme skuddpremie for falken på 1940-tallet.

Da forstmester Reidar Bestum og Olaf Sætaberget drev haukefangst i slutten av 1930-årene, skjøt Olaf 17 spurvehauker i Skadsdamsberget og Skadsberget i løpet av ei eneste natt. Han gikk så til fots til Kirkenær, fikk sine 17 kroner samme dag og gikk hjem til Brandval Finnskog. I «de harde tredveåra» var 17 kroner tjent på like mange timer på haukejakt en langt bedre investering i tid og energi enn å arbeide for dårlig timebetalt – hvis det i det hele tatt var mulig å finne en jobb. Kroneverdien på den tida var omtrent 15 ganger høyere enn den er i dag. Størrelsen på skuddpremien indikerer imidlertid at selvom hauken ble etterstrebet, og det var gode peng-

*I de økonomisk vanskelige 1930-åra var den vesle spurvehauken verd ei krone. Et halvt dusin reir utgjorde ei solid dagslønn. W.*

er å tjene på jakta, var den ikke sett på som samme trussel i skogsmiljøet, som vandrefalken var i byene. Likevel sier det faktum at rovfuglene generelt ble etterstrebet for høye pengepremier mye om den økonomiske prioriteringa i et samfunn som var vant til å basere seg på naturalhusholdning.

Johan Pedersen fra Vågå satte opp fargeriet sitt i Møllerudsjordet i 1905. Han aksepterte ikke bare tøy og filler i bytte for garn – han lot også folk betale med leiearbeid – altså en kombinasjon av penge- og byttesystem, der byttesystemet var delt opp i varer og tjenester. Da en etter 2. verdenskrig forsøkte å blåse liv i skøytesporten i Grue, var det prekær mangel på skoskøyter. Torbjørn Raaberget og Egil Fredbo tok turen til Oslo for å snakke med selveste «Kong Oscar» Mathisen, for å se om han kunne skaffe tilveie skøyter for

*«Kong Oscar» Mathisen aksepterte et stykke flesk som «anvisning» på skolær av to utsendinger fra skøytegruppa i Grue like etter 2. Verdenskrig. W.*

skøytegruppa i Grue Idrettslag. Det var fremdeles mangel på det meste, rasjoneringskort på mange varer og nødvendig med anvisninger for å kjøpe dem. Mathisen tok mål av lesten og samlet alle opplysningene han trengte, og spurte så etter anvisning på lær. De to Gruesokningene «kvitterte» med å skyve en fleskebit under disken, noe Mathisen uten å nøle godtok med løfte om at skøytene ville bli sendt til Solør med toget om ei uke eller to!

Etter 7-årig folkeskole begynte min far å arbeide i trange kår under 2. Verdenskrig. På den tida var det naturlig å begynne i ei av primærnæringene, enten som gårdsarbeider eller i skogen, eller i ei av sekundærnæringene, som for eksempel på et sagbruk. Etter krigen – mellom 1949 og 1952 - bærer arbeidshistoria hans preg av at han tok enhver jobb han kunne få for å tjene til familiens opphold. Han hadde ei datter, som ble født i 1947, og arbeidet både for faren hjemme på gården og som leiearbeider ute i bygda. Oppgavene bredte seg over et vidt spekter. På gårdene Nord-Sagen og Sollien var det boring av stein (for sprengning), møkkakjøring, setting av poteter og neper, reparasjon av gjerder og stubbebryting. I bygda var det reparasjoner av bygninger (som kjellere og golv), taket i Namnå Bad, riving av bygninger og mur, bygging av kjellerforskaling, støping av kjeller og fjøs, utlegging av rottegift(!) - tilsynelatende for Valentin Sibbern – tømmerkjøring i Bjølsjøtorpet og sagarbeid både på Namnå sag og Vestlisaga.

Ved arbeid i bygda var arbeidsdagens lengde vanligvis 8,5 timer i uka og 5,5 til 6,5 timer på lørdag, til ei lønn på 3 kroner timen. Lokalt gårdsarbeid var dårligere betalt, nemlig kr. 2,25 for timen. Å rive en bygning fikk han kr. 2,80 i timen for. Ved arbeid i skogen var dagene ofte 8 – 10.5 timer lange, og betalinga ved f.eks. vedkjøring var 1 krone «réset». Til sammenligning var timeprisen for fløting i Rotna i 1952 – da de gikk over til timebetalt etter en periode på 7 år med akkord – 4 kroner pluss prosenter i henhold til volumet. Mellom 1. og 9. juni 1950 tok Henry på seg en akkord som gikk ut på å bygge forskaling til kjeller og pillarer sammen med faren Torvald, broren Reidar og Magnus Berg. Da «gikk de skoene av seg», for de fikk utbetalt 322 kroner for 128,5 timer – altså kr. 2,51 pr time – mindre enn regulær timebetaling. Hele årsverket hans i 1950 ble på vel 6 000 kroner.

Ved å gå gjennom budsjettnotater fra 1949 og 1950 får vi et godt inntrykk av hva forskjellige varer og tjenester kostet, og hva slags prioritering som ble gjort for 65 år siden.

### NØDVENDIGHETSARTIKLER.

| | |
|---|---|
| 1 tube Vademecum tannkrem.... | 1.25 kr |
| 1 pakke barberblader.................. | 1.20 kr |
| Blyant........................................... | 1.30 kr |
| Stor skriveblokk.......................... | 1.30 kr |
| Kam.............................................. | 1.20 kr |

| | |
|---|---|
| Tyggegummi................................. | 1.05 kr |
| Neglebørste.................................. | 1.10 kr |
| Hårspenner.................................. | 0.48 kr |
| Barberspeil.................................. | 2.85 kr |
| Toalettsåpe.................................. | 0.69 kr |
| 0.5 kilo grønnsåpe..................... | 1.05 kr |
| Vaskeklut..................................... | 1.80 kr |
| Et liters norgesglass..................... | 1.95 kr |
| 1 pakke Blenda vaskepulver......... | 4.40 kr |

## KLÆR, SKO ETC.

| | |
|---|---|
| 1 par halvstrømper........................ | 10.15 kr |
| 4 meter kjolestoff......................... | 38.80 kr |
| 1 meter silke................................ | 12.00 kr |
| Trådsnelle..................................... | 0.68 kr |
| 1 «hespil» med garn..................... | 1.95 kr |
| 3 meter strikk............................... | 1.10 kr |
| Lommetørkle................................ | 1.15 kr |
| Gardiner pr. meter........................ | 2.31 kr |
| Støvfrakk..................................... | 48.50 kr |
| Kåpemønster................................ | 1.85 kr |
| Barnestrømper.............................. | 3.35 kr |
| Dress............................................ | 191.00 kr |
| Damesko...................................... | 33.50 kr |
| Damesko...................................... | 46.00 kr |
| Herresko...................................... | 42.00 kr |
| Sko til 2 år gammel datter............ | 5.70 kr |
| Damestrømper.............................. | 3.50 kr |
| Genser.......................................... | 17.50 kr |
| Veske (Gerd)................................ | 19.70 kr |
| Kjolestoff pr. meter...................... | 9.05 kr |

## LUKSUSVARER

| | |
|---|---|
| Halv øl......................................... | 0.60 kr |
| 1 pakke Blue Master sigaretter....... | 1.40 kr |
| Aktuelt (blad)............................... | 0.75 kr |
| Kinobilett.................................... | 1.50 kr |

| | |
|---|---|
| Romantikk (blad)............................. | 0.30 kr |
| Ukeblader, pr. uke........................ | 2.20 kr |
| Teaterbilletter................................ | 8.00 kr |
| Boksekamp på Hamar..................... | 4.00 kr |
| Engelskkurs, pr.måned.................... | 6.30 kr |
| Basar............................................... | 8.00 kr |

## DRIFTSUTGIFTER, REISE ETC.

| | |
|---|---|
| 40 eikepinner (sykkel)..................... | 2.80 kr |
| 1 sykkeldekk.................................... | 10.00 kr |
| Togbillett tur-retur Åbogen (1949)..... | 8.40 kr |
| Togbillett tur-retur Hamar................. | 14.60 kr |
| Badebillett (Namnå bad)................... | 1.00 kr |
| Rensing av ur................................... | 20.00 kr |
| 10 liter bensin................................. | 5.10 kr |
| Husleie (1949)................................. | 20.00 kr |
| 6 glass............................................. | 4.20 kr |
| Sikring.............................................. | 0.42 kr |
| Togbillett, Kongsvinger..................... | 1.20 kr |
| Legebesøk........................................ | 2.00 kr |

*Radiolisensen gikk opp fra 20 kroner i 1949 til 22 kroner i 1952. FS.*

| | |
|---|---|
| Medisiner............................................... | 4.30 kr |
| Radiolisens......................................... | 20.00 kr |
| Lysregning.......................................... | 87.50 kr |
| Huslån (1950)..................................... | 66.62 kr |
| Togbillett tur-retur Åbogen (1950)..... | 8.60 kr |
| Togbillett tur-retur Kirkenær............... | 1.00 kr |
| Avisa Glåmdalen pr. kvartal................ | 6.00 kr |

## MATVARER.

Matvarene er det ofte vanskelig å finne ut prisen på, da en tur på butikken vanligvis summerer opp alle varene og gir en totalpris. Men noen steder kan vi finne prisen på enkelte varer.

| | |
|---|---|
| 1 brød................................................. | 0.47 kr |
| 1 boks ansjos....................................... | 2.20 kr |
| 1/2 fiskepudding................................. | 1.50 kr |
| 1 kilo Rugmel...................................... | 0.47 kr |
| Pultost................................................. | 0.40 kr |
| Gaudaost.............................................. | 1.85 kr |
| 1 pakke gjær........................................ | 0.13 kr |
| 1 boks Sunda ...................................... | 0.70 kr |
| 1 eple................................................... | 0.25 kr |
| 1 liter nysilt melk (Colbjørnsen)............ | 0.46 kr |
| 3 hg russisk salat................................. | 2.10 kr |
| 4 kg hvetemel ..................................... | 2.14 kr |
| 1/2 kilo smør....................................... | 4.00 kr |
| 1/2 kilo margarin................................. | 0.50 kr |
| 100 kg poteter..................................... | 19.00 kr |
| 1 brød.................................................. | 0.53 kr |
| Fiskepudding....................................... | 1.10 kr |
| 3 saltede sild....................................... | 0.45 kr |
| Julekake.............................................. | 2.00 kr |
| Kanel................................................... | 0.30 kr |
| 1/2 kilo egg......................................... | 2.25 kr |
| 2 loff................................................... | 1.00 kr |
| 6 kilo ripsbær...................................... | 6.00 kr |

*Liksom kino hadde ukebladene høy prioritet – her er to av de vanligste, som ble kjøpt i 1950-årene. FS.*

*I 1949 røkte Henry Blue Master, som kostet kr. 1.40 for pakka. IF.*

I 1949 satte Henry opp det første huset for familien, og budsjettoversikten der viser hva byggematerialer kostet.

### BYGGEMATERIALER, REDSKAP.

| | |
|---|---|
| 1 kilo spiker.................................. | 1.39 kr |
| 1 kilo pappspiker............................ | 1.20 kr |
| 30 stk. 6-tomsspiker....................... | 1.30 kr |
| 1 sekk sement................................ | 6.25 kr |
| 1 sekk kalk.................................... | 8.00 kr |
| 1 kilo kitt....................................... | 2.00 kr |
| Tilkjørt 2 gruslass......................... | 40.00 kr |
| Tilkjørt stein................................. | 4.00 kr |
| Tilkjørt 30 tylfter bord.................. | 280.00 kr |
| 1 dør.............................................. | 40.00 kr |
| 1 vindusramme.............................. | 64.00 kr |

| | |
|---|---|
| 1 glassrute......................................... | 6.50 kr |
| 1 rull takpapp................................... | 19.33 kr |
| 1 rull gråpapp................................... | 5.00 kr |
| 1 rull impregnert papp..................... | 8.60 kr |
| Økseskaft.......................................... | 2.00 kr |
| Tommestokk..................................... | 1.65 kr |

Under magre kår var det vanlig at bygdefolket drev en kombinasjonshusholdning, en blanding av naturalhusholdning og pengehusholdning, som besto av foredlede varer som de kjøpte i butikkene og produkter som de kunne finne eller produsere selv og så enten bruke eller selge. Om høsten var det vanligvis nok av tyttebær og blåbær, noe som ga ekstra inntekt samt mat til eget forbruk. Den 27. og 28. august samt den 3. og 18. september 1949 solgte Gerd 87,9 kilo tyttebær for kr. 123.05, det vil si til en kilopris på 1.40 kroner, til ei gjennomsnittlig dagsinntekt på kr. 30.76. Med ei gjennomsnittlig timebetaling på kr. 3.00 for leiearbeid representerte altså det 4 arbeidsdager på 10 timer, like høy produktivitet som å drive arbeid ute i bygda. Hun plukket nok mye mer, for vanligvis solgte hun bare en del av det hun plukket, etter å ha forsikret seg om at vinterbehovet var dekket med syltetøy og saft. Hun tilbragte nok heller ikke 10 timer i skogen hver dag. I 1968, da jeg kjøpte miniatyrgeværet mitt, plukket jeg selv tyttebær for å finansiere det – på den tida varierte kiloprisen for renset bær mellom kr. 3.00 og kr. 3.25, som ble ansett som godt betalt.

Potetplukking var en deltidsjobb som var regnet som «kvinnfolkarbeid» om høsten. Jeg tilbragte mange, lange og kjølige høstdager på potetåkrene mens min mor plukket for å tjene ekstra penger. Uten at jeg husker timelønna vet jeg at ca. 1960 plukket hun for et eneste mål. Det var å kjøpe en kikkert som hun ville gi min far til Jul. Kikkerten var en Palomar 7x50 nattkikkert og prisen 250 kroner, en uhørt sum da gjennomsnittspresangen kostet en femmer eller mindre. Det tok hele lønna hun hadde jobbet for den høsten. De mest ekstravagante gavene fikk jeg alltid fra min morfar Karl Ruud i Trondheim, og et par år seinere fikk jeg en 50-kroneseddel.

*En femtikroneseddel var en usedvanlig stor julepresang i begynnelsen av 1960-åra. FS.*

Det var en stor pengesum for en smågutt, og etter å ha spart litt til kjøpte jeg noe som ellers hadde vært langt utenfor min økonomiske rekkevidde, nemlig et mikroskop til 69 kroner. Min mormor i Åbogen lo mye og ofte over mitt svar til hennes første spørsmål om det mikroskopet, som var: «Mein hå skær du bruke detta teill?», hvoretter mitt kontante svar var: «Detta skær je bruke teill å studdere rasshale' på miggen me'!»

Etter den 2.Verdenskrig var det både bilrasjonering og bensinrasjonering i Norge. For å komme til og fra en lokal arbeidsplass ble det derfor i 1950-åra gått til anskaffelse av moped eller motorsykkel. Ca. 1959 kjøpte min far en svensk 2-gearet Monark med JLO-motor, som var et noe uvanlig syn på Namnå – faktisk den eneste jeg visste om. Raufossmopeden, som var laget på Raufoss Ammunisjonsfabrikk med tysk Zündapp-motor, var veldig populær. Den kunne fåes med 2 eller 3 gear. I tillegg laget Gresvigfabrikken Zündapp – den hadde navnet Gresvig med store bokstaver over Zündapp på sida av bensintanken, og under disse to navnene sto navnet på modellen. Min bestefar Karl Ruud kjøpte en Zündapp Combinette. Gresvig reklamerte da med at mopeden hadde en 50 cc, 1-sylindret totaktsmotor med 2 gear og kickstart (med pedal). Bensinforbruket var 0.15 liter på mila(!), og prisen 1760 kroner.

Mopedene hadde typisk det kubikkinnholdet ( 49 – 50 cc) og 2 HK. Var kubikkinnholdet større ble nemlig sykkelen klassifisert som motorsykkel, og da måtte en ha sertifikat, noe som var unødvendig for moped. Utvekslinga på de forskjellige motorene gjorde utslag i akselrasjonen på flat mark og i motbakkene. Min far arbeidet sammen med Arvid Hytjanstorp, som kjørte en Raufossmoped. På flatene - med sin 3- gearede Raufoss - la Arvid seg flat over styret og passerte Henry. Imidlertid lå det 2. gearet på Monarken mellom 2. og 3. på Raufossmopeden. Resultatet var at i motbakkene ble 2. gearet for lavt, og 3. gearet for høyt hos Raufossmopeden. Da lå Monarkens 2. gear riktig til, og Henry lå flat over styret mens han passerte Arvid.......

Mopedene ble brukt på lange strekninger som vi i dag ville betrakte som uaktuelle å legge ut på. Sommeren 1959 kom min bestefar fra Trondheim på sin Zündapp Combinette. Han ankom etter en hel dags kjøring, i regnjakke, gummibukse, ørelapplue og med lur foran ansiktet, fullstendig dekket av søle fra topp til tå. Etter et lengre besøk med mopedturer rundt i distriktet, blant annet til hytta ved Namnsjøen, tok han toget hjem til Trondheim. Senere på sommeren lastet mine foreldre noen fornødenheter på bagasjebærerne på de to mopedene og la ivei nordover. De ankom Trondheim og tilbragte noen dager der, før de lastet Monarken på toget og reiste hjem.

Bilrasjoneringa ble ikke opphevet før i 1960, noe som da førte til et stort oppsving i bilsalget. Som mange andre startet min far med en brukt (10 år gammel) Volkswagen – Folke-

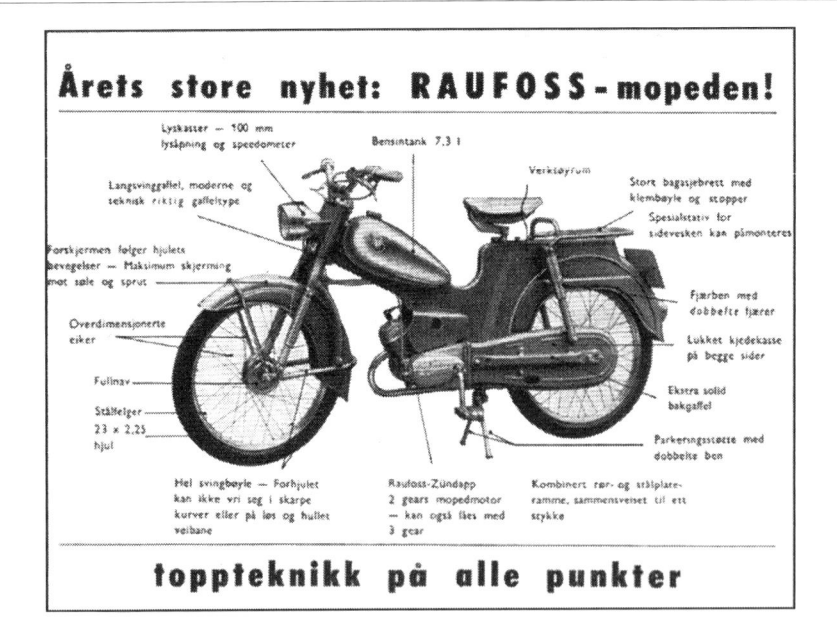

*Raufossmopeden, laget på Raufoss ammunisjonsfabrikk med tysk Zündappmotor. FA.*

*Arvid Hytjanstorp kjørte Raufossmoped. Bildet er tatt i 1960. FA.*

*Anne Berit stjal seg til noen turer på Zündapp'en i Sagaveien, enda hun nok var noe for ung. I bakgrunnen sees mine besteforeldres gård, Sollien, og i høyre bildekant huset til Sigurd Hytjanstorp. FA.*

*De to mopedistene tok ei pause på fjellet på vei fra Namnå til Trondheim. Gerd med sin fars Zündapp, Henrys Monark til høyre. FA.*

*Den største modellen i Datsun-serien hadde i 1970 en nypris på 32 900 kroner. IF.*

vogn, Boble – i 1962. Det var fremdeles ikke mye kapital hos den jevne nordmann, så det ble kjøpt bruktbiler, men bilen ble «fornyet» hvert 3. år. Henry gikk via en brukt 1960 Ford Taunus 12M Super i 1964 til en ny Datsun Bluebird i 1967. Det gir en indikasjon på prisnivået blant nye biler at han så

*En 10 år gammel Saab 96 gikk i 1972 for 5 800 kroner. W.*

kjøpte den største modellen i Datsun-serien - en 1800 – for 32 900 kroner da den ble lansert i 1970. Den hadde en 4-sylindret motor på 1.8 liter og 109 hestekrefter (SAE), som skiltet med en akselrasjon fra 0 til 100 km/t på 9.5 sekunder. Modellen gikk inn etter bare 3 år i Norge, og solgte 1240 enheter over 4 år, hvorav 352 i 1970. Bare 82 ble solgt i gullmetalikk, fargen min far valgte. Bilkjøpet sier også noe om både inflasjonen og utviklinga i den personlige økonomien hos en lokal innbygger som startet uten økonomiske midler etter 2. Verdenskrig: Prisen på en Datsun 1800 i 1970 tilsvarte mer enn 5 årslønner 20 år tidligere.

Et inntrykk av prisnivået på bruktbiler kan fåes ved å vite at en 1962 modell Saab 96 med 3-sylindret totaktsmotor, 3-trinns gearkasse og frihjul i 1972 gikk for 5 800 kroner. I 1974 kostet en 1968-modell Renault 8 med 4-trinns gearkasse og 1108 cc motor med 49 HK, 6 500 kroner.

Som en kuriositet kan nevnes at den første sportsmodellen i Datsun-serien ble tatt inn på prøve året etter lanseringa av

*I 1974 kostet en 1968-modell Renault 8, 6 500 kroner. W.*

*En 1971-modell Datsun 240 Z. W.*

1800-modellen - en 240 Z. Den hadde en 2.4 liters motor på 151 hestekrefter (SAE), og da den ble prøvekjørt på «fartsetappa» på Finnskogveien ved Skasen, presterte den 190 km/t. Utvilsomt var lensmennene Per Dahl, Oddmund Haug og Kjell Rauken den dagen opptatt på annet hold........

# OLDTIDSFUNN, JAKT OG FANGST

Langs Namnåa, avgrenset av gården Nord-Sagen mot øst, åa mot nord, Persholen mot vest og den moderne Namnerud mot sør, lå en skogteig på snaut 100 dekar. Den kalte vi Blekkvett. Navnet kom av skogeieren, som visstnok bodde et sted ved Elverum og het Blikkvedt. Han besøkte skogen sin et par ganger da jeg vokste opp, og etterlot et inntrykk av en alvorlig mann i mørke finklær, som bar på ei dokumentmappe. Teigen var nærmest for urskog å regne - det var tilsynelatende ingen som visste når det sist ble tynnet ut eller felt tømmer der. Et lag av tykk mose, som hadde brukt mange år på å vokse til, dekket mesteparten av skogbunnen. En eller annen hadde nok ferdes gjennom skogen med utstyr for tømmerdrift en gang, og tømmer hadde blitt avvirket. Midt på 1960-tallet fant nemlig Jan Erik en måleklave av den uregulerbare typen under det tykke moseteppet. Den hadde antagelig blitt kastet, for den ene armen manglet. Den vesle teigen ble mitt jakteldorado.

Selvfølgelig hadde skogen i tidligere tider vært en del av den vidstrakte taigaen som engang dekket hele Østlandet, og blitt utnyttet av jegere og fangstmenn for veldig lenge siden. Det lå to store groper i teigen, begge bar preg av å kunne ha vært gamle fangstgraver for elg. Stiene gjennom skogen – som ofte starter som dyretråkk - gikk i en bue rundt gropene, som var firkantete i form, og utgravninger før 1975 viste spor av kull. Det kunne være på grunn av at de senere hadde blitt brukt som miler, eller kanskje rester etter en skogbrann. I 1975 ble Blekkvettskogen hogd og jorda lagt under plogen, og slik forsvant gropene for alltid.

I 1984 ble det funnet flint, brente beinrester og skjørbrente steiner i ei veiskjæring på Svevollen i Heradsbygd, 3 km vest for Glomma. Senere ble det funnet spor etter 27 lokaliteter fra Steinalderen der. Gjenstandene på Svevollen ble aldersbestemt til ca. 6 000 år, og av de 10 000 beinrestene var det ca. 350 som kunne bestemmes – ca. 71% var elg og ca. 27%

*Fangstgrav for elg. Sønsterud 2011- Terra Buskerud, Historieboka.*

*En type fangstgrav, med ei trekasse i bunnen og ledegjerder, som tvang elgen til å passere over et tynt dekke som skjulte grava. Sønsterud 2011, Terra Buskerud, Historieboka.*

bever. Hvis en tar en nærmere kikk på funnstedet,viser det seg at det ligger akkurat på den marine grense (som er 200 moh), det vil si i strandkanten av havet som en gang strakk seg oppover Østerdalen etter at isen trakk seg tilbake for rundt 10 000 år siden. Siden landområdene i Norge hadde vært tynget ned av en enormt tung iskappe, lå områder som i dag ligger 200 meter over havet oppover dalen, på den tida nede ved havkanten. I 1909 ble det for første gang oppdaget boplasser i Norge fra eldre steinalder, ved å lete langs havets strandlinje etter siste istid. Av det følger at de boplasser som vi finner høyest over havnivå i dag, er de eldste.

For ca. 9 200 år siden sto kanten av isbreen nord for Elverum og demte opp en sjø som lå mellom breen og vannskillet, som var større enn Mjøsa. Den blir nå kalt Nedre Glåmsjø. Ettersom breen smeltet brast isdemningen og sjøen drenerte ut under breen, inn i Rendalen, under en voldsom flom som skapte Jutulhogget. Bruddet forårsaket et flomnivå på 35 – 40 meter ved Årnes. Endemorener ved Kongsvinger indikerer at en lignende sjø, som i ettertid er kalt Solørsjøen, dekket Solør og

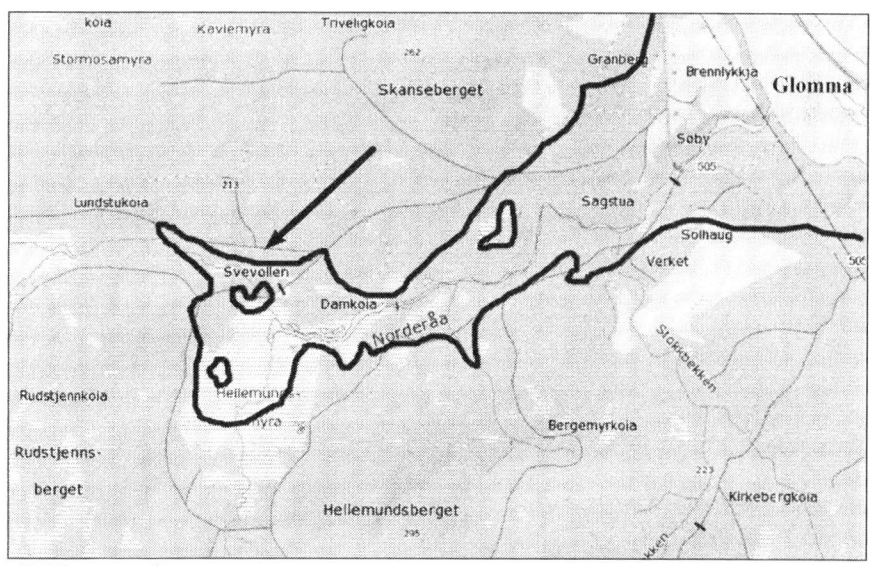

©Kartverket

*Beliggenheten av steinalderboplassen på Svevollen (pila) i forhold til havkanten (den marine grense) indikert med svart linje.*

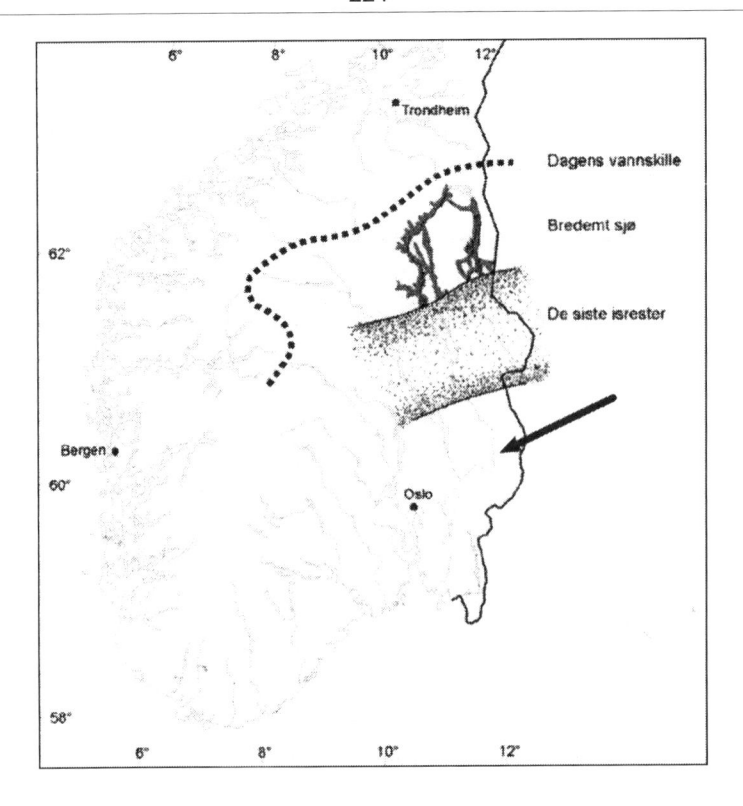

*Den siste rest av breen som demmet opp Nedre Glåmsjø for 9 200 år siden. Pila indikerer Namnå. Fra Dahl 1989.*

*De svarte områdene viser land som var dekket av havet etter istida. Pila indikerer Namnå. Fra Dahl 1989.*

at demningen i den brast og sjøen rant ut i havet for ca 8 000 år siden.Ved å studere løsmassekart fra Namnå til Jammerdal i Grue går det fram at det er avsetninger fra ei breelv på østsida av Glommadalen langs Salberget, og at bureisingsbruket Bergheim ligger på en liten utstikker av Salbergsmorena, elevert over disse elvesedimentene. Avsetningene videre vestover til Glomma er sjøsedimenter. Da isen til slutt smeltet helt vekk, gikk havet hele veien opp til Indset i Østerdalen. På den tida hadde klimaet bedret seg betraktelig. Skogen var på plass, dominert av furu og bjørk. Da var etter alle indikasjoner folket på Svevollen i Heradsbygd etablert på stranda, mens de jaktet elg og bever i skogene.

Før 1937 var det som i dag er Sorknesfeltet og Tuermoen for det meste villmark, skog, myr, bekkedaler og kratt. Etterhvert som nybrottsarbeide og bureising kom igang skulle det bli gjort interessante funn i det området. Tre steinklubber ble funnet på 1950-tallet. Ifølge beskrivelser var disse skaftfurekøller, det vil si runde/ovale steiner, som har ei fure innhogd, som går helt eller delvis rundt periferien, til å feste et trehåndtak i. Skaftfurekøllene hadde forskjellige funksjoner, men

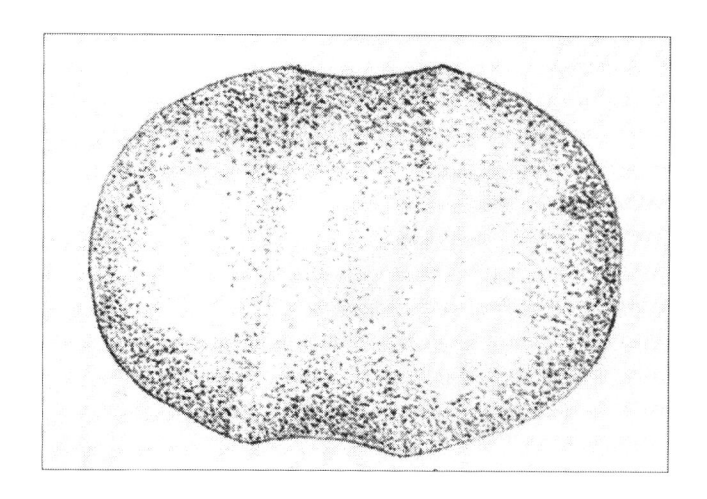

*Skaftfurekølle, eller «beinknuser». Tegning: May-Tove Smiseth i: Smiseth 2011.*

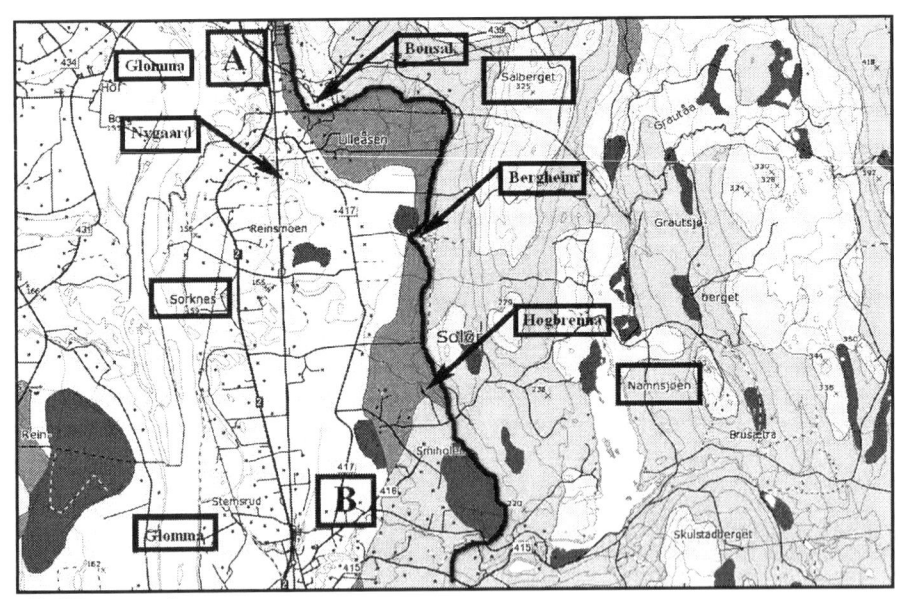

*Løsmassekart mellom Namnå og Jammerdal. Det mørke feltet fra A til B langs Salberget er avsetninger fra ei breelv, mens avsetningene vestover mot Glomma er sjøavsetninger. Funnsteder for steinklubber og ei skafthulløks (Høgbrenna) er avmerket med piler. Den tykke, svarte inntegnede linja er den marine grense. Etter NGU: Så høyt sto havet.*

*Bergheim ligger på en elevert utstikker av Salbergsmorena. Her har det blitt gjort mange interessante funn. Tuer 2002.*

var på Østlandet vanligvis brukt i forbindelse med jakt. De kan ha vært brukt til å drepe elg som hadde gått i fangstgraver, men hovedanvendelsen synes å ha vært som «beinknusere», det vil si til å knuse elgens store knokler for å komme inn til den næringsmessig viktige beinmargen.

Skaftfurekøllene ble brukt over et veldig langt tidsrom, med sikkerhet helt inn i Bronsealderen, og kanskje langt inn i Jernalderen. I Hedmark ligger funnstedene typisk langs vann og vassdrag. Det spesielle med to av klubbene på Sorknesfeltet er at ingen av dem lå ved vann eller vassdrag. Det var ei som ble funnet på Oppiseter ved Bergheim, helt inne ved foten av Salberget (Mentz Sæther), og ei som ble funnet nær Bonsak (Brede Austad). Ved å legge dem inn på et kart, står det fram et veldig interessant mønster. Begge ligger nær kote 180, 20 meter under den marine grense, som har en måleusikkerhet på 10 meter. Det vil si at disse klubbene tilsynelatende kan ha tilhørt noen som bodde i havkanten. De eldste boplassene i Norge har blitt funnet ved å lete langs den marine grense. Ingen av køllene er innlevert til aldersbestemmelse.

Det ble gjort flere interessante funn. På Bergheim ble det oppdaget ei flintøks. Flinten dominerte fullstendig som basis for verktøy og våpen i siste del av eldre og første del av yngre steinalder. Den er karakteristisk for den første «kulturen» som en mener bredte seg oppover Glommadalføret etter istida, og er blitt funnet i steinalderboplassene, f.eks. på Svevollen. Det er bare funnet et tredvetalls flintøkser i Hedmark, og all flint som finnes i Norge er enten bragt inn fra Danmark eller Sør-Sverige, eller den kan ha drevet over fra Danmark innefrosset i isflak. Det ble også funnet bruksgjenstander av bein. Ingen av funnene er registrert eller aldersbestemt.

I søndre Salberget mellom Stormyra og Namnsjøen fins det fangstgraver, som er helt eller delvis ødelagt, men ingen vet hvor gamle de er. Funnene av beinknuserne og flint blir ekstra interessante når vi tenker på urinnvånernes veiding av elg. Elgen har den pussige vanen at dens trekkveier og overvint-

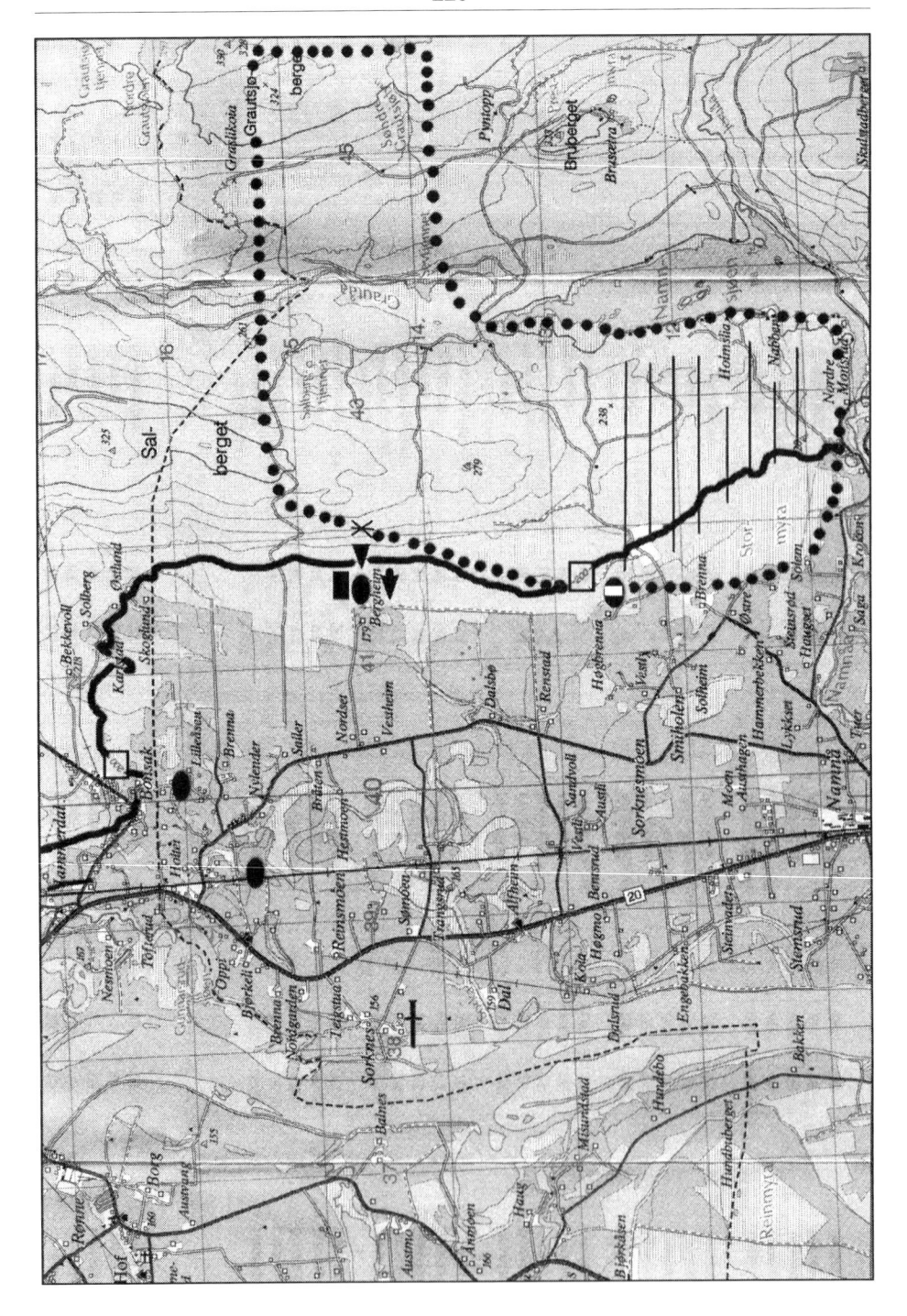

© Kartverket

*Kart som viser funn av artefakter, den marine grense, område for fangstgraver og overvintringsområde for elg. Tegnforklaring på neste side.*

*Kart på foregående side:*
*Fylte ovaler: Steinklubber. Klubba ved Sorka funnet av Kjell Nygaard. Fylt oval med hvitt senter: Skafthulløks (Martin Høgbrenna). Fylt rektangel og fylt triangel: Flintøks og middelalderøks (Mentz Sæther). Spiss: Spydspiss av bronse (ukjent). Korslagte streker: Bruksgjenstander av bein (Mentz Sæther). Sverd: Vikingsverd og jernkniv (Johs. L. Sorknes). Linja mellom Sorknesfeltet og Salberget som svinger mot Bonsak er den marine grense (200 moh). Den prikkete linja omkranser et overvintringsområde for elg. Skravert: Område med fangstgraver.*
**Informasjon fra Johs. L. Sorknes og Bjørn Tuer.**

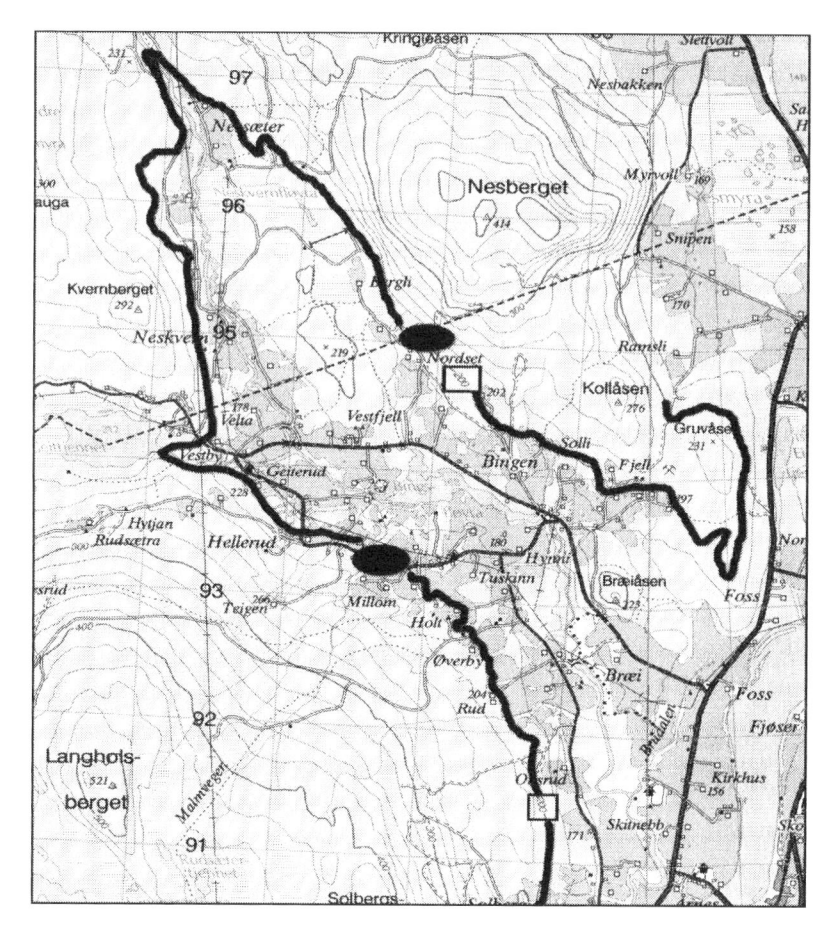

©Kartverket
*Vestroa i Brandval med avmerking av to steinklubbefunn. Marin grense er indikert med svart linje.*

ringsområder tilsynelatende er ekstremt stabile. Det vil si at de vi ser i dag er de samme som de var for tusenvis av år siden. Ved å sammenligne funnstedene for steinklubbene ved Bergheim og Bonsak med viltkartene for Grue kommune, og deretter skravere inn området med fangstgraver, utkrystalliserer det seg et bilde som kartet s. 228 viser. Vest for Namnsjøen ligger det et stort overvintringsområde for elg nordover fra Stormyra gjennom Salberget, som strekker seg østover til Grautsjøene. Tolkningene av et slikt kart kan være mange og usikre, men det er ikke urimelig å anta at det kan ha vært bosetning langs bredden av havet i Glommadalen der beboerne utnyttet fisken i vassdraget mens de veidet elg ved hjelp av fangstgraver østover i Salberget.

En slik konklusjon er det fristende å trekke fordi det i Vestroa i Brandval råder en lignende situasjon. Per Skogrand opplyser at i det området er det funnet to steinklubber og fangstgraver. Ei av steinklubbene er funnet på Kolsrud, på sørsida av området, ved foten av Langholsberget. Den andre er funnet på Nordset, på nordsida, ved foten av Nesberget. Mellom disse to funnstedene er det 1.4 kilometer i luftlinje, og således ingen iøyenfallende sammenheng. Imidlertid ligger de – som på Svevollen og lokalitetene langs Salberget – temmelig nøyaktig på den marine grense, altså i havkanten etter istida.

For å sette funnene på Sorknesfeltet på Namnå i større sammenheng, så er det utviklet en teori om at forskjellige kulturer bredte seg ut langs forskjellige naturlige spredningsruter i Norge etter istida. En av dem var den såkalte «Glomma-kulturen». På Sandholmen, som stikker ut i Glomma ved Askim, var det i mange år kjent at det var en rekke groper i jorda som manglet en åpenbar forklaring. Til slutt kom lokalhistorikeren Per Hansen til at det kanskje kunne dreie seg om steinalderlokaliteter. Den teorien ble senere bekreftet, og det er blitt antatt at de kan være omtrent 8 500 år gamle. Lignende tufter ble funnet på Svevollen, og også ved utbygginga av Rødsmoen militærleir, ved Rena i Åmot. Tar vi en kikk på et kart

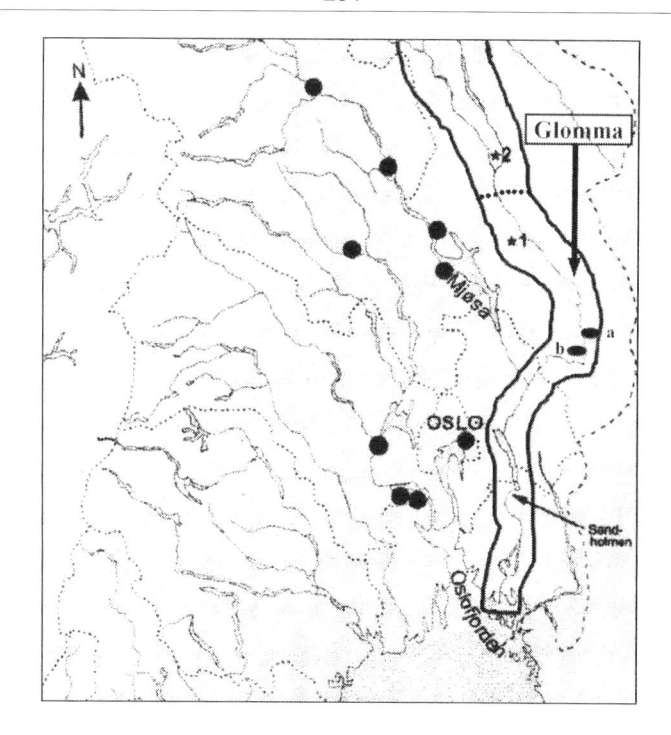

*Kart som viser hvordan en tenker seg at den såkalte «Glommakulturen» spredte seg nordover. 1:Svevollen. 2:Rødsmoen. a:Sorknesfeltet. b:Vestroa. Sandholmen er indikert med tynn pil. Prikket linje: Nordlig grense for havkanten i Østerdalen. Fylte sirkler: Steder med veideristninger i Øst-Norge. Omtegnet etter Fuglestvedt 2006.*

over hvordan en tenker seg at Glommakulturen spredte seg nordover, er det grunn til å tro at det er steinalderlokaliteter som venter på å bli funnet langs den marine grense på Namnå og ellers i Solør.

Veiding av elg med fangstgraver skulle etterhvert vise seg å være så effektivt at populasjonen periodevis var kraftig redusert og truet. På 1500-tallet var elghuder veldig etterspurt som handelsvare ute i Europa, og de norske myndighetene forsøkte å sette en stopper for metoden. I 1863 ble det vedtatt en lov mot bygging og bruk av graver, og grunneiere ble pålagt å fylle igjen de som lå på eiendommene deres.

I 1942 fant Martin Høgbrenna ei skafthulløks. Skafthulløksene regnes til yngre steinalder. Øksa fra Høgbrenna ble ald-

*Skafthulløks fra eldre bronsealder funnet av Martin Høgbrenna i 1942. Johs. L. Sorknes.*

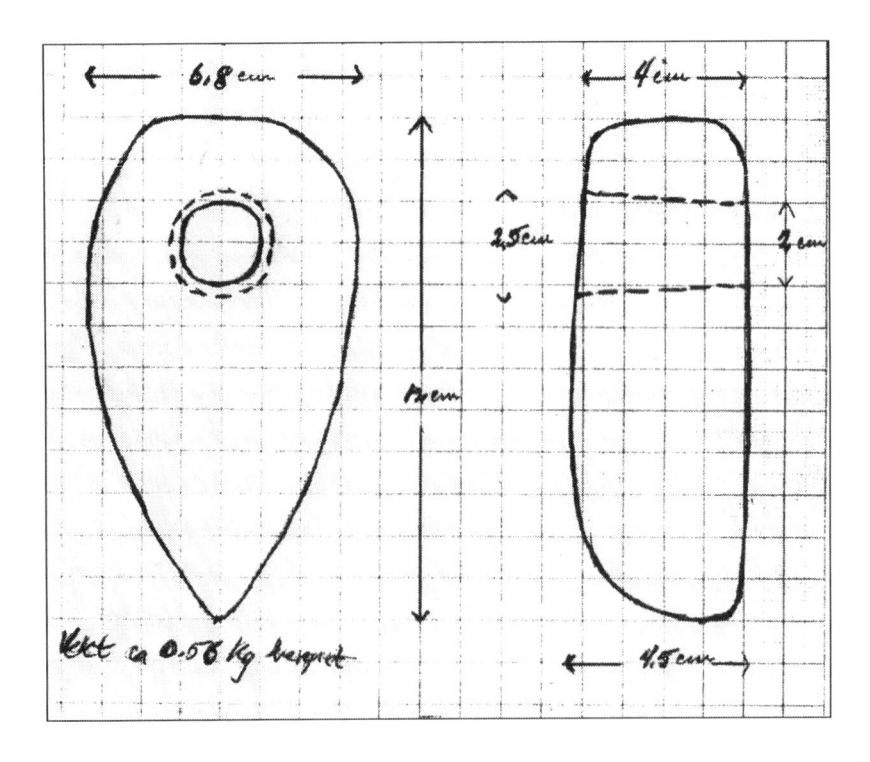

*Skafthulløksas dimensjoner. Tegning: Johs. P. Sorknes. Johs. L. Sorknes.*

ersbestemt til ca. 3000 – 3 500 år, noe som trekker den inn i den eldste bronsealderen. Skafthulløkser er forbundet med jordbruk, så da måtte dyrking være en realitet på Sorknesfeltet, på de fruktbare avsetningene fra isbreen. Liksom skafthulløkser var flintdolker vanlig i yngre steinalder og eldre bronsealder – de ble laget for 2 600 – 3 400 år siden og var etterligninger av kobber- og bronsedolker fra Vest- og Sentral-Europa. Kartet på side 234 viser funnsteder av økser og dolker i Grue, konsentrert langs Glomma.

Det var tidligere gjort bronsealderfunn i nærheten av Høgbrenna – igjen går vi tilbake til Oppisætra ved Bergheim, der en spydspiss av bronse ble oppdaget i 1882. Avhengig av når spydspissen ble støpt kunne den enten ha vært importert eller laget i Norge. Rike høvdinger dro på handels- eller krigstokter sørover i Europa og byttet til seg bronse for skinn, horn og pels. Senere i bronsealderen ble metallet støpt i Norge – det er funnet bronsesmie på Hunn, vel 6 kilometer fra Glomma nordøst for Fredrikstad. Den var i virksomhet for 2 700 til 3-300 år siden, og kan kanskje svare for et funn av en spydspiss på Oppisetra.

Den 25. mai 1982 (klokka 09:15 om morgenen!) gjorde Johs. L. Sorknes et særdeles uvanlig funn på tunet sitt på Jakobstua. Etter at en traktorgraver hadde ryddet vekk røtter ved

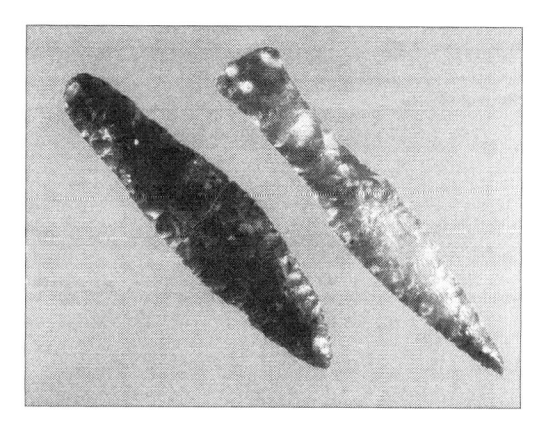

*Eksempler på flintdolker – disse er funnet i Stange. Foto: Jan Haug i Smiseth 2011.*

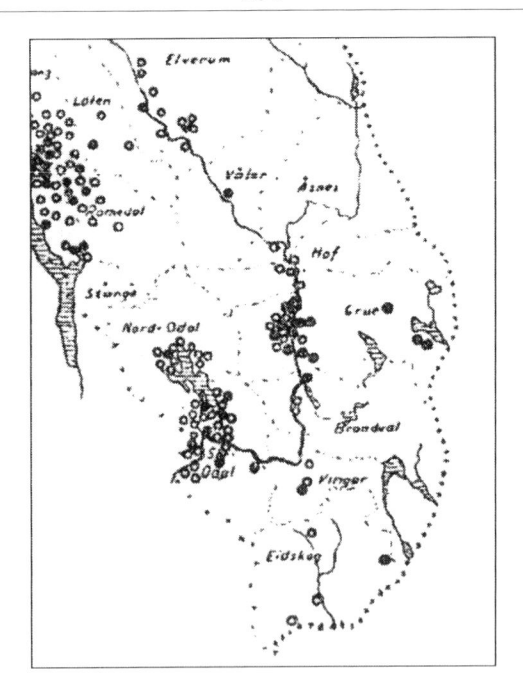

*Kart over kjente funn av skafthulløkser (åpne sirkler) og flintdolker (fylte sirkler) i Grue og Sør-Hedmark opp til 1946. Hagen 1946: Frå innlandets steinalder. Hedmark fylke. i: Helstad 2008.*

huset, stakk skjeftet på et enegget vikingsverd opp av jorda! Noen dager senere ble også en jernkniv funnet like i nærheten. Det var ikke første gang det hadde blitt funnet artefakter fra Vikingtida på Sorknes. Allerede i 1878 ble det på en annen eiendom funnet et tveegget sverd, pilespisser og en stigbøyle. Via en bestemmelsesnøkkel om sverdskjeftenes utvikling gjennom flere hundre år kunne det fastslås at sverdet fra Jakobstua hadde vært i hyppig bruk rundt år 900. Det vil si at da sverdet havnet i jorda på Sorknes var det Harald Hårfagre som styrte Norge. Hvis det var så sent som i år 935 var det Eirik Blodøks som var konge.

Tilbake i 1959 fant Mentz Sæther igjen ei gammel øks på Bergheim – denne gang ei fra Senmiddelalderen. Den ble datert til 1300 – 1400-tallet. En må anta at jordbruket var godt utviklet i Glommadalen på den tida, men i 1348-1349 slo pesten til - Svartedauen - som ble innført til Norge med handelsskip fra Europa enten til Oslo eller Bergen. Halvpart-

*Min lærer, Johs. L. Sorknes, fant et 1000 år gammelt vikingsverd på gårdstunet sitt på Jakobstua i mai 1982. Røsås m.fl. 2009.*

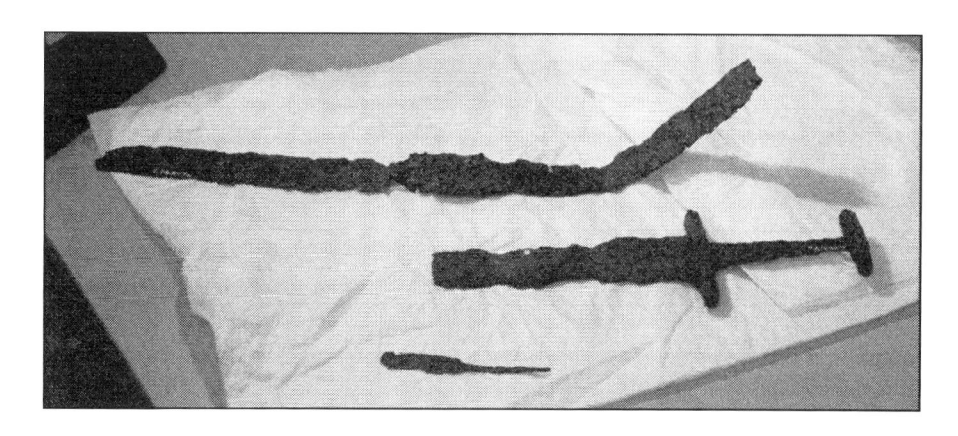

*Vikingsverdet til Johs., som var i bruk på Harald Hårfagres tid, og en jernkniv funnet samtidig. Johs. L. Sorknes.*

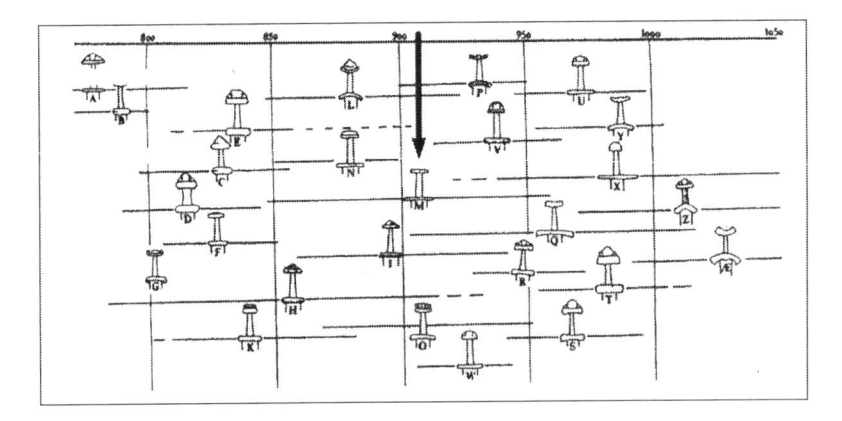

*Bestemmelsesnøkkel for stilmessig utvikling av vikingsverdenes skjefter. Pila indikerer sverdet fra Jakobstua.*

en av Norges befolkning døde, hele familier ble utradert og utallige gårder lagt øde. Der det i dag heter Ødegård betegner navnet nettopp det – en gård som ble lagt øde under Svartedauen. Det var for eksempel 300 gårder i Oslo ved pestens utbrudd, men bare 69 som fremdeles ble drevet etter at den tok slutt. Sykdommen ble forårsaket av bakterien *Yersinia pestis*, som tilsynelatende ble spredd via parasitter - muligens menneskeloppa *Pulex irritans*, eller kroppslusa *Pediculus humanus*

Fra 1316 ble det mye ekstremt vær i Nord-Europa, og året blir regnet som begynnelsen til det som har blitt kalt «Den lille istid». Sammen med innvirkningen av Svartedauen rundt 1350 ble det dårlige tider for jordbruket i Norge, mange gårder forfalt, landskapet grodde til og skogen tok jorda tilbake. Da Mentz Sæther begynte å hogge trær, rydde kratt og drenere myr for å bygge Bergheim før 1940, er det ikke godt å si hvor lenge villmarka langs Salbergsmorena hadde holdt på det som en gang hadde vært produktivt jordbruksland. Arbeidet han la ned var et utmattende og tidkrevende slit, metodene var manuelle og innledningsvis uten hjelp av maskiner. Likevel hadde han bedre redskap enn de første bøndene vi finner artefaktene etter på Sorknesfeltet, Steinalder- , bronsealder- , viking- og middelalderbonden måtte la de kjempemessige steinene som isbreen hadde avsatt for flere tusen år siden ligge der de lå – nedgravd av sedimenter fra breelva og Solørsjøen. Mentz kunne møysommelig – med et minebor av stål og feisel til å slå med, og med en kvart omdreining før hvert eneste slag – bore et hull eller flere i den største stein som fantes på bruket. Så kunne dynamittgubber plasseres på de riktige steder og i de riktige vinkler inni steinen, og det moderne sprengstoffet blåste den i småbiter slik at den kunne bli fraktet vekk. Deretter kunne han komme til med såkornet og skape det bruket vi ser i dag – mens han fortsatte tradisjonen med å jakte elg. Istedenfor å fange dem i fangstgraver skjøt han 37 stykker - med det samme sprengstoffet som han brukte til å ekspedere steinene med - nemlig krutt.

Spesielle opplevelser etterlater ofte sterke inntrykk, som fungerer som inspirasjon for interesser og aktiviteter senere i livet. For meg ble jakt og skytevåpen en besettelse fra ung alder på grunn av et luktinntrykk og et synsinntrykk. Luktinntrykket var av svartkrutt som drev i tunge, brunsvarte skyer over tunet da min far skjøt på blink på en oppslått utgave av «Glåmdalen» med sin Remington Rider Nr. 1. Det var noe opphissende og tiltrekkende ved denne lukta, og det enorme braket da han lot ladningen gå. Hagla var forøvrig et svært interessant våpen, ei kaliber .16 Rolling Block med utvendig hane, som var produsert ca. 1885. Min far hadde fått den av min mors bestefar på morssida, Magnus Dammen, som igjen hadde fått den av sin svigerfar, Martinius Sørlie. Martinius

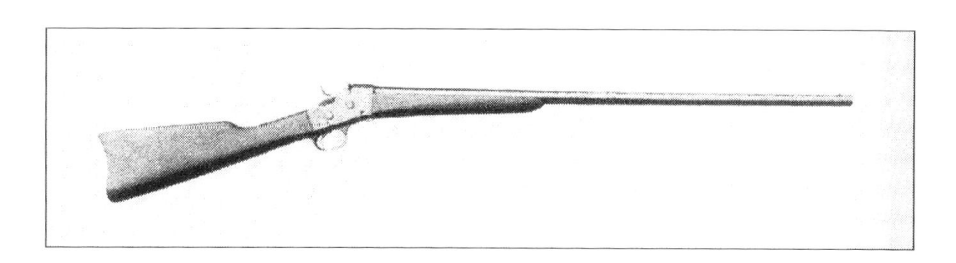

*Kaliber .16, Remington Rider nr. 1, den første bakladende hagla fra Remington, produsert mellom 1867 og 1892. Hatch 1956.*

*Min oldefar, Magnus Dammen (tv) ga den gamle Remington-hagla til min far. Opprinnelig var eieren Magnus' svigerfar, min tipp-oldefar Martinius Sørlie. Skogrand 2009.*

hadde slektninger i Amerika, og Magnus hadde brødre som reiste til Alaska og deltok i gullrushet. En av dem, Ole, ble til og med skutt ned og drept der borte, tidlig på 1900-tallet. Spørsmålet var om hagla hadde blitt bragt tilbake til Norge, eller om den var kjøpt her, men ingen visste svaret.

Synsinntrykket var av en orrhane, som min far bragte hjem etter å ha skutt den ut av bjørketoppene på Næbba ved Namnsjøen en tidlig høstmorgen da jeg var bare guttungen. Da han pakket den ut av avispapiret han brukte som omslag, syns jeg at jeg aldri hadde sett noe så flott som de svarte, metallglinsende fjærene på fuglekroppen, som sto i sterk kontrast til de røde øyenbrynene og de kritthvite undre halefjærene

I Monsrudgrenda var skytevåpen og jakt en naturlig del av kulturen. Mange var jegere og hadde både ei hagle og ei jaktrifle. Hagla var ofte ei dobbeltløpet «side-by-side» og rifla en Mauser eller en Krag-Jørgensen fra Heimevernet, som mange var utskrevet til. At jakt var en høyt skattet hobby var synlig

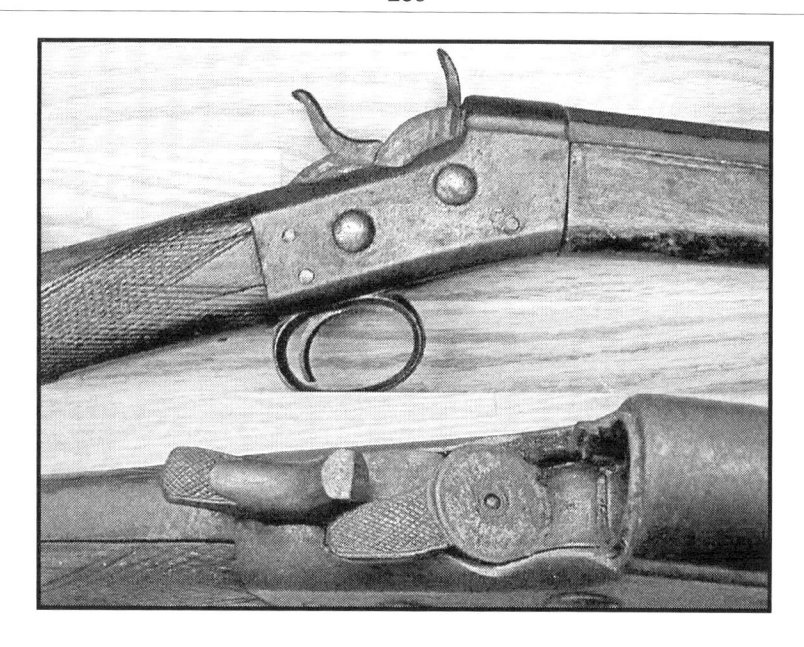

*Rolling block-mekanisme. Hanen har halv- (sikret) og helspenn, og må trekkes helt tilbake for at blokka kan «rulles» bakover og kammeret åpnes. IF.*

i de fleste storstuer. På peishylla eller kaminen sto det gjerne utstoppet både en hønsehauk og en spurvehauk. Rovfugljakt hadde lange tradisjoner, siden grenda hadde nær geografisk beliggenhet til de store skogene langs grensa mot Sverige. Disse områdene var noen av de som bidro sterkest til den norske skuddpremiestatistikken for de to haukene.

Mest jakterfaring hadde Sigurd Hytjanstorp, født på Grøsetsetra. Han flyttet til Hytjanstorpet sør for Maliskjæra i 1914. Han hadde vært grenselos under krigen, og bortgjemt i en skuff hadde han et synlig bevis – ei medalje. Men han syntes ikke det var noe å snakke om, så da jeg hadde fått se på medalja litt, slengte han den bare tilbake i skuffen og lukket den. Under hyggelig samvær på en lørdagskveld, etter et par «toddier» eller «kaffedokterer», fortalte han fengslende historier om jakt på hønsehauk, hubro og jaktfalk og dyr som elg, rådyr, rev og hare. Sigurd var ikke bare jeger, men også fisker, og fortalte meg om de to største fiskene han hadde tatt i Rotna. Det var ei gjedde på ca. 1.40 meter som subbet lyngen da den høye skogskaren bar den hjem på en fløterhake.

*Synet av den svarte og dyprøde esken med de grønne svartkruttpatronene var nok til å få det til å sitre av spenning i en guttekropp. IF.*

Den tok han i nett, og han fortalte at gjedda nesten ikke var viklet inn i selve nettet – den «hadde heile nette' i kjæften». Den andre fisken var en ørret på 83 cm. Den veide 7,3 kilo.

*Hønsehauk – en endemisk art (naturlig forekommende karakterart for miljøet) i de store barskogene på den boreale taiga. W.*

*I Monsrud var skytevåpen og jakt en naturlig del av kulturen. Her er (fv): «Mestersmeden» Petter Thors (faren til skøyteløper Oskar, side 531), Harald M. Berg, Einar Larsen Bruseteren, Oskar Sorknes og Arne Sorknes (brødrene, som ble jordsmøyd av Karen Olsdatter, s.493) på harejakt øst for Namnsjøen ca. 1910. NK-05.*

Jeg skjøt mitt første skudd med hagle – den omtalte Remington, og blinken var den omtalte lokalavisa – da jeg var så liten at jeg ikke kunne løfte geværet for å ta sikte. Min far skulle sitte på huk, og jeg skulle stå mellom armene og beina hans og trekke i avtrekkeren når han var klar. Ivrig, som jeg var, trakk jeg i avtrekkeren ved første anledning, og vi gikk begge på ryggen under min fars rungende lattersalver.

Jeg var fremdeles altfor ung til å gå på jakt med gevær, så som gutter flest lagde jeg meg våpen, som har vært klassiske til alle tider. Pil og bue ble brukt både til lek og «jakt», og likeledes armbrøst. Armbrøst er et veldig kraftig og langtrekkende våpen hvis det er riktig laget, og Bjørn Tuer brukte et til kråkejakt for matauk under krigen, da det var ulovlig å ha gevær. Han skjøt kun ei på 5 år, og bare de som har forsøkt å

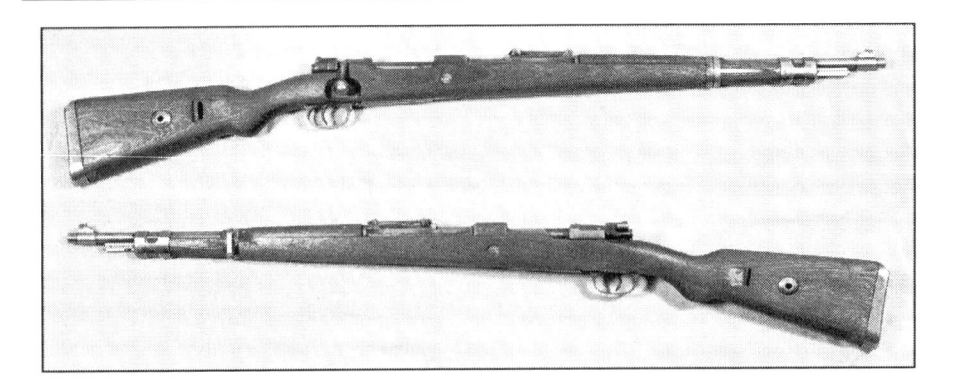

*Karabinier 98K. Mange av disse riflene ble liggende igjen i Norge etter Andre verdenskrig. De ble ombygd fra kaliber 7,92x57 til 7,62x63 og kalt HV-Mausere, til bruk i Heimevernet – og på jakt. Rifla var utstyrt med mikrometersikte som var justerbart opp til 2000 meter. W.*

*Sigurd Hytjanstorp 11. juni 1961. FA.*

*Asbjørn Sørensen var en pasjonert jeger. Han hadde en egen evne til å fortelle jakthistorier med slik innlevelse, at han fikk deg til å ønske at du hadde vært med på turen. Dette vakte tidlig min interesse for natur, jakt og fiske. Her er han sammen med dattera Astrid ca. 1948, og harebikkja er antagelig hygenhunden Klinge. Rune Skjerven.*

*Et elgjaktlag med flere Namnåkarer i 1976. Laget hadde ei kvote på opptil 17 elger i Sibberns skog ved Rotna. 1:"Goggen" Sibbern. 2: Hans Rutzen, Ebstorf, Tyskland. 3: Tor Karlsen, Oslo. 4: Sigurd Hytjanstorp, Ivars far og Steinars farfar. 5: Dr. Dietrich Staahl, Ebstorf (skytter) 6: Bjarne Sandlund. 7: Steinar Hytjanstorp. 8: Ivar Sollien. 9: Sverre Østgård 10: Ivar Hytjanstorp. Kari Øverberg.*

*«Alle» drev jakt og hadde rovfugler på hylla – se hornugla og hønsehauken i bildets øverste høyre hjørne. Henry og Gerd Sollien hos Steinar Berg. FA.*

komme inn på den usannsynlig våre fuglen med et gevær i hendene kan verdsette hvilken prestasjon det var, og hvorfor han ikke skjøt flere.

Spretterten var et farlig våpen, men unøyaktigheten når jeg siktet ble for stor. Min far var en mye bedre skytter enn meg. Under et veddemål med sin far da han gikk på folkeskolen skjøt han ut et vindu på 15x15 cm i annen etasje på stabburet hjemme, på over 40 meters hold. På tross av utilstrekkelige våpen gjorde vi smågutta alvorlige forsøk på å «felle vilt», og en vinterdag – i knedyp snø – traff jeg Rune Nordli ved Namnåa med sprettert i hånda. Han var på ekornjakt. Den eneste som hadde særlig suksess som «veidemann» var Ragnar Strandås. Han felte en flaggspett med spretterten sin, og fanget gråtrost i snare, eller done. Fangst med snare var en gammel kunst for å øke matforrådet i naturalhusholdningens tid, og det var hovedsakelig gråtrost, rødvingetrost og måltrost som ble fanget som «kramsfugl». Svarttrosten og duetrosten var for sjeldne til at en kunne stole på dem i «attåtnæringa». Fangsten ble nå bare drevet som en hobby.

*Blekkvettskogen i juni 1974, året før den ble hogd. Grensa mot Sigurd Holters Persholen går i venstre bildekant. Eiendommen i forgrunnen tilhørte min grandonkel Oskar Sagen. Blekkvett besto mest av tørr barskog med tyttebær, blåbær, noen få multer og et dekke av torvmoser. Partiet i midten foran var myrlendt.*

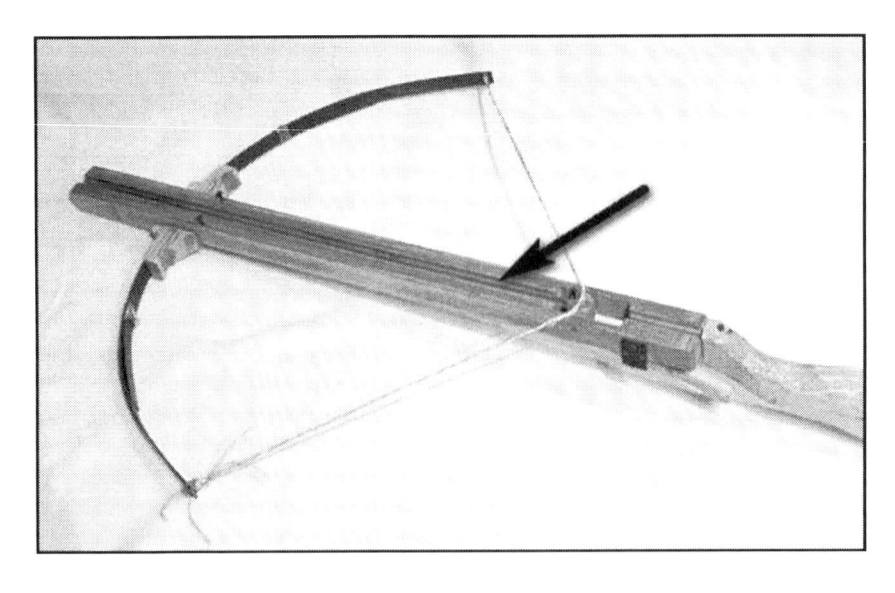

*Armbrøst, eller «pilbarse», ble gjerne laget av en tykk golvplanke, som hadde not og fjær. Nota ble brukt som løp, og ei kort pil ble lagt der pila viser. Et gevær med ei kraftig bue er et dødelig våpen, og blir i andre deler av verden brukt til jakt – til og med på grizzlybjørn! IF.*

*Hjemmet mitt, Haugli, lå ideelt til i hjørnet av skogen (øverst til høyre), noe som gjorde Blekkvett lett tilgjengelig for jakt og blinkskyting. Jan Erik Fosseidengen.*

*Min far skjøt ut et av de fire små vinduene i stabbursveggen med sprettert på vel 40 meters hold, etter et veddemål med min bestefar, Torvald. Han hadde en god sprettert der håndtaket krummet seg rundt nedre del av tommelfingermuskelen, ved håndleddet. FA.*

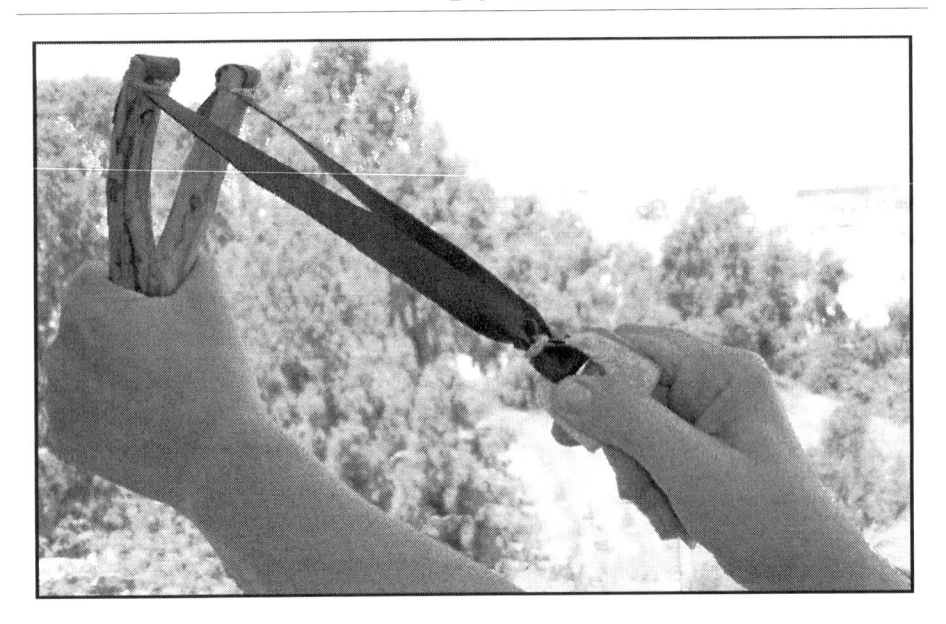

*En sprettert konstruert etter prinsippet som vi brukte, men med to klare forskjeller: Vi brukte samme type strikk (sykkelslange) men omtrent dobbelt så lang og dessuten var den surret fast til spretterten med den røde strikken fra et norgesglass («syltestrikk»). IF.*

*Ragnar Strandås skjøt en flaggspett med sprettert. S.*

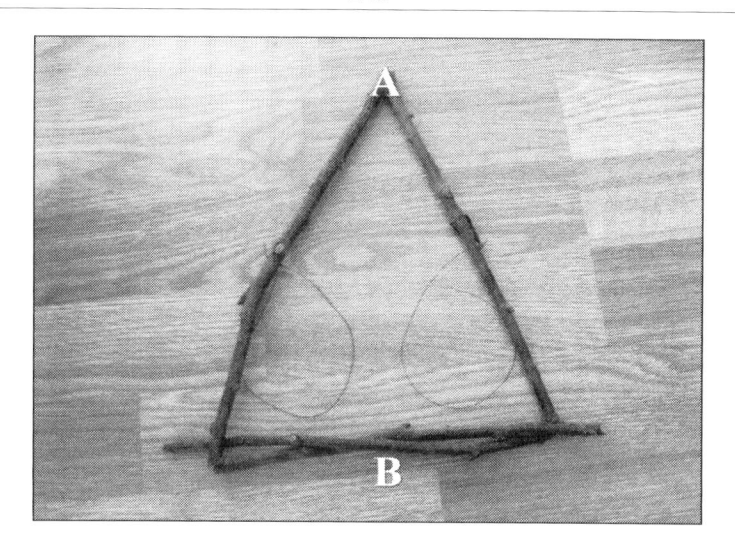

*Ei dobbel snare (done) for trost. Fra A ble ramma hengt opp i ei grein og under B hang en klase med rognebær som åte. De opprinnelige snarene ble laget av hestetagl, men senere ble det brukt fiskesnøre. Denne fangstmetoden er ikke tillatt i dag. IF.*

*Gråtrosten var den som hyppigst gikk i snarene. Denne sitter i ei rogn, treet med bærene som ble brukt til åte. S.*

Vi drev også fangst med fallfeller, og det var særlig nøtteskrika det skulle ha gått utover, da vi brukte kokte poteter som åte. Men heller ikke her var vi særlig effektive fangstmenn. Min far hadde også fanget med fallfeller som gutt, men han brukte ei kasse med hønsenetting trukket over toppen istedet for planker belastet med stein for å drepe fuglen. En gang han fanget ei nøtteskrike levende, ble han stående forundret tilbake med en håndfull svarte fjær i hånda da skrika «felte» stjerten og unnslapp i vinglende flukt gjennom skogen.

Da jeg kom hjem fra skolen om ettermiddagen utpå høstparten hørte jeg øredøvende smell i retning av husene til Sigurd Hytjanstorp og sønnen hans, min onkel Ivar. En annen onkel Ivar var også med på skytinga – det var Ivar Sollien, min farbror. Jeg sprang dit og iakkttok i spenning med hendene for ørene. De tok tørn om å skyte inn geværene på ei skive

*Utsikt fra Haugli ca. 1958. Høyre bildekant går omtrent parallellt med sørgrensa av Blekkvettskogen og eiendommen i forgrunnen tilhørte min grandonkel Oskar Sagen på Namnerud. I kantsonene til høyre foregikk jakta og fangsten av nøtteskrike og gråtrost. FA.*

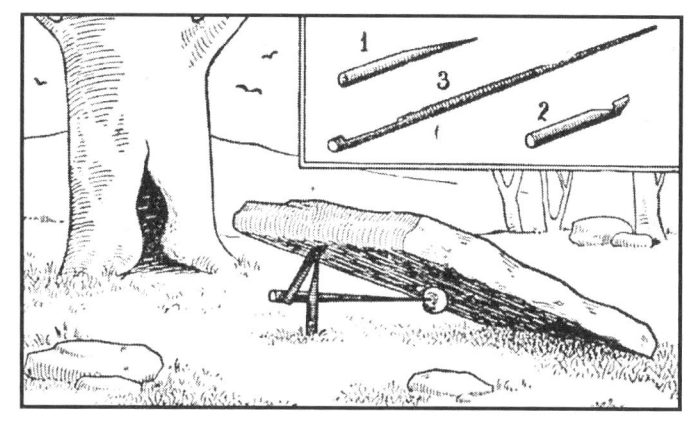

*Prinsippet for ei fallfelle for nøtteskrike. De tre elementene i utløseren er vist øverst til høyre. Åtet var som oftest kokt potet. IF.*

*Utløseren ble kalt en «firesystem-utløser» etter likheten med tallet 4. Denne spikket jeg i henhold til informasjoner, som min far ga meg om hvordan han laget den som gutt. FA.*

*Jan Erik (tv) og Asbjørn arbeider med å sette opp ei fallfelle for fangst av levende nøtteskrike i Blekkvettskogen. Bildet er tatt ca. 1963. Anne Berit Sollien.*

*Nøtteskrika – eller potisskrika – var fredløs. De blå- og svartstripete alula-fjærene - eller tommelfingerfjærene, som her sees midt på fuglen - var et yndet materiale blant fiskere som laget sine egne fluer. S.*

som var satt opp på en stor stein borti jordet. Tunge drønn fra Sigurds Husqvarna i .30-06 og Ivar Solliens Mauser i 7.62x63 mm blandet seg med de syngende smellene fra Krag'en til Ivar Hytjanstorp i 6.5x55 mm, et kaliber som senere ble forbudt til elgjakt. Krag-Jørgensen var forøvrig et veldig høyt ansett våpen i internasjonale kretser. Den amerikanske hæren tok rifla som sitt standardvåpen i 1892, en posisjon som den holdt til 1903. Det var det første magasinvåpenet, som ble brukt av amerikanske militære styrker. Ivars «Krager» var noe ombygd, med kortere stokk enn den originale og påmontert dioptersikte.

Skytinga stilnet og jeg gikk bort til den store steinen. Den voldsomme krafta i geværene var overveldende. Knyttnevestore steinklumper lå splintret på marka der kulene hadde slått inn med en fart av rundt 800 meter i sekundet. Jeg plukket patronhylser og tok med meg hjem. Hvis vi smågutta ikke kunne bruke skytevåpen, kunne vi iallfall lage litt fyrverkeri på egen hånd. Jeg hadde mange hylser av salongriflepatroner i kaliber .22. Etter at vi hadde fylt dem med fyrstikkskaller

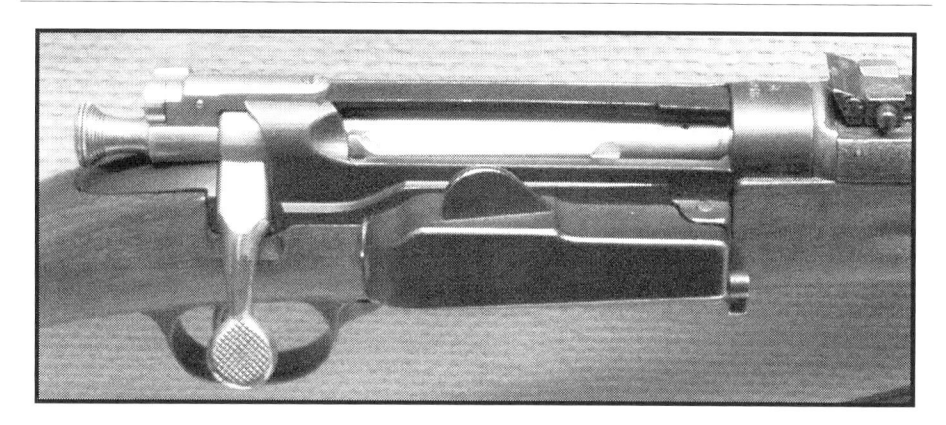

*Krag-Jørgensen låsmekanisme med typisk toppladende magasin, som kan vippes ut og fylles uten at bolten må trekkes tilbake. Patronene kan bare legges nedi boksen, da de automatisk vil legge seg til rette for innføring i kammeret når magasinet lukkes. W.*

med fosfor og forseglet endene med ei tang, var de klare til bruk. Vi satte ei av dem på en flat stein og slo på den med en hammer. Det smalt voldsomt, og eksplosjonen var så kraftig at metallhylsa revnet. Dette fungerte veldig bra! Vi gikk over

*Ivar Hytjanstorp brukte en ombygd Krag-Jørgensen i kaliber 6,5 x 55 mm. FA.*

*Et år hadde jaktlaget som mine onkler deltok på, ei kvote på hele sytten elger. Det er en betydelig naturressurs i lokalsamfunnet. W.*

*En elg er felt ved Hesttjennskoia øst for Namnsjøen. Bildet er tatt ca. 1950, da elgbestanden begynte å øke. Fra venstre: Hakon Svenneby, Erik Dahl, Joar Johansen, Torolv Skasberg og Randi Skasberg. GK-94.*

*Hesttjennskoia. Ragnar Nordli – SSL.*

til større kalibre. Etter å ha fylt ei mauserhylse med fyrstikkskaller og lukket den, skjønte vi uten videre at denne oppgava var for stor for en hammer. Her trengtes det noe større, og fra sikker avstand. Jeg løftet en stor stein over hodet og lot den falle ned på hylsa, som lå og glinset på ei flat helle. Et øredøvende brak fulgte, og steinen jeg nettopp hadde sluppet kom farende opp igjen og passerte over skuldera mi, mens den store patronhylsa lå igjen som opprevet skrapmetall. Vi hadde akkurat overskredet grensa for det som var tilrådelig å leke med.

Men feberen etter å skyte med noe som var kruttladet fortsatte å rase i blodet der jeg tørrtrente på fluktskudd med den uladde Remingtonhagla til armene verket. Da fikk vi idéen om at vi skulle lage en kanon. Det måtte bli en munnlader. Prinsippet kjente vi godt, etter å ha lest blader om den Ville Vesten i årevis, og krutt hadde vi: På stabburet på Bekkelund, der Jan Erik bodde, sto det en mengde flasker fulle av gammelt mineringskrutt. Det ville være perfekt til vårt formål.

*På Bekkelund hadde vi kruttlager...Jan Erik Fosseidengen.*

Snart var kanonen under konstruksjon. Den besto av et kobberrør som ble lukket i ene enda med en solid treplugg, og like foran pluggen saget vi et hull for tennsatsen med ei baufil. Det skulle vise seg at det var trepluggen som ble kanonens akilleshæl. Som tennsats brukte vi en bomullsdott med lighterbensin, som ble dyttet inn i hullet direkte oppå kruttladningen. Ladningen ble rammet ned i kobberrøret fra munningen. Røret ble forankret med spiker til en lavett av planker som kunne eleveres for å regulere skytehøyden. Spikrene slo vi gjennom trepluggen i bakenda av kanonen, og krummet dem også rundt selve røret. Som prosjektiler brukte vi «rødfis». Det var avfyrte, røde plastikkpatroner uten kuler, som forsvarsstyrkene brukte når de var på repetisjonsøvelse – «manøver», som det ble kalt.

Dagen opprant da kanonen var klar til å avfyres. Vi møtte en gjeng med gutter fra nordsida av åa som gjerne ville være med og teste vidunderet. Nord for Hestjupet – badeplassen bak gården Nord-Sagen – fant vi et stort jorde som egnet seg ypperlig til skytebane. Den første ladningen med svartkrutt ble stampet godt ned i kanonløpet og rødfisen sluppet etter. Den gled fint ned til ladningen, da rørets diameter var rundt 8

*Asbjørn tente kruttladningen direkte. Ill: Hilde Aaseth.*

mm. Bomullsdotten med lighterbensin ble plassert i tennåpningen og kanonen var klar. Vi stakk ei fyrstikk borttil, og etter at flammen hadde slikket inn gjennom åpningen fulgte et øredøvende brak. Rødfisen forsvant i ei krum bane flere hundre meter bortover jordet, med en lang hale av svartkruttrøyk. Suksess! Dette måtte prøves på nytt. Vi likte ikke helt den imponerende kruttskya som rødfisen dro etter seg. Hvis voksne folk fikk øye på den brunsvarte bua ville de helt sikkert bli mistenksomme og komme bort for å undersøke hva som foregikk. Etter noen få skudd fikk vi problemer med tennsatsen. Bomullsdotten ble fuktet med lighterbensin og plassert flere ganger, men hver gang vi tente den rakk ikke flammen inn til kruttladningen. Til slutt ble jeg utålmodig. Jeg rev av ei fyrstikk og stakk den rett inn i tennåpningen. Resultatet var overveldende. Kanonen eksploderte med et voldsomt brak og i brøkdelen av et sekund var den omgjort til en skraphaug av tre og metall. Med kullsvart ansikt og øynene fulle av svartkrutt ravet jeg i ørska bakover.

Her var det bare en ting å gjøre: Å komme seg vekk. Dette braket måtte da noen ha hørt, og da ville det ikke være lurt å bli på åstedet. Vi sprang nedover til åa og vadet over – blindet av svartkrutt slo jeg meg halvt fordervet på alle de store steinene. Etter et kvarters tid begynte synet å komme tilbake, og jeg kunne orientere meg om hvor jeg var. En kort rådslagning fulgte, der kanonens skjebne ble avgjort. Den hadde tjent sitt formål, og erfaringa hadde vist graverende feil på konstruksjonen. At trepluggen, som lukket røret, var fastspikret til lavetten hadde vist seg å være en alvorlig underdimensjonering og pluggen fløy ut mens spikre ble vridd ut av posisjon og trevirke splintret. Jeg fikk være glad jeg hadde synet i behold. Kanonens dager var talte. Vi gjemte den under en stein oppi åbakken, og der ligger den, den dag i dag.

Hendelsen dempet imidlertid ikke besettelsen med våpen og jakt. Jan Erik hadde vært så heldig å få to luftgevær. Vi var nok ikke helt gamle nok til å bruke dem, men blinkskytinga gikk like godt. Det ene var en riktig antikvitet, et Diana 1 som ble produsert fra 1913 til 1940, og igjen fra 1952 - 1977. Jan Eriks gevær var definitivt fra den første produksjonsperioden, og det som gjorde det så spesielt var at på tross av at det var et luftgevær, var det faktisk en munnlader! Det andre var et Diana 16, som ble produsert fra 1922 til 1940. Det hadde vanlig, bakladende brekkmekanisme.

Skikkelig fart på luftgeværskytinga ble det først da Jans storebror Johnny kjøpte et BSA Meteor med kikkertsikte. Det ble mange timer med øyet klistret til kikkertsiktet, og Johnny utviklet seg til en utrolig skarpskytter med det geværet, som liksom de fleste luftgevær på den tida kom i kaliber .177, eller 4.5 mm. Hans evne til å treffe blink med hvert eneste skudd var fryktet blant eierne av bodene ved tivoliene, som kom til den gamle Gressbanen på Kirkenær i slutten av 1960-årene. Han gikk bort til skranken, tok seg god tid og bokstavelig talt tømte hyllene for premier. Da det hele var over satt det igjen en enslig apekatt på ei av de øverste hyllene. Resten hadde han vunnet. Selvfølgelig klarte han ikke å bære med seg alle premiene – store og små bamser, dokker og forskjellig utstyr. En gang vant han et helt middagssett, og da han fikk det

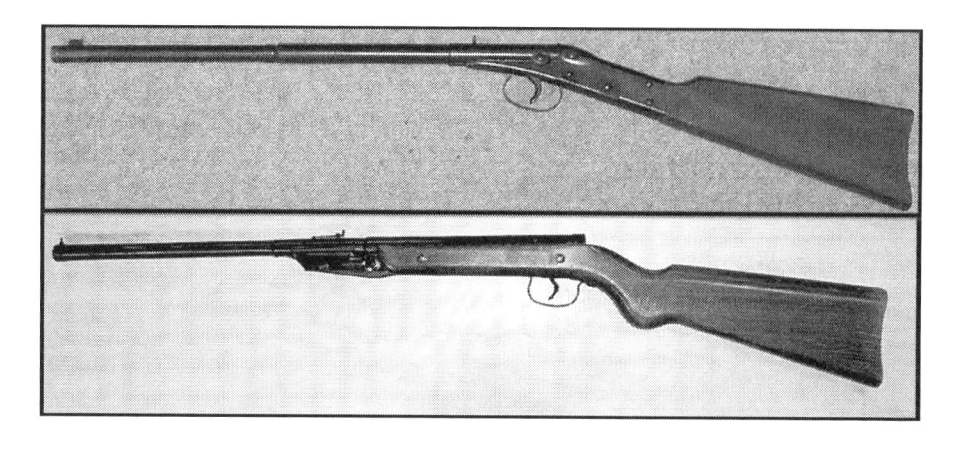

*Diana Mod. 1 (øverst) og Mod. 16. IF.*

*Kaliber .177 BSA Meteor med kikkertsikte, som i februar 1969 kostet hele 280 kroner - en uhørt pris. Utgangshastigheten på prosjektilet var 168 meter pr. sekund, en utrolig fart for et luftgevær på den tida. IF.*

utlevert snudde han seg bare til ei overrasket dame, som sto bak ham, og ga det til henne.

Johnny startet sin karriere som hagleskytter med ei enkeltskudds, russiskprodusert Star hagle, et gevær som hadde rykte på seg for å være utstyrt med «tyggegummiløp» - stålet i løpet innga ikke særlig mye tillit. Han avanserte videre via ei over/under Star (Baikal) til ei amerikansk Winchester 1200 pumpehagle. Det geværet var plombert for to skudd, men ved å fjerne plomberinga kunne det lades opp med seks.

Fra Bekkelund kunne jeg høre haglesmell praktisk talt hver dag. Høsten 1969 skjøt Johnny over 2000 skudd på leirduer som vi gutta kastet utover jordene. Uansett i hvilke vinkler og høyder vi kastet duene, ble de raskt omgjort til leirestøv i

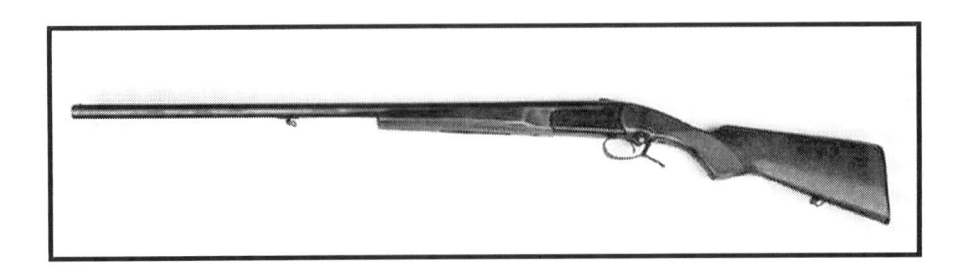

*Kaliber 12/70, Star enkeltløpet hagle – med «tyggegummiløp». IF*

*Johnny Engen på den tida han tømte bodene på tivoliene på Kirkenær med luftgeværet. Han var også en ekstraordinært god fluktskytter med hagle, og bommet sjelden eller aldri, uansett fuglens fart, avstand eller vinkelen han skjøt i. FA.*

lufta. Han bommet aldri – nesten. Den 22 august skjøt han på en mink ovafor Vestmann i Namnåa.....og bommet. Dette var midt under storhetstida for pelsdyravl i Norge. Minken hadde antagelig unnsluppet fra en av farmene, og var lykkelig uvitende om sitt usedvanlige hell.

Etter den kontinuerlige skytinga begynte løpet på Winchesteren å gi etter – trangboringa utvidet seg og ga kortere effektiv skytevidde. Johnny gikk da til innkjøp av ei Reming-

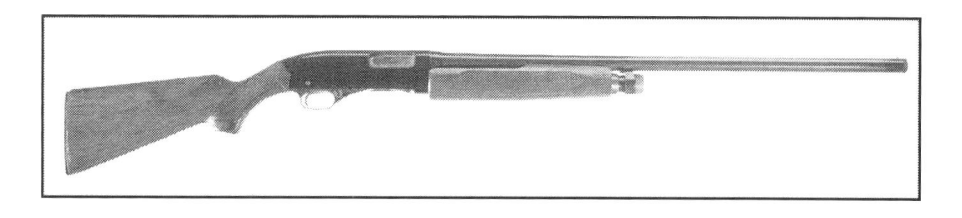

*Kaliber 12/70 Winchester 1200 pumpehagle. IF.*

*Minken slapp unna med både pelsen og livet i behold. W*

ton 870 Wingmaster.

I november 1968 begynte jeg en periode med intens jakt som varte 25 måneder, til november 1970. Etter å ha plukket og solgt tyttebær, med betydelig hjelp fra min mor, klarte jeg å skrape sammen 185 kroner til ei miniatyrrifle - den aller billigste som kunne finnes i noen katalog: Ei enkeltskudds, russisk Toz Junior i kaliber .22. På tross av den lave prisen var det et usedvanlig godt kjøp. Rifla hadde 15 cm lengre – og tyngre - løp enn salongrifla av samme merke, og var et presist gevær som holdt god samling på skuddene. Ved innskyting

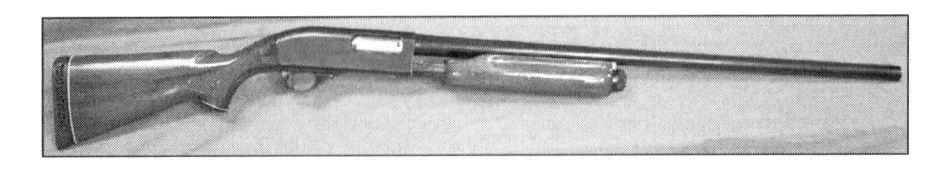

*Kaliber 12/70 Remington 870 Wingmaster pumpehagle. IF.*

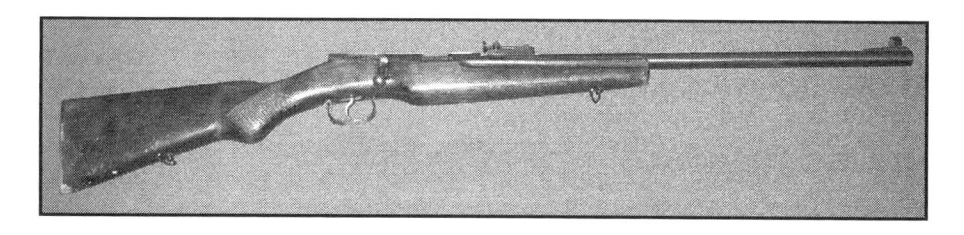

*Toz Junior miniatyrrifle i kaliber .22. Et veldig godt våpen til lav pris. IF.*

forsikret jeg meg om at fem skudd i rekkefølge lå innenfor omkretsen av en gammel norsk femøring, ved en skyteavstand på femti meter. Den femøringen hadde en diameter på 2.8 cm. I 1966 hadde min far gått til innkjøp av ei hagle av svært høy kvalitet. Det var ei kaliber 12/70 Beretta S 55 B over/under med full/halv choke. Dette var på den tida da over/under- geværene økte i popularitet og tok markedsandel fra side-by-side - utgavene, og prisen var derfor deretter – 1325 kroner. Ei Winchester 1200 pumpehagle kostet til sammenligning 1 050 kroner.

Jeg skjøt fremdeles med min gamle Remington Rider og patroner ladet med svartkrutt. Det ble av gamle jegere ofte beskrevet som «å skute om mårån og veinte på at kruttskjia skulle drive bort utpå æftassi'a». For å unngå det begynte jeg å bruke patroner med røksvakt krutt, blant annet Raufoss populær i kaliber 16/65, som hadde ord på seg for å ha en relativt «snill» kruttladning. Det satte ikke den gamle rolling block- mekanismen pris på. Etter et års tid begynte det å rasle faretruende i blokka da jeg skjøt, og da jeg igjen brukte

*Lisens for kjøp av rifle, revolver eller pistol anno1968. FA.*

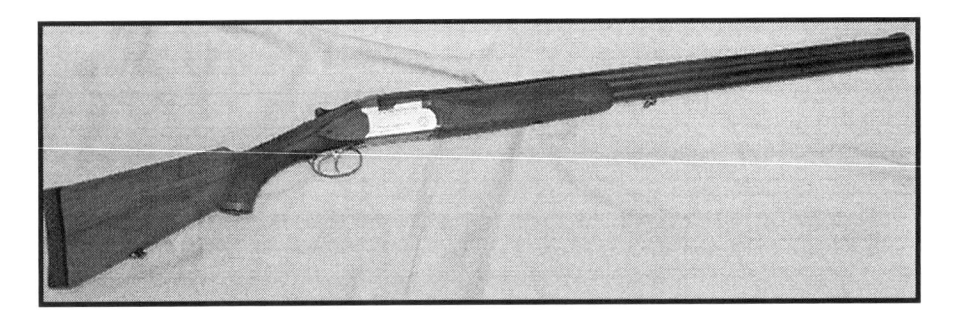

*Kaliber 12/70, Beretta S 55 B over/under. IF.*

svartkrutt fikk jeg en glufs av kruttskya i ansiktet ved avfyring. Så jeg gikk tilbake til røksvak ammunisjon, selvom låsen måtte tåle mye juling. I miniatyrrifla brukte jeg finske Lapua og tyske RWS Long rifle. «Short»-utgaven og «eikenøttpatronen» eller «satspatronen», som bare inneholdt tennsats og ingen kruttladning, viste seg å være fullstendig ubrukbare.

I Blekkvettskogen ble det utrygt for fuglene. Jeg var utpå sent og tidlig, men siden teigen var liten hadde den ingen fast bestand av jaktbar fugl. Det ble streiffugl og tilfeldig besøkende i kantsonene og langs Namnåa - nøtteskrike, skjære, kråke, ringdue og gråtrost. Til jakt på trost brukte jeg min gode venn, den brune og hvite engelsksetteren Peik. Han elsket trostejakt, tok stand, trålet gjennom den tette krattskogen og presset trostene ut, slik at jeg kunne få inn sikre skudd i åp-

*Patroner som var ansett for å være for kraftige for rolling block-låsen - Rottweil Tiger (til venstre, rød), Rottweil Waidmannsheil (svart) og Nitedals spesial (rød). Disse ble brukt i Berettaen. IF.*

*Røksvak ammunisjon brukt i Remington Rider. Raufoss populær (gul), Nitedals Sport (svart) og Nitedals ekstra (grønn). IF.*

ent terreng - men å apportere nektet han plent. Alle gode hundebøker vil fortelle deg at dette ikke er riktig trening for en rypehund, men det brydde vi oss ingenting om. Begge to hadde det like moro.

Innvollene som ble liggende tilbake etter juleslaktinga i 1968, ble til åte for kråkefugler utover vinteren. Miniatyrrifla skuffet ikke. I februar 1969 skjøt jeg kråke på 75 meters hold med åpne sikter, og merket meg at kula sank omtrent 3 cm i for-

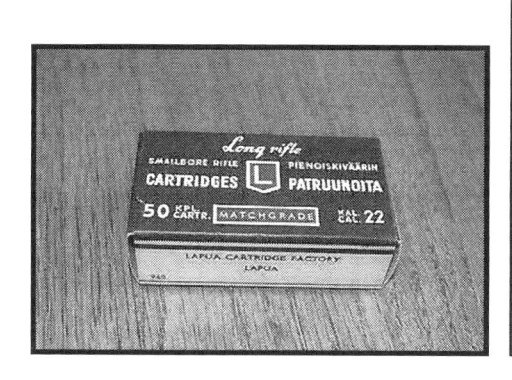

*En eske med femti finske Lapua Long rifle. Til høyre «Eikenøttpatron» eller «satspatron» (tv), short og long rifle. IF.*

*Asbjørn og Peik gjorde livet utrygt for trostene. FA.*

*Peik – en utrolig intelligent hund og en god venn, som jeg hadde mye moro sammen med på jakt. Han ble 13 år gammel. FA.*

*Det er få naturopplevelser som kan måle seg med ei vandring gjennom rimfrossent gress grytidlig en kald høtsmorgen i glitrende solskinn – om det smeller fra hagla eller ikke. S.*

hold til siktepunktet. Tallmessig kunne nok ikke mine resultater måle seg med «spesialister» på andre steder langs Namnåa. 16. mars fikk jeg opplysninger om at Oddvar Skasberg hadde skutt 35 nøtteskriker på åte den vinteren. Lengre unna, ved Rotna, hadde det blitt fanget enda 35 nøtteskriker med saks. Metoden ble forbudt nesten 40 år tidligere, men den ble fremdeles brukt i etterstrebelsen av «skrika». 22. juli 1969 kjøpte Jan Erik ei Beretta folding enkeltskudds hagle. Vi så allerede fram til duejakta kommende høst.

Ringdua var det eneste regulært forekommende viltet i Blekkvett, som var matnyttig. Da de trekkende flokkene ankom utpå høsten og begynte å forsyne seg fra kornåkrene, satt de gjerne i den vesle skogteigen når de ikke var på jordene, og brukte den også som nattelosji. Duejakt var uhyre krevende og forutsatte at en beveget seg langsomt og fullstendig stille. Hagla ble holdt i begge hender foran kroppen med løpet pekende oppover. Duene oppdaget alltid jegeren først, og da de braste opp fra barhenget hadde en bare en brøkdel av et sekund til å få ivei et skudd. I den situasjonen var det unødvendig med to løp. Bommet det første skuddet, var duene langt avgårde og dekket av greinverk før det neste kunne avfyres. I jaktjournalene mine, som følger skytinga fra dag til dag de

*Fotsaks for rev var fremdeles i bruk ved fangst av nøtteskrike i 1969, nesten 40 år etter at det ble forbudt. FS.*

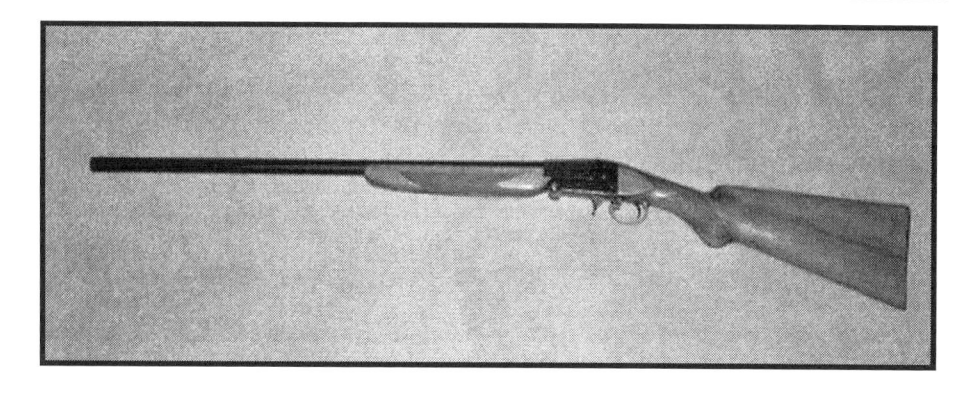

*Kaliber 12/70 Beretta folding med 75 cm løp – et kraftig våpen. IF.*

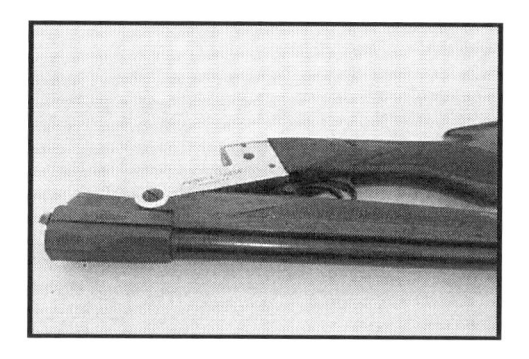

*Beretta folding hadde en veldig original måte å bryte ned våpenet på for lagring. Det var et spor i stokken med plass til avtrekkerbøylen. IF.*

*Ringduejakt i tett barskog var eksepsjonelt krevende – dua var en årvåken og kjapp fugl som ikke lot jegeren få noen fordeler. UF.*

25 månedene vi jaktet som mest, står det mye om hva jeg traff. I dagbøkene mine, som jeg førte samtidig, står det imidlertid utførlig om alle bomskuddene – og de var det mange av. I ettertid er det lett å se hvorfor det ble mye bom. Ikke bare var duejakta vanskelig – jeg brukte altfor grov hagl. Jeg hadde en følelse av at det var så viktig med mye kraft i skuddet, at jeg brukte hagl nr. 3 og 4. Ser en nøye på tallene i journalene gir de et godt bilde av hva som foregikk. Ved å jakte både morgen og kveld fra 6. til 9. september 1969 skjøt vi 8 ringduer og 5 nøtteskriker – det største resultatet i løpet av de to årene journalene dekker. De dagene brukte vi hagl nr. 5 og 6 – mindre hagl med mye bedre dekning og mer enn nok energi på korte avstander.

Å «stille» på duer på «nattkvist» var noe jeg ofte gjorde siden hjemmet mitt lå helt inntil skogen. Den jakta foregikk da mørket falt på, i tida fra duene kom inn for å sette seg til på soveplassene til skytelyset var borte. Fuglene var usedvanlig observante da de kom inn til nattelegeret og voktet seg vel for å slå seg til der det kunne være skjulte farer. Jegeren måtte vite omtrentlig hvor og når duene kom inn, og bevege seg så lite som overhodet mulig. Den minste bevegelse i utide sendte duene på brakende flukt. Det var ikke mange duene som endte opp på matbordet etter disse ekspedisjonene, men det var selvfølgelig spenningen ved å forsøke å overliste de sky fuglene som ga utbytte, om ikke mat.

Første nyttårsdag 1970 eksperimenterte jeg igjen med krutt. Da fjernet jeg kula fra en long rifle-patron og firedoblet ladningen med krutt fra en haglepatron, før jeg satte kula tilbake. Det ville helt sikkert gi ekstra fart og skytevidde på prosjektilet, trodde jeg. Slik gikk det ikke. Smellet fra skuddet var så voldsomt at det gjorde meg midlertidig døv på den ene øret, og kruttskya veltet bakover fra sluttstykket. Da jeg dro bolten tilbake hadde patronen revnet rundt kragen. Det var aller siste gang jeg tøyde grensa for hva som var tilrådelig i omgangen med nitroglyserol og nitrocellulose. Den delen av kjemien overlot jeg til ammunisjonsfabrikkene.

*Jeg likte å jakte med hagle om vinteren. I femten kuldegrader frøs jeg riktignok på føttene og kruttet brant litt saktere, derfor hadde skuddet noe redusert effekt. Stemningen var spesiell - alt var blikkstille, snøen dempet alle lyder og skuddet kunne bare høres på kort avstand. S.*

*Skjæra var den som eksponerte seg sterkest i kulturlandskapet i Namnerudsgrenda, og følgelig ble den et naturlig mål for lokale jegere. S.*

En måned senere fikk jeg kikkertsikte på miniatyrrifla. Med en variabel forstørrelse på 3 – 7 x 20 forbedret det skytenøyaktigheten betraktelig. På den tida kostet et slikt sikte 155 kroner. For å få montert siktet på rifla var det bare en ting å gjøre: Gå til Bernt i Mølla. Bernt Ruud drev det mekaniske verkstedet i den gamle Grøsetmølla på Kvernbakken, og kunne mye om både elektrisitet, mekanikk, dreiing, sveising, tømring og snekring. I tillegg var han bøssemaker. Da han en gang ble spurt om det var noe han ikke kunne lage, svarte han: «Je kann itte gjæra ein runn firkant!» Men lage kikkertklakk til rifla mi, det kunne han, og det tok han bare 40 kroner for.

I løpet av de to årene, fra november 1968 til november 1970, skjøt jeg 106 fugler. Flesteparten var naturlig nok de som forekom i størst antall: Skjære (28), nøtteskrike (23), kråke og gråtrost 12 hver. Resten fordelte seg på duer og ender. Månedene med høyest antall var februar (14) og oktober (18), noe som viser at jeg brukte tid både på å skyte kråkefugler på åte om vinteren og å løpe i skogen under høstjakta.

*I april 1970 hekket et par toppmeis i en av fugleholkene våre. S.*

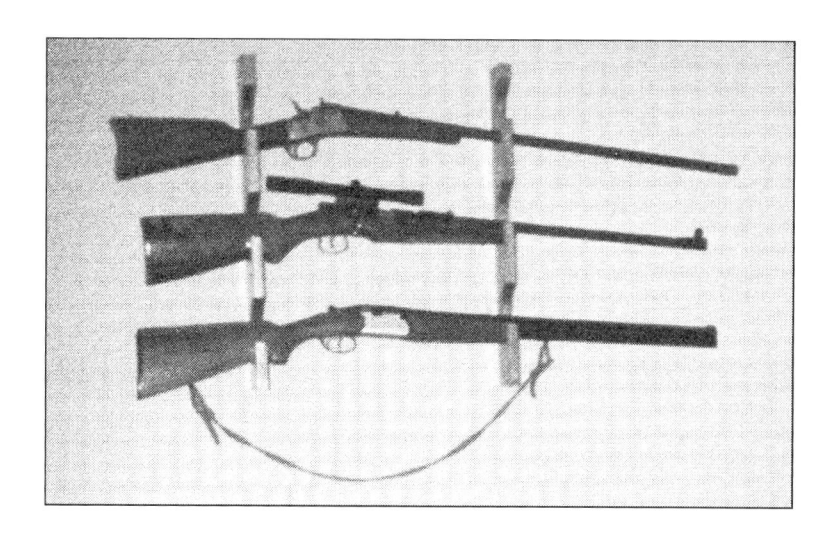

*«Våpenarsenalet» da det ble pensjonert, i desember 1970. På rifla sitter kikkertsiktet, som Bernt Svenneby (Ruud) monterte. FA.*

*Uthogst av Blekkvettskogen i 1975 (øverst). Den hvite vinkelen angir nordøstre hjørnet av Haugli. Bildet nederst viser det samme området i 1990. Pila indikerer fotografens posisjon ved Namnåa da bildet på følgende side ble tatt, i 2012.*

*Haugli sett fra Namnåa ved badestedet Vestmann (indikert ved den hvite pila på bildet side 274) i 2012. Pila på herværende bilde peker på det samme hjørnet på Haugli, som er uthevet på de to foregående. Den svarte linja tversover bildet viser skillet mellom den jorda på Sigurd Holters Persholen som allerede var brutt før 1975 (under linja) og Blekkvettskogen, som ble brutt det året (over linja). Anne Berit Sollien*

Samtidig som jeg næret en intens interesse for våpen og jakt, var en ny, sterk interesse under utvikling. I 1968/69 hadde jeg hengt ut en rekke rugeholker for småfugl som jeg fulgte nøye gjennom våren og sommeren. Vinteren 1969/70 lagde Jan Erik og jeg enda flere holker på sløyden, som vi hengte opp da våren kom. Snart hadde vi sjeldne gjester i en av dem. Allerede 11. april fant vi to toppmeis i full gang med reirbygging, og ni dager senere hadde de lagt det første egget. Den 17. juni året før hadde jeg gått til innkjøp av et 30 x 40 Magnavox teleskop, som jeg brukte ved fuglekikking. I 1969 kostet et slikt teleskop 63 kroner. Tida ble nå brukt mer og mer til den hobbyen, og mindre og mindre til jakt. Den vesle brune og hvite fuglen med topp på hodet var årsaken til at Jan Erik og jeg kom i kontakt med den mest kjente amatørornitologen i Grue - Birger Nesholen. Etter det skjøt interessen for ornitologi fart for alvor, og før jul 1970 ble geværene pensjonert. Interessen for våpen har aldri sluppet taket, og det gir fremdeles en spesiell følelse å studere og håndtere disse instrumentene, som har opptatt menneskene i så mange hundre år, og som har hatt slik voldsom innflytelse på deres historie.

# FISKE

Namnsjøen har vært en fiskerik sjø med arter som gjedde, ørret, mort, abbor, lake og laue. Gjedda kunne bli fanget på meitemark, sluk, saks eller i kupe og nett. Siden arten har som vane å stå stille i strandsona, ofte med halefinnen nesten hvilende på land, kunne den også snares. I eldre tider ble den uten tvil lystret, enten fra land eller fra båt. Lystring er en svært gammel fiskemetode, som går ut på å bruke lys for enten å lokalisere «sovende» fisk, og så spidde den med en lystergaffel, eller gjøre det samme på gyteplasser. Opprinnelig ble det brukt en åpen flamme, gjerne av tyristykker. Ole Olsen (1811-1892), som bodde på husmannsplassen Kopperslåhemmet (Namnsjøbråten - den grønne sletta) var den eneste av de som bodde rundt Namnsjøen som oppga yrket «fisker» i folketellingene. Hvis han drev lysterfiske ville det fremdeles ha vært i tyristikkenes tid, men på begynnelsen av 1900-tallet ble karbidlykter mye brukt. De lyktene var acetylénbrennere

*Lystring fra båt med tyristikker ca. 1850. Maleri av Adolph Tiedemand. W.*

*Forskjellige typer lystergafler. Lystring ble også brukt til å fange skalldyr. W.*

der acetyléngassen ble produsert ved å dryppe vann fra en tank i lykta, ned på kalsiumkarbid ($CaC_2$), som så utviklet acetylén ($C_2H_2$). Lysterfiske har lenge vært forbudt - det første forbudet kom i den såkalte «Lakseloven» av 1848, utarbeidet av professor i zoologi, Hans Heyerdahl Rasch. Min bestefar Karl Ruud fortalte at han så seg nødt til å lystre fisk som matauk i økonomisk dårlige tider, selvom det var ulovlig. Fiskemetoden er relativt enkel - jeg så gjedder, som jeg kunne ha lystret under krepsefiske nattestid i Namnåa, i 1970-åra. Det var mange forskjellige lystergafler, og hovedpoenget med selve støtet var at fisken måtte lystres over nakken, slik at minst mulig av kjøttet ble ødelagt.

Gjeddesaks er et effektivt redskap som settes på grunner. Saksa henges i ei snor fra en lang, tynn, kvistet stamme fra et ungtre med en Y i toppen, formet av to avkuttede greinstumper. Snora vikles rundt greinstumpene, og stammen rennes på skrå ned i sjøbunnen. Saksa henges i ønsket dybde under

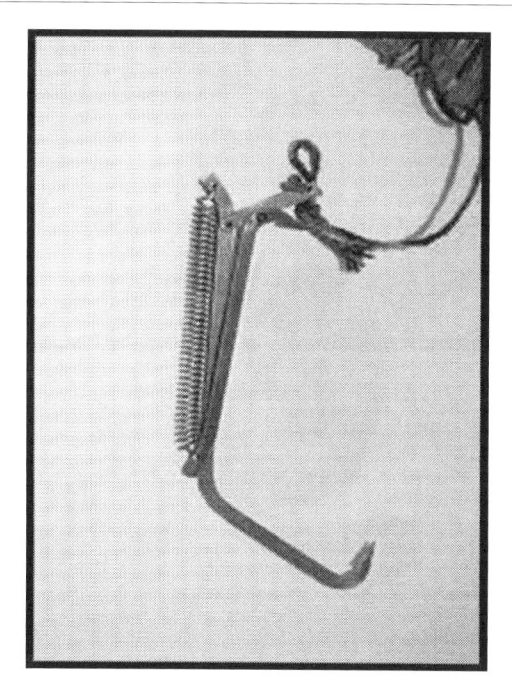

*Gildret gjeddesaks. IF.*

*Min onkel Reidar Sollien, som gikk bort i desember 2014 i en alder av 94 år, tok den største kjente gjedda i Namnsjøen på 11.3 kilo. Anne Berit Sollien.*

vannflata, regulert ved snoras vikling rundt Y-en. Den spennes åpen med en død fisk på nederste kjeve, og sjekkes så hver dag. Min onkel Reidar Sollien tok den største gjedda jeg kjenner til fra Namnsjøen på ei slik saks, i 1970-åra. Den ble tatt ved Granerudsholmen og «fylte» den vesle 10-fots jolla han hadde, da han rodde til lands. Da fisken ble lagt på vekta stoppet den på 11.3 kilo, og min tante Solveig fortalte at den ble malt opp til gode gjeddekaker – som varte i lang tid!

Ørret, abbor og mort ble tatt i garn, og det var avhengig av maskevidda hvor mye en fikk. Abraham Olsen (1862 – 1945), sønn av Ole Olsen, hadde vokst opp i Kopparslå-hemmet. I 1912 flyttet han til Solheim i Smidholen, og hver kveld gikk han til fots til Namnsjøen og la ut nett på de beste fiskeplassene. Neste morgen gjorde han samme turen for å dra nettene, og tok fisken med seg hjem hvor mesteparten av dagen gikk

*Denne gjedda viser størrelsen på monsteret som Reidar tok på saks i Namnsjøen – den har ei vekt nær 11.3 kilo. IF.*

*Nettfangst av abbor og mort. S.*

med til å renske den.

Da vi hadde hytte på Søderstrand rett overfor Lensefurua i 1950-åra la Steinar Berg nett fra eikene våre, og tok mange store abborfangster. Nettene kunne bli lagt fritt i sjøen, eller vi kunne stenge av ei vik og «feise» abborene – skremme dem inn i nettet ved å stikke årene i vannet, eller slå på vannet med dem. Abbor ble tatt i kuper – også store fangster, men av små fisk – som var veldig gode når de ble stekt. I tidligere tider ble abboren tatt i «rysjer» - ruser – som var flettet av einer. Flådd småabbor sprøstekt i panne er en utsøkt delikatesse, og fremdeles et av de mest velsmakende måltider jeg kan tenke meg.

Nord i Namnsjøen – sør for Feierholmen og i Salbergsvika – lå det gode fiskegrunner, kalt Kattæla og Storæla (uttales med tjukk l). Bjørn Tuer bringer i sin bok «Navnsjøboerne» opp muligheten av at Kattæla kan være avledet av det finske fiskeredskapet katisse, og at den fangstinnretningen kunne ha vært bygd og vedlikeholdt der. Ved veldig lav vannstand ligger nemlig deler av Kattæla over vann, det er altså grunt nok for ei katisse. De første som bosatte seg ved sjøen var enten av finsk eller finsk-norsk avstamning, for så sent som under folketellinga i 1875 ble det gjort tilføyelser til navnene om

*«Rysje», eller ruse, flettet av einer. W.*

at en person «taler norsk».

I min ungdom ble morten vanligvis gitt til grisen, men i tidligere tider var den et meget viktig tilskudd til husholdningen. Selv tok jeg en temmelig stor mort i fossen under Mons-

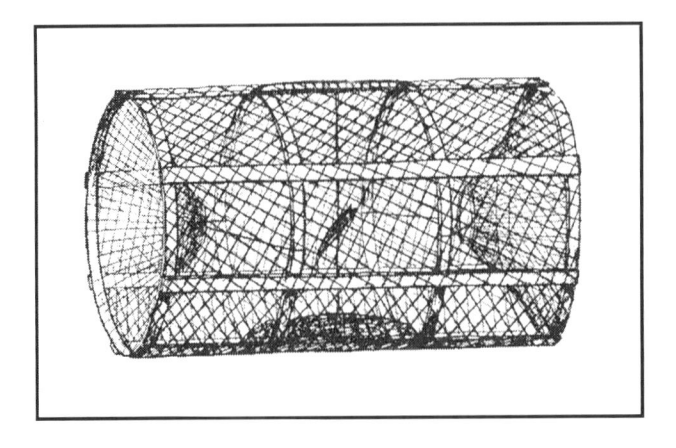

*Kupe, som i 1950- og 1960-åra ble laget av kyllingnetting. I inngangspartiene ble det stukket kvister av gran for å lokke hun-abborene inn i «vasan» for å gyte. IF.*

*Kan det ha vært ei katisse på Kattæla sør for Feierholmen? Illustrasjon av Per Borge i: Heimbygdsforeningen Finnetunet 1992.*

ruddammen ca. 1964, som jeg rensket og stekte. Selvom den kulinarisk sett ikke kunne måle seg med abboren når det gjaldt smak, var det en god fisk. Morten var den fisken som egnet seg best for soltørking til vintermat. Den ble saltet og tørket og kunne holde seg i nesten ubegrenset tid, og ble så kokt og spist med poteter og hvit saus. Hvor store fangster, som ble gjort i Namnsjøen foreligger det ingen oversikter over, men vi vet fra Røgden at mortleiken vanligvis fant sted rundt 17. mai, og at den da ble fanget i nett. I 1922 lekte morten så tidlig som 23. april, og fiskerne – som hadde not - fikk «eventyrlige fangster»: 16 tønner halvkilosfisk i et eneste notkast. Det indikerer at det kunne ha vært en betydningsfull høsting av mort også i Namnsjøen blant de første beboerne, for i min oppvekst var det tilsynelatende stor forekomst av den arten.

Den eneste torskefisken i ferskvann fantes også i Namnsjøen. Det var laken, og den kunne «slås». Da blank is hadde lagt

*Lake, den eneste torskefisken i ferskvann, kunne «slås» på vinterstid. W.*

seg om høsten kunne fisken stille seg helt oppunder islaget. Da kunne en slå et kraftig slag rett over fiskehodet, slik at den ble slått i svime. Med en barkespade hogg en raskt et hull i isen og grep fisken før den våknet til igjen.

Laua ble fanget ved at det ble gravd kanaler i åene der den gikk opp for å gyte – Jernåa og Grautåa - og da stimene hadde kommet oppstrøms ble kanalene stengt med striesekker, og fiskene jaget nedover igjen, inn i sekkene. Laua er en liten fisk, men god når den er sprøstekt.

Markfiske, eller «meiting», ble drevet særlig etter abbor, men vi tok alt som hang på kroken, både mort, som vanligvis ikke ble brukt til menneskeføde, og ei sjelden gjedde. Fisket hadde navn etter agnet – meitemarken - som er en leddorm som drenerer og lufter jorda med sine underjordiske ganger. Den kunne bli funnet ved at det ble anlagt spesielle «mærksteiller» ved å kaste kompost i en haug, som over tid tiltrakk marken. Å velte kuruker over og lete under disse kunne også avsløre forekomster av mark.

Mine første erfaringer med meitefiske i slutten av 1950-åra var veldig frustrerende. Min mor hadde lagt ned forbud mot

*Min far «meiter» i Namnsjøen, ved svært lav vannstand, under 2. Verdenskrig. Stanga var laget av stammen av et ungt lauvtre, noe som var svært vanlig, og duppen var en vanlig flaskekork. FA.*

at jeg fikk bruke fiskekroker med mothaker, så jeg brukte bøyde knappenåler. Fisken bet villig, men jeg fikk den aldri opp. Til slutt ble jeg så lei at min far gikk god for krokbytte, og til min store begeistring tok jeg snart min første abbor!

*Meitemark. W.*

*En enkel, men funksjonell dupp for meitefiske – en flaskekork. IF.*

Morten var en prøvelse for enhver meitefisker, og hvis vi kom inn i en stim av den, var det like godt å flytte seg videre bortover, til et nytt sted. Den dro agnet i en uendelige serie av «nubb» som fikk duppen til å flytte seg i små rykk på vannflata, og det var vanskelig å vite når en skulle trekke opp. Noen ganger hang fisken på, men i de fleste tilfelle bare «gnog»

*Mine onkler Reidar Sollien (tv) og Ivar Hytjanstorp gjør seg klare til å «prøve fisken». Bildet er antagelig tatt samme dag som det på side 285. FA.*

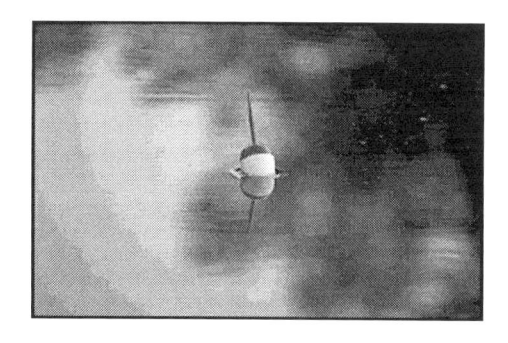

*Er det abbor – eller er det mort......? IF.*

den marken helt inntil krokspissen. Abboren kunne gjerne gjenkjennes på et par innledende «nubb», deretter ett eller to bestemte napp, som ofte trakk duppen helt under vannet. Da var det best å slå til før fisken kjente krokspissen og spyttet agnet ut. På snakk om spytting så var det mange fiskere som spyttet på marken før de slengte uti, da det skulle hjelpe på fiskelykken. Selv hadde jeg ingen tro på det, men da bettet var som dårligst spyttet også jeg – det kunne ikke gjøre vondt verre! Det ble en sport i seg selv å overliste morten. Vi kastet

*Morten var en utfordring for enhver meitefisker. Den forsvant som oftest med agnet. W.*

*Gerd er ikke fornøyd med fiskebettet i Namnsjøen. Meitspauen har havnet i vannet. Øverst til venstre sees et grustak på odden ved Sveenshytta i Skulstadvika. Bildet er tatt ca. 1960. FA.*

brødsmuler i vannet for å holde stimen på ett sted og «kittet» fast en klump brød på krokspissen. Ved kjappe tilslag da fisken tok agnet kunne vi lande en del mort på den måten.

En gang på slutten av 1950 tallet krysset jeg over Tuerjordet på nordsida av Namnåa og gikk ned til bredden, rett nedafor Vestmann. Jeg var sammen med min onkel, Reidar Sollien, som skulle prøve fiskelykken. Hvilket sluk han brukte kan jeg ikke huske, men den røde plastikkbiten i krokfestet, som skulle gjøre den ekstra tiltrekkende for fisken, er brent fast i minnet. Etter noen få kast hadde han landet to gjedder – og jeg var fiskefrelst. Dette var noe riktig spennende, som også jeg ville gjøre!

Mine foreldre hadde mye omgang med postmannen, Asbjørn Sørensen og hans kone Esther, som bodde på nordsida av åa like ved badeplassen Hestjupet. Det morsomste Asbjørn visste da noen kom på besøk, var å fortelle historier om fiske og jakt. Han var veldig interessert i harejakt og hadde to hunder, ei eldre bikkje, som han kalte Klinge, og en yngre hann, som han kalte Klang. Klinge hadde fargetegninger som karakter-

*Gjedde – en voldsom rovfisk med en stor kjeft full av lange, sylskarpe tenner, som rev opp hendene mine mange ganger i årenes løp. W.*

*Postmannen Asbjørn Sørensen var en spesialist på å sette støkrok i åa. Knut Rune Skjerven.*

iserte en hygenhund, mens Klang tilsynelatende var en dunker. Asbjørn fortalte med intens innlevelse om fisker som han hadde både fått og mistet. Han var den eneste jeg kjente, som tok gjedde ved å sette støkrok i åa, i lona nedafor Hestjupet. Han festet stanga i bredden og lot ei stor «mærktugge» henge

*Støkrok. IF.*

*Asbjørns lokalitet for bruk av støkrok – den første lona nedafor Hestjupet, med stanga plassert som indikert med hvit linje. FA.*

ute i vannet over natta og gikk tilbake og hentet fisken, som hadde tatt agnet, neste dag.

Fiskehistoriene gjorde uutslettelige inntrykk på meg, så å søke etter gjedde i åa med sluk ble min favoritthobby i oppveksten. Det var noe helt spesielt med måten den torpedolignende rovfisken angrep sluket – den kom ingenstedsfra med en villskap som virket nesten sjokkerende på en ung fisker, og ga et voldsomt adrenalinrush. Slukstang og snelle var fullstendig utenfor min økonomiske rekkevidde – men jeg visste råd. Både Jan Erik og jeg utstyrte oss med kastebokser. Det var enkel, billig og effektiv redskap. En tom blikkboks som hadde inneholdt Bjellands fiskeboller ble utstyrt med innvendig håndtak (et trestykke festet med to spikre), femti meter fiskesnøre, ei stålfortom og et sluk. Fisketuren kunne begynne.

Kasteboksen måtte brukes med en spesiell teknikk. Vel en halv meter av snora ble rullet av og sluket ble virvlet rundt i lufta etter denne enda til den hadde fart – og så lot vi det gå. Med tungt sluk kunne vi kaste ut hele snora på 50 meter.

*Kasteboks – enkel og billig fiskeredskap. FA.*

*Kasteboks i bruk. UF.*

Seiersparade etter at jeg hadde landet den første gjedda ble det ikke. Stolt som en hane gikk jeg hjem, men mine foreldre var på besøk hos mine besteforeldre, som bodde noen hundre meter unna. Jeg la gjedda på brannstigen bak huset og gikk til Sollien. Vel hjemme igjen sprang jeg bak huset for å hente fisken. På bakken under stigen så jeg noe som jeg hadde sett mange ganger i tegneseriene til Walt Disney – et fiskehode, ei lang ryggrad og en halefinne – og ei katte som var mett og fornøyd.

Namnåa hadde rykte på seg for å huse stor fisk – relativt sett – særlig av gjedde og ørret. Med «stor fisk» mente vi en ørret som var over 30 cm, og ei gjedde på over 60, da de fleste vi tok var under disse målene. Min far hadde vært med på å ta en ørret på en halv meter i det sørvestre hjørnet av gården Nordli i guttedagene. Den ble tatt med en effektiv, men ulovlig metode: En halv gubbe dynamitt. Circa 1960 tok

*Slik ørret kunne tas i Namnåa for 75 år siden. S.*

*Aksel Meiningen (tv) var ikke bare småbruker og fisker, han var også møbelsnekker og laget en kommode, som ennå er i eie hos Leif Høgbrenna. I tillegg var han musiker, tegner og dikter. Her spiller han fiolin for broren Søren, søstera Olivia og mora Anna. Tuer 2007.*

Aksel Meiningen, som bodde alene på et lite bruk ved Torstjennet, en ørret på 38 cm i strykene nedafor gården. Andre fiskere, som kom med ørreter de hadde tatt i åa, var min onkel Ivar Hytjanstorp, Leif Sagen fra min nabogård Nord-Sagen, og Rolf Rismoen. Rolf brukte forøvrig et redskap til boksefiske som var ferdig laget til formålet – lokket av en mjølkekjele!

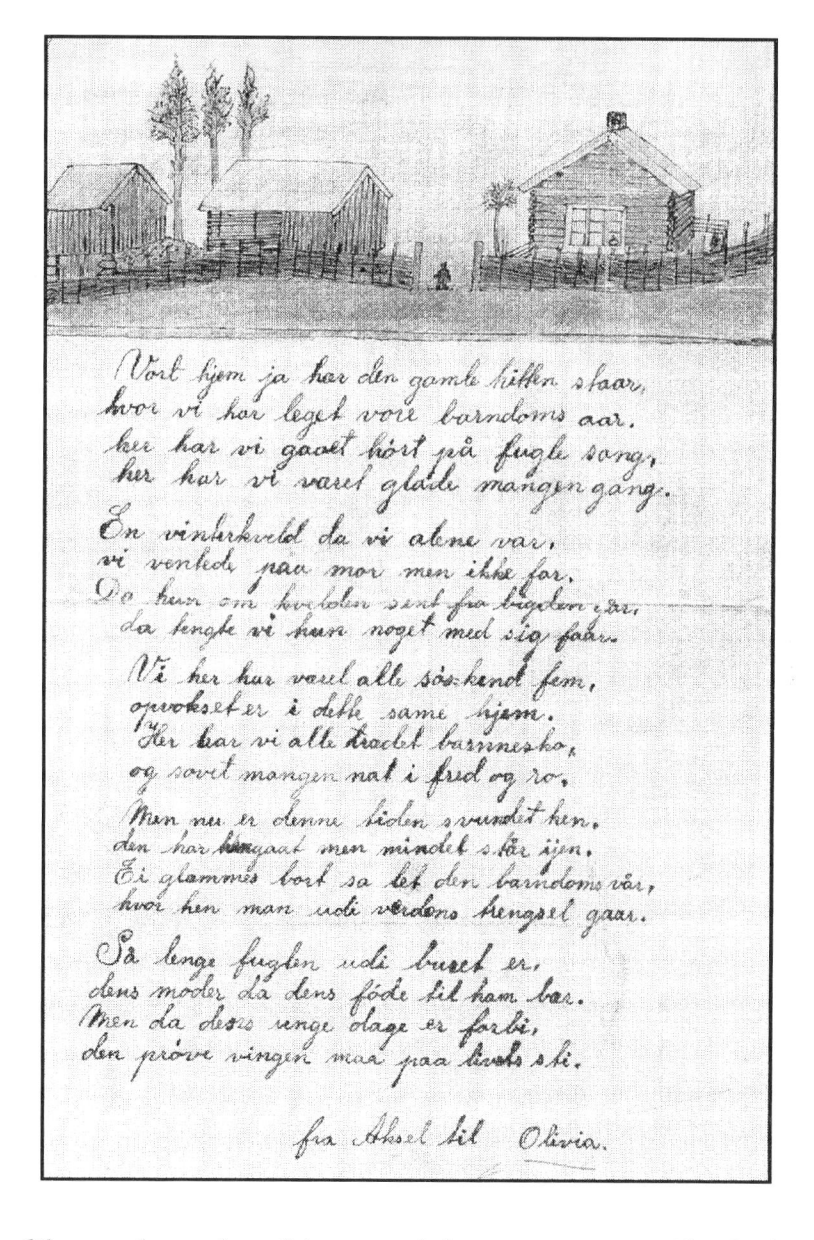

*Et dikt om barndomshjemmet Meiningen, som Aksel skrev til sin søster Olivia. Tuer 2007.*

*Husmannsplassen Meiningen. Her bodde Aksel alene i min barndom. Tuer 2007.*

Jeg begynte med ørretfiske i 1963, og det naturlige valg av redskap var «meitspaue» - stanga av bambus hadde jeg allerede, og mark var gratis. Det var få gode «mærksteiller» i nabolaget – marken måtte være stor og fin – men kunne ikke være overdiger. Mens min mor Gerd og søster Anne Berit plukket poteter på Nord-Sagen gikk jeg ned til åa og slengte marken uti. Det måtte være snor uten dupp, for ørreten var en sky fisk som ikke ville ha bevegelse på eller ovenfor vannflata da den jaget bytte. Det var en kunst å holde marken i vannet uten at den «kjørte seg fast» under en stein, og etter et par kast trodde jeg at det var nettopp det som hadde skjedd. Men der tok «steinen» fart og pilte over til den andre sida av åa! Fast fisk – og jeg dro den grønnskimrende, sprellende ørreten opp på land. Min første! På streken 21 cm.

Det var ikke så mange ørreter jeg skulle trekke opp fra Namnåa, og det hadde flere årsaker. Hovedårsaken var at jeg prioriterte gjeddefisket. Jeg gjorde selvfølgelig et godt forsøk på å friste ørreten da jeg passerte strykene der den kunne stå, men jeg brukte ofte et skjesluk som var myntet på gjedda, og tok meg ikke tid til å skifte. Resultatet var at jeg trakk opp bare

*Ørreten sto gjerne bak steiner i strømvirvlene. FA.*

ni ørreter mellom1963 og 1975, og det var gjerne når jeg søkte spesielt etter den fisken. Mark var det foretrukne agnet, men jeg hadde også resultater med våtflue eller små skjesluk og spinnere. Den svenske Samespinnaren viste seg å være et godt valg. Den personlige rekorden ble imidlertid tatt på meitemark. Den 25. mai 1969 trakk jeg opp en «rugg» på 32 centimeter øverst i Langfossen like under Krokafløyta ved gården Stor-Kroken. Den veide 245 gram.

Det ble gjedda som skulle sørge for de største opplevelsene

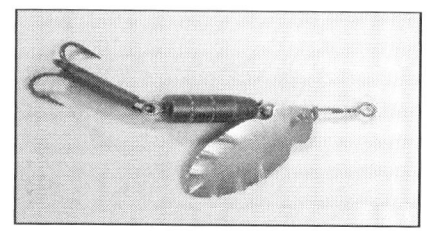

*Våtflua Pålsbu – svart og brunspraglet med gul og hvit flekk, og rød haletipp – var et godt valg for ørreten i Namnåa, og det var også Samespinnaren. IF.*

*En stolt fisker med «meitspaue» og ørret i 1963 – fangsten var ikke for en kjempefisk å regne, og i tillegg forsvant en av sokkene i vannet! FA.*

i åa, selvom det ikke var de største gjeddene. Ingenting var så spennende, som å snike seg gjennom viukrattet og slenge sluket presist inn mellom steiner og nøkkeroseblader for å se om det sto ei av dem og lurte. Når Jan og jeg trålet langs breddene var vi langtfra alene i krattet – vi hadde selskap av tusenvis av mygg. Uten Finns myggstift eller myggolje måtte vi nesten ha utviklet en tredje arm for å beholde vettet – de blodsugende insektene hang som ei sky rundt hodet.

Det fulgte ofte dramatikk med fisketurene. Det var ikke til å unngå at vi kastet for langt eller for kort med slukene i den tette krattskogen, som omga vassdraget. En ettermiddag vi fisket i Vestmann landet Jan Eriks «Lill-øringen» i en tretopp på andre sida av åa. Vestmann skulle forøvrig ha fått navnet sitt etter ei drukningsulykke, som involverte en svenske ved navn Westmann. Sluk var dyre og vi ville gjerne ha det tilba-

*«Mihank» var det alltid nok av i viukrattet langs bredden. S.*

ke, men etter lang tids prøving i fånytta måtte vi bare dra i snora og se hva som skjedde. Vi brukte 0.45 og 0.50 mm snor nettopp til dette formålet. Hvis sluket ble sittende fast kunne vi rette krokene! Jan viklet snora rundt armen og gikk bakover – nå fikk det briste eller bære. Det bar – såvidt. Da den elastiske snora var spent til det ytterste, slapp kroken. Vi

*Typisk gjeddelone – ved «kokkhuset» til Henry Nordli. Her tok han ei på 60 cm på bambusstang, med meitemark som agn. FA.*

*Det svenske prosjektilet kom i supersonisk fart. FA.*

så ikke det svenske prosjektilet, som kom over åa mot oss. Vi hørte bare suset av det, og et høyt smekk, idet sluket traff Jans legg og kroken boret seg inn helt til bøyen. Fisketuren var over.

Etter at jeg hadde foretatt et par nytteløse og smertefulle forsøk på å dra kroken ut, gikk vi hjem. Jan Erik var et interessant skue der han ruslet avgårde med fiskesnora i handa – ei fiskesnor, som var fast forankret i leggen hans. Vel hjemme overtok storebror Johnny «behandlinga». Terskelen for å reise til legen med skader i de dager var veldig høy – alvorlige forstuelser, beinbrudd, å hogge seg med øks eller sage seg med motorsag - eller infeksjoner som trengte antibiotika – det var grunner som var gode nok. En fiskekrok, som var godt begravd i skinnleggen, var nærmest til å kimse av. Johnny fant ei avbitertang, klippet kroken over og dyttet den ut med spissen først. Plaster på såret – klar til neste fisketur.

I april 1967 ble det råd med slukstang og snelle, etter flere års venting. Det ble den billigste ABU-snella, Abumatic 20 til ca. 50 kroner, og ei 6 fots Shakespeare Wonderod 1956 til 54 kroner. Etter at jeg fikk utstyret begynte jeg å gjøre nøyaktige notater om hva jeg fisket – tid, sted, lengde, vekt og redskap. Vi var så utålmodige etter å komme igang med fisket hele

*Asbjørn med Wonderod-stanga den 3. juli 1968, sammen med Martinus Fallås, en annen pasjonert fisker. FA.*

vinteren at vi noen ganger startet før isen hadde gått. Da den første råka åpnet seg om våren var vi frampå med slukstenene – og sannelig var det ei gjedde som slo til på en abborfarget trewobbler i ei av råkene. Det var mer enn vi hadde forventet. Da fløtinga begynte måtte vi vente med å fiske. I det kalde flomvannet var det svært vanskelig å søke etter gjedder, og flommen syntes å legge en demper på «fiskebettet». Det varte og rakk ut mot 1. juni før fisket kom igang.

*Billig, svensk kvalitetssnelle – Abumatic 20. IF.*

*En vånd hadde vært uheldig nok til å svømme inn i kupa. W.*

I mellomtida la vi ut kuper, og i de tok vi gjedde og lake. Lakene var opptil 50 cm lange og ble fanget i «gamleåa» ved det gamle spinneriet til ullvarefabrikken. De kunne bli tatt så tidlig at isen fremdeles lå langs land. Det ble sagt at de var spiselige bare i månedene som inneholdt bokstaven «R». Kjøttet var altså ikke av høyeste kvalitet i sommermånedene, mellom mai og august. Resten av året var den imidlertid veldig god, hvis den tilbragte litt tid i steikepanna. Enkelte ganger kunne vi få overraskende fangster. I ei kupe som lå i gamleåa ved Vestmann fant vi en vånd som hadde vært så uheldig å svømme inn gjennom åpningen og druknet.

Uvanlig fangst kunne dukke opp på andre steder i åa også. Eneboeren Martin Nerstad hadde kupe på Heggerenga. En dag han kom for å «verkje» hadde han fanget bare to fisk – og begge var saltet sild. Det var tydelig at noen visste hvor kupa hans lå. Gjeddene, som gikk i kupene i åa var gjerne mellom 50 og 60 cm lange, og fisk på den størrelsen ble ofte behandlet litt annerledes enn de som var mindre. Mens smågjeddene ble stekt, eller kokt og spist med smeltet smør med gressløk, ble de største ovnsstekt med skjy av fløte og et dryss av persille. Det var ypperlig matfisk.

*Det var minst tre «gamleåer» - to av dem kunne ha vært resultater av utrettinger for å gjøre fløtinga lettere. Dette er innløpet til ei av dem, nedafor Vestmann. I denne gamleåa tok vi både gjedde og vånd i kupe. Bildet er tatt 1. mai 2012, og Blekkvettskogen er produktiv åkermark. Barndomshjemmet mitt kan sees i høyre bildekant. Anne Berit Sollien.*

Etter ca.1965 skapte ikke fløtinga flere problemer for gjeddefisket. Den tidsepoken på flere hundre år var slutt. I 1966 tok jeg - tilsynelatende uhindret av flomvann – 18 gjedder. Fiskejournalene mine forteller i detalj om alle gjeddene jeg tok – men ingenting om de som slapp unna. Gjedda har en helt spesiell teknikk for å kvitte seg med sluket, og den teknikken avhenger av at fisken slipper opp, over overflata. Når vi fikk tilslag måtte vi derfor noen ganger holde stangtoppen helt under vann for at den ikke skulle få rom til å utføre sine kunster. Det tok tre forsøk over tre kvelder å huke ei som var spesialist på teknikken - og da bare ved å sette en overdimensjonert treblekrok på sluket som tok skikkelig tak ved første tilslag. Teknikken utføres ved at gjedda hopper opp over vannflata med strak kropp og slenger kraftig på både hodet og halefinnen, og hvis sluket ikke er godt fasthuket seiler det i ei elegant bue, ut av det åpne gapet.

*Martin Nerstad (sittende, tv) fikk saltet sild i kupa. Her er han på jubileumsutstilling på Frogner i 1914 sammen med Ludvik Arnesen Sæther (sittende), Ole O. Rensmoen (stående, tv) og Trygve Rensmoen. Leif Eugen Rensmoen – SSL.*

*Ei gjedde, som er i ferd med å kvitte seg med sluket. S.*

*Asbjørn (tv) og fetter Øyvind Bratbakken i ferd med å olje det nye vidunderet – ei Abumatic 80 innelukket haspelsnelle.*

Gjeddene ble noen ganger oppdaget om dagen ved at de sto stille langs bredden, og vi så dem da vi gikk langs vassdraget. Da kunne vi komme tilbake på kveldstid og friste dem til å hogge på et sluk. En sommerdag i 1966 dykket jeg i Hestjupet, da jeg plutselig kom «ansikt til ansikt» med ei gjedde, som var like overrasket som meg. Samme kveld var jeg tilbake med fiskeutstyret og sluket Halnekongen. Det ble stekt gjedde til kvelds, og den fisken var 56 cm lang.

Den 5. juli 1968 fikk jeg endelig snella, som jeg hadde drømt om et helt år. Det var Abumatic 80, den største snella i Abumaticserien. Den hadde tekniske finesser som kryssopplegg, slurebrems og en kapasitet på 150 m 0.35 mm snøre – med andre ord fullstendig overdimensjonert for forholdene i Namnåa. Prisen var også overdimensjonert – 153 kroner, men den nye snella ga meg inspirasjon til å fiske enda mer.

Jeg satte ny rekord det året, med 21 gjedder. I løpet av de fire årene 1966 – 1969 forteller fiskejournalene at jeg tok 51 gjedder, hvorav 37 ble tatt i Namnåa mellom 15. mai og 12. august. Gjennomsnittslengde og –vekt var 39 cm og 0.4 kilo. Den største var 61 cm og veide 1,255 kilo, og ble tatt i Krokafløyta den 4. juni 1968.

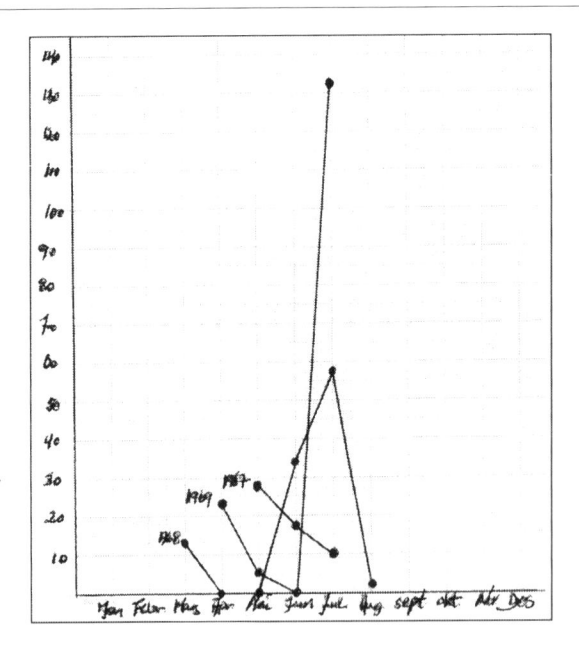

*Total fangst 1967 – 1969, alle fiskemetoder. Kurve tegnet i 1969. FA.*

I løpet av de 7 årene jeg fisket gjedde i Namnåa brukte jeg et tyvetalls forskjellige sluk. I ettertid kan jeg se at jeg ville hatt et mye bedre resultat ved å bruke større sluk. Jeg hadde ennå ikke lært at i naturen fungerer prinsippet med stimuli og super-stimuli. Det vil si at hvis noe er stort, er noe større enda bedre. Jeg varierte mellom sluk på 7 og 12 gram, og de var altfor små. Jeg tok ei gjedde på bare 30 cm med et sluk på 18 gram, noe som understreker det prinsippet. Større sluk skaper større stimuli, som gir større sjanse for tilslag. Slukene var både norske og svenske, og hvilke jeg fikk fisk på var nok mer et resultat av hvilket sluk jeg likte å bruke, enn hva gjedda foretrakk. Flest gjedder tok jeg på Lom, både i 7- og 12- gramsutgaven. Det var et produkt fra norske «Hval-sluk», og jeg likte godt hvordan den skjea oppførte seg i vannet. I tillegg tok jeg gjedder på Halnekongen, Flamingo, Atom, Tommy, Toby, Tylø og spinnerne Abu Reflex, Abu Sonette, Abu Droppen og Mepps Comet.

Resultatet avhang også mye av om gjedda hadde «sluktid».

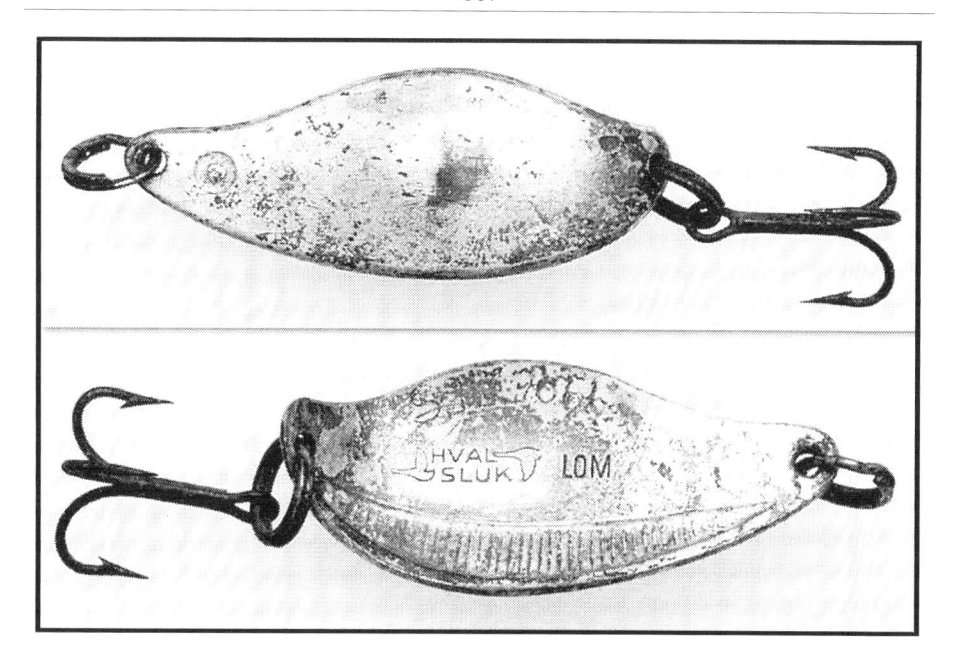

*Lom fra Hval-sluk. Den tok jeg flest gjedder på. FA*

Sluktida var angitt med stor nøyaktighet i bladet «Napp og nytt» fra ABU, som kom ut hvert år, og var et gratis reklamehefte som ble lest fra perm til perm av ivrige fiskere. Vi kunne nok være plagsomme kunder i sportsforretningen til Agnethe Hynne på Kirkenær om våren, da vi maste på henne om bladet hadde kommet enda. Sluktida var angitt i perioder på kalenderen – nesten som et horoskop - men at noen kunne forutsi når gjedda ville bite best var vel noe vi mer likte å tro på, enn det som var tilfelle. Det var imidlertid sikkert at fisken var mer villig til å bite i enkelte perioder enn andre. Dessuten var både avstanden vi gikk, og værtypen, avgjørende. Den beste fisketuren kom mange år etter at jeg hadde flyttet fra Namnå. I midten av 1970-åra gikk min fetter, Cato Sletten, og jeg hele veien fra Hestjupet til Namsjøen i drivende regnvær, og tok fem gjedder og en ørret. Da hadde fløtinga vært forbi i ti år, men om det hadde noen innflytelse er vanskelig å si. Opplevelsen minnet om en som Jan Erik og jeg hadde 5. juni 1968, da vi tok fire gjedder i plaskende regn.

Gjeddefisket i Namnsjøen foregikk i stor grad langs Næbba,

*Min kone, Deborah, med ei gjedde som ble tatt fra flytemyra i Namnsjøoset i 1988. FA.*

på vestsida av sjøen sør for Namnsjønæbben. Den strekningen var fra gammelt av kjent som et godt tilholdssted for gjedda, og i juli 1964 tok Jan Erik sitt største eksemplar der, som målte 65 cm. Den 7. juli 1969 tok Cato og jeg 4 gjedder og 21 abborer samme sted.

Siden gjedder har for vane å stå helt stille ved strandkanten et stykke under vannskorpa, er de lette å oppdage da sola skinner på varme sommerdager. Det er ideelle forhold for gjeddejakt. Å skyte gjedde var en gammel sport, og resultatet var avhengig av hvor dypt gjedda sto, hva slags gevær som ble brukt og om jegeren behersket teknikken med å skyte i vann.

Sto gjedda på ei grunne ville hagla gjøre effektivt arbeid. Sto den dypere, måtte det imidlertid ei rifle til, som kunne skyte et prosjektil med større energi dypt i vannet.

Et salonggevær var godt nok ned til en halv meter, men hvis gjedda var stor og sto dypere enn det, skulle det gjerne en Krag-Jørgensen eller Mauser til. På grunn av lysets brytningsvinkel i vann sto gjedda aldri der, som øynene så den. I realiteten sto den lavere i synsbildet, og en måtte derfor skyte under. Desto lengre unna gjedda skytteren sto, desto mer under måtte han skyte, og den teknikken kunne bare erverves ved erfaring. Sommeren 1969 var åa veldig grunn, og forholdene for gjeddejakt ideelle. Likevel var det ikke så mange jeg fikk, da skyteteknikken var langtfra perfekt og jeg ikke hadde noe våpen i grovere kaliber enn .22, nemlig miniatyrrifla mi. Thorsåa oppunder Namnsjøen var kjent for å huse «metersgjedder» - de største gjeddene i vassdraget, bortsett fra områdene ved Heggertjennet, der de store beistene fra Glomma kom inn for å gyte. I Thorsåa skjøt min onkel den største. Den var 80 cm lang, og langt på vei bekreftet den det ryktet, som strekningen nedenfor Namnsjødammen hadde på seg. Forutsigelig ble kjempen felt med en Mauser.

Den samme sommeren drev Jan Erik og jeg vårt eget «merkeprosjekt» mellom Vestmann og Hestjupet. Vi merket tretten gjedder med metallbrikker festet til ryggfinnen, i håp om å fiske eller fange dem på et senere tidspunkt. Selv hadde vi aldri noen gjenfangst, og mottok heller ingen opplysninger om gjedder med metallbrikker, som andre hadde tatt.

På grunn av gjeddas vane med å stå stille langs bredden var det også en velkjent sport å bruke snare for å fange den. Redskapet besto av ei lang raie med ei snare av messingtråd i enda, som ble lurt rundt gjeddekroppen. Det krevde forsiktighet, tålmodighet og ei stø hånd. En måtte komme nær nok til at snara kunne føres inn over gjedda – helst bakfra - til den nådde området rett bak gjellene. Hvis snara rørte fisken

*Ei gjedde i typisk positur på grunt vann. IF*

kunne den bli støkket, og svømte unna. Riktignok flyttet ikke gjedda på seg så mye hvis den ikke var skikkelig skremt. Den kunne skyte som ei pil bare en meter, og så stille seg til igjen.

*Gjeddejakt. IF.*

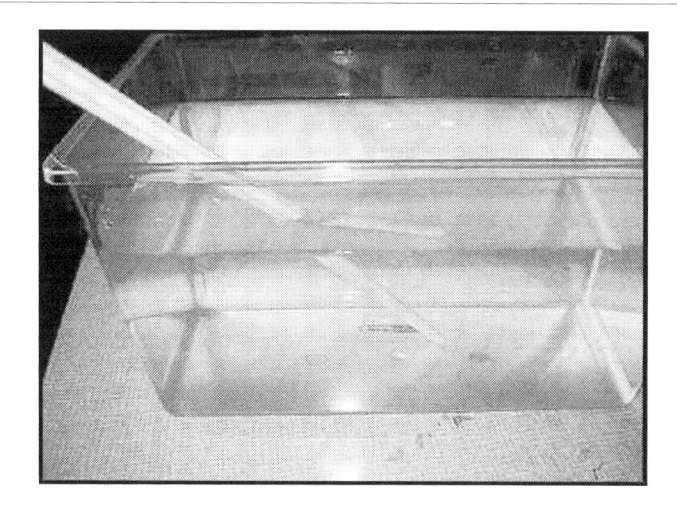

*En stokk i vann viser hvordan lyset brytes da det treffer vannflata. IF*

Snarefangst brukte jeg lite, da jeg fant metoden uhyre vanskelig, og jeg likte bedre å søke over større områder med et sluk. Imidlertid vet jeg at Bjørn Tuer foretrakk den metoden framfor noen annen, og han snaret mange gjedder i Namnåa.

Om vinteren pilket vi på Namnsjøen – og frøs. Og frøs og pilket – og ikke ble det store fangstene heller. Men isfiske var ikke bare fiske – det var en livsform. I helgene kunne det være mange fiskere på sjøen som trosset snoa og temperaturer på 10 - 15 grader under null. De satt med ryggen mot vinden, ansiktet mot sola, drakk medbragt kaffe og spiste brødskiver, Kvikk-lunsj, kokesjokolade og appelsiner. I den ene hånda

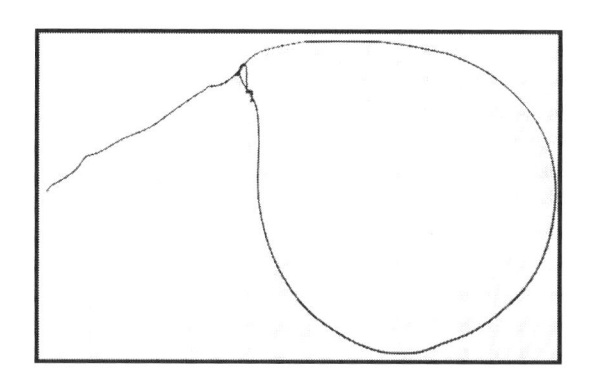

*Prinsippet for ei snare var enkelt – en messingtråd på ei raie, der raia og snaras lengde kunne avpasses etter behov. IF.*

gikk pilkestikka jevnt og trutt opp og ned - om de fikk noe eller ikke. Enkelte ganger var det en bil eller flere som tok seg ut på sjøen og drev «villmannskjøring» – og det kunne en gjøre da det var 80 cm stålis. Pilkerne gikk gjerne ned på isen i Skulstadvika og fortsatte nordover sjøen til områdene rundt Granerudsholmen og Feierholmen.

Som ved boksefiske var utstyret vi hadde hjemmelaget – å kjøpe utstyr hadde vi ikke råd til, og det var da heller ikke nødvendig for å dra en pilk opp og ned under et hull i isen. Pilkestikka var teljet ut av en planke og en vinsel var spikret på til å vikle snora rundt. Et hull gjennom enda på stikka førte snora. Å få hull i isen var et større problem. Å kjøpe isbor var langt ute i den økonomiske stratosfæren, så vi bragte med oss ei øks eller en barkespade i håp om at vi kunne åpne hull som fiskere hadde brukt dagen før, som ikke var dypfrosne.

Fiskejournalene mine viser at i perioden 1964-1970 pilket vi i de 60 dagene mellom 12. februar og 12. april. Isfiske var altså noe vi gjorde på vårvinteren. Den 7. april 1969 fikk vi et resultat som vi regnet som godt i Namnsjøen. Da dro mine fettere Jan Erik Fosseidengen, Cato og Rolf Sletten, Steinar Hytjanstorp og jeg opp 43 abborer. Notatene viser at jeg brukte en blank bananpilk med ei rød flue som vedheng. Den 1. april 5 år tidligere pilket jeg imidlertid i hele 7 timer og fikk bare en eneste fisk – og det var et langt mer vanlig resultat. De største abborene som ble tatt i Namnsjøen ble trukket opp under isfiske. Sten Kristmoen kom med en rugg på 750 gram, en annen kar kunne vise fram en som veide vel 1.2 kilo. En sjelden gang hendte det seg at det ble trukket opp ei gjedde, men det var ingen av dem som var spesielt store.

Sørvest for Namnsjøen ligger Trestikkertjennet. Det var et annet utfartsmål for isfiskere. Den 12. april 1969 tok Sigurd Hytjanstorp, Rolf Rismoen og Jan Erik 70 abborer der, men den 30. mars året etter fikk jeg selv bare en eneste liten «pinne».

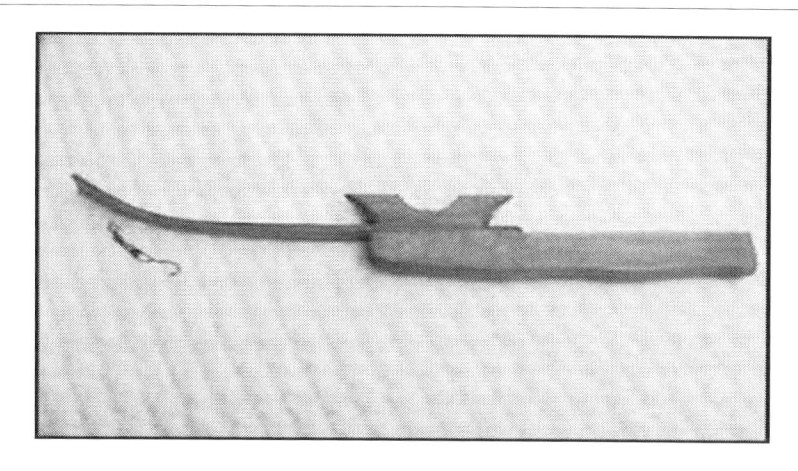

*Slik kunne ei pilkestikke se ut. IF.*

*Tove Kristmoen (Hesbøl) med abboren på 750 gram som faren Sten tok på isfiske i Namnsjøen – den nest største abboren som er kjent fra sjøen. I bakgrunnen ser vi mora Gerd (Holter). Sten Kristmoen.*

*Isfiske var en gnistrende kald hobby – selv i forræderisk solskinn. S.*

Under lange dagsturer til Namnsjøen på vinterstid var det naturlig at vi frøs og sultet. I kulde ned til 15 eller 20 minusgrader var frosten umulig å holde på avstand, og ofte tok vi ikke med mat da vi alltid forventet at turen skulle bli kortere enn den ble. En dag sto snoa så hardt på at den finkornete snøen gøyv rundt Feierholmen, men halstarrig pilket vi time etter time, siden vi hadde klart å åpne noen daggamle hull i isen. Til slutt ble tanken på den lange veien hjem i vinterkulda uutholdelig. På sjølandet sørvest for oss lå Namnsjøkoia. Den hadde tidligere vært husvær for tømmerfløtere og -hoggere, men sto nå for det meste tom og – til vår store fordel – ulåst. Snart var vi på vei dit.

Den kalde, innestengte vinterlufta slo mot oss fra tømmerveggene da vi fikk kroken av døra, men etter en tur i vedskåla durte det snart jevnt og sikkert i støpejernsovnen. De forfrosne lemmene våre begynte på få følelsen tilbake. Tanken på mat meldte seg, og vi gikk gjennom skapene i håp om at en fløter eller tømmerhogger uforvarende hadde lagt igjen et eller annet spiselig. Men dengang ei. Vi gikk ut i uthusene og der fant vi noe overraskende – ei død og dypfrossen skjære.

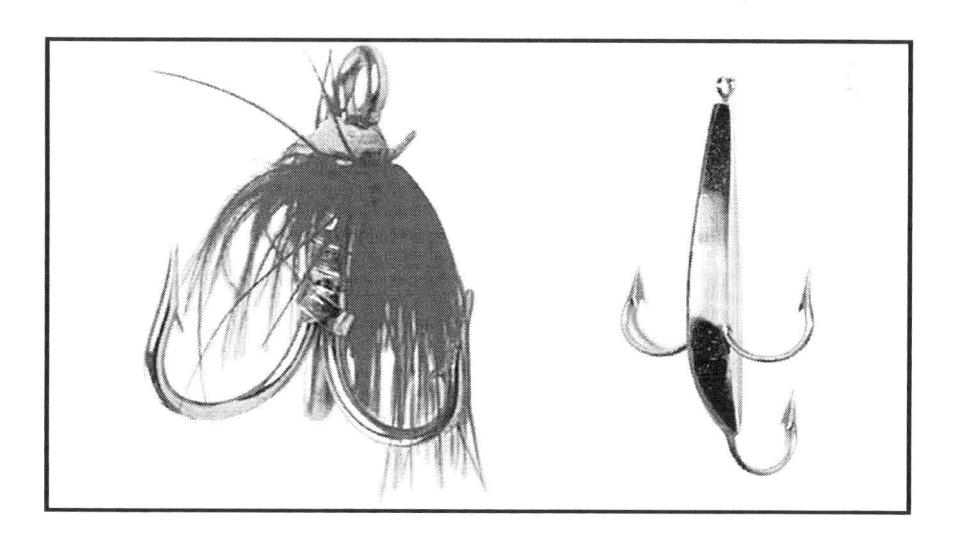

*Bananpilk og rød abborflue med treblekrok (sterkt forstørret). Det var gode redskap for isfiske på Namnsjøen. IF.*

*Feierholmen (th) vårvinteren 1957. Johs. L. Sorknes.*

Hvordan den bygdefuglen hadde forvillet seg ut i barskogen og inn i uthusene på koia midtvinters var ei gåte. Men det virket som om den hadde vært frisk og opplagt da døden inntraff. Siden det var velkjent at kråka var høyt skattet gourmetmat, og skjæra var en nær slektning, var vi fort tilbake

*I uthusene ved Namnsjøkoia fant vi noe overraskende. Jan Erik Fosseidengen.*

i koia med funnet. Den ble tint og ribbet og snart godgjorde den seg over åpen flamme, da vi hadde fjernet ringene på toppen av ovnen. Mat smaker aldri så godt som i skogen! Etter oppholdet i koia var vi tilbake i god form, og hjemturen gikk raskt unna i nattemørket, som hadde falt på. Det hadde ikke blitt noen fisk, men vi var en annen kulinarisk opplevelse rikere.......

Selvom det i dag er vanlig å rynke på nesa av kråke og skjære som matvilt, sto det en notis i avisa «Solungen» 60 år før vi varmet opp vår dypfrosne snack i Namnsjøkoia, som tok affære med innstillingen om at de ikke var verdige som mat:

«Det er synd og skam at så meget god mat går til spille, midt for nesen på en, og så høre folks klager over hvor dyr all festmat er. Jeg tenker her på kråkene. De smaker virkelig godt i denne tid, og så lenge utover, som de kan holde seg tykke og

*Skjære, ny kulinarisk opplevelse, av ren og skjær(e) nødvendighet....W*

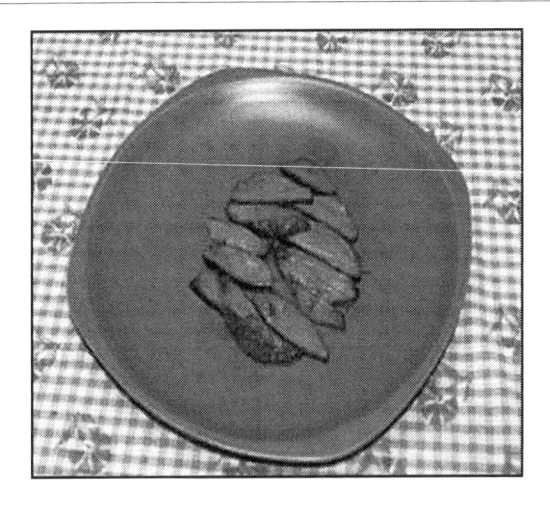

*Stekt kråkebryst som snacks, ferdig til servering. IF.*

fete ennå utmerket. Det skrives og tales så meget om at kråken er en skadefugl, som der burde være skuddpenger på igjen (*som forteller oss at det ikke var skuddpremie på kråka i 1904*). Det er aldeles overflødig, hvis folk ville være så fornuftige og kaste vekk sin gamle fordom, og begynne å spise dem. For de er, som sagt, utmerket gode. **Og skjæren likeså,** men den er vanskeligere å få skutt. Hermed følger en oppskrift på hvorledes kråken og skjæren kan tillages.

Stekt kråke:
Fuglen henger et par dager. Skal ikke fjærene benyttes ribbes den lettest etter at være dyppet tilstrekkelig under kokende vann. Flåes og rengjøres vel. Ligger natten over i eddikvann. Spekkes med fleskestrimler dyppet i salt og pepper, rulles i hvetemel. Stekes hurtig pent brun. Litt løk stekes med til slutt. Påspedes vann og sur fløte. Spedes senere til og fra, så sausen holder seg omtrent jevnt med fuglene. Koker under lokk i ca. 1 time. Gamle fugler dog noe lengre.»

«Abborfjær» ble mye brukt både i min generasjon og tidligere. Det var en liten spinner, som hadde ei rød eller svart flue med treblekrok av den typen, som ble brukt til pilking. Sluket var så lite og lett at det måtte behenges med søkker for at det skulle kunne kastes, så ofte ble det istedet hengt etter eika da vi rodde på sjøen, eller det ble dratt fram og tilbake langs stranda med ei meitstang. Det sluket ble etterhvert faset ut av de franske Mepps-spinnerne, og de tilsvarende svenske Droppen. De nye spinnerne kom i 6 (Mepps) og 4 (Droppen) størrelser, og særlig Mepps hadde en nesten magisk effekt på både abbor, ørret og gjedde. Spinnerne var ofte et svært godt alternativ da fisken nektet å bite på andre sluk.

I 1960-åra visste vi lite om miljøgiftenes innvirkning på økosystemet, og hvordan de kan akkumuleres i næringskjedene – det vil si at ethvert ledd i en næringskjede, som står høyere enn det forrige, lagrer giftene av de insekter, fisk og dyr de spiser, i sin egen kropp. Det skjer fordi mange av miljøgiftene ikke er nedbrytbare, og kroppen derfor ikke kan skille dem ut. Da lagres de gjerne i fettvev og kan ha svært negativ innvirkning på kroppens funksjon, reproduksjon og utvikling. I 1970-årene ble det mer oppmerksomhet omkring det problemet, for eksempel sur nedbør som drepte fisk i norske vann og metyllkvikksølv fra beiset såkorn som akkumulertes i næringskjeden i fugleverdenen. Kvikksølvet ble brukt for å hindre soppangrep på korn og kunne gjenfinnes i kropp og fjær hos rovfugler, som sto på toppen av næringskjeden og tok frøspisende fugler som beitet på åkrene. Fra begynnelsen av 1990-årene ble det gjort undersøkelser i flere sjøer i Sør-Hedmark, og oppfølgende undersøkelser viste at kvikksølvinn-

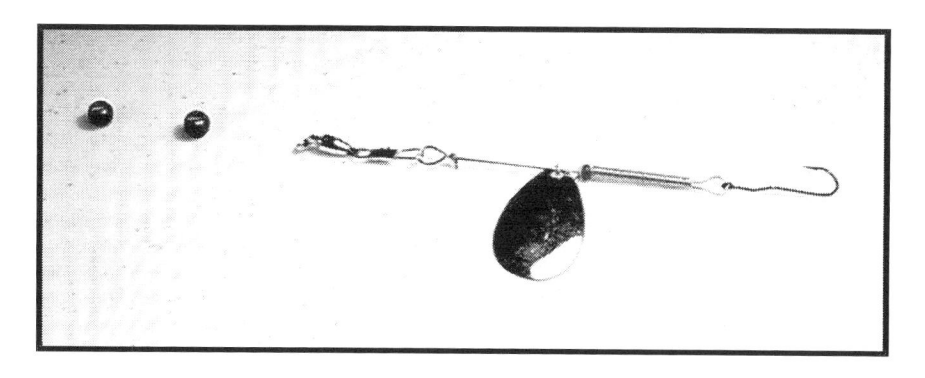

«Abborfjær», som vanligvis kom med en svart- eller rødfarget flue med treblekrok. Til venstre søkker, som vi kalte «blyhagl». IF.

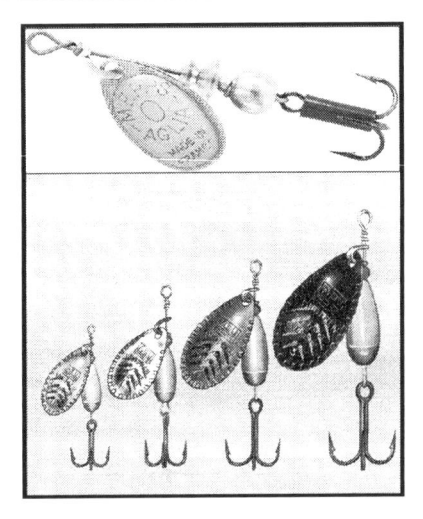

*I min generasjon skiftet bruken av spinnere for abbor fra abborfjær til de eksepsjonelt gode Mepps (øverst) og Droppen. IF.*

*Jan Erik med en fin abborfangst ved Morttjennet, på plankeveien til Rotna, den 25. juli 1968. Pila peker på at han brukte en av de nye spinnerne, antagelig en Mepps 1- sluket som jeg brukte samme dag – og ikke ei abborfjær. FA.*

holdet i fisk var høyt, og varierte over tid. Det var naturlig nok større, fiskespisende rovfisk som hadde de største konsentrasjoner av kvikksølv i kroppen, det vil si store individer av gjedde og abbor i humusrike skogssjøer med surt vann. Små individer av disse fiskene hadde følgelig lave verdier. E-U har satt en grenseverdi for kvikksølv i fisk som omsettes, på 0.5 milligram pr. kilo. For gjedde er den verdien satt til 1 milligram pr. kilo.

Det er mange forskjellige teorier om hva som kan være årsaken til den tilsynelatende økningen i kvikksølv i innlandssjøene, siden det allerede har vært satt igang tiltak for å hindre utslipp av miljøgifter, som har vært i effekt i relativt lang tid. En av teoriene er at metyllkvikksølv, som har hopet seg opp i skogbunnen etter mange års nedfall, lekker ut av jordsmonnet da skogen hogges. I sørøstre Hedmark, der 20 sjøer er innlemmet i et prosjekt for å belyse dette nærmere, fant forskerne at innholdet av kvikksølv i abbor økte med andel av hogst i nedbørsfeltet. Resultatene var tydeligst i nedbørsfeltene som var hogd for nærmere 20 år siden – altså en progressiv langtidseffekt av hogsten.

I 1967 begynte Jan Erik og jeg med krepsefiske. Vi hadde blitt fortalt av gamle «krepsere» at Thorsåa – lokaliteten med metersgjeddene – var stedet å krepse på. Vi var ikke sene om å sikre tillatelse fra grunneieren, som var min fars fetter Thorolf Sagen på gården Monsrud Vestre, eller Thors. Første året brukte vi utelukkende to håver. Krepsen var en åtseleter som likte rå lever, så turen gikk på butikken for å kjøpe det anbefalte åtet. Det som gjorde krepsinga ekstra tiltrekkende og interessant var at den foregikk i stupmørke augustnetter, ved hjelp av lykt. Sesongen startet såvidt jeg husker noe senere enn nå, nemlig den tiende. Det året brukte vi vanlige, flate lommelykter med 4,5 volts batterier. Det skulle vise seg å være helt utilstrekkelig, og til jul samme år fikk vi skikkelige lykter med åtte 1,5 volts batterier for å bruke neste sesong. Men det var første gang vi forsøkte, og vi brukte det vi hadde. Håven ble festet i ei lang stang, åtet ble bundet fast midt i

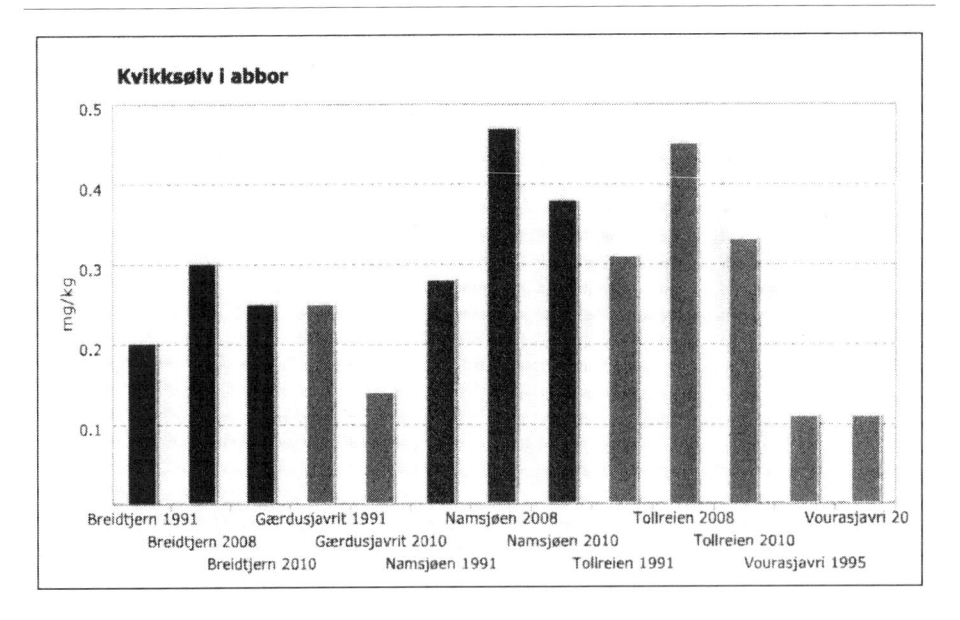

**Kvikksølv i abbor**

[Bar chart showing mercury levels in mg/kg for: Breidtjern 1991, Breidtjern 2008, Breidtjern 2010, Gærdusjavrit 1991, Gærdusjavrit 2010, Namsjøen 1991, Namsjøen 2008, Namsjøen 2010, Tollreien 1991, Tollreien 2008, Tollreien 2010, Vourasjavri 1995, Vourasjavri 20]

*Nivåer av metyllkvikksølv i milligram pr. kilo målt i abbor i Namnsjøen i 1991, 2008 og 2010. Alle verdier ligger under grensa fastsatt av EU for omsetning av fisk. Norsk Institutt for Vannforskning 2014.*

håven og så ble alt sammen senket til bunns ute i åa. Nå var det bare å vente. Vi hadde håvene på to forskjellige steder, og å forsere gjennom lauvkrattet mellom dem i mørket var ikke alltid like lett – lommelyktene var ikke kraftige nok til å være til mye hjelp. Etter ei stund sjekket vi begge lokalitetene – og der var det mørke skygger som beveget seg oppå de lyse håvene! Vi halte dem opp – og hadde fanget våre første krepser.

| Breidtjern 2010 | Gærdusjavrit 1991 | Gærdusjavrit 2010 | Namsjøen 1991 | Namsjøen 2008 | Namsjøen 2010 | Tollreien 1991 | Tollreien 2008 |
|---|---|---|---|---|---|---|---|
| 0,25 | 0,25 | 0,140000000596046 | 0,280000001192093 | 0,469999998807907 | 0,379999995231628 | 0,310000002384186 | 0,4499999880790 |

*Eksakte verdier i milligram pr. kilo for målingene fra Namnsjøen. Norsk Institutt for Vannforskning 2014.*

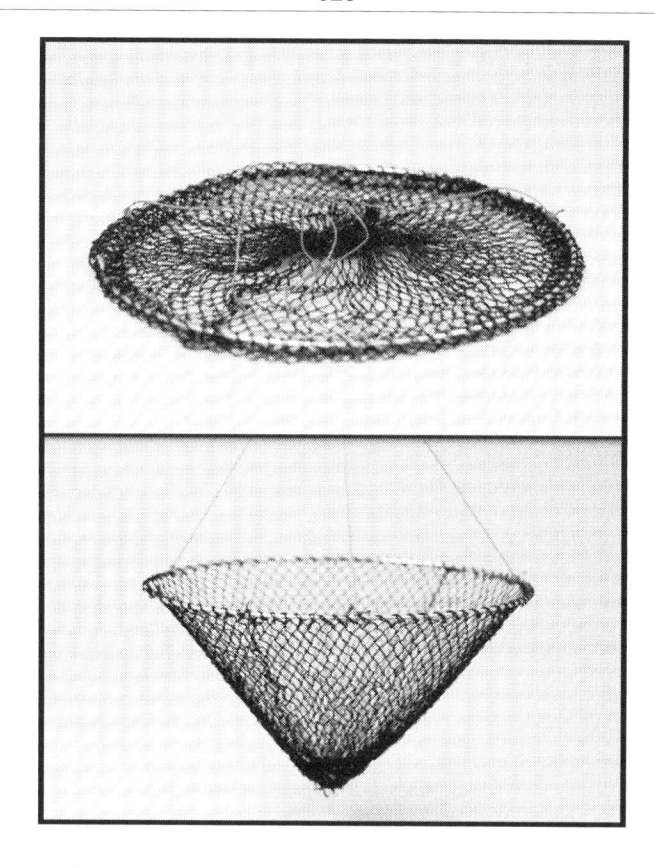

*Krepsehåv i bunnposisjon og når den ble trukket opp av vannet. IF.*

*Lyset fra de flate lommelyktene med 4,5 volts batterier ble for svakt. IF.*

Vi hadde bragt med oss et måleredskap av tre som var laget spesielt for å sjekke lengda på krepsene. Det lot oss raskt og enkelt konstatere om de var store nok. Alle som var under 9,5 cm måtte slippes uti igjen. Krepsebestanden i åa var ikke stor, men det la overhodet ingen demper på spenninga. I løpet av et par kvelder fanget vi 24 kreps. Halvparten av dem var under 9,5 cm, og vi slapp dem ut igjen i Hestjupet. Kanskje vi kunne krepse der, neste år?

Av gamle «krepsere» hadde vi blitt fortalt at krepsen kunne hypnotiseres til å stå på hodet. Det hørtes i beste fall høyst usannsynlig ut, så det måtte prøves. Vi kom hjem langt utpå morgensida, da mørket hadde veket for dagslys og vi ikke kunne se noe under vannflata lengre. Vel hjemme ble en velvoksen kreps plassert på albuene og pannebrasken på kjøkkenbordet mens vi kilte den under den sammenfoldede

*Til jul i 1967 fikk Jan Erik og jeg nye krepselykter. De var røde og hvite og av merket Ray-O-Vac Hunter. Åtte 1,5 volts batterier gjorde at jeg fra Haugli kunne lyse opp postkassene ved Monsrudveien, vel 300 meter unna. IF.*

*Dette var alt Jan og jeg så av hverandre i den stupmørke augustnatta. IF.*

halen med fingertuppene. Til vår store overraskelse strakte den sakte, men sikkert ut halen, og sto snart i stram positur på hodet!

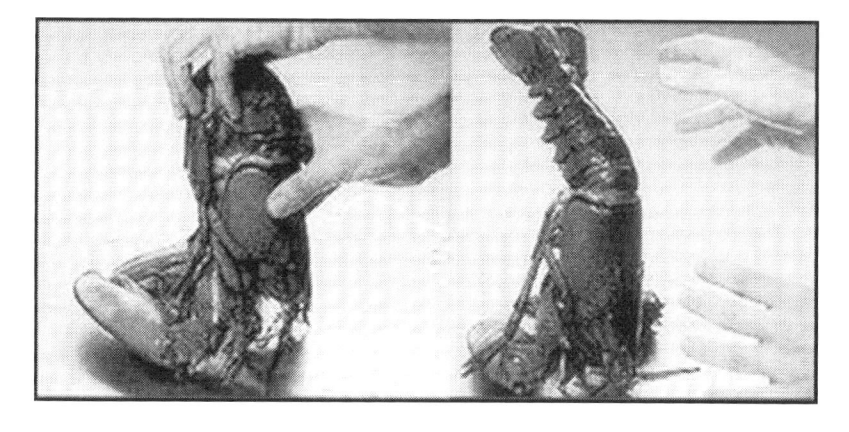

*En «hypnotisert» hummer kan også stå på hodet – halen vil rette seg ut enda mer hvis forsøket gis lang nok tid. UF.*

*Thorsåa. I lauvskogen på den andre sida av jordet går begynnelsen av Namnåa. Den kommer ut av sjøen sør for (til høyre for) gården Nord-Monsrud (tv).*

En høst prøvde jeg ei teine, som lignet ei kupe for abbor, men var mye mindre. Den fanget nok noen kreps, men metoden var altfor kjedelig for meg – jeg måtte lete etter og finne krepsene selv. Derfor var det mest spennende å vade ute i åa og gjennomsøke grunnene med lykta, og så fange dem med hendene. Når krepsen gikk på bunnen holdt den halen utstrakt. Hvis den ante fare slo den halen inn under brystpartiet et par-tre ganger, og skjøt slik baklengs avgårde et par meter, så fort at det var umulig å innhente den.

Kunsten å fange med hendene var derfor å holde krepsen i lyskjegla med den ene hånda, mens den andre forsiktig ble senket ned over den bakfra. Da hånda var like over brystskjoldet ble tommelfingeren presset raskt ned på dyret, slik at det ble holdt mot bunnen og ikke kunne slå med halen. Mens krepsen ble presset ned, skiftet jeg grepet til å holde den på begge sider av brystskjoldet og løfte den opp av vannet. Den slo kraftig med halen da den kom over vannflata, så det var viktig å ha et fast grep. Vannet kunne ikke være for dypt, da krepsen ikke kunne fanges lengre unna enn ei armlengdes avstand. Noen ganger stakk jeg hodet under vann for å rekke ned. Det ble som oftest et feilgrep, og resulterte bare i at jeg

*Monsrud Vestre, eller Thors, som er grunneier på sørsida av åa (motsatt side). Krepsegrunnene lå i dette bildet rett under gården. Jan Erik Fosseidengen.*

ble søkkende våt. Ei natt var Roy Myrvang med på krepsing. Han tok metoden med håndfangst et skritt lengre. Etter at en kreps hadde gjemt seg inni en steinhaug, stakk han bare hånda inn etter den. Krepsen forsvarte seg ved å klype ham i fingrene og Roy røsket til seg hånda. Bunndyret fant i neste sekund ut at det plutselig hadde blitt forvandlet til flyvekreps,

*Kreps, som går på grunt vann. S.*

*Krepsen jeg tok ved Nordli var en kjempe. Her demonstreres et grep over brystskjoldet, som ble brukt da krepsen ble trukket opp av vannet. S.*

mens Roy hylte av smerte. Lengre nede i åa hørtes et plask gjennom det blekksvarte mørket. Krepsen var tilbake i vannet.

Det var andre muntre episoder. Krepsen hadde ingen problemer med å bevege seg på land. Slapp den løs på bredden var den snart tilbake i vannet. Hvis vi plasserte de, som vi hadde fanget i et spann, forsøkte de straks å klatre opp til kanten. En kveld hadde de klatret oppå hverandre helt til den samlede tyngda av dem veltet spannet. Da vi kom tilbake fra åa med nye krepser var spannet tomt, og en hær av kreps på vill flukt gjennom underskogen. Vi krøp omkring i mørket og plukket kreps alt vi var gode for, men kunne aldri finne ut om vi fikk alle sammen.

Jeg fortsatte å krepse til 1972, ca. 7 år etter at fløtinga sluttet. Det året var åa grunn og forholdene optimale for å fange kreps med hendene. I Thorsåa så jeg også både gjedde og abbor da jeg lette med den sterke lyskasteren, og siden åa var så grunn søkte jeg gjennom vassdraget nedover forbi Meiningen og helt til Nordli. Der tok jeg tre store krepser, hvorav den største kom krypende fra dypt vann opp på en stein, slik at den kom innenfor rekkevidde. Førti år senere skulle den krepsen skape hodebry for meg, da jeg ble klar over hvor uvanlig stor den var.

I 2014 skrev jeg en artikkel der jeg i en bisetning nevnte den spesielle krepsen, og gjorde samtidig et litteratursøk på kreps, eller edelkreps, *Acastus acastus*, som er dens egentlige navn. Tyske kilder ga en maksimumsstørrelse på 18 cm for arten, mens den «unntaksvis» kunne bli enda større. Den jeg tok ved Nordli var helt klart et av unntakene, for jeg målte den til 25 cm.

Det ville antagelig ha vært uoffisiell Norgesrekord, hvis det hadde vært rekordmålingssystem for kreps, slik det er for fisk. Det er det imidlertid ikke. Ihvertfall er det hevet over tvil at det var et svært gammelt eksemplar, siden arten vokser usedvanlig sakte, selv for et krepsdyr. De er alle kjent for sin langsomme vekst og lange levetid. Imidlertid tenkte jeg ikke noe mer over størrelsen på krepsen, den ble tatt med hjem og sluppet i gryta, som alle de andre. Kreps er en delikatesse når den kokes i lettsaltet vann tilsatt dill, og hver gang vi hadde vært på krepsing var det festmåltid dagen etter.

Thorsåa har ikke bare vært besøkt av menneskelige fiskere opp gjennom årene. Bjørn Tuer befant seg på brua ved Nordahl (Hovelsås), da ei fiskeørn plutselig jóg forbi ham og slo ned på vannet. Da den løftet hang ei gjedde fra de skarpe klørne, som den tok med seg opp på en tretopp. Gjedda er et ypperlig mål for ørna – en fisk som står fullstendig stille like under vannflata, på grunt vann. Etter å ha betraktet Bjørn ei stund fant fiskeørna ut at han ikke var til å stole på, og tok med seg byttet til et sikrere sted.

I 2013 var jeg tilbake ved Namnåa med fiskeutstyr for første gang siden 1975. Jeg gikk hele veien fra badestedet Hestjupet

*Kreps kokt i lettsaltet vann med dill og servert med norsk pils.
En utsøkt delikatesse! S.*

*Ei fiskeørn med ei gjedde i klørne. IF.*

til Henry Nordlis «kokkhus», som fremdeles står. Det var store forandringer i fisket fra det jeg husket fra min barndom. Jeg hadde valgt en av de små Mepps-spinnerne for å søke gjennom vassdraget, et sluk som ville tiltrekke både gjedde og ørret av forskjellige størrelser. I løpet av 90 minutter tok jeg 11 ørreter, flere enn jeg hadde tatt på 12 år som smågutt. Alle var små, under 22 cm. Noe som overrasket meg var at mange av dem ble tatt i lonene som vanligvis var forbeholdt gjeddene, mens jeg ikke så tegn til et eneste eksemplar av den arten på hele turen.

Undervannsmiljøet var tilsynelatende fullstendig forandret. I lonene hadde bunnen ei brunlig fargetone, som om den var dekket av et lag av støvfint mudder. Den mest iøyenfallende forandringa, som har skjedd med åa de siste 50 år, er åpenbart at fløtinga – og dermed de årlige flommene – opphørte i 1965. Det må ha hatt en stor, men ukjent innvirkning på forholdene. Tilsig av næringsemner fra dyrket mark og avsig fra søppelfylling har også økt, noe som er behandlet i kapitlet om insekter.

Gjedda er avhengig av store svingninger i vannstanden i

*Jeg fikk mange småørreter i gjeddelonene i Namnåa, i juni 2013. FA.*

gytetida, noe som var en selvfølge før 1965. Nå vil svingningene avhenge av tilsiget av smeltevann fra nedslagsfeltet, og de vil ikke bli forsterket ved oppbygging av et flomreservoar som slippes fra Namnsjøen. Det kan være en medvirkende årsak til den tilsynelatende mangel på tilstedeværelse i klassiske gjeddeloner. En interessant og analog observasjon ble gjort i Rotnavassdraget etter at fløtinga der tok slutt samme år. Det syntes å være enighet blant Rotnafiskerne i 1983, nesten 20 år senere, om at gjeddebestanden hadde gått tilbake etter at fløtinga tok slutt.

Jeg fristet også gjeddene i Namnsjøen. Sør for Jernåoset fikk jeg tilslag av ei på nesten en halv meter. Det var enkelt å anslå lengda. Jeg så nemlig hele fisken da den gikk opp i lufta og foretok sin velkjente frigjøringsmanøver, hvoretter jeg sto igjen med slakk snor.......

# FUGLELIV

De store skogene langs svenskegrensa har historisk sett vært veldig dårlig undersøkt av kvalifiserte personer når det gjelder hele fuglefaunaens artsspekter, selvom det har vært spesialister som har visst utrolig mye om enkelte arter. De fuglene vi hørte om var naturlig nok artene, som hadde hatt størst innflytelse på beboernes naturalhusholdning. Viktige i den sammenheng var særlig hønsefuglene storfugl og orrfugl, som utgjorde en del av matforrådet. I tillegg var det ender og duer, selvom disse ikke ble nevnt særlig ofte. Vi hørte også om artene som hadde negativ innvirkning på den matauka, særlig hønsehauken og hubroa, men også andre arter med liten eller ingen innflytelse på de jaktbare artene, som spurvehauk, musvåk og de mindre ugleartene. Imidlertid hadde disse en direkte innflytelse på lokalbefolkningens pengehusholdning via skuddpremier fra 1846 til 1971, selvom inntektene fra jakt og fangst etter 1950 antagelig var ubetydelige.

Jan Erik og jeg tilbragte uendelig mange timer i skog og mark da vi var guttunger, og jeg hadde kun en eneste følelse om skogen der vi bodde – når det gjaldt fuglevilt, var den tom. Skogsfugl så vi praktisk talt aldri – ei røy fløy inn i høyspentledningen i Blekkvettskogen i 1950-åra. Den ble umiddelbart middagsmat. Et tiår senere så jeg en tiur samme sted. Vi så nesten aldri stokkender i Namnåa. Hønsehauk var en slik sjeldenhet at hvis vi fant ei fjær, var det som om den hadde kommet fra en fugl som ikke lengre eksisterte. En sjelden gang kunne vi se en musvåk ved Namnsjøen. Det var tranedans på Stormyra i 1960-åra, men noen år senere var det slutt. Denne tomheten i skogen rundt oss gjorde at jeg verdsatte veldig høyt historier om fugler og jakt fra gamle dager og andre steder.

Sakte, men sikkert forandret bildet seg. Det var delvis fordi vi kom til en erkjennelse av at det var andre ting som rørte seg

*I oppveksten hadde jeg inntrykk av at skogen var fullstendig tom. S.*

i skogen enn jaktbart vilt og dets fiender, og vi hadde sett det hele tida, uten å vie det oppmerksomhet. Delvis begynte vi faktisk å se indikasjoner på at det var liv i skogen – kanskje er det riktigst å si at det var liv i skogen *igjen*. For det var liten tvil om at både jaktbart vilt og rovfugler hadde vært «nesten borte», men at det i begynnelsen av 1970-åra var tegn som tydet på at det var en viss tilbakevending å spore. Noen hadde funnet et hønsehaukreir på Nor – og et vepsevåkreir på Grinder. Den 18. januar 1969, da jeg var på jakt ved Persholsåa, så jeg til min store forundring en hønsehauk, som var ute i samme ærend. Selvom det ennå var to år til den ble fredet, falt det meg aldri inn å skyte den. Det var noe majestetisk ved den store rovfuglen, som tok oppmerksomheten fullstendig vekk fra geværet jeg holdt i hendene. Nesten 10 år senere skulle jeg komme til å skrive to artikler om nettopp hønsehaukens vandringer og populasjonsdynamikk, som la noe av grunnlaget for forvaltningen av arten i Norge og ble brukt til samme formål i USA. De ble også brukt i den største boka, som er blitt skrevet om arten i Europa – «*The Goshawk*» av den engelske professoren Robert Kenward.

*Den 18. januar 1969 så jeg en hønsehauk på jakt ved Persholsåa. S.*

*Det var tranedans på Stormyra tidlig i 1960-åra. Ti år senere var det ikke lengre tilfelle. W.*

*Fiskeørn hekket på Næbba, på vestsida av Namnsjøen, ca. 1956. I 1960-åra så vi overhodet ikke ørna langs vassdraget. Jan Erik Fosseidengen.*

*I 1970 fikk vi kontakt med Birger Nesholen, anerkjent som den beste amatørornitologen i Grue. Han hadde sin egen spalte om fugler i Glåmdalen. Jan Erik Fosseidengen.*

Fra 1968 gjorde jeg systematiske notater om fuglene jeg så og hva de gjorde, samtidig som jeg begynte å lære de forskjellige artsspesifikke sangene. I 1969 og 1970 hengte vi opp mange fugleholker om våren, som vi hadde laget i sløydtimene på Grue ungdomsskole. Snart hadde vi sjeldne gjester i en av dem – et par toppmeis, som selvom de hekket i hulrom ikke var kjent for å være interesserte i fuglekasser. Oppdagelsen førte til at vi fikk kontakt med Birger Nesholen, som var kjent for å være den beste amatørornitologen i Grue, og som hadde sin egen spalte om fugler i Glåmdalen. Gjennom de neste fem åra opererte vi tre, som «Grues Kulturhistoriske og Naturvitenskapelige Forskningsinstitutt», et pseudonym vi spøkefullt fant opp fordi det dekket våre forskjellige, overlappende interessefelt. Vi samlet et stort materiale om fuglelivet i kommunen – så stort at STERNA, medlemsbladet til den norske ornitologiske foreningen, nektet å trykke manuskriptet med resultatene, som var på 100 sider. Med økonomisk støtte fra Grue kommune trykket vi derfor manuskriptet i 1000 kopier i form av et hefte, ved hjelp av ei offsetpresse hos

*Grues Kulturhistoriske og Naturvitenskapelige Forskningsinstitutt i 1976. Fv: Jan Erik Fosseidengen, Birger Nesholen og Asbjørn Sollien. FA.*

*Fuglefaunaen i Grue, utgitt november 1976. Birger Nesholen.*

*Avisreportasje i Østlendingen ved journalist Sven R. Gjems etter utgivelsen av heftet.*

Berger Langmoen i Brumunddal.

På grunnlag av en del av materialet tok vi forøvrig initiativet til fredningen av Gardsjøen, som fuglereservat i 1972. Etter at vi hadde kontaktet alle grunneierne, de offentlige instanser i Grue og til slutt Miljøverndepartementet, utførte vi feltarbeidet og leverte en rapport med oversikt over våtmarksområdets verneverdi. Det ble så båndlagt i 1981.

*Avisreportasjer i Østlendingen og Glåmdalen i forbindelse med vårt initiativ til å frede Gardsjøen som fuglereservat i 1972. FA.*

*Utsikt inn i Gardsjøen naturreservat fra jernbanelinja ved Kongshovnoret i 2007. FA.*

*Under arbeidet med fredninga av Gardsjøen som fuglereservat ble den arktiske arten lappsove sett for første gang på høsttrekk i innlandet i Sør-Norge. Tore Sætre.*

*Tore Sætre fotograferte den sjeldne spoven den 2. september 1972. Her er han i Telemark under feltarbeid for Miljøverndepartementet i juli 1977. Tore Sætre.*

*Professor Svein Haftorn analyserer filmopptak av meisenes hekkeatferd i rugeholker sammen med Asbjørn på forskningsstasjonen ved Målsjøen i Klæbu. Øystein Johnsrud.*

Arbeidet med Gardsjøen banet senere vei for et 2-årig engasjement for Professor Svein Haftorn ved Zoologisk institutt, Universitetet i Trondheim. Drammenseren var den mest innflytelsesrike ornitologen i Norge på 1900-tallet. Hans doktoravhandling i 1958 hadde beskrevet atferdsforhold hos meiser, som avslørte at forskjellige arter innen samme slekt hadde et samordnet forsvar mot predatorer om vinteren og en kommunal strategi når det gjaldt hamstring og gjenfunn av mat, som kom alle de forskjellige artene til gode. Oppdagelsen av de prinsippene åpnet for en bredere forståelse av sameksistens mellom ulike arter, som ingen tidligere hadde tenkt på. I 19-70-åra drev han utstrakt forskning på meieartenes hekkebiologi på forskningsstasjonen sin i Klæbu, og han var den første ornitologen som benyttet videokamera i rugeholker for å studere atferden hos voksne og unger i reiret. Som hans assistent samlet jeg observasjonsmateriale i feltet han hadde lagt ut i barskogen rundt stasjonen, og klargjorde materialet for gjennomkjøring og analyse i datamaskin.

*Den sjeldne orange og svart-hvite hærfuglen besøkte Namnå og Namnsjøen i oktober ca. 1961. W.*

Foruten å bruke våre egne observasjoner i Fuglefaunaen i Grue intervjuet vi andre, kyndige fuglekikkere, som vi enten hadde hørt om, eller fant via de vi allerede kjente. Selv behøvde jeg ikke å gå lengre enn til naboen min, Ragnar Nordli og broren Åsmund, som bodde på gården Nordli lengre oppover langs Namnåa. Begge var skarpe iakttagere av fuglelivet rundt seg, og hadde flere interessante observasjoner fra området langs vassdraget. De fortalte at i begynnelsen av oktober ca. 1961 ble det skutt en uvanlig og praktfull fugl ved Namnsjøen, nemlig en hærfugl. Arten hadde blitt sett på Namnå noen timer før, og det er sannsynlig at det dreide seg om samme fuglen. De kunne verifisere funnet - jeg så selv den utstoppede fuglen. Ragnar og Åsmund så også en lerkefalk på kloss hold i juli 1972, en art som vi skulle ha mange diskusjoner om, med den norske sjeldenhetskomitéen. De nektet å godkjenne hekkingene vi hadde fra Grue. Imidlertid skulle det etterhvert vise seg at skogene langs Svenskegrensa var et av kjerneområdene for falken i Norge. I 1986 var jeg med på å publisere den første oversikten over artens historie og status her i landet, med mye materiale fra Grue, blant annet Birgers bilde av en nesten flyvedyktig unge – det første tatt i Norge av hekkende lerkefalk.

*Det første bildet tatt i Norge av en ungfugl fra ei vellykket hekking av lerkefalk. Birger Nesholen.*

Den vesle falken, som Nordli-brødrene så, kom forøvrig langveisfra. For å finne ut noe om fuglenes trekkveier og overvintringsområder hadde en i 1970-åra bare ringmerkingsmaterialet å holde seg til – det vil si gjenfunn av døde, ringmerkede fugler. Etter årtusenskiftet forandret det seg radikalt. Fra telemetri på slutten av 1900-tallet, der en fugl kunne utstyres med radiosender og følges via en mottager med antenne, hadde en da avansert til å følge fuglen fra satelitt! Lerkefalker både fra Sverige og Tyskland hadde blitt utstyrt med «ryggsekker» og fulgt gjennom trekket og i vinterkvarteret. En hunfugl fra Tyskland ble fulgt i to samfulle år mellom 2008 og 2010, og det var utrolige strekninger, som falken trakk, i forbløffende fart. Det viste seg også at den langtfra var stasjonær i overvintringsområdet – distansene, som den fløy innenfor det, var like lange som selve trekket!

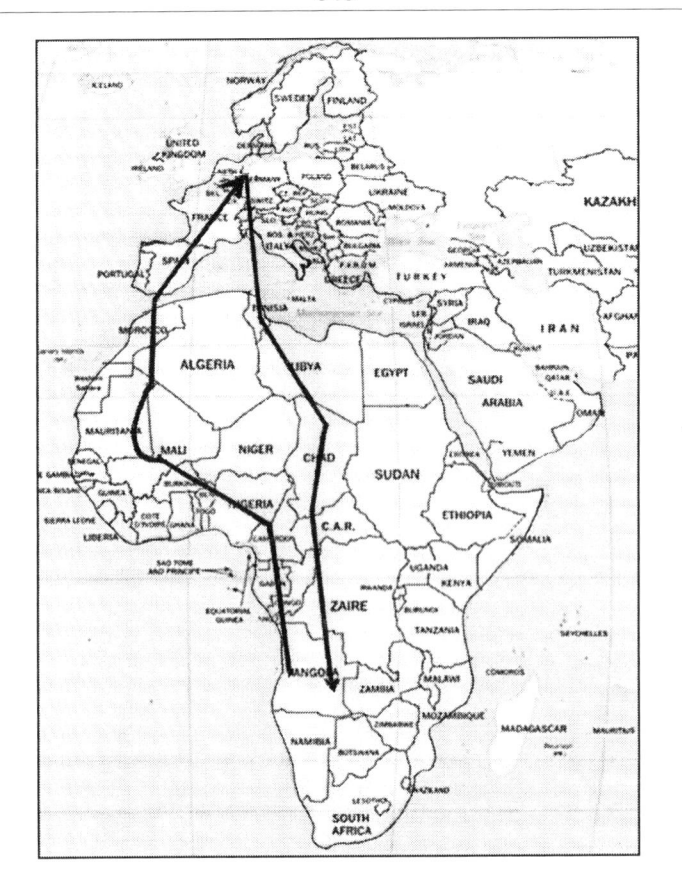

*Lerkefalkens trekk gjennom Europa og Afrika. Meyburg 20-11.*

Da hunfalken la ut fra reirplassen utenfor Berlin fløy den inn i Afrika, gjennom Libya, Chad, Den Sentralafrikanske Republikk og Zaire til overvintringsstedet i Angola, en distanse på over 10 000 km. Den brukte bare 4 dager på å passere over hele Sahara-ørkenen. På overvintringslokaliteten forflyttet den seg fram og tilbake over lange avstander innenfor Angola, men også inn i Namibia og Botswana.

Tilbaketrekket om våren foregikk lengre vest - tilsynelatende for å følge svalenes tilbaketrekk og bruke dem som føde på reisa - gjennom Gabon, Kamerun, Nigeria, Mali, Mauretania, Algeri og Marokko. Det raskeste trekket ble registrert våren 2010 over Mali og Marokko, da den fløy 1243 km på to dager hvoretter den krysset Gibraltarstredet om natta, kom inn i Europa og fortsatte til hekkeplassen.

*Den tyske lerkefalkhunnen med satelittsender. Meyburg 2011.*

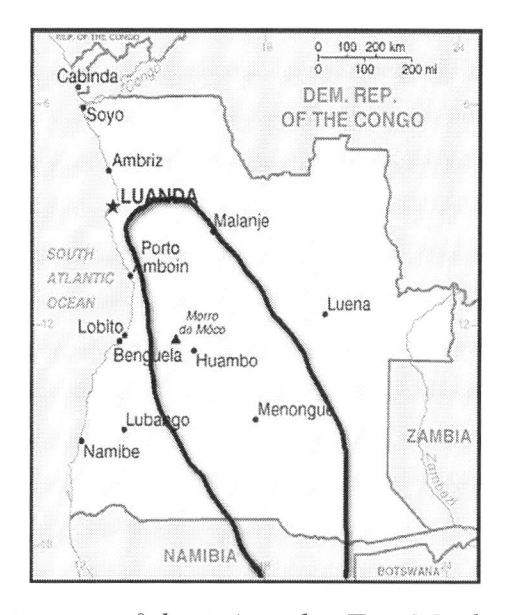

*Overvintringsområdet i Angola. Fra Meyburg 2011.*

En annen nabo, Sigurd Hytjanstorp, hadde en interessant opplysning. Mange eldre jegere fortalte at det fantes en mindre og mørkere storfugl enn den norske, som innfant seg på en måte som ble beskrevet som invasjonsartet enkelte vintre. De anga ei vekt på fuglen på bare 2,5 kilo, mens en norsk tiur kunne strekke seg mot 6 kilo. Jegerne kalte den storfuglen «russertiur», og det var stor enighet blant dem om at det var en art som skilte seg klart ut fra den norske. De hadde en teori om at støtet til vandringene var at de hjemlige skogområdene i Russland var frosset over, og fuglene måtte vandre ut til isfrie barskoger for å overleve. Sigurd refererte til et tilfelle i slutten av 1930-årene, der det ble sett mange store flokker, en av dem på Næbba ved Namnsjøen. Den ble anslått til ca. 250 individer.

Slike lange massevandringer ble i fagmiljøet ansett som usannsynlig, da storfuglen – siden den er en hønsefugl – er en av de mest stasjonære artene vi kjenner til. En storfuglart som hekket i Øst-Sibir, nemlig den svartnebbete storfuglen, hadde for eksempel såvidt en visste aldri blitt observert i de nærliggende geografiske regionene, som Vest-Sibir eller Russland. Men selvom det ikke var en eksotisk art av storfugl Sigurd hadde sett, understreket ihvertfall observasjonen at noen av de beste viltårene i nyere norsk historie var i 1930-årene. Flokker på 250 storfugl er neppe noe en ville se i dag. Noe som imidlertid støttet Sigurd i hans oppfatning av at den såkalte «russertiuren» var en eksisterende art, forskjellig fra den norske, var at han selv skjøt en tiur som var unormalt liten ca. 1958, som han donerte til Norsk Skogmuseum. Den veide bare 1.550 kilo, og var således tilsynelatende nettopp en slik «russertiur». I ettertid kan det se ut som at den spesielle tiuren kunne ha hatt mangel på veksthormoner i faser av livet, noe som fører til såkalt hypofysær dvergvekst, en dvergvekst med normale kroppsproporsjoner.

Den 1. juni 1971 drev en merkelig lyd gjennom nattemørket over jordbrukslandskapet i Namnerudsgrenda. Det lød som om noen dro en trepinne på tvers raskt nedover en annen,

*Sigurd Hytjanstorps dvergtiur, skutt i 1958, som han donerte til det daværende Skogbruksmuseet i 1973. Norsk Skogmuseum.*

sagtakket trepinne, og lyden kom i dobbelte støt. Vi trodde den kom fra et sted på jordet ved Sollien, og gikk bortover for å finne ut hva det var. Da vi kom dit, hadde lyden tilsynelatende forflyttet seg nedover til Persholen, ved Namnåa. Da vi var der, hørte vi imidlertid nå lyden helt over på nordsida av åa. Vi vadet over og kom opp på høylandet ved Feiervegen nedafor Haugset. Det var utrolig at vi hadde hatt inntrykk av at lyden hadde kommet oppe fra gården til mine besteforeldre, når den faktisk hadde kommet helt der nede fra, vel en halv kilometer i luftlinje lengre unna. Til slutt sto vi, i halvmørket, bare noen få meter unna kilden - og da ble det klart hvorfor vi hadde blitt lurt: Lyden var øredøvende. Lufta rent skalv fra de pulserende støtene, som bar over lange avstander gjennom den stille sommernatta, og nå visste vi hva som var opphavet. Det var aller første gang vi hørte lyden, for den kom fra en liten, spinkel fugl som hadde vært utryddet i over 30 år. Det var ei åkerrikse, som hadde et veldig passende, lydmalende latinsk navn: *Crex crex.*

*Åkerriksa – liten fugl med øredøvende stemmevolum – gjorde det klart at den var tilbake etter over 30 år. W.*

Mange av våre kontakter, som hadde gitt oss opplysninger om fuglelivet i Grue, hadde fortalt oss om åkerriksa og hvordan den hadde vært borte siden før Andre verdenskrig. Riksa hadde vært en karakterfugl i åker og eng så lenge bøndene brukte ljå, høygaffel og rive. Da mekaniseringa overtok trakk hester og traktorer slåmaskiner som skar høyet helt ned til bakken, uten sjanse for at reir og unger ble oppdaget og unngått. Da var det ikke lenge før åkerriksas territoriesang hadde forstummet.

En art som noen ganger hadde et lignende problem med landbruket var populær å sette ut på 1950- og 1960-tallet. Det var fasanen, eller ringfasan *Phasianus colchicus* av den koreamongolske rasen. Det ble sluppet fugler ved Røgden ca. 19-50, videre ved Frysjøen og senere slapp Brede Schjellungen opptil 60 - 70 kyllinger og verpeferdige høner nord for Arneberg i femårsperioden ca. 1960 – 1966. Merking av 2442 fasaner i Norge viste at 80% av dem flyttet seg mindre enn 2 kilometer, mens den som hadde forflyttet seg nest lengst hadde fløyet 35 kilometer, mellom Kongsvinger og Årnes, i løpet

*Mekaniseringa i jordbruket hadde en katastrofal innvirkning på bestanden av åkerrikse. W.*

av de to første ukene i september 1959. En slik langstreifer besøkte Namnerudsgrenda tidlig i 1960-åra, og endte opp på kaminen til en forbauset Oskar Rismoen etter et velrettet hagleskudd. En slik fugl hadde han aldri sett før, selvom han ante hva det var.

*En koreamongolfasan besøkte Namnerudsgrenda med fatalt resultat. W.*

*Oskar Rismoen skjøt den første fasanen, som var sett i Namnerudsgrenda, fra verandaen på huset sitt. Her er han i 1960 sammen med dattera Åse (th) og kona Dagny. FA.*

Den 4. juni 1973 fisket jeg på St. Hansholmen øst for Granerudsholmen i Namnsjøen. Mens jeg fisket var jeg alltid oppmerksom på fuglelivet rundt meg, for jeg visste at det kunne være mye nytt å oppdage. Fire år tidligere hadde jeg ved et rent tilfelle skutt ei snipe i Jernå-oset under andejakt, som viste seg å være ei sotsnipe. Sotsnipa var en arktisk vadefugl, som svært sjelden ble sett i Sør-Norge. De første observasjonene i Grue hadde blitt gjort i 1968, da tre av dem ble innlevert til preparant Einar Brataas i Åsnes.

*Sotsnipe – en arktisk vadefugl som sjelden ble sett i Sør-Norge. Et eksemplar ble skutt i Jernåoset 1. september 1969. W.*

*Bøksangerens sang lyder som om noen har sluppet en spinnende sølvmynt på ei glassplate. W.*

Mens jeg fisket hørte jeg en lyd - som om noen hadde sluppet en sølvmynt på ei glassplate, der den lå og svirret rundt fortere og fortere, til den plutselig stoppet. Det jeg hørte var territorialsangen til en hann av en liten, unnselig fugl som skjulte seg i bladverket på noen løvtrær, nemlig en bøksanger. Det var bare andre gang sangeren var sett i Grue kommune.

Observasjonene ved Namnsjøen bekreftet at det var mye interessant fugleliv både langs vassdraget og i de tilstøtende kulturlandskapene og skogområdene, som fremdeles var uoppdaget. Året før - i 1972 - hadde Jan Erik, Birger og jeg arbeidet med to prosjekter, som for alvor skulle sette Monsrud på det ornitologiske verdenskartet. I mars fant Jan Erik ei høy furu der to fuglefamilier hadde et uvanlig naboforhold. Det var et perleuglepar, som bodde i «nederste etasje» av tre reirhull uthakket av svartspett, mens spetten selv bodde i «toppetasjen» - 12.5 meter oppe. Siden vi ringmerket for Zoologisk Museum i Oslo ville vi gjerne få spetteungene ned for å merke dem – men hvordan? Det var bare en utvei – det måtte en sterk og utholdende stammeklatrer til. Uten at diskusjon var nødvendig falt valget på Jan Erik. Han entret raskt opp den glatte furustammen, som hadde en diameter på 140 centimeter i brysthøyde.

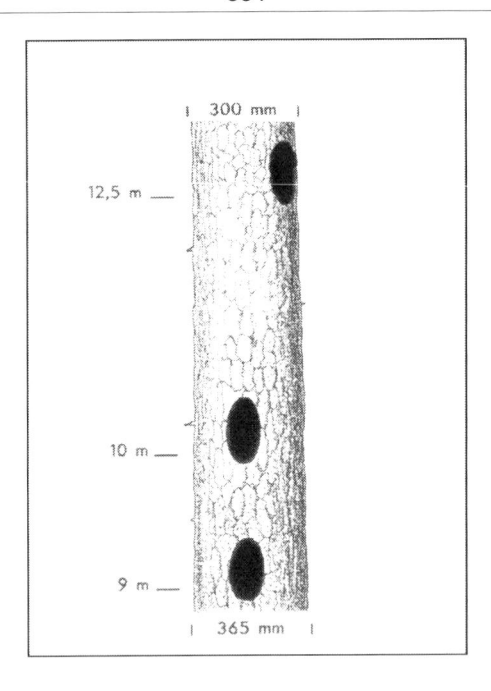

*Svartspettene bodde øverst, mens perleuglene brukte «kjelleretasjen». Ill: Viggo Ree.*

*En av svartspettungene bruker Jan Erik som «trestamme». Birger Nesholen.*

*Jan Erik entret den 12.5 meter høye furustammen uten klatreutstyr. Birger Nesholen.*

Snart var svartspettungene nede på bakken, og etter ei vellykket merking klatret Jan opp og la dem tilbake. Da jeg publiserte observasjonen av de to naboene i 1977, var det et 14-binds tysk oppslagsverk, som i 1980 hevdet at det var bare det andre funnet i Europa av perleugle- og svartspettreir i samme tre.

Den 14. mai fant Jan Erik et reir av tretåspett ved sjøen Sormen, sør for Namnsjøen. Det var svært mangelfull viten om dens hekkebiologi, og de eneste undersøkelsene hadde blitt gjort i Sveits noen år før. Vi tilbragte 300 timer over 52 dager ved reiret. Etter at jeg hadde publisert fire artikler om hekkinga ble det gjort hele 17 forskjellige referanser til dem i det mest omfattende ornitologiske oppslagsverket, som ble utgitt i det 20. århundre – det engelske «*Handbook of the Birds of Europe, the Middle East and North Africa. The Birds of the Western Palearctic*».Verket hadde 9 bind med ca. 1000 sider pr. bind. Ei tegning, som jeg laget da jeg overvar kurtisen ved femtida om morgenen den 27. mai, var kopiert i boka. Det var nemlig første gang at den atferden hos tretåspett var beskrevet i faglitteraturen om fugl. Artiklene ble også referert i publikasjoner om tretåspett i USA og Kanada.

Det var ikke bare sjeldne arter langs vassdraget – det var også karakterarter, som vi så hver eneste dag vi lekte, plukket bær, jaktet, fisket, badet eller bare gikk en tur. En av disse var en art som faktisk aldri ble sett utenfor selve Namnåa. Den fanget all sin næring ved å dykke i strømvirvlene, og hekket ofte under dammen ved Namnsjøen. Det var Norges nasjonalfugl, fossekallen. I 1977 ringmerket vi en gammel hann i strykene ovafor Nordli, men såvidt vi vet ble den aldri gjenfunnet. En svært interessant og sjelden fugl som foretrekker biotoper «der vannet spruter» er vintererla. Den er en relativt ny art i Europa, som etablerte seg der like etter 1850. I Norge ble den ikke sett før 3. januar 1874 i Bergen, og hekkefunn ble først påvist ved Oslo i 1919. Små åer med virvlende stryk er det vintererla foretrekker, så Namnåa og Jernåa vil være ideelle lokaliteter. Ragnar Nordli så en hann vest for Namnsjøen 31. mars 1953.

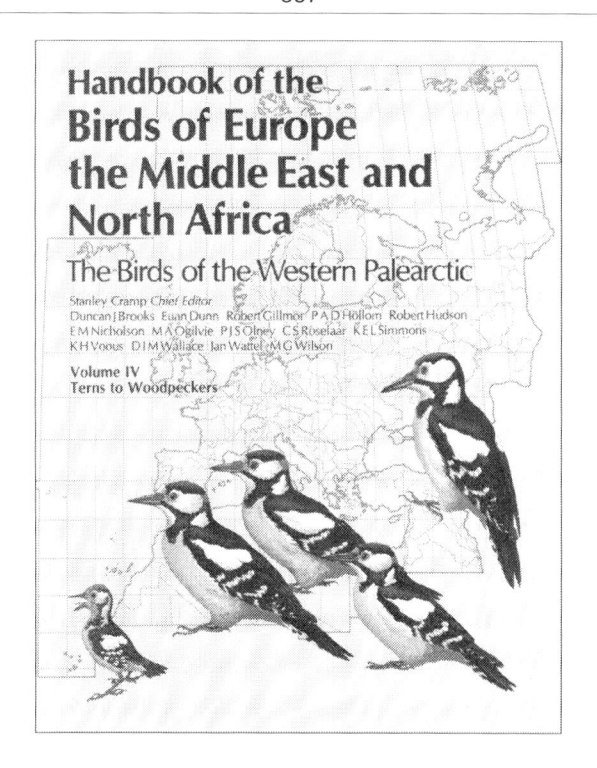

*Monsrudgrenda er godt representert i det mest omfattende fugleleksikonet som ble utgitt i det 20. århundre. Cramp 1985.*

*Birger i hovedkamuflasjen ved tretåspettreiret, 11 meter fra treet. Jan Erik Fosseidengen.*

*Asbjørn ved tretåspettreiret (indikert med hvit pil). Det var omgitt av kamuflasjer, kamera, speil for å reflekterte lys og kassettbåndopptager for å registrere fuglens forskjellige lydytringer. Tilskuere er Jørn Sætern og Berit Edsberg. Birger Nesholen.*

*Den første framstillinga, som er gjort av kurtisen hos tretåspett, gjengitt i «Handbook of the Birds of Europe, the Middle East and North Africa" - kopiert etter ei tegning jeg laget i Sormslia 27. mai 1972. Cramp 1985.*

LENGDESNITT  
Vertical section

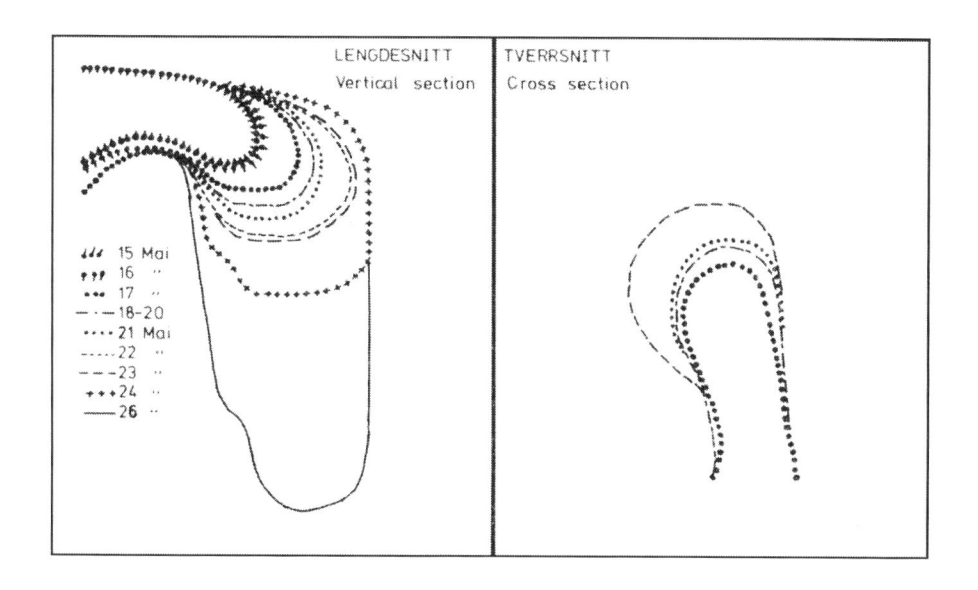

TVERRSNITT  
Cross section

```
↓↓↓ 15 Mai
↑↑↑ 16  "
•••  17  "
—·— 18-20
•••• 21 Mai
----- 22  "
--- 23  "
+++ 24  "
——— 26  "
```

Tab. 1. Kvantifisering av de forskjellige atferdstyper under tretåspettens reiruthakking. Tabellen viser anvendt tid pr. uthakkingsperiode, flisutkastperiode og passiv periode. Opplysningene om uthakkingsperioder og passive perioder for hannen er hentet fra 24. og 26. mai, på utkastperioder fra 24. mai, mens alt materialet for hunnen er fra 26. mai. — *Time in seconds used for different behaviour when excavating the nest-hole.*

| Atferd<br>*Behaviour* | ♂<br>Gj.snitt, tid i<br>sek. (min.-maks.)<br>*Mean time in sec.*<br>*(min.-max)* | Antall<br>perioder<br>*Number of*<br>*periods* | ♀<br>Gj.snitt, tid i<br>sek. (min.-maks.)<br>*Mean time in sec.*<br>*(min.-max.)* | Antall<br>perioder<br>*Number of*<br>*periods* |
|---|---|---|---|---|
| Uthakking<br>*Excavation* | 35 ( 8- 80) | 42 | 64 ( 2-180) | 41 |
| Flisutkasting<br>*Throwing out*<br>*splinters* | 61 (20-105) | 5 | 64 (20-160) | 17 |
| Passiv<br>*Passive* | 44 ( 5-470) | 32 | 35 ( 1- 90) | 43 |

*For første gang i fuglelitteraturen ble den innvendige utviklinga av et tretåspettreir under uthakkinga beskrevet i detalj. Hannens og hunnens atferdsmønstre ble kvantifisert ved hjelp av ei stoppeklokke. FA.*

*Fossekallen hekket ofte under Namnsjødammen. S.*

*Vintererle. Den ser ut som ei ung linerle med gult bryst. W.*

Den 23. mai 1968 satte Jan Erik, Frode Lerdal og jeg opp ei barhytte, til bruk på orrhaneleik, på Loppholen i nærheten av Hansekoia. Å gå på orrhane- og tiurleik var eldgamle tradisjoner i Monsrud. Før i tida ble det drevet utbredt spilljakt, som matauk om våren, men det ble forbudt i 1932. Ryktet fortalte imidlertid at den jakta i realiteten fortsatte lengre, noe som var forståelig sett på bakgrunn av den vanskelige økonomiske situasjonen i Norge i 1930-åra. Orrhanene spilte på mange av myrene både rundt Namnsjøen og i de skoglendte liene i Monsrud. De kunne også spille fra tretopper sent om morgenen («solspillet»). Ei hytte kunne bygges i myrkanten der orrene spilte sommeren i forveien. Så kom vi tilbake før snøen gikk neste vår, gikk inn og satte oss mens det fremdeles var mørkt og ventet til de begynte å spille før daggry.

Storfuglen hadde færre spillplasser, og fuglene var vanskelige å komme inn på. De spilte inne i skogen og beveget seg rundt i terrenget, så de måtte en «stille» på. Det var sett på som en sport, og ikke så lite av en kunst - særlig i mørket mellom stubber og kjerr når det fremdeles ikke var riktig grålyst.

*Orrhanene spilte på mange av myrene rundt Namnsjøen. S.*

*Spillende tiur. W.*

Tiurspillet fulgte et mønster med tre sekvenser – kneppinga, klonken og filinga. Målet var å komme så nær tiuren som overhodet mulig og en kunne bare avansere under filinga, som kun varte noen sekunder. Da var fuglen i en slags trancetilstand der den ikke enset noe som helst, men det ble sagt at en bare kunne gå tre skritt. Når filinga stoppet, måtte en igjen stå dørgende stille, uansett hvilken posisjon en befant seg i. Ved den minste bevegelse tok fuglen av i brakende flukt. Tiurleik hadde en helt spesiell plass i bygdefolkets sinn. Midt på natta, under et lystig lag jeg var med på i begynnelsen av 1960-åra, brøt plutselig alle mannfolka opp fra kortspill, sang og begersvinging og reiste østover på tiurleik. De var tilbake et par timer senere, med historier om hvordan de hadde «løggi på magan i snøete vålhauger me' ansekte' ne'» mens de ventet på at tiuren skulle dra ivei med den neste filinga!

En hønsefugl, som vi opprinnelig ikke ventet å finne i de dype Finnskogene, var lirypa. Når vi snakket om lirype på Østlandet ble den automatisk forbundet med jakt i høyere elevasjoner – i fjellbjørkeskogene i Trysil, Østerdalen eller på

Dovre. Resultatet av rypejakta i Norge gikk forøvrig betraktelig tilbake i tiårsperioden 2000 – 2010, fra vel en halv million fugler til 164 000. Deler av den bestanden går imidlertid helt ned i barskogsregionen, så da Magne Dahl i 1971 fortalte oss at han hadde sett ei ved Namnsjøen ca. januar 1965, var vi ikke helt overrasket. Jeg så nemlig selv ei ved Steineie mellom Namnsjøen og Rotna 30. mars 1969. Lirypa er umiskjennelig i barskogen vinterstid – det er ingen annen fugl som er kritthvit og skjener avgårde i lav flukt over skogbunnen på samme måte som den.

På tross av at det bodde mange dyktige fuglekjennere på forskjellige steder i Grue kommune, ble det ikke sett Kanadagås før 20. april 1973, da jeg så et individ i Grindertjernet på Grinder gård. Ifølge professor Svein Haftorns monumentale fugleleksikon «Norges fugler» på 860 sider, publisert bare to år før, var det den første observasjonen i Hedmark fylke. Bare en eneste observasjon til ble gjort i Grue, da Gunder Aas så 7 fugler på Kirkenær den 28. september 1975, før utmarkslagene og skogeierlaget i fellesskap bestemte seg for å begynne utsetting. 40 ungfugler ble innkjøpt i 1976, og 13 av dem ble

*Lirypa er umiskjennelig i barskogen vinterstid. W.*

*Tretten kanadagjess ble satt ut i Namnsjøen i juli 1976. S.*

satt ut i Namnsjøen i begynnelsen av juli samme år. Det var de første, som ble satt ut i Hedmark. Jeg observerte gjessene gjennom sommeren 1977, og det som kjennetegnet atferden til flokken var at de beitet vegetasjonen i strandsonene helt ned til vannlinja. I begynnelsen av 1990-årene ble det åpnet for jakt på gjessene. Sven R. Gjems forteller at de formerte seg bra og befolker nå, nesten 40 år senere, mange vann og sjøer i distriktet. De har blitt noe av en plage for bøndene da store flokker invaderer jordene før de flyr til vinteroppholdsstedene på kysten. De er også upopulære på campingplasser der de etterlater seg store mengder ekskrementer på gresset, noe som er et karaktertrekk hos denne arten.

Ved å bo så nær skogen var det naturlig at vi veldig ofte kom i kontakt med fuglereir og -unger om våren og sommeren. Kontakten var vel ikke akkurat av den typen som fuglene satte mest pris på – vi fjernet egg fra reirene og hadde eggsamlinger og fjærsamlinger. Noen ganger fant vi fugleunger, som hadde falt ut av reiret. Enkelte av dem var for små til

*Gråtrostene hekket i Ruud-enga. S.*

å reddes, andre spiste føde som vi ikke kunne skaffe i store nok mengder. Imidlertid var det en gråtrostunge, som var heldig nok til å være en passende kandidat, våren 1964. Gråtrosten hekker i kolonier, og en av dem var hvert år lokalisert i Ruud-enga. Etter et mislykket forsøk på å legge ungen tilbake i reiret – den hoppet ut igjen – pakket jeg den inn i lommetørklet mitt og syklet hjem. Tilsynelatende hadde den trodd at den skulle lykkes med å fly, men det var et vidt gap mellom ungens oppfatning og realitetenes verden.

Jeg kunne etablere ungen som et nytt medlem av familien uten protest – mine foreldre var vant til mine innfall når det gjaldt å være ridderlig mot naturens små nøster. Et «reir» på en raggsokk i en skoeske var en god start – neste skritt var å få den til å spise. Heldigvis har gråtrostene en noe stereotyp diett – det var umulig å mislykkes med meitemark. Nå ble «mærksteille'» der jeg gravde mark spiskammers for fugl istedenfor fisk. Jeg bar den på hånda et par hundre meter til Sollien der det var en bra komposthaug. Da jeg viste den en liten meitemark ble ungen plutselig til et stort, gult gap med en liten kropp under. Det lovet bra. Vi ble fort enige om hvordan matinga skulle foregå, og ungen vokste raskt.

Snart kom vi til en milepel. Trosten hadde nå blitt stor nok til å valse omkring på egen hånd, men den kunne fremdeles ikke fly. Den hadde begynt å bli veldig interessert i det jeg holdt på med da jeg gravde etter mark, og satt på kanten av hullet og studerte framgangen nøye. Plutselig måtte jeg holde igjen grevet for ikke å hakke den ihjel – den hoppet lynraskt ned i bunnen av gropa og grep fatt i en meitemark, som jeg ikke hadde sett. Etter det forandret arbeidsfordelinga seg. Jeg kastet opp ei vende, og trosten finkjemte den etter mark. Når den ikke kunne finne flere, kastet jeg opp ei ny vende, og slik fortsatte det.

Den var en grådig liten fugl - en gang telte jeg de små markene som den plukket i seg, og den stoppet ved 114! Da sovnet den der den satt, på bakken ved sida av meg, og den siste marken gjorde et desperat fluktforsøk. Den kom snikende ut av munnvika på den tilsynelatende uoppmerksomme trosten.

*Ungen var en grådig liten fugl, som vokste raskt. S.*

*Asbjørn i 1964 med søster Anne Berits hatt og katten Putte. Pila viser håndtaket på radioen, trostens favorittplass. FA.*

Marken hadde nesten vridd seg fri, da ungen uten å åpne øynene slengte kjapt på hodet og jafset den i seg igjen. Det ble med det ene forsøket.

Snart var den fullvoksen og fløy ut og inn av huset, som den ville. Da jeg gikk over til «spiskammeret» satt den gjerne på hånda eller skuldera mi. Imidlertid hadde den forstått at den veien jeg måtte gå for ikke å trampe i høy eller åker, var en omvei for en fugl. Da ventet den ganske enkelt til den så at jeg hadde kommet fram til komposthaugen ved Sollien - så kom den flyvende over jordene.

I 1960-åra hadde vi endelig fått transistorradioer med FM-bølge. Det var en stor forbedring fra de gamle rør-radioene som hadde AM-bølgene lang-, mellom- og kortbølge. På mange vis var de gamle radioene veldig interessante – vi kunne lytte til fjerne stasjoner i Tyskland, Nederland, Fankrike – og ikke minst: Radio Luxemburg, piratradioen som hadde startet i 1933 for å omgå BBCs reklamemonopol, og som sendte popmusikk døgnet rundt. Det var både fordeler og ulemper ved FM-radioen – den kunne ikke ta inn stasjoner som lå langt unna, men lydkvaliteten var mye bedre enn AM-radioen. Den aller største fordelen var at med miniatyriseringen av komponentene og elektrisitet fra batterier, kunne den transporteres. Vi kunne ha musikk og nyheter på ferie eller på stranda. Vi lyttet på norske og svenske hitlister. Det var Ti i skuddet, Svensktoppen, Tio i topp, Kvällstoppen – alle de topper en kunne tenke seg. De programmene hadde nå også en lytter fra fuglenes verden.

Uvisst av hvilken grunn var popmusikk noe av den beste sovemedisinen trosten visste – den satte seg på håndtaket på radioen og falt umiddelbart i søvn. Om volumet var høyt, spilte ingen rolle. Istedenfor at hodet var under vingen hang det nedover foran høyttaleren, midt i verste støyen. Lurte jeg meg dit og trykket på knappen, som slo radioen av, spratt hodet opp som om halsen var laget av fjærstål. Slo jeg radioen på igjen, sovnet fuglen momentant. En annen sitteplass som trosten likte var en kaktus, som sto i vinduet. Fugleguano er veldig god gjødsel, men kaktusen fant at det ble for mye av det gode. Den ble overgjødslet og døde av de store dosene med nitrogen.

Min bestefar kom på besøk fra Trondheim. Han var av den oppfatning at siden fuglen nå var voksen, burde den settes tilbake i det fri. Det han ikke var klar over var at trosten ikke *ville* bli satt tilbake. Bestefar satte fuglen på fingeren og gikk et par hundre meter bortover veien, hvoretter han satte den ned. Da han like etter - pustende og pesende - forserte den siste, bratte bakken opp til utgangstrappa foran huset, satt fuglen der og ventet på ham.

Høsten nærmet seg, og min venn ville snart få lyst til å reise sørover. Fugler preges veldig hardt på mennesker, og jeg visste at den ville føle en intens indre drakamp mellom å bli hos meg, og å følge trekkdrifta. Flokker av gråtrost var allerede på vei, og da de passerte over huset vårt, svarte fuglen min på kontaktropene deres – men den ble sittende. For å forsøke å «avvenne» den, begynte jeg å la den overnatte ute. Det likte den dårlig. En morgen med ruskevær åpnet min far

*Trosten min svarte på flokkenes kontaktrop. S*

soveromsvinduet og ropte ut mot barhenget bak huset. Øyeblikkelig hørtes skvatringa fra en gråtrost og den kom seilende inn gjennom vinduet og satte seg på hodet hans.

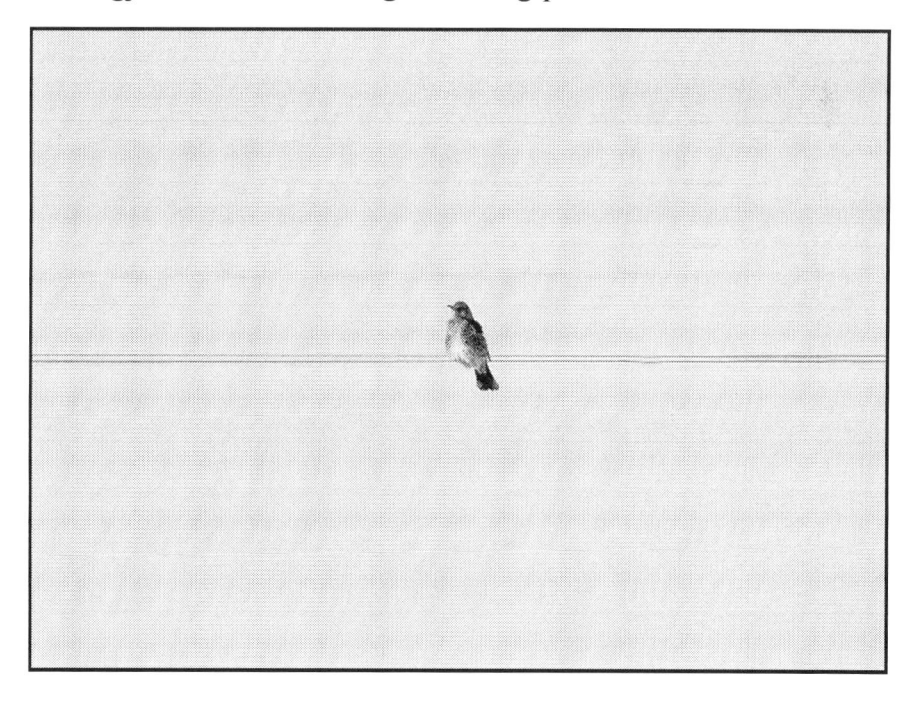

*Kanskje hadde den kommet for å ta et siste farvel........? S.*

Akkurat på det tidspunktet hadde det seg slik at hele familien skulle reise bort noen dager. Det avgjorde saken for trosten. Da vi kom hjem, var den borte. Noen dager senere var vi på vei hjem fra en nabo. Der vi kom gående oppetter veien ble jeg vår en gråtrost som flyttet seg langs lyslinja ettersom vi gikk. Jeg ropte på den, og den skvatret tilbake, som fuglen min hadde gjort, men gjorde ikke noe forsøk på å komme nærmere. Jeg ville så gjerne tro at det var trosten «min», som hadde kommet tilbake for å ta et siste farvel – og hvem vet, kanskje var det slik?

# DYRELIV

Det er noe eget ved å vokse opp i et landskap som er i ferd med å forandre seg fra tett, storstammet barskog til oppdyrket kulturmark. Som guttunge kan det føre til skremmende møter med dyrelivet. Et av mine første, vage minner om det, er at jeg en dag rundet hjørnet på huset for å gå ned til skogkanten og sto ansikt til ansikt med en fullvoksen råbukk. Ikke vet jeg hva bukken gjorde, men jeg snudde på en femøring og tok beina fatt, inn på kjøkkenet. Likeledes var familien på vei opp til Jernåtjennet på sykkel en sommer, for å hogge vinterved. Et sted langs veien var det ei «kalkjelle». Etter å ha drukket av den kremmerhusformede bjørkeneveren, som var stukket inn i sprekken på et håndtak laget av ei grein – noe tilsynelatende alle gjorde – sto jeg på pedalene og syklet fra de andre. Fullstendig alene så jeg et kjempestort dyr, som plut-

*Landskapet forandret seg fra storstammet barskog til kulturmark. Mye av jorda var fremdeles ubrutt. Min mor og Anne Berit på Haugli i 1951. I bakgrunnen kan gården Nord-Sagen sees. FA.*

*Elgoksen verdiget meg knapt nok et blikk.... W.*

*......men det var nok til å sende en fireåring på vill flukt....FA.*

selig gled ut på veien foran meg – nemlig en elgokse. Mens den knapt nok verdiget guttepjokken et blikk skred den elegant tversover veien og forsvant inn i skogen på den andre sida. Jeg snudde på den samme femøringen og stormet tilbake til resten av familien for å fortelle om mitt første møte med skogens konge. Jeg ble både overrasket og redd, for jeg hadde inntrykk av at skogen egentlig var ganske tom. Enkelte ganger så jeg elg som kom ut av Blekkvettskogen, passerte over stubbmarka sørvest for Haugli og fortsatte oppover i framberget. En okse gjorde kort prosess med nettinggjerdet, som skilte skogen fra eiendommen til Oskar Sagen. Etter å ha støtt på stengselet reiste den seg på bakbeina og la seg oppå det. En av stolpene knakk som ei fyrstikk, og elgen gikk uanfektet over. Den stolpetoppen hang og slang i nettinggjerdet i mange år etterpå, som et memento om elgens kraft og styrke.

Ingrid Berg, som var min onkel Reidars nabo på nordsida av åa ved Vestmann, hadde et enda mer intimt møte med elgen. Hun satt og plukket bær ved en høyvokst hekk i hagen da

*En nysgjerrig elgokse stakk hodet over hekken og stirret på Ingrid Berg. W.*

en nysgjerrig okse plutselig stakk hodet over hekken og stirret henne inn i ansiktet. Hun kom seg raskt inn i huset, noe som ofte var en vanlig reaksjon på møte med elg. En følte seg tryggest innendørs, selvom elgen vanligvis ignorerte menneskene rundt seg.

Jeg så aldri elg da jeg jaktet eller fisket langs Namnåa. Heller ikke så jeg rådyr eller rev. Jeg så riktignok ofte revespor på snøen, og en av dem gjorde alvorlige forsøk på å trekke avgårde med innvollene til grisen, som jeg brukte som åte for kråkefugler vinteren 1969. Måren regnet jeg som fraværende - jeg så ikke spor av den før i 1971, da Birger, Jan Erik og jeg fant et mellom Namnsjøkoia og Brusetra. Ekorn så jeg ikke altfor ofte, selvom jeg fant spor når det var snø. Beveren var definitivt borte for lenge siden. De eneste spor, som fantes etter den var navnene i kommunen som begynte med «bjor» eller «bjør». En annen gnager som holdt til i vann – vånden, eller jordrotta – så jeg veldig sjelden. Bjørn Tuer hadde imidlertid en uønsket etablering av denne «rotta» i hagen på Haugset i 2008. En koloni med 163 inn- og utganger viste tydelig at arten forekommer i Namnåas nærhet. Grevling så jeg aldri, selvom jeg fant spor, og navnet oter forbandt jeg bare med fjøla som var ulovlig å bruke til ørretfiske. Mitt første møte med pinnsvinet skjedde ikke i Monsrud, men i Trondheim i 1962. Bjørn forteller at han hadde en pinnsvinfamilie under trappa på Haugset i sin barndom, ca. 1940. Haren hørte jeg bare om i historiene til Asbjørn Sørensen. Gaupa var en sjeldenhet – ei av dem sto utstoppet i Grue rådhus, som min grandonkel Helge Dammen skjøt midt i 1960-åra. Sommeren 1965 ble det sett ulv i Løvberget og Skasberget, mens historier om jerv og bjørn i Grue bare fantes i bøker.

Jeg likte godt å lese om trappere – pelsjegere – på tundraen i Kanada og Alaska. Helge Ingstad hadde vært en av dem, og han skrev om «Klondyke Bill» og «Landet under Leidarstjernen». Han ville ha opplevd magre fangster i fellerekkene langs Namnåa i 1970.

Terrenget i nedslagsfeltet rundt Namnsjøen og Namnåa må engang ha vært veldig viltrikt. I flere områder på Finnskogen kjenner en til fangstgraver for elg og det samme er tilfelle i Salberget, vest for Namnsjøen, der det er tydelige spor etter slike. I Blekkvettskogen var det to groper, som ga inntrykk av at de hadde vært fangstgraver. De ble borte da skogen ble hogd og jorda jevnet i 1975. I 1861 søkte Arne Olsen og flere andre, Grue herredsstyre om pengepremier for å ha skutt en mengde ulv, men søknaden ble avslått. Både bjørn og ulv hadde skapt problemer for husdyrholdet, selvom bjørnebestanden på det tidspunkt var praktisk talt borte og ulvebestanden på retur. Johannes Pedersen skjøt den siste bjørnen, som ble felt i Grue, ved Søndre Bjølsjøen i 1865.

Det ga meg et enda sterkere inntrykk av at dyrelivet hadde forsvunnet fra bygda der jeg bodde når jeg lyttet til historiene, som gamle jegere fortalte, om hvordan det hadde vært «før» - selvom det ikke var så mange år siden. Helge Dammen var norgesmester i rovviltjakt i 1959. Da var jeg 6 år gammel. Ti år senere var det vanskelig å forstå at noen kunne skyte og fange så mange rever i en sesong, som Helge var avbildet med. Enda ti år etter det fikk jeg vite at forstmester Reidar Bestum og Olaf Sætaberget fra Kniperudgrenda i Brandval hadde fanget og skutt 34 hønsehauker og 42 spurvehauker i Opsetskogene og Bredesen-Opsetskogene mellom 1935 og 1938. Mentz Kvesetberg hadde fanget 107 hønsehauker med bulvansaks med utstoppet orrhane som åte, i Kvesetberget på Hof Finnskog, før hauken ble fredet i 1971. Sigurd Hytjanstorp så en flokk med 250 storfugl ved Namnsjøen ca. 1951. Alt dette fortalte meg noe, som jeg allerede mente å vite fra mine yngste år: Fra «gamle dager» syntes det som om skogen fram mot 1970 sakte, men sikkert hadde blitt tømt for vilt av alle kategorier – unntatt elg.

Riktignok var det synet preget av noe, som på engelsk kalles «perception is reality», det vil si at menneskets virkelighetsoppfatning ene og alene bygger på hvordan det selv opplever situasjonen. Inntrykket trenger nødvendigvis ikke å gjenspeile

*Min grandonkel Helge Dammen var norgesmester i rovvilt-jakt i 1959. Her er han med hunden Storm. Hver rev ga 10 poeng mot seieren. Skogrand 2009.*

*Reidar Bestum (bildet) tok sammen med Olaf Sætaberget 76 hønse- og spurvehauker mellom 1935 og 1938. Ella Bestum.*

*Mentz Kvesetberg fanget 107 hønsehauker på bulvansaks med utstoppet orrhane. Erik Kvesetberg.*

realitetenes verden, og det trenger heller ikke å deles av andre. Jeg vokste opp i ei bygd, som sakte men sikkert ble fratvunget den storstammete barskogen, noe som hadde pågått gjennom 150 år via husmannsplassene ved Namnsjøen, de ryddede gårdene i Monsrud- og Namnerudsgrenda og bureising på nordsida av Namnåa, som startet i 1935. Barskogen ble til stubbmark, som via dynamitt, stubbebryter og plog ble til potetsenger, åkerjord og høyland. Det var ikke å forvente at jeg skulle komme i kontakt med dyreliv på samme måte, som skogsarbeidere og jegere på Finnskogen 40 - 50 år tidligere. Likevel ble jeg etterlatt med en følelse av at skogen var tom.

Tilsynelatende var elgbestanden den eneste, som hadde gått motsatt vei. Reidar Bestum uttrykte det slik, i et brev han skrev til meg i 1977: «Storfugl ser vi ikke, det slenger noen årfugl mens elgen holder på å tråkke oss ned.» Elgen var nesten utryddet i Skandinavia på 1600- og 1700-tallet og utover på 1800-tallet forandret bestanden seg mye over lange perioder. Fluktuasjonene så ut til å være influert av en trippelkombinasjon av ulvebestandens variasjoner, fangst med graver og hensynsløs vinterjakt på ski. Midt på 1800-tallet hadde populasjonen blitt redusert så kraftig at dyret var fullstendig ukjent i Solørtraktene. Da det ca. 1850 ble sett elgspor var det ingen, som visste hva slags dyr som hadde etterlatt dem. Loven av 22. juni 1818 totalfredet elgen i 6 år, og i loven av 1842 ble gildrer og elggraver forbudt. Så sent som i midten av 1880-årene var et elgspor i nærheten av Gravberget en slik sjeldenhet at det var verd en tur på flere kilometer for å ta det i øyensyn.

I 1890-årene var det fremdeles lite elg i Solør. De som fantes var sky og lettskremte på grunn av at de ble forfulgt i uker i trekk av jaktlag, som hadde tatt dem ut på egen grunn. Forfølgelsesretten, som da var i kraft, sa at en kunne følge dem hvor som helst, til de var skutt. Selvom jaktloven i 1889 fastslo at jaktretten tilhørte grunneieren var det mye fattigdom og sult i hjemmene, som førte til utbredt tjuvjakt, særlig i perioden under første verdenskrig. Elgen ble fredet i 3-4 år, men i 1925 ble det igjen åpnet for jakt. Nazi-regimet i Norge 1940-1945 holdt naturlig nok streng kontroll med elgjakta, da den forutsatte at det ble brukt rifle, noe som det var ulovlig å eie under krigen. Resultatet var imidlertid at bestanden fikk et pusterom til å begynne å vokse. I jaktloven av 1951 ble det fastsatt at fellingskvota skulle reguleres gjennom et minsteareal. Det ga

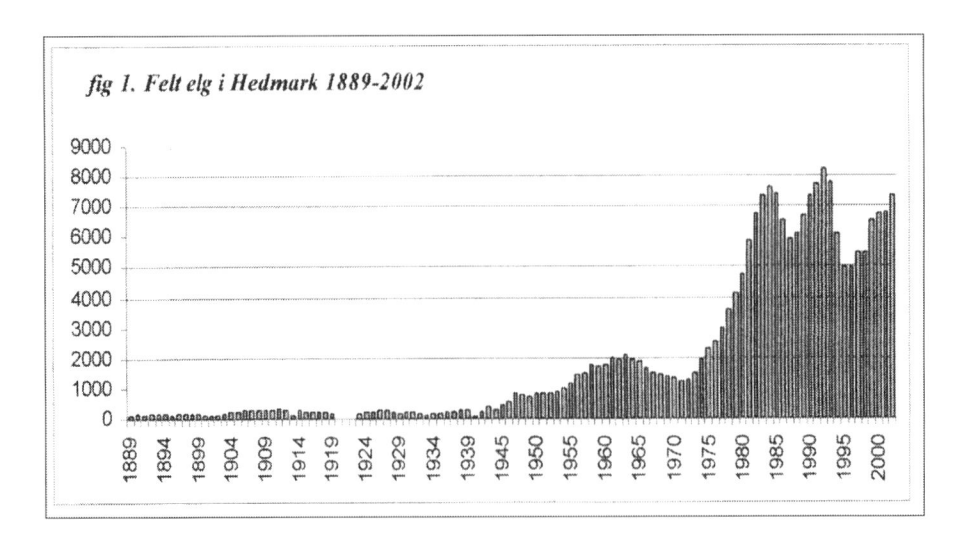

*fig 1. Felt elg i Hedmark 1889-2002*

*Elg felt i Hedmark i perioden 1889 – 2002. Haagenrud 2003.*

muligheter for å forvalte elgstammen, og den fortsatte å vokse. I 1950-årene begynte skogbruket å klage på beiteskader på furuskogen. Bestanden lå da på et nivå, som gjorde at en guttepjokk som vokste opp i Namnerudsgrenda så dyra passere over stubbmarka nedenfor kjøkkenvinduet, og noen ganger til og med rett over tunet foran inngangsdøra. Som følge av det ble elgbestanden redusert i mange områder gjennom 1960-årene.

Siden 1969 har elgbestanden blitt forvaltet via rettet avskytning. Det betyr at kvotene er regulert på en slik måte at de middelaldrende, 5-6 år gamle kuene er beskyttet mot beskatning, da de er de høyestproduserende individene i bestanden, som ofte føder tvillingkalver. Det, sammen med en omlegging av skogbruket til flatehogst i 1950-årene, som la store områder åpne til beitemarker for elgen, førte til at vi fikk den største elgbestanden i historisk tid. Slik hadde det seg at elgen var det eneste, store pattedyret jeg hadde regulær kontakt med i oppveksten. Det var ikke uvanlig under hytteturer til Namnsjøen i 1950-åra at vi plutselig så et stort hode stikke opp av

*Det var ikke uvanlig å se elg svømme over Namnsjøen. W.*

vannet, der en av dem var i ferd med å svømme over sjøen.

Etter at Johannes Pedersen skjøt bjørnen ved Søndre Bjølsjøen rundt 90 år før jeg ble født, anså vi den arten som utryddet. Imidlertid fortalte gamle jegere om «bjørnehi» som det fremdeles skulle være mulig å finne. Et av disse lå ved Namnsjøen, og med en detaljert beskrivelse om hvordan vi kunne lokalisere det, satte vi den 23. mai 1968 ut på oppdagelsesferd. Hiet skulle ligge et stykke nord for slutten på veien ved Granerud, under en koloss av en stein på en bakketopp med utsikt over sjøen. Det bød ikke på problemer å finne den omtalte steinen, men vi kunne fort konstatere at den neppe dekket over noe bjørnehi.

Etter å ha gjort noen foreløpige undersøkelser kom vi tilbake tre dager senere for å ta hulrommet skikkelig i øyensyn. Det var to innganger under steinen, begge vendte østover, mot sjøen. Den nordre åpningen var 65 cm x 40 cm, men det var en stein i jorda foran den, som måtte fjernes for at vi kunne få plass til å krype inn. Den søndre inngangen var 65 cm x 25 cm, og den var forbundet med den nordre inngangen via en tunnel på ca. 3.5 meter. Fra den nordre inngangen falt golvet sterkt nedover mot bakveggen, en strekning på ca. 2.75 m. I bunnen av det hulrommet kunne vi åle oss gjennom en trang åpning, inn i et nytt hulrom som var ca. 1,20 x 1.20 x 0.80 m. Der inne kunne vi fint sitte oppreist. Vi befant oss nå bak den store steinen, under skogbunnen, og vi kunne se røttene på ei stor furu i taket. Fire tunneler førte videre fra det hulrommet, alle for trange til at vi kunne fortsette.

Det var liten tvil on at hiet hadde vært brukt både av grevling og rev. Selve konstruksjonen passet som hånd i hanske – ei underjordisk hule med flere ynglekamre, som gjerne har flere enn én inngangsåpning. I tillegg fant vi to etterlatenskaper som var fulle av havre, føde som ikke er uvanlig for den altetende grevlingen. To hodeskaller av hare ble også oppdaget, samt et kranium som var uidentifiserbart.

*Hiets beliggenhet, østvendt under en stor stein. Inngang nr. 2 var dekket av buskas, ved pila til venstre. Tegning 26. mai 1968. FA.*

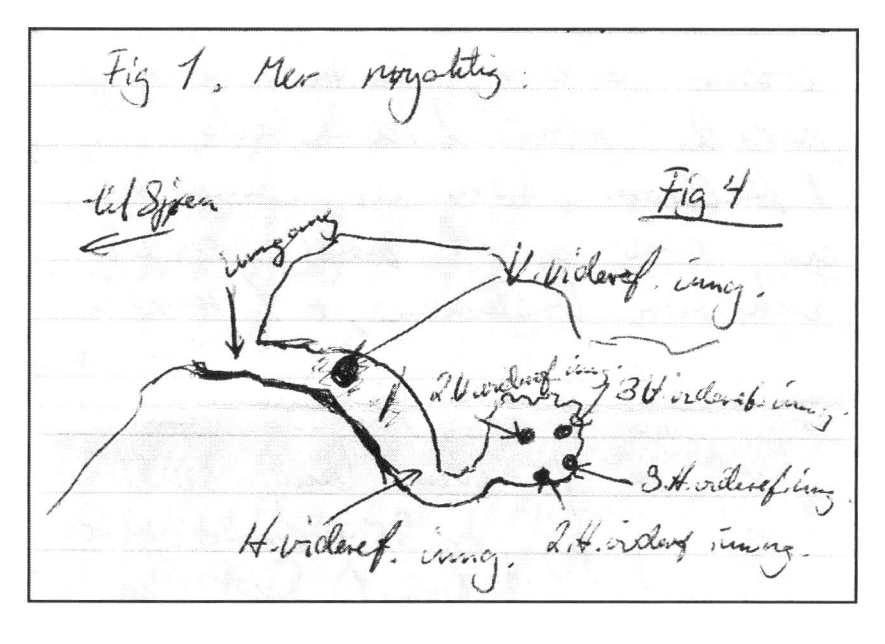

*Hiet sett fra sida. Golvet hellet sterkt nedover fra åpningen, mot inngangen til et hulrom som lå innenfor. Tegning 26. mai 1968. FA.*

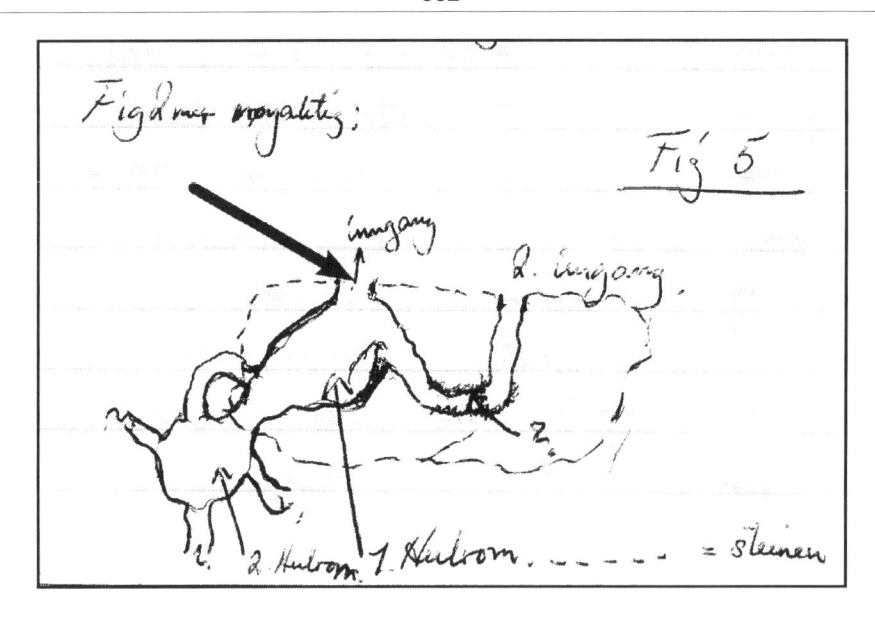

*Hisystemet sett ovenfra. Steinen, som måtte fjernes, lå i inngangen ved pila. Tegning 26. mai 1968. FA.*

*«Bjørnehiet» ved Namnsjøen viste seg å være et grevlinghi. W.*

Noen av de mest interessante funnene var imidlertid en ståltrådbit på 20 cm og en bjelkestump på 25 cm x 10 cm! Det er fremdeles et ubesvart spørsmål hvordan de hadde kommet seg inn i hiet, når det lå en stein i åpningen, som måtte fjernes for at noen skulle klare å åle seg inn. Jan-Erik Nybrenna forteller at hiet ligger der i dag akkurat som det gjorde for nesten 50 år siden. Beliggenheten er **omtrentlig** 60°31'05''N 12°08'45''Ø, 223 moh (Google Earth).

Den 21. juli 2000 ble den første bjørnen skutt i Grue siden Johannes Pedersen skjøt den ved Søndre Bjølsjøen i forrige århundre. Pussig nok dukket denne bjørnen opp bare noen få kilometer unna – den slo endel sauer på strekningen mellom Namnsjøen og Skasen. Etterhvert ble den skutt på Torsberget, og det skulle vise seg at ikke bare var den utstyrt med radiopeiler – den hadde også et navn, nemlig Åmyn. Radiopeileren, som den hadde fått operert inn under bukskinnet i Sverige, hadde slutte å fungere i Mora et år tidligere. Etter å ha overvintret i Sverige hadde den vandret vestover, inn i Norge. Åmyn var 3 år gammel, veide 150 kilo og var 1.88 m lang.

En bjørn, som ble skutt ca. 1855, ble også støkket ut nettopp i det samme området. En notis i avisa «Solungen» lørdag 1. oktober 1904 kunne fortelle at en mårjeger hadde støtt på en bjørn som lå i hi på Hesttjennsberget sørvest for Byersetra (Blomberget på moderne kart). Han hadde fått øye på den under snøen og tirret den med skistaven uten at den hadde reagert – han påsto til og med at han hadde tatt tak i ragget på bjørnen! Mårjegeren visste at en bjørn hadde slått kyr på flere setre i området – ett sted visstnok hele 28 stykker. Etter å ha hentet kameraten jaget de bjørnen, som da hadde våknet og tatt beina fatt. Jegeren mistet den første sjansen til å skyte, da fenghetta hadde falt av munnladeren hans, men ved neste anledning ble bjørnen felt med et skudd, som gikk inn gjennom låret, opp gjennom magesekken, passerte like forbi hjertet og stoppet i halsen.

*Både den siste bjørnen som ble skutt i «gamle dager» i Grue, i 1865, og den første nykommeren, som ble skutt i 2000, ble begge felt noen få kilometer sør og øst for Monsrud. S.*

Den siste ulven på Namnå ble sett av lærer Olav K. Madshus øst for skolen i 1894. Ifølge ei melding i Osloavisa Morgenbladet angrep to dyr vinteren 1896 hesten til en kjører ved Skadsdammen. Han drev dem vekk med svepa. Siden den igjen dukket opp i midten av 1960-årene har dens tilstedeværelse skapt en sterk viltforvaltningsmessig og politisk polarisering av det norske samfunnet, som ligger langt utenfor denne bokas perspektiv å gå inn på. Jeg kan imidlertid konstatere at da jeg vokste opp, i Namnerudsgrenda i 1950- og 1960-åra, så vi aldri slike spor som de på bildet side 384. Turnskoen er nr. 43!

Som med ulven var gaupa for meg noe som bare eksisterte i litteraturen. Fra 1856 til 1980 var det statlig skuddpremie på gaupe i Norge. Det ble skutt gjennomsnittlig 127 gauper årlig mellom 1856 og 1880, noe som sank til 26 mellom 1901 og 1910. Ved århundreskiftet var det bare små bestander igjen langs Langfjella, i Trøndelag og Sør-Helgeland. 40 år senere var den bare kjent fra Nord-Trøndelag og Sør-Helgeland, selvom den antagelig forekom spredt i Sør-Norge.

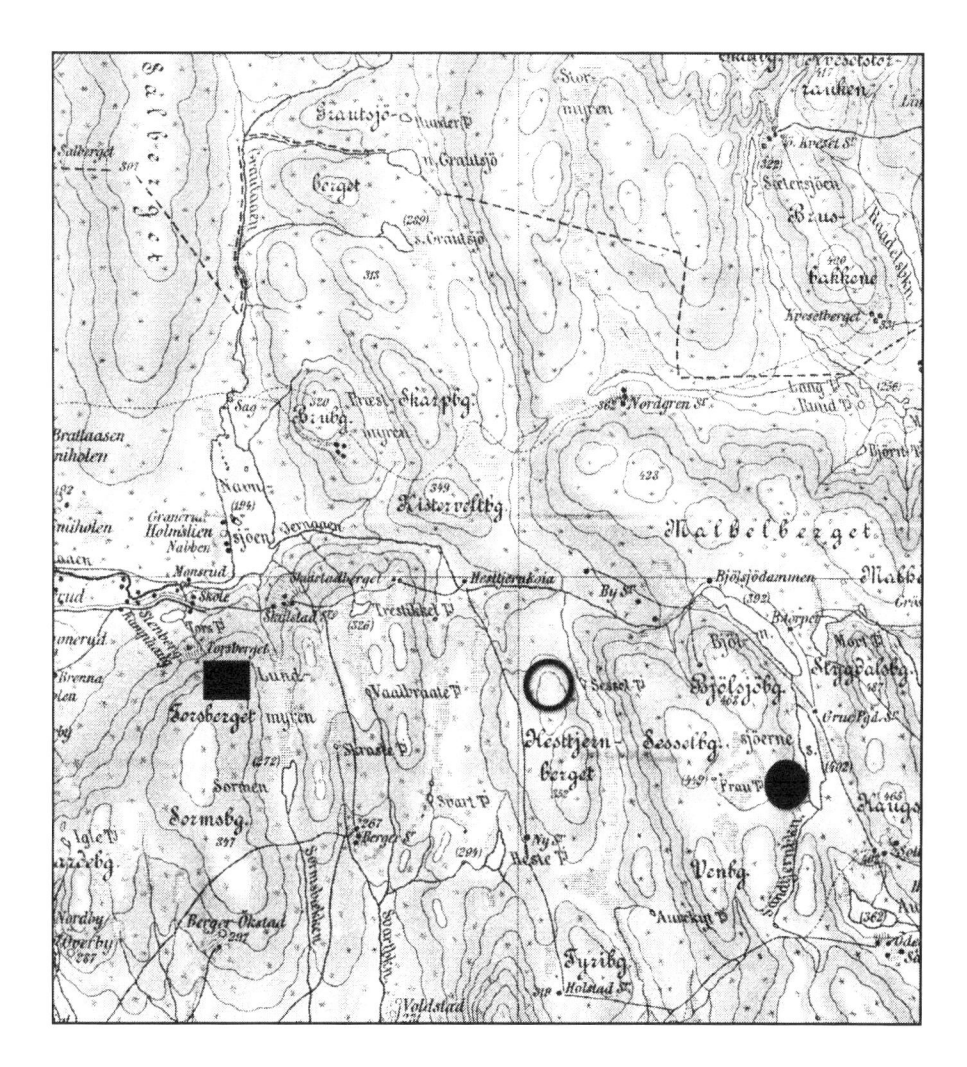

*Omtrentlige lokaliteter for den siste bjørnen som ble skutt i «gamle dager» (1865, Søndre Bjølsjøen, fylt sirkel) den første som ble skutt i moderne tid (2000, Torsberget, fylt rektangel) og en av de siste som ble skutt før 1865 (ca. 1855, Hesttjennsberget, åpen sirkel), avmerket på et topografisk kart over Søndre Solør fra 1889, revidert i 1909. FA.*

*I min verden, da jeg vokste opp, befant alle ulvene seg enten på film, i Alaska, eller i «gamle dager». W.*

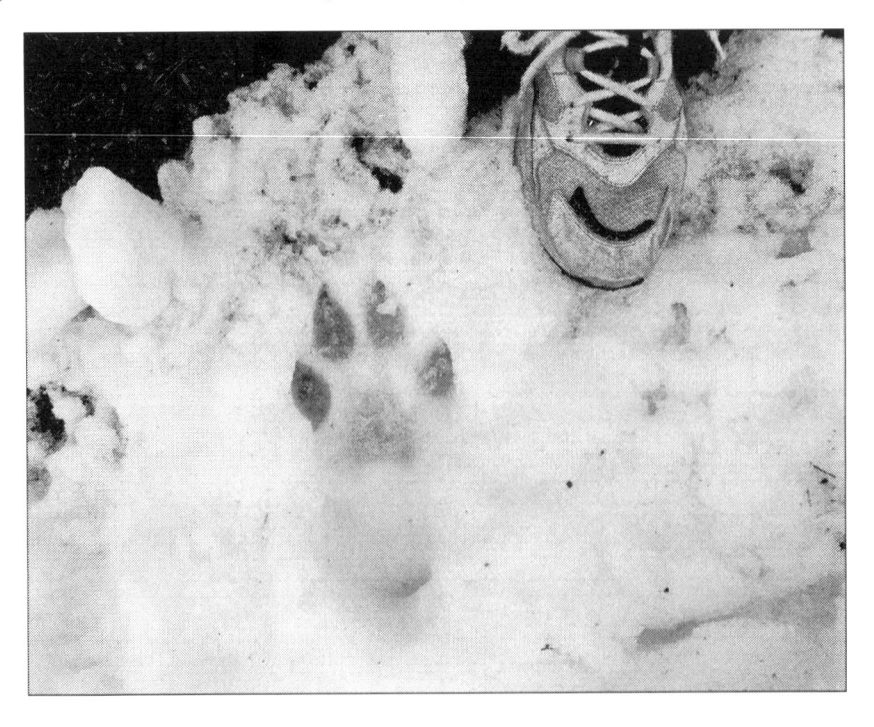

*Aldri så vi slike spor – Jans turnsko til høyre. Jan Erik Fosseidengen.*

*Gaupa var et dyr jeg ikke anså som et element i faunaen. W.*

Fra 1940 til 1960 kom gaupa tibake, men ikke i den grad at vi som vokste opp i Namnerudsgrenda på noen måte anså den for å være et mulig element i den lokale fauna. Ikke før Helge

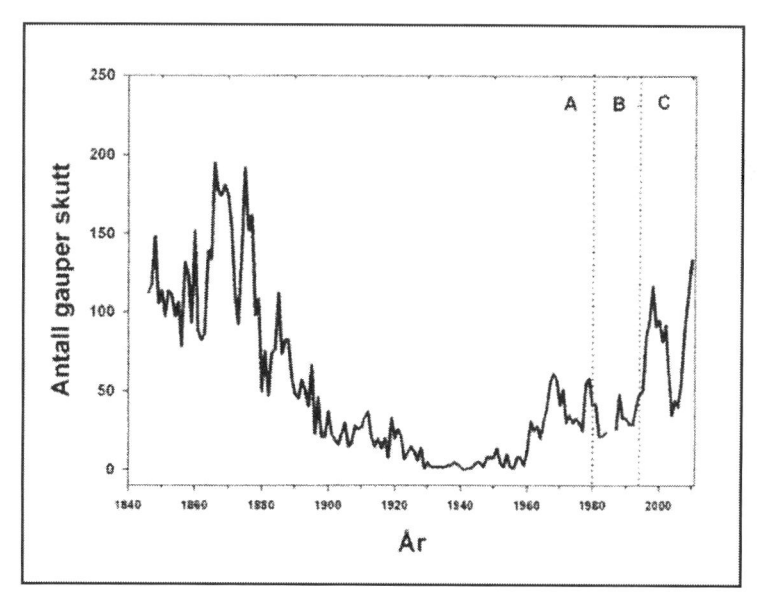

*Avskytning av gaupe 1845 – 2010. A: Skuddpremier. B: Skuddpremieordningen er avskaffet, men før begrensninger i jaktuttak. C: Begrensning av jakt gjennom kvoter. Rovdata. Bestandsstatus, Gaupe 2014.*

Dammen skjøt ei i Maliskjæra i midten av 1960-åra og det utstoppede dyret ble plassert i vestibylen på kinoen i Grue rådhus, sank det inn at den store skogkatten faktisk kunne finnes der jeg bodde. Noe senere fortalte Karl Haug, som bodde et stykke øst for Haugli, nærmere Namnåa, at han hadde skutt på ei gaupe i nærheten av hjemmet sitt med hagle en tusmørk høstkveld. I 1980 ble skuddpremien avskaffet, i 1981 ble gaupa fredet i yngletida, og etter at Trond Holter skjøt tre gauper samtidig i Maliskjæra i 1992, ble den totalfredet i Sør-Norge.

På midten av 1990-tallet økte gaupebestanden kraftig og fra 1994 ble det innført kvotejakt over hele landet fra 1. februar. I perioden 2006 – 2011 var det en stor økning i antall felte gauper, som nådde en topp i 2011 med 137 felte dyr. Målet med forvaltning gjennom kvoteavskytning er å holde bestanden på et visst nivå bestående av familiegrupper i forutbestemte regioner. Kvota for 2014 i Hedmark var – etter oppfordring fra Rovviltnemnda – null gauper, ettersom målet på 10 familiegrupper ikke var nådd.

I 1977 fortalte ulveforsker Petter Wabakken meg at han skulle ta hovedfag på mår. Min umiddelbare reaksjon var – hvor skal du finne den? Jeg hadde vokst opp i de tykkeste barskogene på Østlandet og hadde bare sett ett eneste spor – Petter bodde i Frognerveien i Oslo. Måren har alltid vært nådeløst beskattet for sitt verdifulle skinn. Allerede i Vikingetida var handelen med mårskinn en viktig næringsvei i Norge, og på 1300-tallet var det organisert eksport til England. På 1500-tallet betalte samene skatt til både Norge og Sverige med mårskinn, og bestanden gikk som følge av etterstrebelsen kraftig ned. Fram mot år 1900 økte bestanden igjen, og rundt århundreskiftet var prisen på mårskinn så høy at den tilsvarte ei månedslønn for en skogsarbeider – i 1915 var den 60 – 80 kr. Etter at det hadde blitt utbetalt skuddpremie mellom 1900 og 1930 resulterte overbeskatning i at den ble fredet i hele Skandinavia. I Norge ble den igjen jaktbar i 1946. Siden 1971 – selvsamme år som vi så sporet ved Namnsjøkoia – har det vært åpent for jakt på måren i hele Norge. Da rødrevbe-

*Da Petter Wabakken fortalte meg at han ville ta hovedfag på mår, var min umiddelbare reaksjon: Hvor skal du finne den? W.*

standen kollapset i 1980- og 1990-årene på grunn av angrep av skabbmidd, svarte mårbestanden med å gå opp. Det vil si at Petter fikk mer enn nok mårobservasjoner til å skrive hovedfagsoppgava si, noe jeg ville ha betraktet som urealistisk i 1971.

I jaktsesongen 2012 – 2013 ble det skutt og fanget 640 mår i Hedmark, og i sesongen 2013-2014 ble det via Norges Jeger og Fiskerforbunds mårprosjekt registrert mår i 11 av Hedmarkskommunene, mest i Trysil, Engerdal og Kongsvinger. Resultater ble ikke sendt inn fra Grue.

Fra de største dyra skal jeg via måren gå til de minste - som kan være til plage for oss, men som er mat for noen av de jeg nettopp skrev om – nemlig smågnagerne. Mus var svært ofte

*I 1977 hadde Petter Wabakken (tv) allerede begynt å fokusere på ulv, selvom han tok hovedfag ved Universitetet i Oslo på mår. Her er vi i Fyresdal, Telemark samme år på oppdrag for Miljøverndepartementet. Tore Sætre.*

på besøk i huset da jeg var guttunge. Noen ganger kunne jeg åpne en skuff i kjøkkenbenken og ei mus «satt og stirret på meg», som vi sa. Det gjorde den i realiteten ikke – mus kan ikke se lengre enn ca. 10 cm. De opererer oftest i mørke og trenger derfor ikke å se langt foran seg. Mus har istedet noe som kalles kinestése, som betyr at siden de bruker samme ruta om igjen og om igjen når de leter etter føde, vet de nøyaktig hvor de er når de setter føttene ned på underlaget. I tillegg bruker de følehårene på nesa for å unngå kontakt med hindringer når de løper for full fart.

Smågnagerne har bestandsvariasjoner, som gjerne når en topp hvert tredje eller fjerde år. De toppene faller ofte sammen med økt ynglefrekvens blant fugler og dyr som enten lever av smågnagere, eller delvis støtter seg på tilskuddet fra smågnagerpopulasjonene for ei vellykket yngling. Uten at jeg var klar over disse forholdene som gutt, merket jeg likevel at det enkelte år «krydde» av smågnagere, der jeg sprang etter dem

*Småskogmus var på hyppige besøk i kjelleren og kjøkkenbenken...W.*

*......noen ganger med katastrofalt resultat. Jan Erik Fosseidengen.*

på det nyslåtte høylandet under slåttonna. Selvom det i gammel tid ble laget konstruksjonsmessige hindre på uthus som stabbur med sikte på å holde gnagere ute, var mus noe som ingen tok hensyn til da jeg vokste opp. De ble nærmest bare betraktet med mild irritasjon og ei felle plassert i kjøkkenbenken, ved rørsystemet fra vannpumpa i kjelleren, eller i selve kjelleren. Det var ingen som hadde som mål å utrydde skadedyra, men kun å holde dem i sjakk.

Musa ble kalt husmus, men den ekte husmusa *Mus musculus*, var det nok ikke. Den var en sjelden art på Østlandet. Uten at det hadde blitt foretatt noen systematiske undersøkelser av smågnagerpopulasjonene i Monsrud på det tidspunkt, må vi anta at det var den langt vanligere småskogmusa *Apodemus sylvaticus,* som var på besøk, en art som er karakteristisk i lavlandets kantskoger og kulturmark. Da den hadde såkalte «toppår» kunne den være veldig plagsom. Mine foreldre bygde sitt første hus i 1949 – en liten struktur på 40 kvm, som de hadde fått igjennom byggerestriksjonene etter Andre verdenskrig ved å kalle en garasje. Kjellerventilene var konstruert på den vanlige, enkle måten, nemlig ved å legge fiskebollebokser i sementen da kjellerveggene ble støpt, og så slå dem ut da veggene hadde størknet. Disse tunnelene lot varmen sige ut fra kjelleren i kalde høstnetter, noe som var veldig tiltrekkende for mus da de passerte langs veggen.

En kveld etter at de hadde gått til sengs, var fella som vanlig gildret i kjelleren, med den tradisjonelle osten som åte. At mus foretrekker ost er forøvrig mer overtro enn realitet. Småskogmusa er en alteter, og tar like gjerne insekter og edderkopper som frø og ostebiter. Et godt åte, som vi brukte for å gjøre fella ekstra tiltrekkende var en fleskebit, som vi brente med ei fyrstikk for å få lukta til å spre seg langt avgårde. Da det ble stille i huset kunne smellet fra fella høres godt i etasjen over. Det smalt, og min far gikk ned i kjelleren og gildret fella på nytt. Vel tilbake i senga hørte de at det smalt igjen, og prosedyren gjentok seg – 27 ganger! Da den 28. musa gikk i fella, fikk den sitte til neste morgen

*Brun rotte,* Rattus norvegicus, *kom ikke fra Norge, som engelske skribenter trodde, men fra Sentral-Asia. S.*

En gnager som ble sett på med mye mindre velvilje enn småskogmusa var rotta, eller den brune rotta, som er det korrekte navnet. Det latinske navnet er *Rattus norvegicus* – norsk rotte – og på engelsk ble den kalt Norway rat, da en der trodde at den hadde kommet dit med en skipslast fra Norge. Den kom imidlertid fra Sentral-Asia, og var ikke kjent i Norge før ca. 1750, lenge etter at den var etablert i Storbritannia. Minst 100 år før hadde byggeteknikken her i landet forandret seg når det gjaldt strukturer for oppbevaring av mat. Matvarer ble lagret i såkalte «bur», som allerede på 1600-tallet ble satt på stabber og kalt stabbur. Stabbene var utformet slik at de skulle hindre gnagere i å klatre opp i buret – ofte ved at de avtok i tykkelse oppover, før de møtte ei plate, eller undersida på stabburet. Trappa ble også trukket vekk fra forveggen slik at gnagerne ikke kunne bruke den til å komme bort til inngangsdøra.

I dag er rotta et av våre vanligste skadedyr, og forekommer både i byene og på landet. Den kan leve fullstendig på friland, selv i fjellområder, men liker seg ekstra godt der det er anlagt ei søppelfylling. Der kan arten bygge opp kjempemessige po-

*Matburene ble hevet opp på stabber og kalt stabbur, en byggeteknikk som skulle hindre gnagere i å komme inn. Pilene viser hvordan stabbene smalnet oppover og møtte ei bredere flate på toppen, for slik å gjøre dem vanskelige å forsere. W.*

pulasjoner, som kan spille over og flyte ut til gårder og hus i nærheten. Utvilsomt var rotter et problem for gårdeiere på Namnå og ellers i Solør i tidligere tider. I 1980-årene, da jeg arbeidet i 6 år for skadedyrfirmaet Rentokil i Oslo, ble jeg imidlertid aldri tilkalt for noe rotteproblem i Solør, selvom jeg fra ungdomsårene kjente til forekomster av arten.

Den brune rotta foretrekker å oppholde seg i de lavereliggende deler av bygninger - i kjelleren eller på golvnivå i første etasje – i motsetning til dens nære slektning i Europa, svartrotta, som holder til i loftsetasjen eller i hule trær. Under den store flommen i 1916 ble mye av de lavereliggende deler av Solør satt under vann, noe som forårsaket at tusenvis av rotter druknet. Noen av dem ble sett idet de drev nedover Glomma på tomkasser og plankebiter. På bildet s. 393 ble et tredvetalls hylende rotter sett på uthustaket idet vannet hadde tvunget dem opp på toppen av bygningen.

*Trappa ble trukket vekk fra forveggen slik at gnagerne ikke kunne nå inngangsdøra. W.*

*Et tredvetalls hylende rotter ble sett på dette taket under den store flommen i 1916. Husene i bakgrunnen tilhører K.O. Thorsby (tv) og advokat Tørris T. Thoresen. Aasum 2004.*

Ei svært interessant og lite kjent pattedyrgruppe er flaggermus. Flaggermus har ingenting med de foregående artene å gjøre, selvom de har ordet «mus» i navnet. De er insektetere og fanger all maten mens de flyr i lufta. De nærmeste slektningene i Norge er pinnsvin og spissmus. Siden de er pattedyr føder de levende unger – de fleste artene bare én i året – og de kan leve til de er over 30 år gamle. De flyr om natta og utstøter høyfrekvent lyd, som for det meste ikke kan oppfattes av det menneskelige øre. Derfor er det mange, som knapt nok har sett ei. I nærbilde står de fram som dyr, som vi ikke automatisk gjenkjenner som «pene». Mye skrekkblandet gru er assosiert med flaggermus, som vampyren i menneskeskikkelse, Greven Vlad Dracula fra Transylvania. Blodslikkende vampyrflaggermus finnes imidlertid ikke i Norge.

Siden det ikke har vært gode metoder til bruk i utforskningen av disse nattlige insektjegerne før i de siste tiår, har flaggermusene stort sett vært ignorert. Det har blitt drevet litt fangst på forskjellige lokaliteter, og endel individer er blitt identifi-

*Nordflaggermusa ble funnet ved de sørvestre deler av Namnåas løp. Den er Norges vanligste flaggermus. W*

*Vannflaggermusa ble funnet på samme sted som Nordflaggermusa. Den er veldig vanlig i Grue og mange observasjoner ble gjort andre steder i kommunen. W.*

sert. Imidlertid var det først når det ble mulig å artsbestemme flaggermus i flukt basert på frekvensen av lydytringene, at forskningen og kartlegginga skjøt fart. Det er til nå registrert 12 arter, men antallet har sikkert variert over tid, uten at det har vært kjent. Flaggermusene trekker nemlig på samme måte som fuglene, og går i dvale om vinteren. Populasjoner kan ha blitt etablert og forsvunnet uten at det i det hele tatt har blitt registrert. Så sent som i 2007 ble det oppdaget en ny art – Tusseflaggermus *Pipistrellis pipistrellis*, mens en ikke var sikker på om Skjeggflaggermusa *Myotis mystacinus* fremdeles fantes i Norge.

Jeg så ofte flaggermus i 1960- og 1970-åra da jeg var ute hele natta, enten på utkikk etter fugler, eller da jeg fanget insekter. Det er nevnt i kapitlet om insektene. Hvilke arter jeg så visste jeg ingenting om - jeg var klar over den store mangelen på kunnskap om de eneste pattedyrene som kan fly. I 2007 ble det publisert en rapport om flaggermusregistreringer i Hedmark, og en oppsummering av det, som var kjent. Der ble

*Skogflaggermusa er sterkt tilknyttet barskogen. Den ble funnet ved Kolstad og Kroken. W.*

det henvist til fire arter, som var sett i Grue før 1997: Skimmelflaggermus *Vespertilio murinus*, Brunlangøre (tidligere Langøreflaggermus) *Plecotus auritus*, en eller flere arter av slekta *Myotis* (Skogflaggermus *M. brandtii*, Vannflaggermus *M. daubentonii*, Børsteflaggermus *M. nattereri* og Skjeggflaggermus *M. Mystacinus*) og dessuten den vanligste arten i Norge, Nordflaggermus *Eptesicus nilsonii*. Registreringsrapporten fortalte at det ble gjort undersøkelser med lytteutstyr langs Namnåas løp den 9. september 2001. Nordflaggermus, Vannflaggermus og en *Myotis*-art ble funnet ved «Namnåa sørvest», som betyr mellom Kvernbakkdammen og utløpet i Glomma. Skogflaggermus ble lokalisert ved Kolstad og Kroken. Skogflaggermusa er sterkt tilknyttet barskog, så det var ingen overraskelse å kunne konstatere at den jaktet langs Namnåa.

Brunlangøre, som ikke ble registrert med lytteutstyret, er en spesialist på å fange nattsommerfugler. Et eksemplar ble fanget på Sorknes 10. august 1968. Det er derfor trolig at noen av de flaggermusene jeg så da jeg fanget nattinsekter mellom 1970 og 1973, var Brunlangøre.

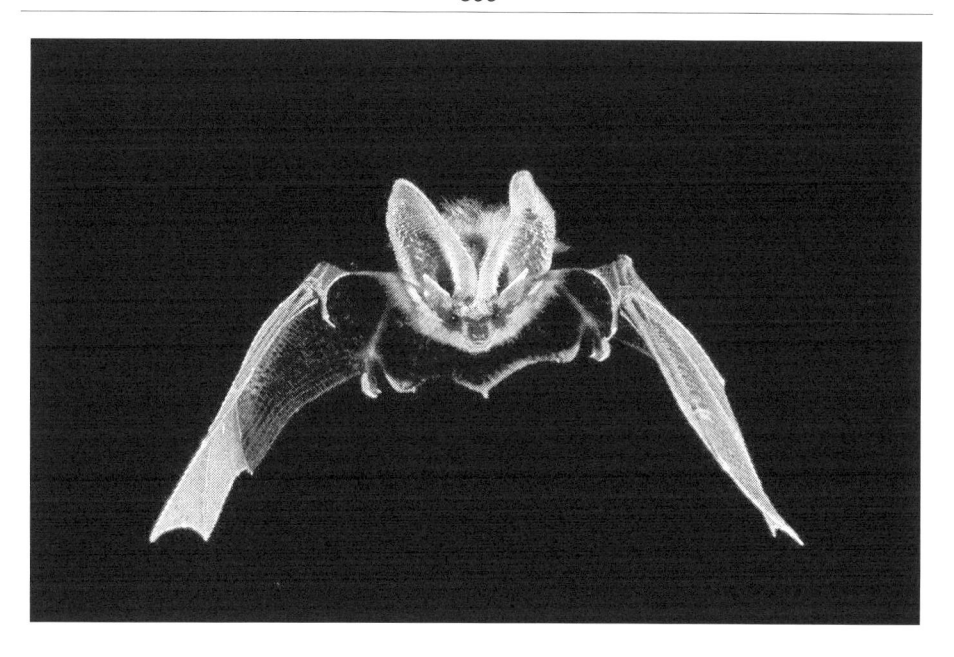

*Brunlangøre ble fanget på Sorknes 10 august 1968, og sannsynligvis holdt arten meg med selskap under nattlig insektfangst i 1970-åra. W.*

Under juletrefesten på Namnå skole i 1964 ble det vist en film i lagerrommet i kjelleren, som ble brukt som kinosal. Den het «Beverdalen». Jeg stirret fascinert på den innleide filmen der den flimret over lerretet i det dårlig utluftede rommet, som var pakkfullt av mennesker. Å se levende bilder var noe som engasjerte meg sterkt – jeg hadde ikke vært på kino på Rådhusteatret på Kirkenær før jeg var 7 år gammel, da min mor satte meg på bagasjebæreren og tråkket avgårde de få kilometerene nedover dit. Den filmen skapte et varig inntrykk. Det var «Hunden fra Texas», filmen som var bygd på Fred Gipsons berømte ungdomsbok «Old Yeller». Fjernsyn skulle det ikke bli hjemme før ett år etter at jeg så Beverdalen.

Jeg likte å se naturfilmer fra Kanada og Alaska, da de handlet om dyr som var borte fra norsk natur, og som jeg aldri regnet med at en kunne få oppleve der – bjørn, ulv og bever. Bever hadde jeg bare sett på kanadiske 5-cent mynter. Fra å være et av de første pattedyrene som innvandret etter istida hadde den spredd seg, slik at den før 1750 hadde en landsdekkende

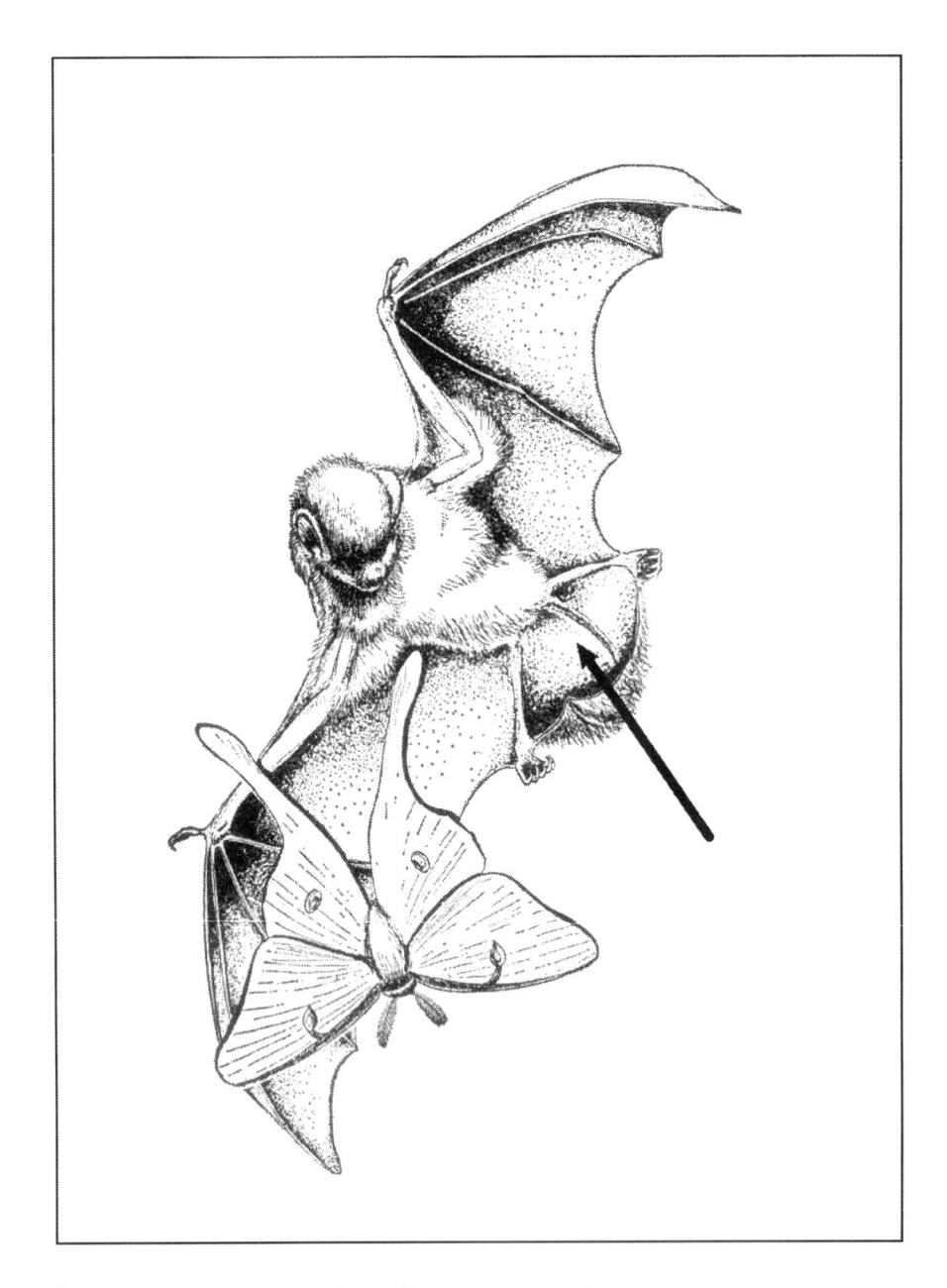

*Illustrasjon av hvordan flaggermus fanger en stor nattsommerfugl. I dette tilfellet er det en nordamerikansk Hoary-flaggermus, som tar en* Actis luna. *Mindre insekter blir gjerne fanget opp av «skjermen» mellom beina (se pila). Illustrated Encyclopaedia of Animal Life.*

*Bever så jeg bare på Kanadiske 5-cent mynter og på film. W.*

bestand. Det kan etterspores ved alle landskapsformer og vann som er oppkalt etter bever, som også forteller noe om hvor viktig den var: Bjørvik, Bjurbekkdalen, Bjorli, Bæverfjord og samiske navn som Maja(bever)vatn og Majegjokka. I løpet av 100 år ble den så nesten utryddet. Den ble jaktet både på grunn av kjøttet, pelsen og castoreum, eller bevergjel. Beskatningen i Skandinavia kan illustreres ved at det i 1559 ble eksportert beverskinn fra Gävle og Stockholm til en estimert verdi av 3 millioner 1932-kroner. 1574 ble det skipet ut 3381 beverskinn fra Stockholm – i ei tid da mesteparten av den svenske skinneksporten, særlig fra Jämtland – gikk gjennom Norge. Bevergjel er et sekret som utskilles fra kjertelpunger ved halen. Det har sterk lukt og ble blant annet brukt som medisin mot sykdommer, som en mente skyldtes trollskap og som ormfordrivende middel. Det ble også brukt for å framkalle abort, og en trodde at å bære på bevergjel virket befruktningshindrende. Fra en voksen bever (4 år eller eldre) kunne det tas ut «opptil 30 lodd bevergjel» (1 lodd = 15.5 gram). Ca. 1830 ble det betalt mellom 4 og 7 riksdaler for ett eneste lodd bevergjel, da **årslønna** for en «dräng» var 3 riksdaler! Utvilsomt førte det til intens beverjakt.

*Ved Store Aursjøen i 1977 så jeg for første gang ei beverhytte. IF.*

I USA og Kanada ble den også jaktet for å forsyne motemarkedet med skinn til flosshatter. At beverskinnshatten gikk av moten til fordel for silkehatten på midten av 1800-tallet har blitt sett som en medvirkende årsak til at beveren ikke ble utryddet.

I Norge ble den fredet for en tiårsperiode fra 1845, men fra 1855 til 1863 kunne den igjen jaktes året rundt, til en ny lov fastsatte jakt fra 1. august til 31. oktober. Til tross for flere fredningstiltak ble den norske bestanden i 1880 anslått til ca. 60 par, og til ca. 100 par i 1897. Den ble regnet som svært sjelden i 1915 og hadde fast tilhold kun i de vassdragene, som munnet ut i havet på strekningen mellom Langesundsfjorden og Mandal.

I 1977 var jeg i Telemark på oppdrag for Kontaktutvalget for vassdragsreguleringer og takserte fuglepopulasjoner i Lifjellområdet, for evaluering i forbindelse med en 10-års verneplan. Der så jeg for første gang bever i sitt naturlige element. Samme år foretok jeg undersøkelser på gamle hekkeplasser

*Beverens utbredelse i Norge i 1896 og 1910. Kart av Kjetil Bevanger (1995).*

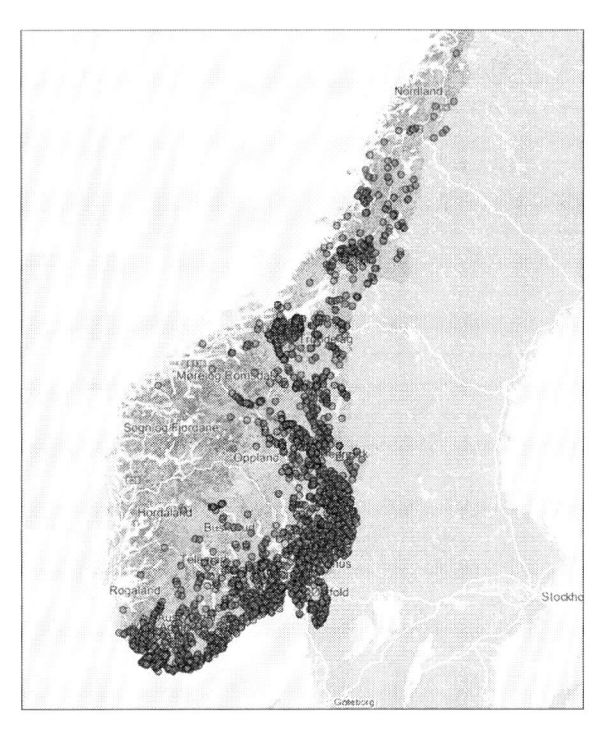

*Beverens utbredelse i Norge i dag. I tillegg er det gjort noen få observasjoner i Finnmark. Artsdatabanken.*

for hubro på Østlandet for Prosjekt hubro. Etter å ha vandret omkring i Maliskjæra ved Rotna reiste jeg nordover til skjærene ved Store Aursjøen. Der fant jeg ingen hubro, men ei beverhytte på vestsida av sjøen. Det var første gang jeg så en av dem her i distriktet, men jeg så ingen aktivitet. Arnesen m.fl. (1983) hevdet at det da var noen år siden beveren la ned virksomheten.

I 1990 bosatte jeg meg i USA og mistet mye av kontakten med det som rørte seg ved Namnåa. I 2013 var jeg tilbake for å vandre langs gamle stier og prøve fisken. Jeg kjørte oppover Feiervegen og parkerte østafor hjemmet til Asbjørn Sørensen – et hjem som vekket mange gode minner fra 1960-åra. Fra veien gikk jeg ned til min gamle badeplass, Hestjupet. Der lot jeg spinneren suse gjennom lufta, hørte et svakt «plopp» da den tok vannflata og begynte å sveive inn. Idet jeg forsøkte å følge snoras ferd gjennom vannet ble jeg vár et stor dyr, som kom svømmende tvers over kulpa mot meg, inntil det så meg

*I 2013 var jeg tilbake ved Hestjupet etter 23 års fravær. I løpet av den tida hadde beveren etablert seg der, et eksotisk dyr som jeg bare hadde sett på film 50 år tidligere. FA.*

på bare noen få meters avstand. Jeg snakker ikke ofte til selv, men jeg må innrømme at det var et par velvalgte ord, som fant veien over leppene da jeg så hva det var. Dyret slo halen mot vannflata med et høyt plask og dykket, som det gjør når det blir skremt og advarer omgivelsene om at det er fare på ferde. Beveren, verdens nest største gnager - som jeg bare hadde sett på film som guttunge, og den gang aldri hadde drømt om å få se i Namnåa - hadde tatt over badeplassen min! Siden den norske bestanden har vokst til et estimert antall på rundt 70 000 dyr og spredd seg i et belte langs grensa fra Østfold til Nordland, var nok Namnåa et naturlig valg for beveren. Forholdene der svarer godt til artens habitatpreferanse, og åa var i min ungdom slik sett et habitat som sto «åpent», men som nå igjen er fylt. Det viser at beveren også helt sikkert holdt til der i tida før beskatningen tvang bestanden ned til et midlertidig lavmål i midten av forrige århundre.

# INSEKTER

Insektsamling interesserte meg gjennom hele ungdommen, og jeg fulgte godt med da emnet en sjelden gang ble omtalt på TV. Hvis en tar en kikk i Norsk Entomologisk Forenings vitenskapelige medlemstidsskrift, Fauna Norvegica Serie B, fra 1998, blir det fort klart hvor lite innsamling og identifikasjon av insekter som har blitt gjort i søndre del av Hedmark fylke. Bruker en tegene som eksempel, så var det bare identifisert 117 arter i Sør-Hedmark, av de 439 som er blitt funnet i Norge. I Akershus - som ligger mye nærmere Universitetet i Oslo - var det identifisert hele 307. Her er det fremdeles massevis å gjøre, og arbeid for entomologer i mange år framover – mange hovedfagsoppgaver og doktorgrader ligger og venter, hvis noen vil ta fatt. Da jeg samlet, på begynnelsen av 1970-tallet,

*Korsedderkoppene har fanget mange flere insekter i Solør enn entomologiske forskere har gjort! Jan Erik Fosseidengen.*

var det mest fordi det var moro. Jeg brukte nesten all fritid på å studere fugler, og å gå dypt inn i studiet av insekter var så tidkrevende at jeg var klar over at det ville være umulig å engasjere seg fullt og helt i begge gruppene samtidig.

I begynnelsen var det noe, som gjorde hobbyen umulig, nemlig at jeg ikke hadde et godt middel til å avlive insektene med, uten at de ble ødelagt. Det måtte være en gass. Ingen væske kunne komme i kontakt med sommerfuglvingene, som umiddelbart ville miste alle de skjøre skjellene som dannet de fantastiske fargene. Vanligvis ble det brukt hydrogencyanid – blåsyre – som var innkorporert i gips på bunnen av et lufttett glass. Noe slikt var umulig å få tak i. Problemet løste seg imidlertid da jeg begynte på Gymnaset i 1970. Lektor Hermann Hagen, min kunnskapsrike og interessante klasseforstander, som hadde god innsikt i både entomologi, mikrobiologi, kjemi og matematikk, (og italiensk!) brukte ethylacetat. Det var en eddiksyre-etyll-ester, en blanding av etyllalkohol (sprit) og edikksyre, som luktet veldig godt, evaporerte raskt og i overdoser var dødelig for insekter. Det eneste problemet var at esteren var et veldig populært stoff å «sniffe», som var en utbredt hobby blant ungdom på den tida. De fant det enklere og billigere å ruse seg på gasser enn på væsker. Derfor måtte vi ha med «attest» fra skolen da vi kjøpte acetatet på apoteket.

Snart var jeg klar til å starte med insektsamling. Entomologer flest brukte enten fallfeller på bakkenivå for krypende insekter, eller lysfeller for flyvende nattinsekter, som sto ute hele natta. Det ble for kjedelig for meg – jeg ville finne insektene selv, og likte best fangst av nattinsekter, særlig sommerfugler. Nattinsektene flyr i mørket for å unngå dagslysets predatorer. Hovedfienden er derfor flaggermus, som jeg ofte så mens de jaktet over jordene ved Haugli. Flaggermus jakter via ekkolokalisering, dvs de utstøter en høyfrekvent lyd, og da den reflekteres tilbake fra insektkroppen, kan de orientere seg etter den. Den største sommerfuglen i Norge, som heter Blått ordensbånd og flyr om natta, har utviklet en spesiell

*Min kunnskapsrike klasseforstander, lektor Hermann Hagen, løste problemet med avlivning av insekter. FA.*

*Insekthåv laget jeg meg selv av et langt kosteskaft av tre som jeg satte håvramme på av grov ståltråd. Så sydde jeg selve håven av ei gammel gardin. IF.*

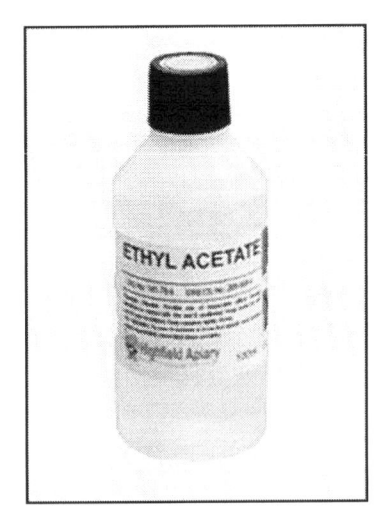

*Ethylactetat og reflektor for 500 watts lyspære. IF.*

forsvarsmekanisme mot den jaktmetoden. Da den oppfatter lyden fra flaggermusa klapper den automatisk sammen vingene og faller som en stein til marka. Slik unngår den å bli bytte for den sultne predatoren.

Det var en helt særegen stemning ved å være ute om natta med en 500 watts lyskaster i den ene hånda og en håv i den andre, mens jeg patruljerte området rundt hjemmet mitt – så langt som skjøteledningen rakk. Lufta var tung av den søte angen av syrinen foran utgangsdøra – ei lukt som ikke bare var favorisert av meg, men av hundrevis av insekter. Nattflyene og målerne – de sistnevnte navngitt etter larvene, som hadde en pussig måte å «måle ut» underlaget ved måten de gikk på – sto i kø for å komme til med de lange snablene. Det var Gammafly, Tigerspinnere og Sitronmålere. Senere på sommeren kom Bredbåndete gullfly, Grønnbåndete rotfly og Store smaragdmålere, og om høsten Vanlige frostmålere. Dessuten var det forskjellige snyltevepser, biller og fluer. Insektfangsten ble drevet mens Blekkvettskogen fremdeles var intakt, så det var store kantsoner med mange forskjellige habitater for produksjon og besøk av insekter.

Insekter er tiltrukket av lys, særlig ultrafiolett lys, men siden

*Vår største sommerfugl, Blått ordensbånd, flyr om natta.W.*

jeg hadde lyskasteren i handa kom ikke bare insektene til meg – jeg kunne lokalisere dem. Slik fant jeg et par av Stor gaffelstjert, en relativt uvanlig spinner, som holdt på med parringsflukt i vierkrattet langs gjerdet på eiendommen vår. Gaffelstjerten har ei larve med et veldig interessant utseende - store «øyne» foran på kroppen for å skremme unna fugler, og en «gaffel» på bakenda. Hannene av den arten kom gjerne til lys, men ikke hunnene. De måtte jeg ut og finne. Jeg tok de to samtidig med et sving med håven. Det var den eneste gangen jeg så gaffelstjert i de årene jeg fanget insekter, som var de fire årene mellom 1970 og 1973.

Under insektfangsten kunne jeg bare se de nattsvermerne som kom innenfor kjegla på lyskasteren. Imidlertid hørte jeg flere ganger lyden av store svermere, som fløy forbi i ekspressfart, uten å ense lyset. De hørtes ut som små modellfly med propeller av papp. Ei natt hadde jeg fanget i flere timer uten å finne noe insekt som var spesielt interessant. Da jeg ga meg om morgenen oppdaget jeg noe merkelig under lampa ved inngangsdøra, da jeg var i ferd med å gå inn. Det lignet mest på et par store, tynne barkstykker. Det viste seg at det var en

*Voksent individ av Stor gaffelstjert. Hunnen er større enn hannen, med et vingespenn på over 7 cm. W.*

*Den særegne larva av Stor gaffelstjert. W.*

*Ospesvermer. W.*

Ospesvermer, en av de store svermerne, med et vingespenn på over 9 cm. Den hadde blitt tiltrukket av lyset fra lampa. Et slikt barklignende utseende kamuflerte den for fugler når den hvilte på trestammer om dagen. Imidlertid hadde den også noen flotte, dyprøde runde flekker på bakvingene, som var dekket av forvingene. Ospesvermeren tar ikke til seg næring som voksen, så den jeg tok ville ha dødd i løpet av sommeren, etter parringsflukten.

I 1972 fant jeg for første gang Mauresvermer. Året etter var den svermeren veldig vanlig, sammen med Furusvermer, som jeg heller ikke så de første årene jeg fanget insekter. Mauresvermere vandrer mye, og det er sannsynlig at endel av de vi ser i Norge har vandret nordover fra det kontinentale Europa. Furusvermeren er en av de få svermerne som har larver som ernærer seg på bartrær, og naturlig nok er den vanlig i barskogene på Østlandet. Vingespennet er på opptil 8 cm. Det var mange andre svermere utpå om natta. I Norge er det funnet 2 200 sommerfuglarter, og over 90 % av dem flyr i mørket! Det vil si at da vi er ute en vakker sommerdag og beund-

*Mauresvermere – med flotte, gule og røde tegninger på vingene – besøker oss fra det kontinentale Europa, men er også vanlige i Norge. De har et vingespenn på nesten 8 cm. Her suger en av dem nektar fra en blomst med snabelen mens den står stille på svirrende vinger. W.*

*Furusvermer. W.*

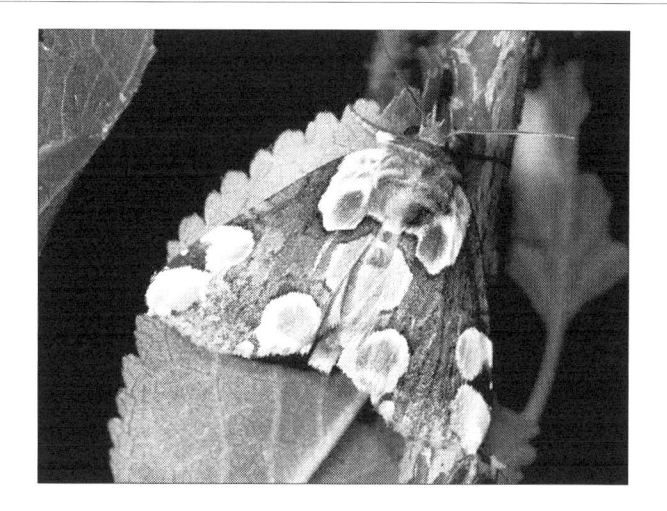

*Flekket bringebærspinner. W.*

rer de flotte sommerfuglene, ser vi bare 10% av de som faktisk finnes der ute i den norske naturen .....

En av de som jeg pussig nok fant bare en eneste gang, men som likevel skal være en av de vanligste spinnerne, var den iøyenfallende Flekkete bringebærspinneren. Den er en av de mange små svermerne med et vingespenn på opptil 4 cm, og har rosa flekker på de brune dekkvingene. Det irrgrønne nattflyet, som heter Grønnbåndet rotfly var svært vanlig om høst-

*Grønnbåndet rotfly. W.*

*Larve av Geitramssvermer. W.*

en. Det har et vingespenn på snaut 4 cm, og som de andre, grønne sommerfuglene er fargen svært ømfindtlig for påvirkning, og bryter til slutt ned. Lot jeg det ligge for lenge i avlivningsglasset - som hadde skrukork der jeg festet en bomullsdott med acetat til lokket før jeg skrudde igjen – bleknet den dypgrønne fargen fullstendig. Likeledes bleknet fargen ubønnhørlig etter noen måneder eller år i ei samling.

Noe av det mest interessante jeg gjorde var å oppdrette svermerlarver. Geitramssvermeren er en av de vanligste, store svermerne, og siden sommerfuglene ofte er navngitt etter de plantene som larvene spiser, fantes den naturlig nok på geitrams. Jeg tok larvene jeg fant, med meg, plasserte dem i en stor pappeske på rommet mitt og forsynte dem med frisk geitrams. Etter ei stund begynte de å forberede seg på omdannelsen til sommerfugl, det vil si at de gjemte seg bort og spant seg inn i en kokong og gikk over på puppestadiet. De kunne jeg ta fram om vinteren for å sjekke om de levde, for hvis det var tilfelle, vrikket de energisk på den leddete halen. Hvis de var døde, var de ubevegelige.

Svermernes biologiske klokke var innstilt på at de skulle klekkes i mai. Imidlertid ble det ugreie med klokka i det varme rommet mitt, og utviklinga gikk uventet fort. Allerede i januar hadde jeg geitramssvermere som satt i gardinene og

*Puppe av Geitramssvermer. Sommerfugler har «fullstendig forvandling» - fra egget klekkes ei larve, som forpupper seg og så klekkes som voksen sommerfugl. W.*

vandret omkring på hodeputa mi mens de pumpet opp vingene, klare til flukt. Slik utvidet jeg samlinga av sommerfugler – midt på vinteren.

*Geitramssvermer, en vakker, grønn og rosa nattsommerfugl med et vingespenn på opptil 7 cm. W.*

*Larve av Tredreper.W.*

I min iver etter å drive kunstig oppdrett begikk jeg en dag en feil, som umiddelbart straffet seg. I 1971 fant jeg ei larve av Tredreper, en nattsvermer på størrelse med de aller største. Larvene er bortimot 10 cm lange, og i mangel av noe å ha den i, stakk jeg den i lomma. Tredreperen har ikke fått navnet sitt for ingenting. Larva gnager i hard ved fra løvtrær, og siden den ikke likte å bli pakket sammen i lomma mi, gjorde den det som falt den mest naturlig. Den beit. Hardt. Veldig hardt, og mange ganger. Jeg stakk hånda i lomma og vrengte den lynrapt, og fikk den opphissede larva ut. Tredreperlarver bruker opptil 5 år på å utvikle seg til sommerfugl, og de forandrer farge ettersom årene går. Jeg kunne se på den jeg hadde i lomma at den var relativt ung – bare ett år, kanskje to. Derfor avsluttet jeg oppdrettsforsøket med det spesielle individet, og lot det gå – det kunne ha blitt midt i syttiåra før det ble klekt som voksen sommerfugl.........

I slutten av 1950-åra så jeg en Apollosommerfugl. Den er Norges største dagsommerfugl, og det var et overveldende syn å se det store, hvite insektet med røde ringer på bakvingene på ei av syrinbuskene foran inngangsdøra, før det svingte seg opp i lufta og forsvant i stor fart. Det skulle vise seg at det ble den eneste gangen jeg så den sjeldne sommerfuglen, som nå har forsvunnet fra det Østlandske lavland. Jeg brukte mye

*Apollosommerfuglen har et vingespenn på nesten 9 cm. W.*

tid på å fange insekter også på dagtid, mens sola skinte – biller, sommerfugler, teger, øyenstikkere, vepser og humler. De mest imponerende var de store dagsommerfuglene, som Svalestjert, Sørgekåpe, Admiral, Dagpåfugløye, Neslesommerfugl, Stor kålsommerfugl, Det hvite C og Aurora. Neslesom-

*Neslesommerfugl, den vanligste dagsommerfuglen. W.*

*Sørgekåpa, den vanligste av de største dagsommerfuglene, var brun med ei tykk, gul stripe langs bakkanten av vingene, og ei rekke med blå flekker langs den gule randa. W.*

merfuglen og Det hvite C var utvilsomt de vanligste, sammen med kålsommerfuglene. Den som var vanligst av de største sommerfuglene som fløy om dagen var Sørgekåpa, selvom det ble fanget en og annen Svalestjert.

*Det ble fanget en og annen Svalestjert – en stor, gul sommerfugl med svarte tegninger og røde og blå flekker på bakvingene. W.*

*Tistelsommerfuglen, en immigrant til Norge som flyr 14 000 kilometer i løpet av opptil 6 generasjoner, ble funnet mange ganger i Namnerudsgrena. W.*

En av de mest interessante dagsommerfuglene var tistelsommerfuglen. Den har et vingespenn på mellom 5 og 6 cm og er orange og okergul, med svarte og hvite felter og flekker. Arten er en immigrant til Norge, det vil si den kan ikke overleve en norsk vinter på noe stadium i livssyklusen. Enkelte år er den sjelden, mens den andre år opptrer i store mengder. Tistelsommerfuglen har ei migrasjonsrute som strekker seg fra Sentral-Afrika til Polarsirkelen. Den trekker nordover fra Middelhavsområdene og over et tidsrom på opptil seks generasjoner tilbakelegger arten 14 000 kilometer. Det er nesten tre ganger så langt som den mye mer berømte, amerikanske Monarksommerfuglen. Tistelsommerfuglen kan finnes i Norge hele sommeren, og de som flyr om høsten er ofte avkommet etter de som innvandret om våren – de er altså «nordmenn». Puppestadiet varer bare et par uker og livssyklusen er således relativt rask. Når tistelsommerfuglen ankom, virket det faktisk som om den ble sett oftere enn den svært vanlige Neslesommerfuglen.

Blant billene jeg fanget var det kanskje Neshornbilla som var

*Neshornbilla – opptil 4 cm lang - er Norges tyngste bille. W.*

den mest imponerende. Den er Norges tyngste bille, og hannen har et imponerende horn på hodet, som gir den et utseende som minner om pattedyret neshorn. Den kunne finnes i hauger av sagflis, som var oppblandet med gjødsel, noe som indikerer at den antagelig var vanlig å finne rundt staller og fjøs i eldre tid. Ved å være litt oppfinnsom viste det seg at jeg også

*Åtselgravere var enkle å påvise på Haugli ved å bruke ei død skjære som åte. Her er de i ferd med å grave ned ei mus. W.*

klarte å påvise biller, som ellers ikke er lette å finne. Jeg skjøt ei skjære og lot den ligge på løs jord ei ukes tid. Da kunne jeg løfte på fuglen og se biller i full aktivitet under den. Det var åtselgravere, biller som har spesialisert seg på å grave ned døde smådyr og –fugler i skogen, og bruke dem til matforråd og yngelpleie for avkommet. Hvis kroppen ikke ligger på et sted, som billene finner tilfredsstillende, kan de frakte den med seg over ganske lange avstander.

Humlebilla var en vanlig, men interessant art, som på dagtid kunne finnes på blomster der den lette etter føde. Den hadde svarte og gule dekkvinger. Dekkvingene er det harde skallet som ligger over flyvevingene, og som må løftes opp og tilside for at billa kan folde ut flyvevingene, som brukes til selve flukten. Ryggskjoldet til humlebilla er dekket av orange hår, og hele insektet ser derfor ut som ei humle. Det er noe som i insektverdenen kalles mimicry – den fullstendig ufarlige og forsvarsløse, 1 cm lange billa har utviklet et utseende som ligner den farlige humla, for å holde predatorer på avstand.

Ei bille som utmerker seg med at den faktisk kan fly uten å

*Humlebille W.*

åpne dekkvingene, er Gulltordivelen. Den praktfulle, 2 cm lange, grønnmetallikk-skinnende billa fløy på blomster om dagen, men jeg fanget den også ofte om natta, da jeg samlet nattsvermere. Det er tre arter i Norge, og her kommer noe av det interessante og vanskelige inn med å identifisere insekter. Av biller er det 3 375 forskjellige arter, og altså 3 forskjellige bare av Gulltordivel, som alle ser noenlunde like ut. Det vil si at det er veldig mange biller, som er veldig like. Jeg fant Stor vannkalv, som er ei av Norges største biller, i Namnåas umiddelbare nærhet - men det er hele 126 forskjellige arter av vannkalv, og det sier alt om hvor lite vi kan om dem. Likeså fant jeg Lærløper, den største norske løpebilla, som er på nærmere 5 cm. Det er 269 arter av løpebiller - så igjen er det lite vi vet. Det er 18 forskjellige arter åtselbiller – de som var travelt opptatt med den døde skjæra. Slik har det seg at det fremdeles er mye arbeid å utføre med utbredelse og biologi hos insekter i Norge generelt, og i områder som Solør med store, lite undersøkte barskogshabitat blandet opp med jordbrukslandskap, spesielt.

Min onkel Ivar Hytjanstorp fortalte meg at det var et insekt som vakte stort oppstyr blant skogsarbeiderne. Det kom

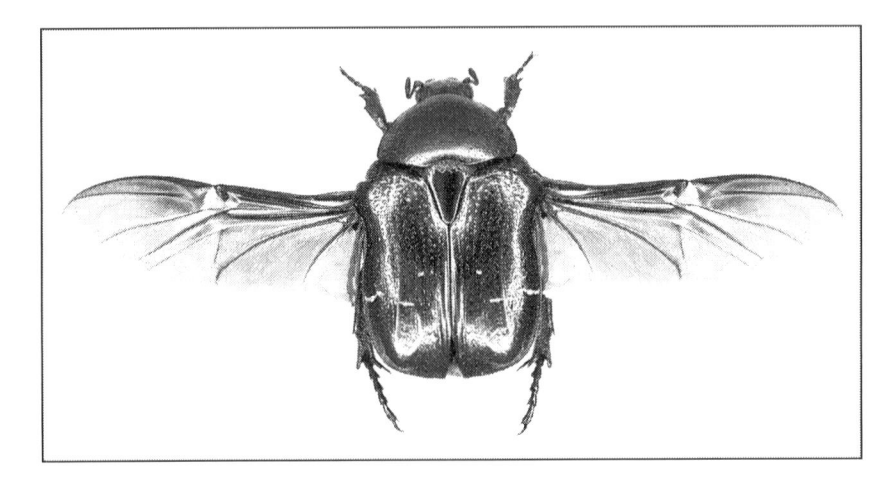

*Gulltordivelen kan fly uten å løfte tilside de harde dekkvingene. W.*

*Lærløper. W.*

*«Hurraleinner», eller kjempetreveps. En hunn er i ferd med å legge egg med det lange eggleggingsrøret. W.*

gjerne flyvende til hogstflatene, var langt som en halv pekefinger, gult og svart og fløy med ei høylytt brumming av vingene. Det skulle ha voldsomt smertefulle stikk og da det slo seg ned på det nyfelte tømmeret tok hoggerne beina på nakken og løp avgårde. Insektet ble kalt «hurraleinner», og det var ingen tvil om hva han beskrev. Det var kjempetrevepsen, *Urocerus gigas*. Hunnen hos kjempetreveps har et langt eggleggingsrør, som hun bruker til å legge egg i nyfelt gran og furu uten bark. Larvene lever av trefiber og sopphyfer og utvikler seg inni treet. Det interessante er at selvom bakkroppen er trukket ut i en lang spiss, og hun i tillegg har et langt eggleggingsrør for å deponere egg, kan verken hun eller hannen stikke, og ingen av dem har gift! Her foreligger det antagelig en forveksling med et annet insekt. Store insekter som ligner stikkvepser og flyr med høy lyd har en tendens til

*En oppsatt sommerfugl – kroppen ble senket ned i ei isoporplate og festet med insektnål (hvitt punkt på ryggen). Vingene ble så strukket framover og festet – gjerne under strimler av matpapir, som ble holdt nede med knappenåler. UF.*

å utløse fryktreaksjoner hos mennesker, og det er ingen tvil om at denne vepsen benytter seg av det tidligere nevnte mimicry. Siden den er stor og lett å oppdage av predatorer, beskytter den seg ved å ligne de farlige stikkvepsene.

Jeg har skissert hvordan selve fangsten foregikk, men etter at insektene var fanget måtte de prepareres for utstilling og lagring, slik at de kunne tjene som dokumentasjon for framtida. Det var mange intrikate brett å finne, som var lagd for å spenne opp insekter. Selv fant jeg det langt enklere å simpelthen bruke ei 5 cm tykk isoporplate. I den skar jeg et rektangulært hull for kroppen med et barberblad eller en skarp kniv. Etter å ha stukket ei insektnål ned gjennom ryggen på sommerfuglen senket jeg kroppen ned i hullet og festet nåla i bunnen. Vingene spredde jeg ved at ei strimmel med matpapir først ble festet foran dem, så tvang jeg dem forover ved å bruke ei knappenål bak ei av de tykke årene, hvoretter smørpapiret ble senket og stiftet fast med ei knappenål bak vingene. Deretter lot jeg insektet sitte i ti dager til to uker – og det var ferdig.

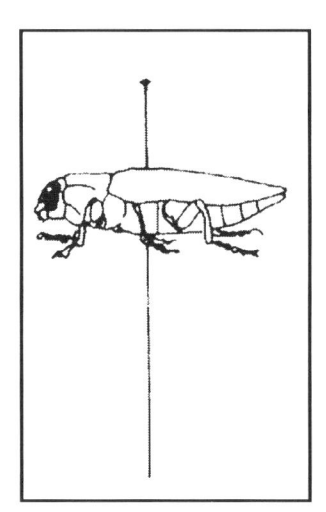

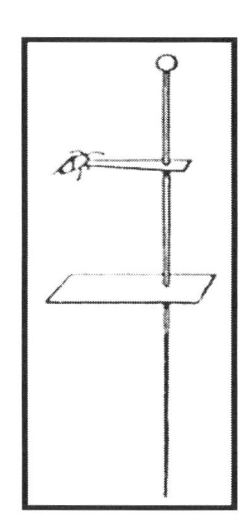

*Ferdig preparert bille, og et lite insekt montert på et stykke papp med en dråpe lim. Navnet kunne skrives på den nederste pappbiten. UF.*

Biller festet jeg oppå isoporen, og knappenåler ble brukt til å holde beina i stilling. Etter at uttørringsperioden var over ble knappenåler og papir fjernet, og insektene kunne plasseres i samlinga.

Den mest originale «fangstmetoden» jeg brukte, skjedde ved en ren tilfeldighet. Jeg sto på badet og pusset tenner da et lite insekt fløy inn gjennom vinduet og satte seg på kinnet mitt. Da jeg lente meg framover og kikket i speilet kunne jeg se at det var ei flue jeg aldri hadde sett før, nemlig en av de tre norske artene av fuglelusflue i slekta *Ornithomya*. Jeg hentet glasset som jeg brukte til avlivning og simpelthen satte åpningen over flua, på kinnet mitt. Flua fløy inn, og slik ble den en del av samlinga. Slike små insekter satte jeg opp på en litt annen måte enn de store, siden de ville blitt ødelagt av insektnåla. De ble satt på et stykke papp, som jeg så satte nåla gjennom. I 1972 satte jeg opp ei samling av de mest vanlige og iøyenfallende artene, som kunne finnes i nedslagsfeltet rundt Namnåa. Den ble overrakt daværende biologilærer Gunder Aas ved Grue ungdomsskole, for å bli brukt i biologiundervisningen.

I dag er insektfaunaen mellom Haugli og Namnåa fullstendig forandret. Borte er de produktive kantsonene, rankene som måtte ligge i sju år etter at bulldozeren hadde dyttet dem sammen, og den gamle barskogen. Tilbake er åker og plen. Det er også et habitat for insekter, men for en langt mer ensartet fauna enn den som fantes for 50 år siden. En må også gå ut fra at miljøet for insekter i selve åa har forandret seg. Fra 19-30-åra ville det etterhvert ha blitt påvirket av bureisinga på nordsida, beskrevet av Bjørn Tuer i hans bok «Bureising i Solør». Landskapet forandret seg fra utmark og skog til beitemark og åker langs vassdraget, med påfølgende næringstilsig ned i åa fra dyrket mark. De forandringene, i tillegg til at fløtinga hadde opphørt, ville ha vært innflytelsesrike effekter da jeg samlet insekter for 40 år siden. I den perioden ville det ikke ha vært noen særlig innvirking av sigevann fra fyllinga i Smidholen, siden den ble anlagt i 1967. Men etter at den ble nedlagt i 1997 ble det i 2000 og 2001 målt tilsig fra dette de-

*Lusflue av slekta* Ornithomya, *som landet på kinnet mitt. De andre norske slektene har reduserte vinger og kan ikke fly.* W.

*I 1972 satte jeg opp ei insektsamling for Grue ungdomsskole. Her sammen med min lærer Gunder Aas. Østlendingen.*

poniet, gjennom Hammerbekken. Konklusjonen var at verdiene av uorganiske miljøgifter var lave og det ikke var behov for å foreta tiltak slik området brukes i dag. Jordene på flere av eiendommene er nå presset helt ned til åkanten, samt at Blekkvettskogen har blitt omgjort til dyrket mark, noe som har skapt enda mer tilsig av næring i vannløpet.

Namnåa har etterhvert kommet med i vurderingsplaner om artsfaunaens verneverdighet gjennom undersøkelser utført av BioFokus, som er lagt inn i Miljødirektoratets Naturbase. To besøk ble gjort den 3.6. og 9.7. 2008, og den relativt sjeldne øyenstikkeren Gulvinget høstlibelle ble funnet i gode bestander langs nedre del og i utløpet av åa, ved Heggertjennet. Kongeøyenstikkeren, som er Norges største øyenstikker, ble sett ved Kvernbakkdammen. Den øyenstikkeren skal ikke forekomme i innlandet, men det ble i 2013 presentert fotografier fra Toten, som klart viste at arten hadde tilhold i et lokalt vassdrag. BioFokus fant også Trettenprikket marihøne, ei slekt som har fem arter i Norge og finnes i forbindelse med våtmarker. Selv fant jeg flere arter av marihøner, bl.a. to som

*Den relativt sjeldne Gule høstlibellen ble funnet av BioFokus i gode bestander ved Namnåas utløp i 2008. W.*

*Kongeøyenstikker, som sammen med Blågrønn øyenstikker og Brun øyenstikker utgjør de tre største artene i Norge, forekommer alle ved Namnåa. Kongeøyenstikkeren ble funnet av BioFokus i 2008, mens jeg har registrert de to andre artene. W.*

*Trettenprikket marihøne, en marihøneart som opptrer i våtmarker, ble funnet av BioFokus ved Kroken i 2008. W.*

*Sivbukken* Plateumaris sericea, *funnet ved Kroken i 2008. W.*

*Stripet marihøne (tv) og Øyeprikket marihøne, begge klassiske nåleskogsarter, registrerte jeg allerede tidlig i 1970-åra. W.*

er klassiske nåleskogsarter. Det var Stripet marihøne og Øyeflekket marihøne, den sistnevnte er Norges største, med en lengde på opptil en centimeter. I tillegg til øyenstikkere og marihøne observerte feltbiologene fra BioFokus insekter, som er naturlig knyttet til vassdrag, som mudderfluer, døgnfluer, vannymfer og sivbukken *Plateumaris sericea*.Ved Kvernbakkdammen ble det registrert Blåvinge-vannymfe, en art som har vært vanlig i hele Namnåas nedslagsfelt iallfall de siste 60 år.

I enkelte perioder har insekter gjort store skader på skogen i det nedslagsfeltet. At Jan Erik fant et reir av tretåspett ved Sormen i 1972 var ingen tilfeldighet. Granbarkbillene hadde utviklet store populasjoner i de områdene som følge av mye snø- og vindfallen skog, som hadde ligget og råtnet siden vinteren 1969. Utover i 1970-åra fulgte billeangrep på skogen som en ikke hadde sett siden 1800-tallet, delvis på grunn av den storm- og snøfelte skogen, delvis på grunn av lagring av trevirke, og i tillegg var sommerene 1969 – 1976 de tørreste siden 1840 - 1850. En dominoeffekt av dette var at bestanden

*Blåvinge-vannymfe ble sett av BioFokus ved Kvernbakkdammen i 2008.W.*

*Stor granbarkbille,* Ips typographus. *W.*

til billespesialisten tretåspett vokste tilsvarende, og hekkinger ble funnet flere steder i 1972.

Det er særlig Stor granbarkbille, *Ips typographus*, som angriper skog i slike mengder at store skader oppstår, og den er den eneste arten som kan drepe levende trær. Hannene starter boringen i trevirket og sender så ut et artsspesifikt luktstoff kalt feromon – i dette tilfellet aggregasjonsferomon, eller samlingsferomon. De luktstoffene tiltrekker begge kjønn, og snart er angrepet i full gang. I 1970-årene utviklet norske forskere ved Institutt for skogforskning sammen med industrikonsernet Borregaard det feromonet syntetisk, og brukte det fra 1979 til fangst og overvåkning av granbarkbillenes populasjoner. Det er blitt utviklet flere typer feller, men i 1980 ble det laget ei felle kalt M 80, som ble antatt som «standardfelle». Resultatene fra 2011 – 2013 viste at det i Hedmark ble fanget et gjennomsnitt på 4895 biller pr felle. Grue kommune var nesten 32% lavere enn fylkessnittet, med 3341 biller pr. felle. Variasjonene i fangsten av granbarkbiller i Hedmark fylke er vist i kurven på side 434.

Et annet insekt som kan gjøre stor skade på furuskog er Rød fu-rubarveps, *Neodiprion sertifer*. Omfattende angrep kan

*Larvene av granbarkbilla gjør den verste skaden, som er lett kjennelig hvis en flår barken av de angrepne trærne. W.*

*«Borregaardfelle» for granbarkbille. W.*

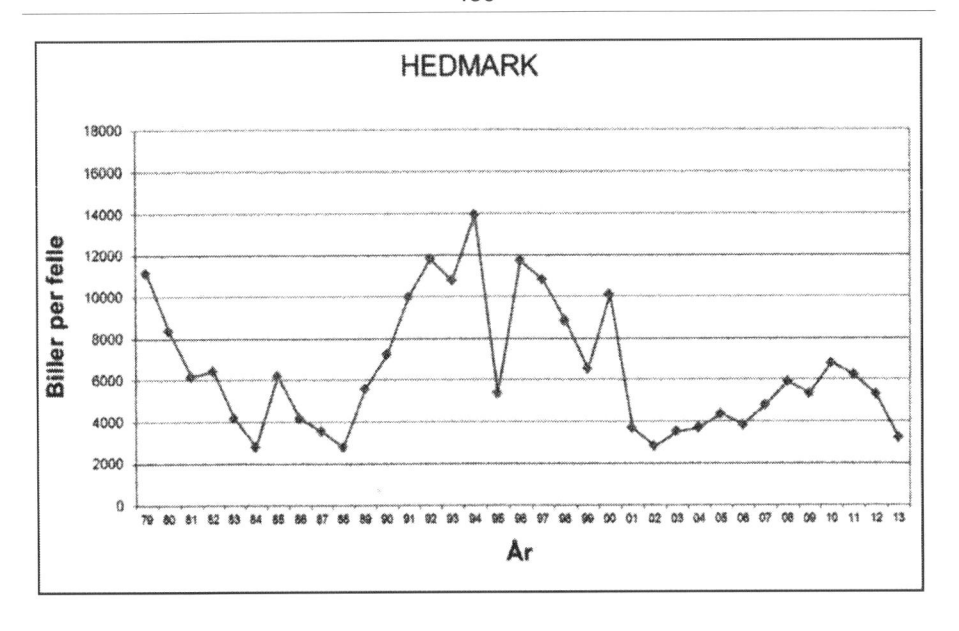

*Antall granbarkbiller pr. felle i Hedmark 1979–2013. Skog og landskap 2013.*

*Rød furubarveps. W.*

*Larver av Rød furubarveps angriper et furutre. W.*

*Da larvene av barvepsen har gjort seg ferdige med arbeidet er alle furunålene oppspist. W.*

forekomme over 2-4 år. Det ble registrert angrep i Åsnes i 2004, og i 2006 hadde vepsen spredd seg sørover til Namnsjøen, og vepselarvene ble funnet både i Bruberget og Salberget på ungskog i hogstklasse 2. Larvene spiser furunålene og etter at larvestadiet er over slipper de seg ned på skogbunnen og forpupper seg. Etter klekking flyr de voksne tilbake opp i trekronene hvor hunnen legger egg som tåler vintertemperaturer på 35 – 40 minusgrader. Angrep av Rød furubarveps sprøytebehandles med et naturlig forekommende og artsspesifikt Baculovirus i familien Nucleopoly-hedrovirus, som dreper larvene. Det er et virus som bare angriper furubarvepsen, og selvom det har blitt påvist at det kan trenge inn i pattedyrceller, har en ikke klart å få det til å formere seg der. Slik utgjør viruset en biologisk bekjempelse som ikke influerer andre arter enn målgruppa.

I eldre tid var folk plaget med skadedyr også innendørs. Med forbedret boligstandard, arbeidsrutiner og moderne bekjempelsesmidler kan disse nå holdes under kontroll. Skogsarbeidere som bodde i koier hele uka var ofte plaget av kroppslus, *Pediculus humanus*. På visse steder hadde de derfor såkalte «lusovner», som de brukte da de var på vei tilbake til bygda etter endt arbeidsuke. Lusovnen var en konstruksjon av større og mindre steiner med et innvendig brennkammer, som lot røyken sive ut mellom steinene på toppen. Skogskarene la alt tøyet som skulle renses for lus over ovnen slik at røyken sivet gjennom dem og tvang insektene ut. Kroppslusa skjuler seg i sømmer i tøyet da den ikke stikker og suger blod fra verten, så å koke klærne var også en god metode. Ellers kunne en bruke et pulver av sabadillefrø, ekstrahert fra ei plante i giftliljefamilien kalt *Schoenocaulon officinale*. Det inneholdt det giftige alkaloidet Veratrin som effektivt avlivet lus, men med overfylte soveplasser kunne nok bekjempelsen likevel være problematisk.

Hodelus *Pediculus humanis* var også ei stor plage. Den limer fast eggene på hodehårene, og som andre lus har den såkalt ufullstendig forvandling, det vil si at fra egget klekkes ei lita lus som etterhvert vokser via flere stadier til full størrelse.

Cato Sletten ved en lusovn mellom Holmslia og Granerud.
Jan Erik Fosseidengen.

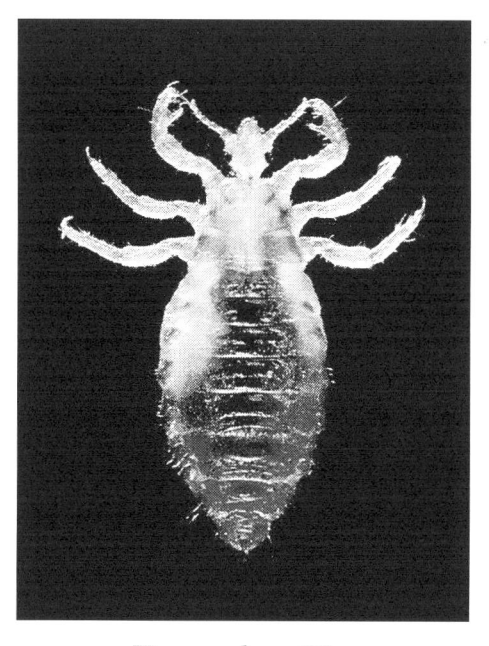

Kroppslus. W.

*Hodelus.W.*

*Hodelus på en Q-tip.W.*

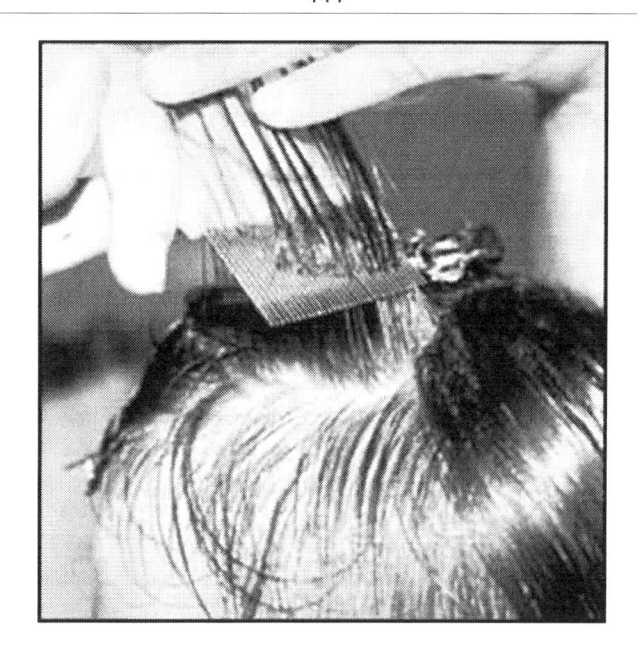

*Bekjempelse av hodelus med luskam. W.*

Hodelusa beveget seg lett fra hode til hode, og det var særlig barn som var utsatt under fysisk kontakt, ved lek eller når de sov sammen. Opprinnelig var fingernegler og luskam de eneste midler, som fantes for å fjerne hodelus. Lusekammer brukes også i dag, men hovedsaklig består bekjempelsen i å bruke en sjampo som inneholder et insektmiddel, gjerne en syntetisk form av chrysantemum-ekstraktet pyrethrin, kalt permetrin.

En tredje luseart, som kunne forårsake problemer var flatlusa, *Pthirus pubis*. Den overføres kun ved seksuelt samvær, og huker seg fast i hår, som har et trekantet tverrsnitt (i skrittet, under armene, i øyenbrynene) og ikke der tverrsnittet er rundt (på hodet). Som de andre lusene forårsaket den utslett og kløe, og ble vanligvis bekjempet med kvikksølvsalve. I dag brukes syntetiske insektmidler, da kvikksølv er et svært giftig metall. Norske myndigheter la importforbud på kvikksølv fra 1. januar 2008. Midlene som brukes mot flatlus er enten permetrin, som for hodelus, eller den organiske fosforforbindelsen malation.

Et annet blodsugende insekt, som forårsaket problemer innen-

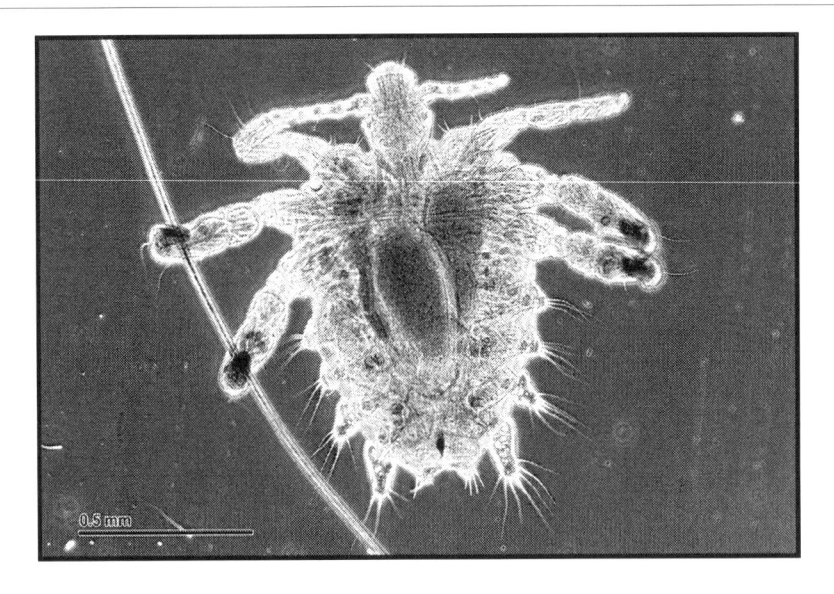

*Gjennomlyst flatlus som har huket seg fast til et kjønnshår. W.*

dørs, var Veggedyret, *Cimex lectularius*. Veggedyret er den beste haikeren en kjenner til i insektverdenen, og det huker seg fast til klær, sko etc. og lar seg frakte fra rom til rom, og fra hus til hus. Det slår seg gjerne til i nærheten av senga, der det kan invadere verten om natta for å suge blod, og gjemme seg i senga eller langs golv- og taklister om dagen.

*Veggedyr. W.*

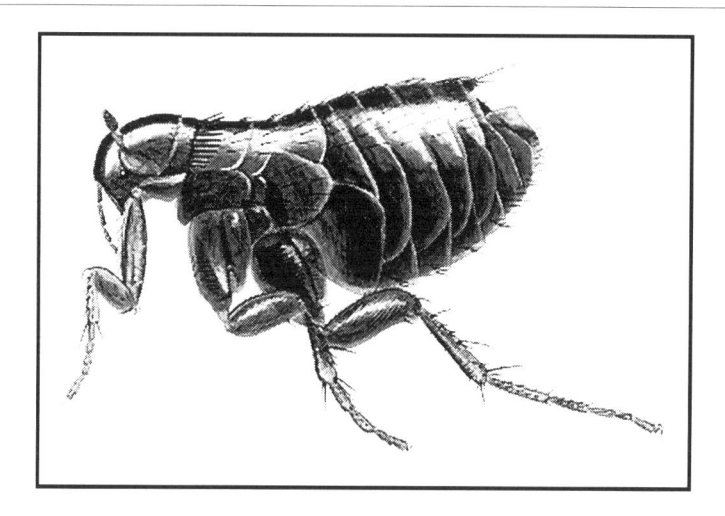

*Hønseloppa er flattrykt fra sidene for å kunne bevege seg lett gjennom fjær og pels, i motsetning til lus og veggedyr, som er flattrykte ovenfra for å kunne klemme seg godt ned mot vertens kropp. W.*

Veggedyret er svært lett å få med seg hjem, men uhyre vanskelig å bli kvitt når det har etablert seg. Selvom huset står ubebodd i en periode, kan insektet overleve uten mat i opptil 13 måneder. I tidligere tider fantes det ingen gode midler for å bli kvitt veggedyr. I dag bekjempes de med syntetiske insektmidler og ved å varme opp rommet der de befinner seg til over 45 grader celcius, som er den høyeste temperatur de kan overleve. Dyra kan også drepes ved behandling med damp fra kokende vann, eller at infesterte klær kjøres gjennom tørketrommel. I perioden 1950 – 1990 regnet en med at veggedyret var nesten utryddet i Norge. Med den økende turisttrafikken til Sør-Europa, Afrika og Asia bringes imidlertid mange veggedyr hjem fra ferie i kofferten, og etablerer seg igjen i norske soveværelser.

En vanlig parasitt, som noen ganger invaderte våningshuset på gårdene, var Hønseloppa *Ceratophyllus gallinae*. Den kunne spres både av høns som flakset med vingene, eller loppene simpelthen falt av fuglekroppen. Loppene kunne også finnes i småfuglreir under takskjegget, og da fuglene forlot reiret på ettersommeren kunne de sultne insektene, som akkurat hadde mistet verten, komme inn i huset på utkikk etter blodmåltider.

## PLANTER

Det var lite tid jeg prioriterte til arbeid med insekter i forhold til fugler. Insekter er iøyenfallende og morsomme å studere, men med 15 000 beskrevne arter i Norge, var det nødvendig å spesialisere seg, noe jeg aldri gjorde. Selvom plantene er en mye mer oversiktlig gruppe med bare 2000 arter – som i tillegg står fullstendig stille - avsatte jeg enda mindre tid til dem, og ble aldri noen botaniker. Jeg strakte meg ikke lengre enn til å presse de 40 plantene som krevdes for å passere naturfageksamen i grunnskolen og ungdomsskolen, og de 100 som var nødvendige til samme formål på gymnaset.

Likevel var det endel planter som var godt kjente når en vokste opp i landlige omgivelser. Disse plantene representerte både kulturelle tradisjoner og næring, selvom næringsaspektet hadde blitt betraktelig redusert gjennom det siste 50 til 100 år før jeg ble født.

*Gåsunger – de lodne hanraklene til selja. W.*

*Årets første hestehov. W.*

Om våren fulgte vi det tradisjonelle atferdsmønsteret, som generasjoner av unger før oss hadde gått gjennom. Da snøen brånet vasset vi i søla for å plukke gåsunger – de lodne hannraklene til seljetreet. De bragte vi hjem og satte i vann. Så var det hestehoven. Å bringe mamma vårens første hestehov var noe stort. Den fikk også plass i vinduskarmen. Deretter kom turen til hvitveisen og blåveisen. Når sevjeoppgangen i selja var på sitt høyeste lagde vi seljefløyter. De kunne ha mange forskjellige størrelser og utforminger, men lange fløyter med stor diameter var vanskelige å lage, fordi barken måtte gli av over et stort område. For å hjelpe til med å løsne barken ble den banket forsiktig over hele fløyta med moraknivskaftet, før den ble forsiktig vridd og trukket av. Det var en skikkelig kunst å lage gode fløyter, og jeg fikk aldri til å lage noen som var av tilnærmelsesvis samme kvalitet som de min far skar ut, selvom han lærte meg teknikken. Saftoppgangen i løvtrærne om våren gjorde også at vi kunne samle bjørkesava. Det ble gjort ved å kutte ei grein på tykkelse med en flaskehals, stikke ei flaske innpå og la den henge over natta. Da kunne flaska langt på vei være full. I tidligere tider ble sava brukt som en naturressurs, men i min oppvekst var det bare en hobby, som

Ja det er som «dægen»,
hain vækser att, vægen,
me bjørk å me rogn å me vi.
Så vart vi forlekt om å haugge det
meste, en efta som vi hadde fri.

N'Henry hadde'n lja som var åv
omtreint på mitten.
Mein det gjorde ittnå
for hain røkste å ditt'n
å det meste det fækk'n nå åv.

Je hadde øks å en lja som var mindre.
Hain tog det nørdre å je tog de sindre.
Je røkste å nappe å kviste å skårå.
Det vart at en tapp.

Dein tær vi i mårå.

RANO

*Da «laukjæra» ble for tette måtte det «renskes» langs bygdeveien der vi bodde – Sagavegen – og det skrev Ragnar Nordli et dikt om den 17. juli 1979.*

*Min tante Torbjørg Sollien (Hytjanstorp) plukker hvitveis sammen med Gerd Holter. Bildet er tatt ca. 1950. FA.*

*Ei åpnet seljefløyte, som viser konstruksjonen. W.*

skaffet oss et drikke forskjellig fra vann. Der vi bodde var det ikke bare å gå i butikken og kjøpe mineralvann – det var ingen butikk, og ingen penger å kjøpe for. Vi blandet sukker i savaen og brukte den som «ildvann» - brennevin – da vi lekte indianer. Saft fra gran kunne brukes til tyggegummi når den sivet ut som kvae, eller «kåe». Tyggegummi var det bare to forskjellige av i butikken – Toy og Sweet Mint – så alt annet som kunne tygges ble brukt. Det fantes «gokåe» og «gærkåe». Gokåa var gammel, hard harpiks, som var svart utenpå og måtte skrapes med en skarpslipt kniv for å komme inn til den rosa kjernen. Den måtte så pulveriseres i munnen og bearbeides ei stund før den ble til ordentlig «tyggegummi». Etter ei stund ble den hard, smuldrete og ubrukbar - og da kunne den like gjerne spyttes ut. Bare et par ganger fant jeg riktig gokåe, og smaken kunne sammenlignes med Sweet Mint. Gærkåe var det imidlertid overflod av.

Om vinteren ble grangreiner stukket sammen til noe som ble kalt ei «tugu». Den ble lagt på utgangstrappa som dørmatte til å få snøen av støvler og sko med. Et bartre, som ble brukt om våren var eineren, eller brusen. En smekker og spenstig einerstamme var det som skulle til for å lage den beste bua til å drive pilskyting med da det brånet i bakkene. Da furua skjøt skudd spiste vi dem som «snacks». De kunne bare spises en

*Sopelime. W.*

viss periode, for da de nådde den forutbestemte lengda ble de naturlig nok «tréin'e», det vil si det ble som å tygge trefibre.

Bjørkekvister kunne kuttes til bjørkeris, og det lovet jo ikke bare godt for en liten kropp, som hadde forbrutt seg mot reglementet. Navnet ble forkortet til «ris», og vi har uttrykk som «ris bak speilet», som er myntet på en trussel om avstraffelse med bjørkeris. Grovere kvister kunne surres sammen med tynnere, elastiske kvister i den grove enda - slik fikk en sopelimer til å bruke på golvene eller gårdstunet. Erik Iversen på Granerud ved Namnsjøen (ca. 1819 – ca. 1902) lagde slike limer, som han solgte. Bjørkas never ble brukt til å lage neverkonter og neversko til langt inn på 1900-tallet. Min bestefar Torvald brukte neverkont under fløtinga i Namnåa i 1920, og på bildet fra Nord-Monsrud side 75 og likeledes bildet av Ole Arnesen «Hjelmen» side 100 ser vi konter i bruk.

Av den tykke barken på furua kunne vi skjære barkbåter. Min

*En ukjent fotograf tok dette udaterte bildet av fløtere i Skasen, som alle har neversko og neverkonter. Heimstadsforeningen Finnetunet 1992.*

far lagde flere til meg da jeg som 3-4 åring lekte i vannkanten ved hytta ved Namnsjøen. Med ei fyrstikk som mast og et papirseil revet av kalenderen seilte de inn i solskinnet på det småkrusete vannet - og jeg så dem aldri igjen.

Etter at vi hadde plukket gåsunger, hestehov, blåveis og hvitveis var det andre sommerblomster som ble gjenstand for oppmerksomheten. Den gule smørblomsten – som egentlig heter engsoleie, kunne fortelle oss om vi likte smør eller ei. Ved å sette den nær huda under haka kunne blomsten speile seg der, og en kunne se et gult skinn på huda. Det var et sikkert tegn på at du likte smør....men det så da vitterlig ut som om alle likte det? Prestekragen ble brukt for å forutsi framtida – jentene brukte den for å finne ut hvem de skulle bli gift med. Mens de plukket kronblader gikk regla: «Bisp, prost prest, enkemann, ungkar, finne, fant». Regla sa mye om det

*Barkbåtene forsvant inn i sollyset på den småkrusete sjøen......IF.*

gamle, klassedelte samfunnet – kirkens maktposisjon var framhevet ved at dens øverste representanter ble nevnt først. Med enkemenn ble det nok ment de som satt igjen med gård og ungeflokk etter at kona hadde gått bort, noe som ikke var uvanlig på grunn av høy kvinnedødelighet etter mange og vanskelige fødsler. De mennene var et godt gifte for unge kvinner, selvom de var både 20, 30 og 40 år eldre – men aldersforskjellen kunne også svinge andre veien, hvis enka satt like godt i det. Ungkarer sto langt nede – de hadde ofte ingenting hvis de kom fra fattige familier. Så var det finnenes etterkommere, som bare såvidt greide å holde seg over fanten, som var en rotløs vandrer som levde på andre.

Engsmella var velkjent. Den har et blæreformet blomsterbeger, som kan «smelles» på samme måte som en oppblåst papirpose. Kunsten å smelle den var en del av barneopplæringa. Om sommeren hadde vi gris, og den var det ungenes oppgave å fóre med godterier fra planteriket. Bak do vokste det «sørv» eller vassarve, og den ble plukket med jevne mellomrom. Vassarve var i tidligere tider brukt som næringsrik menneskeføde, både i suppe og stuing, men i min barndom ble

*Smørblomsten viste deg om du likte smør. W.*

*Bisp, prost, prest.....prestekragen fortalte hvem jentene skulle gifte seg med. W.*

*Prestekragene ble også brukt til å lage kranser i håret. UF.*

*Å få engsmella til å «smelle» var en del av barneopplæringa.
W.*

*«Sørv» eller vassarve vokste bak do. Det var god grisemat.
W.*

den betraktet kun som grisemat. I tillegg plukket vi «eldmerkje», eller geitrams. Den var lettvint å finne og plukke, og grisen likte den godt.

Da jeg gikk på folkeskolen ble jeg overrasket over å lære at vi hadde kjøttetende planter i Norge. Jeg trodde det var noe som bare fantes i tropiske strøk. Ikke bare fantes de – en av dem var forbundet med naturalhusholdningen i gamle dager, nemlig tettegras. Bladene har ei fettaktig overflate som kunne gnis på innsida av karet som tettemelka skulle produseres i, og melka ble så helt oppi og satt til å syrne. Flere undersøkelser har sådd tvil om det lot seg gjøre, men ifølge en rapport fra Statens Næringsmiddeltilsyn i 2003 ble det i ei hovedfagsoppgave ved Landbrukshøyskolen på Ås bekreftet at prosessen var mulig (Haug 1996). Imidlertid var det vanligst å pode tettemelka med en kultur fra tidligere melk, men var prosessen treg kunne ny kultur lages ved hjelp av blader fra tettegraset. Min mor tilbragte mange sommere på Smea i Bergesida hos sine besteforeldre i begynnelsen av 1930-åra, der hun overvar produksjon av tettemelk. Ifølge henne var det ingen

*Store forekomster av geitrams på et brannfelt. At den er ei pionérplante i utbrente biotoper har gitt den tilnavnet - eldmerkje. W.*

*Tettegras. W.*

*Hos mine oldeforeldre Olivia og Magnus Dammen på Smea ble det laget tettemelk. Her er de med kuene Litago og Dokka. FA.*

*En liten sommerfugl har latt seg friste av soldoggen. Insektets bevegelser får de lange kjertelhårene til å produsere mer slim og bøye seg rundt byttet. S.*

tvil om at tettegras laget tettemelk, siden mine oldeforeldre plukket planta spesielt til det formålet.

Den andre kjøttetende planta hadde jeg tråkket på mange ganger uten å være klar over det. Det var soldoggen, som vi har tre arter av i Norge. Det er rundsoldogg, smalsoldogg og dikesoldogg, men med mine sviktende botaniske kunnskaper var de alle «soldogg» for meg. En eller flere vokste på myrene ved Namnsjøen, og var veldig enkel å få øye på – når jeg visste hva jeg så etter. De var nemlig svært små. Planta har mange lett synlige, lange, røde, klebrige kjertelhår som dekker de grønne bladene. De hårene kan få insekter til å sitte fast. Ved å fortære insekter kan soldoggen skaffe seg proteiner og nitrogen.

Ei anna plante som var viktig i husholdningen var karve. Min bestemor Margit Sollien lagde sin egen pultost, og da var karven et uunnværlig element for å få den rette smaken. Selv

*Karve. W.*

kunne jeg aldri få meg til å like pultost. Da syns jeg at karvesmaken var langt å foretrekke ved Julekveldsbordet, i akevitten...... I Norge er det beskrevet omkring 240 arter av løvetann. Løvetann er et standhaftig ugras som sprer seg lett via fnokk, små «fallskjermer» av flyvende frø, og blomstene kan sees over alt – på jorder, enger og i lier. Den er utrolig god til å regenerere, og den minste del av rota som blir igjen i jorda når en luker blir ei ny plante. Fordi den åpner seg om morgenen og lukker seg om kvelden har den blitt kalt gjeterklokke.

På tross av at den er et ugras, er det likevel en god egenskap som kan tillegges løvetann - den er svært anvendelig. Røttene kan bli brukt som kaffeerstatning, de unge bladene som salat – imidlertid er de vanndrivende – bladene kan også brukes til te, og kanskje det mest tiltalende trekket ved planta: Hodene kan brukes til å legge vin. Personlig erfaring tilsier at

*Min bestemor Margit Sollien lagde sin egen pultost. Her er hun sammen med bestefar Torvald og min tante Ingrid. Bildet er tatt ca. 1940. FA.*

*Løvetann. W.*

*Fnokk, eller løvetannfrø, som vi moret oss med å blåse av de runde «ullhodene». W.*

løvetannvin yngre enn to år med fordel kan unngås. Etter 5 år er den imidlertid ypperlig.

Under 2.Verdenskrig var det landsinnsamling av løvetannrøtter til anvendelse som råstoff i næringsmiddelindustrien. Det var Colonial-grossistenes Forening i Oslo, som sto for tiltaket, og reklamerte med at ikke bare var det bra å få fjernet løvetann som et farlig ugras, men at det også skapte verdifullt fôr i tillegg til råstoff. De opprettet samlestasjoner for den første bearbeidelse av røttene før de gikk til videreforedling. Det ble utlyst stilling «med god og sikker inntekt for en driftig person i hver skolekrets» for å bemanne stasjonen, der røttene skulle hakkes, vaskes, tørkes og leveres til jernbanestasjonen. Hakkinga kunne gjøres med halmhakkelsmaskin eller de kunne hakkes med annet redskap i 1 cm lange biter. Betalinga til samlerne var 30 øre pr. kilo, mens røttene ut fra samlestasjonen ble betalt med en kilopris av 2.25 kroner, da tørkeprosessen letnet røttene betraktelig.

På våre turer i skog og eng og på vei til og fra badeplassene i Namnåa, spiste vi syrlig «snacks» som vi fant på marka. Det var «surblad» eller engsyre, og gaukesyre. Engsyra er ei god kilde til vitamin C, og har også vært brukt som medisin (vanndrivende middel), og gaukesyra ble brukt i salater.

*«Surblad», eller engsyre. W.*

Den syrlige smaken, som de har til felles med rabarbra, kommer for alle tre planters vedkommende fra samme kilde, nemlig oksalsyre. Det er ei organisk dikarboksylsyre, som forekommer naturlig i mange planter, og syrenavnet blir brukt som en del av det vitenskapelige navnet til gaukesyra – *Oxalis acetosella.*

Tidligere var barkebrød og «barkebrødstider» velkjente begreper. I krig eller uår, da korn til maling av mjøl var utilgjengelig eller folk var for fattige til å kjøpe mjølet, ble den hvite innerbarken på bjørke- og furutrær tørket og malt, og så blandet inn for å «drøye» mjølet. Bjørn Tuer anslår at slikt brød sannsynligvis kan ha blitt bakt i Namnsjøtraktene så sent som på 1890-tallet.

Til å drøye byggmjølet ble det også brukt noe, som ble kalt «hvitmose». Imidlertid var den mjøltilsetninga langt fra noen mose. *Hvitmose* er nemlig et generelt samlenavn på de torvmosene vi finner i myrstrøk, av slekta *Sphagnum*, mens den

*Gaukesyre. W.*

«hvitmosen», som ble brukt til brødmjøl, også var kjent under navnet reinlav. For å gjøre det hele enda mer forvirrende, så er heller ikke lavene planter, slik som mosene. Lav er dannet ved et samarbeid mellom ei alge og en sopp – de to lever i ei såkalt symbiose, til felles beste. De bare *ligner* planter. Og for å sette en ekstra spiss på problemet, så er også «reinlav» bare et samlenavn – den jeg vanligvis så i skogen var arten kvitkrull, *Cladonia stellaris* – og det var sjelden at den ble brukt til mat. Den har mest blitt samlet til bruk i dekorasjoner. Det var **ISLANDSLAVEN,** *Cetraria islandica*, som var den mest næringsrike matlaven – og den er ikke en av reinlavene.......

Islandslaven ble ansett som så verdifull på Island på 1200-tallet at det ble lovfestet at den ikke kunne samles på annen manns eiendom, og for 2 tønner sammenpakket lav kunne en få ei tønne rug. Under den engelske blokaden av Norge under Napoleonskrigene (1808 – 1815) ble det nedsatt en regjeringskommisjon for å drive opplysning om islandslaven som næringsemne. Naturhistorikeren M.R. Flor og presten M.W. Münster ble sendt på reiser rundt i landet for å informere bygdebefolkningen om lavens fortreffelighet som mat, og de ble

*Reinlaven kvitkrull har mest blitt brukt til dekorasjoner. W.*

*Islandslav var den mest næringsrike matlaven. W.*

derfor kalt «moseprester».

I 1950- og 1960-åra ble det plukket mye bær, spesielt tyttebær for salg, men også blåbær og multe. Som smågutt tilbragte jeg mange kjedelige timer på furuholer mens jeg plukket tyttebær i en kopp og ventet på at min mor skulle fylle den veldige 12-litersbøtta. Men det betalte seg om høsten og vinteren – herlig tyttebærsyltetøy og saft sto lagret i kjelleren, og kunne tas når som helst. Tyttebæra kunne også blandes ubehandlet med pisket fløte. Da ble det kalt trollkrem. At plukkinga gikk så sakte var fordi min mor plukket for hånd. Det var mange som brukte «ræpar», en 1-liters bærplukker, som gikk mye raskere. Noen hadde til og med en «bulldozer» - en toliters plukker. Ulempen var at en da også plukket mye kvist og kvas, og det ble mer å rense etter at en kom hjem, mens min mors bær kom hjem praktisk talt ferdig renset. Til rensing kunne en få kjøpt berrænsere som var lange trekasser med «gitarstrenger»» langsetter, der bærene kunne rulle nedover mens urenheter falt ned i kassa. Min mor brukte en enklere metode: Kjøkkenbordet med to bein i ene enda plassert oppå

*Jeg tilbragte mange kjedelige timer på furuholer.........Anne Berit Sollien.*

*Det var langdrygt å vente på at 12-liters bøtta ble fylt. IF.*

*«Ræpar» - 1-liters bærplukker. IF.*

vedkubber slik at det skrånet, en duk for å holde igjen urenhetene ved friksjon, og to planker som formet en V nedover bordplata, som ledet bærene ned i ei bøtte på golvet.

Blåbæra ble plukket for å bli spist der og da, eller den ble tatt med hjem og spist med melk og sukker. Multa ble nesten betraktet som ei «kongelig» bær – det var vanligvis ikke så mye av den, og smaken var høyt verdsatt. Det var nok mulig å plukke 50 liter på skogsmyrene i området rundt Namnsjøen, men for å plukke riktig mye ble det arrangert «ekspedisjoner» til fjells. Det betydde gjerne Trysil eller Rendalen. På tross av at multa hadde en mengde frø ble det fullstendig ignorert på grunn av den gode smaken. Bæra ble også brukt til likør, noe som var et høyt skattet festdrikke, men det som gjorde multa ekstra spesiell, var at den ble blandet med krem og brukt til dessert på en like spesiell kveld – nemlig Julekvelden.

*Multe fra Finnskogen. Jan Erik Fosseidengen.*

Om skogsmyrene skrev Ragnar Nordli et dikt:

SKOGSMYRENE.

«Oasene» i kulturskogen.
Storgrasmyrer, med gjørmeputter.
Froskekor og snipeskrik.
Majestetisk skridende traner –
myrull, lik snødriver,
med grønt innblandet.
En gul sommerfugl sjangler
mellom myrklegg og tistler.
Øyenstikkere, insektenes helikoptere,
jagende etter bytte.

Furukraggmyrer, mosetorvmyrer,
tranebærrøde, moltegule,
med orreleik om våren.
Hanene spredt omkring,
som svart-hvit-røde lakksmykker!
Firfisla ligger på ei tue og «slikker» sol.
I myrkanten, ormen, jaktende på frosk og mus.
Her hekker gulerla, og lerka synger.
En musvåk i ei tørrfuru. Årvåken, speidende.

Høstmyrene - gulbrune. Forlatt av alle, nesten.
Rådyr og skogsfugl finner noe etendes.
Så kommer vinteren!
Og fjerner alle farger.
Men, ennå finnes her liv!
Harestier mellom dvergbjørkkjerr.
Et nysgjerrig revespor.
Elg staker seg over,
fra furuholer til vierdaler.
Men, det er om sommeren myrene lever.
Måtte de få leve evig!

RANO

*Det ble foretatt rene ekspedisjoner til fjells for å plukke multe. Bildet er tatt ca. 1960. Fv: Brynhild Nordli, Gerd Sollien og bileieren, fru Hemsæter. FA.*

På skogsmyrene rundt Namnsjøen vokser det forøvrig en moseart, som er kategorisert som «sterkt truet» på den såkalte **Nasjonale rødlista for planter**, nemlig Huldretorvmosen, *Sphagnum wulfianum*. Hvor ellers ville det være naturlig at Huldretorvmosen vokste, enn der Huldra farer over myrer og langs tjern? Den sårbare mosen ble registrert av botanikeren Reidar Haugan i 2010 og 2011 ved Hansekoia og i Brattåsen, Sormsberget, Salbergsvika og Skulstadberget.

Det har blitt foretatt få systematiske vegetasjonsanalyser av kompetente botanikere i Grue. En naturtypekartlegging ble utført av BioFokus den 3. juni og 9. juli 2008 ovafor brua ved Kvernbakkdammen og ved Kroken, der bare noen få arter ble registrert. Ved Kvernbakken ble de følgende nevnt:

Mannasøtgras
Elvesnelle
Skogrørkvein

Skogsivaks
Skjoldbær
Gulldusk
Blåtopp
Vassgro
Flaskestarr
Myrmaure
Stor myrfiol
Myrrapp
Vendelrot
Mjødurt
Mjølkerot
Myrhatt
Myrkongle
Nordlandsstarr
Vasslirekne
Hesterumpe
Mjuksivaks
Gul nøkkerose
Grastjønnaks

Ved Kroken ble disse registrert:

Pors
Gul nøkkerose
Flotgras
Flaskestarr
Elvesnelle
Blåtopp
Bukkeblad
Myrhatt
Gråor
Svartor
Gråselje
Svartvier
Hegg

Som en skjønner av de begrensede resultatene er det mye å ta fatt på for den som vil bli botaniker i Solør.

*Bringebæra var ettertraktet fingermat. W.*

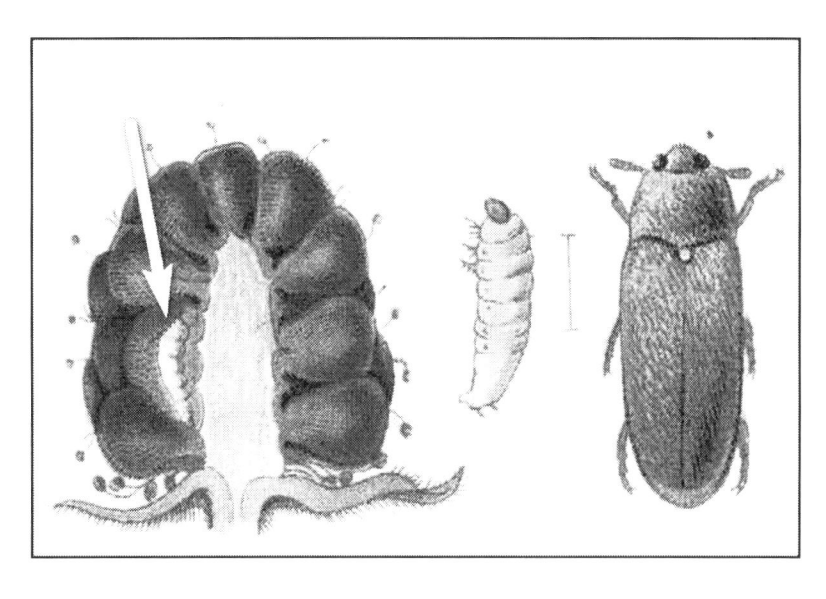

*Vi sjekket ikke alltid like nøye om bæra inneholdt larver av bringebærbille, her indikert med hvit pil. W.*

Bringebær ble også plukket mye, både til syltetøy og saft. Jan Erik og jeg tilbragte dessuten utallige timer på ryggen under bringebærkrattet i rankene som lå bortetter jordene, der trerøtter og steiner hadde blitt skjøvet sammen da marka ble brutt. Der spiste vi til vi ikke orket mer, og sjekket vel ikke alltid like nøye om det var larver av bringebærbille inni bærene før vi puttet dem i munnen. Bringebæra har et godt innhold av vitamin C og E, og mineraler som kalsium, magnesium og kalium, men jeg tror nok at det også fulgte med noe protein fra larvekropper.

De bærene vi fant færrest av, var de som var mest ettertraktet. Liksom multa ble jordbæra sett på som noe spesielt – det var vanskelig å finne mange, og små var de, men utrolig søte. De vi fant ble tredd på et gresstrå og tatt med hjem for å bli spist med melk og sukker. Hjemme hadde vi rabarbra, som var ei vanlig plante ved de fleste hus. Den kuttet vi de store bladene av, skrelte og spiste ved at vi hadde en kopp med sukker i

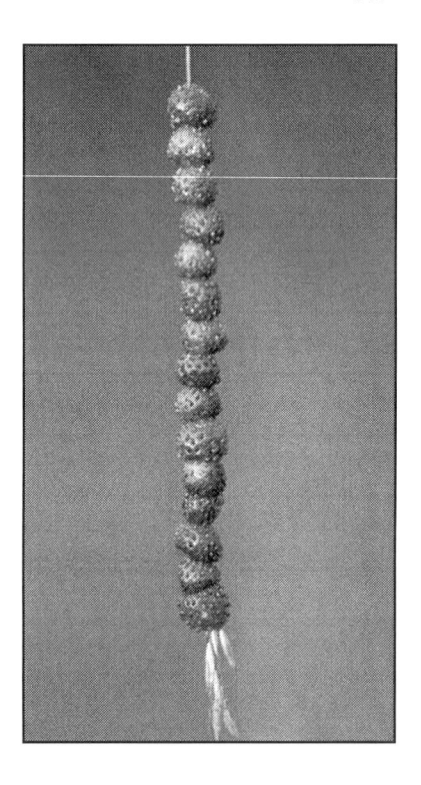

*De få jordbærene vi fant ble stukket på et strå og tatt med hjem. IF.*

*Rabarbraen ble spist rå med sukker, som syltetøy eller som suppe. W.*

hånda, som vi stakk stilken nedi før hver munnfull. Uten sukker var rabarbraen, med sitt innhold av oksalsyre, litt for syrlig. På varme sommerdager var min favorittmiddag rabarbrasuppe, som kom iskald rett fra kjøleskapet, og varme pannekaker med sukker på. Dessuten laget min mor syltetøy, som jeg smurte tykt på brødskiva til lageret i kjelleren var oppspist. Da nepene hadde vokst seg store nok gikk vi på nepeslang. Store neper var et realt måltid, etter at de var skrelt og bladstenglene kuttet ned til 10 cm lengde, slik at de fungerte som et godt «håndtak» å holde nepa med. Nepene kan ha forskjellige utforminger, men de vi spiste hadde halvmeterlange røtter som var så tykke at jeg knapt kunne holde rundt dem. At det var tyveri tenkte vi vel ikke så mye på, når Odd Sagen sto på gårdsplassen og kikket på oss mens han ergerlig spyttet skråen, snudde seg og gikk inn i fjøset......

## OVERTRO, FORTELLINGER OG SAGN

Tror jeg på trolldom, nisser og Huldra? Jeg tror juryen fremdeles er ute og diskuterer den dommen, men da Einar Larsen Bruseteren, den siste beboeren i Brusetra like øst for Namnsjøen, ble spurt av herredsskogmester Johs. P. Sorknes om han trodde på «skrømt» og de underjordiske, svarte han bestemt: «Ja, å de' kan du gjæra au!» Ronald Grambo, Cand. philol. i etnologi og internasjonalt anerkjent folklorist fra Kongsvinger, var min lærer på gymnaset. Han fortalte at Finnskogen og dens trolldomskultur er like kjent blant utenlandske etnologer som voodoo-stammene i Afrika! Brusetra er en av de aller eldste gårdene i Grue. Den ble ryddet allerede før 1350, og lagt øde av Svartedauen. Der bodde ifølge sagnet den handlekraftige Tore Bru, som det er mange historier og sagn etter. Han hadde visstnok gjort seg rik på jern-

*Einar Larsen Bruseteren, den siste som bodde fast i Brusetra, trodde på eksistensen av de underjordiske og «skrømt». Johs. L. Sorknes.*

*Min lærer, Ronald Grambo, indikerte at trolldomskulturen på Finnskogen var like kjent blant etnologer internasjonalt, som voodoo-stammene i Afrika! UF.*

utvinning, og var en av de mektigste menn i bygda. Om Tore Bru har Asbjørn Madshus skrevet i sin:

### VISE TIL NAMNSJØEN

Som en tåre fra Guds øye,
som en gave fra det høye
ligger sjøen der i skogen
under bergets ville ur.
Og når sommerdagen heller,
høres muntre sauebjeller,
ku som rauter, kalv som danser,
lokkes hjem av neverlur.

Her er luften fylt av toner
fra et kor på millioner,
hvert et strå og hver en rose
bivrer i naturens fang.
Her er vår med sildrebekker,
haredans og frosk som kvekker,
her er holmer, skjær og viker,
skogens sus, en stille sang.

Mørket kommer, stjerner synger,
vekker frem så mange minner,
nattens fred er som en lindring,
smelter sjelens snø og is.
Som en tåre fra Guds øye,
som en gave fra det høye
ligger sjøen der i skogen
i vårt eget paradis.

Dyrebrøl fra menneskejeger,
stønn i mose, ild i teger,
grønne djevlemasker, stumme,
grinende fra bunnets slam.
Igler, svarte, infernalske,
klamme krypdyr, onde, falske,
og alene, brei om bringen,
Tore Bru i gammel pram.

Rodde han, den gamle, vise,
uten håp i redsels krise?
Var han redd, der på toften,
eller ensom og forlatt?
Var det kamp mot trolske armer,
eller svarte heksetarmer,
som i ørske eller avsinn
drev ham ut i gjørmens natt?

Nei, slike ånders pestilenser
tirret ham, ja til de grenser.
Knoker hvitnet på hans never
i åretak mot nordasno.
Kuet, nei, om han var kringsatt,
kniv ved kneet, drap ved midnatt,
fossedur som fristet skogen,
hekser skrek, men Tore lo!

Dagen våkner, mørket viker,
onde ånder rømmer, viker,
inn i berget, ned i bakken,
slik de alltid gjorde før.
Der de legger nye planer,
mye verre enn du aner.
De vil kverke, de skal drepe,
gleder seg når noen dør.

Bare Tore er tilbake i sin pram,
ser fisken vake,
speider vaktsomt over vannet,
ror så hjem til seterbu.
Og når sommerdagen heller,
høres muntre sauebjeller,
ku som rauter, kalv som danser.
«Vær beredt», sa'n Tore Bru.

Øst for Brusetra ligger en myrstrekning kalt Prestmyra, med et lite tjenn - Presttjennet. Ifølge et av sagnene om Tore Bru fikk den sitt navn etter en hendelse som utspant seg en vintersøndag da Tore reiste til kirke. Siden Tore var en av storkarene i bygda, kunne ikke gudstjenesten begynne før han var på plass. En søndag var han imidlertid så sein at presten ikke ville vente lengre, men ringte med kirkeklokka og gikk igang likevel. Etter avsluttet gudstjeneste tok Tore presten med seg i sleden på sin ferd tilbake til Bru, og da de kom til myra slengte han presten uti mens han sa: «Sjå nå til hvor fort du kan kava deg ned til kjerka, att!» En annen versjon av sagnet forteller at sleden gikk gjennom isen på Presttjennet og presten falt i tjennet og druknet.

Det har vært setring på Brusetra fra omkring år 1500 til ca. 1900, da 10 voller var i bruk av Sør- og Mellomgrenda Sorknes. I 1920- eller 1930-åra fant Thorvald Sagerud 3 spinnehjul av kleberstein i Knartmyra under grøfting. Håndtein med spinnehjul for å spinne ull eller lin ble erstattet av hjulrokken i middelalderen, men ble også brukt seinere. Ved en gradvis nedtrapping ble det så drevet med bare ungdyr, sauer og geiter fra ca. 1910 og 20 år framover. Ved Brusetra ligger Bruseterknarten, Knartkjerka og Knartkjella og gammel er den overtroa, som knytter seg til dem. Gunder Paulsen, broren til Johs. L. Sorknes' oldefar, forteller i boka «Minder» fra 1872 at da han som 10-11 – åring, ca. 1830, måtte holde vakt i Brusetra så løshestene, som gikk i skogen ikke brøt seg inn og tok for seg på vollene, var han skremt. Husmannen Andreas Stornilsplassen hadde fortalt at både han og andre hadde sett det underjordiske Bergfolket i Bruseterknarten, og at de i gamle dager lokket eller tok gutter og jenter fra Sorknes inn i berget. De som var så heldige å unnslippe igjen, ble åndssvake. Bergfolket kunne også gjøre seg usynlige. Gunders far var imidlertid av den oppfatning at alt snakket om underjordiske bergfolk var bare vås.

Gunder fikk med seg søstera Anne, som ikke gjorde situasjonen bedre. Hun var to år eldre enn ham og veldig overtroisk. Anne hadde mange beskyttelsesformularer og besvergelser,

*Interiør fra Brusetra i 1931. Johs. L. Sorknes.*

som hun hadde lært av Anne Venberget, ei tjenestejente. På Våler Finnskog, der hun kom fra var det en mann som var kyndig i bruk av miksturer, som han leste besvergelser over, mot forskjellige smerter som hold og tannpine. En av dem inneholdt noen dråper væske klemt ut av en fersk hestelort. Han kunne også mane fram regn, og få ei regnskur til å dele seg og omgå høybreiene hans.

På veien til Brusetra følte Gunder og søstera at alt sannsynligvis ville gå vel, da ei «tite» (lokalnavn for meise) kom flyvende og hilste dem. Men da de gikk for å hente vann i Knartkjella hørte de en fæl lyd – «som et dybt, stærkt brøl fra et menneske». At det var Bergkallen som utstøtte ropet var de ikke i tvil om, og mens de gikk tilbake fra kjella leste de Fadervår og andre bønner, korset seg og sa «Vik fra meg, Satan!» Gunders far lo av dem og sa at det bare var ei kattugle de hadde hørt - men hvis det var ei ugle var det nok helst en hubro, som var så grovmålt. Den har en meget aktiv sangperiode om høsten, og holdt sikkert til i Bruberget på den tida.

*Eldhus (våningshus) i Brusetra. Johs. L. Sorknes.*

*Det lengst bevarte eldhuset i Brusetra – Turuhaugen – sommeren 1953. Johs. L. Sorknes.*

*Fra Brusetra i juli 2010. Jan Erik Fosseidengen.*

På Finnskogen er det mange steiner, som har fått spesielle navn – prekestol, hengestein, ruggestein, pukstein, brurstein, jutulstein – og enda mer eksplisitte navn med seksuell tilknytning, ble vi fortalt av Mentz Kvesetberg en gang i 1960-åra (bilde s. 377). Han var lommekjent i traktene der vi vanligvis ferdes, og hadde mye interessant å fortelle. Blant annet fikk han nok skogeier Valentin Sibbern til å tro på trolldom, den gangen han plukket haren ut av Sibberns los i Purustorpet. Mentz var sammen med sin nevø, Erik Kvesetberg (den samme Erik, som er formann i Solør slektshistorielag) og kjørte inn vinterfór til geitene. Fóret - «lauvkjærv» - ble forøvrig kjørt inn med en heislae med tænameier, dvs. en ca. 2.5 meter lang slede med karmer og granmeier uten jernbeslag. En slik slede var stødigere i ujevnt terreng enn ei vogn, gikk lett på grasbakken og ble også brukt hjemme på gården.

Haren kom farende gjennom et hull i gjerdet der de arbeidet. Siden Mentz visste at den gjerne tok samme runden om igjen, satte han ei snare i gjerdet, fanget den og gjemte den i et knippe med lauvkjærv, som han holdt under armen. Sibbern og jaktfølget kom pesende opp til stedet der Mentz og Erik sto, og kunne ikke skjønne hvor det hadde blitt av haren. Den hadde – som ved trolldom – forsvunnet i løse lufta. Sibberns hunder hoppet opp og ned rundt Mentz og gjødde.

«De' er dålige hunner du har, Sibbern...», sa Mentz, «-bære springer rundt mæ isteille fær å finna hæran!»

Den store hann-haren som gikk i snara ble middagsmat – men ikke hos Sibbern.

Også Johs. P. Sorknes, Johs. L. Sorknes' far, visste mye om de gamle merkesteinene. I Søgardsteigen nord for Jernåtjennet lå Bjønnsteinen, som hadde ei fortelling knyttet til seg. På den sto det en gang to karer, Skulstadberger'n og Løstibakken. Sistnevnte skulle være en ætling av den berømte bjørnejegeren «Fogdeskytten», Ole Mortensen på Kalkot under Opset (1755 – 1829), som opp til 1819 hadde felt 82 bjørner og 79 ulver. En av de to karene hadde tilsynelatende ikke det samme mot til å drive bjørnejakt som Fogdeskytten. De hadde lagt ut åte for bamsen, men da den kom ble han så redd at han truet med å dytte skytteren utfor, hvis han løsnet skudd. Dermed fikk bamsen gå i fred, og steinen fikk et navn.

Det fantes mange hvilesteiner, en av dem lå langs setervegen fra Sorknes til Brusetra. Den hadde sete og fotpall, og en fordypning der regnvann samlet seg for den som var tørst. En annen hvilestein lå ved Huldertjennsbekken. Nord for Brusetra, i Norgrenseterveien, lå Hojarstein. I gamle dager klatret arbeidsfolket i skogen opp på den i hviletida og hojet til seterjentene i Brusetra, i håp om å få svar. Ved Grautsjøen lå Fisjarstein. Under den var det stor nok plass til natteleger for 3-4 fiskere. Langs den gamle Brusetervegen oppover Brattåsholen lå Pukstein. Den hadde tre parallelle, hvite kvartsstriper tvers over, og sagnet visste å fortelle at det var hjulsporene etter Tors vogn en gang han kjørte der, fra Kloppen til Fjøråsen og Bjørkåsen. Det var en utdypning i steinen som samlet opp regnvann, og der lot Tor bukkene drikke. Nær toppen av Salberget fantes det ei stor, eggformet granittblokk. Sagnet om den, var at den rullet ned Salberget og opp igjen, når lyden fra kirkeklokka nådde helt dit opp.

*Valentin Sibbern kunne ikke skjønne hvor det hadde blitt av haren.....Norskog.*

*.....som ved trolldom hadde den forsvunnet i løse lufta. W.*

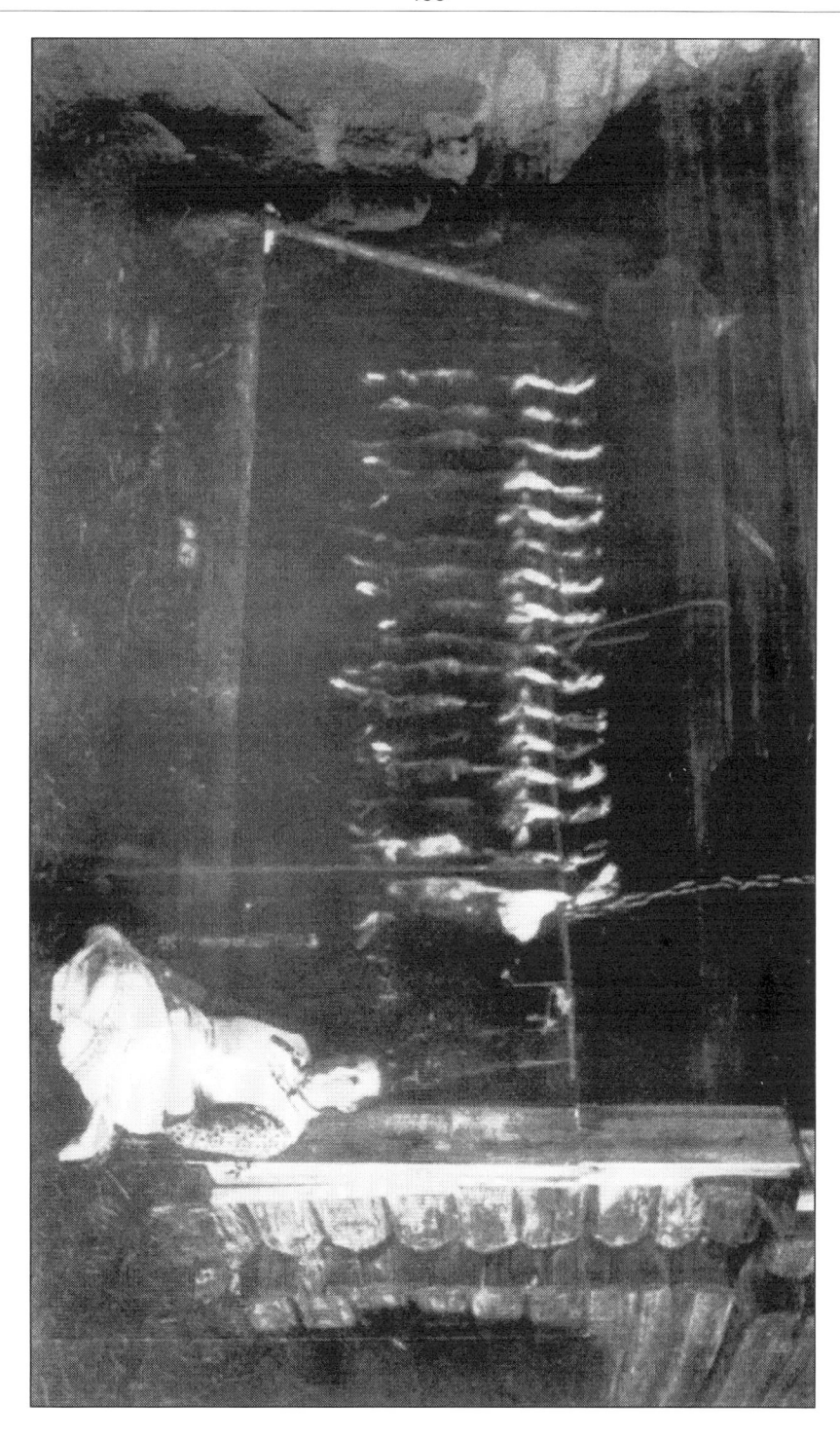

*Sibbern var ikke vant til å miste hare i losen. Her er Ole og Marie Hytjanstorp – Sigurds foreldre - med resultatet fra ei jakt i slutten av 1930-åra, 16 harer og 3 tiurer. Jan Storberget NK-05.*

Årsaken til at slike kjempemessige granittblokker ligger i terrenget er at de opprinnelig ble fraktet sørover av isbreen som dekket Norge for 10 000 år siden. Salberget er ei stor moréne, som ble skubbet avårde under breen og granittblokka var innefrosset høyere opp i breen, over moréna. Da breen etterhvert smeltet, sank granittblokka ned gjennom den smeltende isen og endte til slutt nede på bakken, på toppen av moréna – i dette tilfellet Salberget.

Mest kjent over Finnskogen ble de steinene, som fikk kjerkenavn – Salbergkjerka, Greinbergkjerka, Puruskjerka, Auråskjerka, og den som ligger ved Brusetra – Knartkjerka. Mentz Kvesetberg kunne fortelle at det hendte finnene i gamle dager døpte sine barn ved slike steiner. Knartkjerka er ei kjempemessig steinblokk, og i nærheten er det ei vertikal hule ned i fjellet, som vi entret ned i da vi var i 10-12 – års alderen. Vi møtte ingen representanter for Bergfoket der nede, og slapp tilsynelatende fra opplevelsen uten mén!

*Ei smeltende bretunge. Legg merke til de store steinblokkene som blir liggende igjen på toppen av morenelaget. W.*

Ved å gå nordover fra Brusetra passerer en Knartkjella, ei «kalkjelle» med et kontinuerlig tilsig på 4.5 liter i minuttet og en konstant temperatur på ca. 3 grader Celsius året rundt. Av alle kalkjellene i skogene rundt Brusetra ligger Knartkjella høyest. På tross av det står den fremdeles full av vann under tørkesommere, da de andre tømmes ut. Dette fenomenet, sammen med den konstante temperaturen, kan antagelig forklares ved at åra som fyller kjella ligger svært dypt og at vannet siver opp i kjella under trykk nedenfra. Min far visste mye om gammalt rundt Namnsjøen, og allerede da jeg var guttunge fortalte han meg at det var helsebringende å drikke fra Knartkjella. Derfor passet jeg alltid på å ta noen munnfuller hver gang jeg passerte den – for sikkerhets skyld......

Da jeg besøkte Bruseterknarten benyttet jeg også anledningen til å finne den spiselige bregna sisselrot, som vokste der. Det var det eneste stedet jeg visste om, som den lett gjenkjennelige bregna fantes. Røttene smaker av lakris, og planta har vært brukt både som mattilsetning og legemiddel.

*Knartkjerka. Johs. L. Sorknes.*

*Johnny Engen tar noen helbredende munnfuller fra Knartkjella. Jan Erik Fosseidengen.*

Til Brusetra knytter det seg et sagn med tre forskjellige versjoner. Sagnet forteller at det var ei budeie, som hadde blitt igjen på Turuhaugen om høsten for å rydde, da de underjordiske dukket opp, kledde henne opp til bryllup og satte ei brudekrone på hodet hennes. Hun klarte å lure seg til å smyge strømpebåndet sitt rundt halsen på gjeterhunden, som løp hjem til Sorknes. Der skjønte drengen, som var kjæresten hennes, at noe var galt. Han la ivei til Brusetra, og da han så hva som var i ferd med å skje kastet han kniven sin over eldhuset (våningshuset). Stål var noe Bergfolket ikke tålte, så de forsvant sporløst sammen med brudestasen. Krona ble imidlertid igjen, for den holdt budeia fast på hodet sitt med hendene. Den ble bragt hjem til Sorknes, (Østgården) der den ofte ble lånt ut til bryllup. Etter at den ble lånt av ei gardmannsdatter fra Hof, ble den imidlertid ikke returnert, og ingen vet nå hvem det var, eller hvor krona er. I en annen versjon omhandler sagnet en kjent person – Maren Pelleru (Maren Johannesdatter, 1819 – 1902?) I den versjonen kom gårdsmannen selv sammen med 2 drenger og skjøt over eldhuset, med samme resultat. I en tredje versjon blir det også brukt våpen,

*Sisselrot vokste på Bruseterknarten. W.*

men brudekrona ble den gangen kastet.

Det er ikke bare et sagn som knytter seg til Brusetra, men også en sang, og den har den gamle herredsskogmesteren Johs. P. Sorknes skrevet. Den går på melodien «I fjor gjett' eg geit'en».

I Brusetra er det så hugsamt å væra,
her møter oss ittnå som er tungsamt å bæra.
Her ser vi så langt over berger og daler
fra Namnsjø'n til Glåma og hembygdas garder.

Kring berga står skogen med lauvtrær i liom,
i Knarten har vi Hengestein og Kjella nedi sidom,
og graset gror så grønt mellom blommer på vollom,
i kvellingen aner vi en helsing få trollom.

.

Så fredsamt å ferdes på velkjente stier
i skogen omkring her, i grønkledte lier,
hør talatrosten synger og gauken som galer
fra Knarttoppens graner og Juvbergets daler

Fra eldgammelt bodde'n Tore Bru her på Knarten,
men sea var Sorknesfolk med krøttera på farten.
De bygde seg eldhus og rødde opp seter
og hamne i dalom med buskap og gjeter.

Seterlivet held fram med hundreårs virke
i lengting og drøm gjennom hverdagens yrke,
og ennå er det gjenlyd av kulokk og bjøller
kring furu'n på Nautgar'n i sommerlyse kveller.

Budeie'n stelte og mjelke og måkå.
De yste og kinne og skure og tråkå,
og setermaten auke på hyll'en i buom
med dugleig avdrått tå geit'n og kuom.

Fra gammelt vi hører om udyr og trollskap,
om huldra som gjette sin brandete buskap
og de som har bodd her, n' Einar og a' Karen
n' Henrik og a' Martea har kanskje vøri vari'n.

I Knarten bor «Gubben» kan sagnet fortelja.
Han rår over setra og viser seg ved Kjella.
Han er som en konge i setra si saga
og verset i visen åt hannom er laga.

I sangen om setra går tanken tilbake
til livet her oppe i tidlig're dager,
med ensomme stunder, med arbeid og fester
og signing av maten mot underjords gjester.

Men allting endres med åra som svinner,
Sæterstell blir avlegs og lever som minner.
Fjøsa forfaller og eldhus blir hytter,
som band mellom fortid og nåtiden knytter.

Nå er det ingen som mjelker i kolla
hell rakar og berger inn høyet fra volla,
d'er ingen som knakker, så varsamme og heite,
på glaset åt budeien midnatters leite.

Ja, mangt har vel hendt her, som Brusetra gjømmer,
så mye er unevnt og mye vi glømmer.
Tilbake er kun ekko fra fortidens dager,
som fengsler oss alle - som lokker og drager.

Det fører hen til oss en pust av det gamle,
som ro og tilfredshet i hugen kan samle.
Den rastløse rytmen i tida vi glømmer
når peisvarmen lunt gjennom seterhytta strømmer.

Her ga oss naturen så vakkert et stelle
til utferd og samvær når dagen vil helle.
Da er det en stemning av seter i laget,
mens Jannåa suser i synnaværsdraget.

Vi trives her oppe hvor fedrene strevde
og enkelt og nøysomt i eldhusa levde.
Vi føler oss i pakt med det enkle og nære,
og derfor har vi setra og minnene kjære.

Vi tar oss en setertur når tida seg lagar,
vi reiser fra alt som i bygda oss jagar.
Vi fester litt og synger, og drammen vi tømmer:
«En skål for all løyndom som Brusetra gjømmer!»

*Huldra, eller Skogråa, holdt til rundt Huldertjenna. Th. Kittelsen. W.*

Mellom Juvberget og Søndre Grautsjøen, øst for Brusetra, ligger Huldertjenna. Der måtte gjeterguttene være ekstra varsomme, for Skogråa var ofte å se i skogen rundt vannene med sin brandete buskap, og hun kunne enten lokke kyrne vekk fra ham, eller bergta gutten selv.

Det var allment akseptert i den gamle overtroa på Finnskogen at det fantes mennesker, som hadde overnaturlige evner, som kunne stemme blod, helbrede syke, «ta drepen ut av geværet» til noen de ikke likte, la geværet «få drepen tilbake», ta fiskebettet ut av en sjø, ei elv, eller et område i dem, eller påføre noen smerte. Det siste kaltes Finnskott (Finnskætt), og det uttrykket levde helt ned til min barndom. Hvis min far følte seg veldig uvel, og det kom brått på, holdt han seg gjerne i sida eller på magen mens han sa: «Nå trur je at je har fått Finnskætt, gett» - tilsynelatende bare halvt i spøk. Det var en uutholdelig smerte, som kom brått og ikke hadde noen forklaring.

På Granerud, på vestsida av Namnsjøen, bodde det ei dame som ifølge ryktet var ram til å banne og ei riktig kjeftsmelle. Det var Karen Olsdatter (1823 – 1913), søstera til Ole Arnesen «Hjelmen», en annen velkjent lokal størrelse, og Ole Olsen, som var feier og bodde på holmen med samme navn. Karen visste råd mot sykdom. For at ungene ikke skulle få «engelsk syke» i oppveksten jordsmøyde hun både Arne (f. 1895) og Oskar (f. 1898) Sorknes (bilde s. 241). Det skjedde ved at de ble trukket under ei rognerot, som lå så høyt i jordlaget at det kunne graves et hull under den, slik at ungene hadde plass til å smøyes under. Rogna skulle ifølge gammel overtro være et mystikkens tre. Ungen måtte smøyes tre ganger, med hodet først, ansiktet opp og mot sola. Engelsk syke – eller rakitt - er en barnesykdom der deler av skjelettet mangler tilstrekkelig styrke og visse knokler deformeres. Synlige symptomer er ofte at barnet blir hjulbeint da skjelettet ikke makter å bære kroppsvekta. Årsaken er mangel på vitamin D da kroppen vokser og skjelettet formes. Vitamin D er et fettløselig vitamin, noe som forteller oss at barna ikke fikk nok melk, feit

*Lege Queset var tilstede ved en barnefødsel ved Namnsjøen, som hadde fatalt utkomme på grunn av underernæring. Bildet er fra Grue Herredsstyre 1935-37. NK-05.*

fisk og margarin eller smør – i korthet: Ikke riktig mat og nok av den, for et barn som vokser.

Siden Karen visste råd mot sykdommen forteller det også at den langtfra var ukjent, og at det var dårlig med skikkelig mat i Namnsjøgrenda i perioder er hevet over tvil. Torolv Skasberg har fortalt ei historie etter sin bestemor, som hadde fått besøk av lege Marius Queset. Han hadde vært tilstede ved en barnefødsel der så sent som på begynnelsen av 1900-tallet, og spurte om hun kunne gå til barnemora med litt mjølk. Legen trodde at mora neppe ville klare seg, men det var mulig at barnet kunne overleve. Torolvs bestemor gikk hjem til de to, men fant dem døde. Hun mente at hovedårsaken til begges død simpelthen var sult.

Mora til den tidligere nevnte Einar Larsen Bruseteren var også ei dame ved navn Karen Olsdatter (1849 – 1929). Karen kunne mye mer enn sitt Fadervår – det ble sagt at hun konsulterte Svarteboka da hun gjorde sine trolldomskunster. Før Karen og Einar kom til Brusetra bodde de i Brattåsen, og Einar hadde båten sin i den fiskerike Grautsjøen. Et par karer, som skulle til sjøen for å fiske, svingte innom og spurte om de kunne få låne båten hans. Sønnen var ikke hjemme, men Karen lot dem få låne båten med følgende ord: «Båten kan dere få låne, men fisk får dere ikke!» - og det var det som skjedde. Sjøen lå som om den var fisketom.

Lengre sørpå, i Bergesida, skjedde det også uforklarlige ting. Min grandtante Margit Dammen (Gjedtjernet) hadde en kjæreste som døde av tæring, eller tuberkulose. Den sykdommen, forårsaket av bakterien *Mycobacterium tuberculosis,* grep inn i mange familier og tok sin toll både blant barn, voksne og gamle. Fra 1890 til 1960 døde 250 000 nordmenn av tuberkulose, og det var ingen effektiv måte å bekjempe den på før antibiotika ble utviklet i 1940-årene.

*Karen Olsdatter og Einar Larsen bodde i Brattåsen før de flyttet til Brusetra. Bildet viser Petter Høgbrenna og Ella Dahl, og bildet kan være tatt i 1940-årene. Skogen har nå tatt mesteparten av bruket tilbake. Leif Høgbrenna.*

*Karen Olsdatter Bruseteren (1848 – 1929) kunne atskillig mer enn sitt Fadervår. Det ble sagt at hun konsulterte Svarteboka...... Johs. L. Sorknes.*

*Margit Dammen møtte kjæresten sin etter at han var død. Her er hun med resten av familien. Foran: Foreldrene Magnus og Olivia. Stående i 2. rekke fv: Torbjørn, Margit, Olaug, min bestemor Ellen Jenny (Ella), og Ole. Bakerst: Helge. Skogrand 2009.*

Margit gikk ut i låven sent en kveld for å nappe fór til dyra. Høygolvet var stummende mørkt, men idet hun var opptatt med å nappe, ble det plutselig fullstendig lyst rundt henne. Da hun snudde seg sto den døde kjæresten bak henne. Hun kom tilbake inn i huset og satte seg i min oldefars gyngestol i kammerset uten å få fram en lyd. Deretter gikk hun til sengs uten å si et ord på ei hel uke.

Bjørn Tuer forteller i «Navnsjøboerne» at førskolebarna på Namnå i 2005 trodde at Julenissen bodde i Brusetra og kjørte derfra med hest og slede til Namnå. I 1950-åra bodde Nissen på Sagalåven – hos naboen vår – men bare i Jula. Hvor han var resten av året tenkte jeg aldri over. Jeg visste med sikkerhet at han ikke bodde på Nordpolen, selvom det var dét Walt Disney påsto. Det hadde Nansen sjekket allerede mellom 1893 og 1896, på verdens nordligste ferd, med polarskuta Fram. Ingen nisse på Nordpolen. Etterhvert som jeg vokste opp forsvant troa på Julenissen mer og mer – tilslutt var det nok mest en grunn til å få en ekstra presang til Jul.

Imidlertid trengte jeg ikke å gå mer enn tre generasjoner bakover i familien for å finne noen som trodde på smånisser, og at de eksisterte. Min oldefar Hans Sagen (1876 – 1957), som bodde på gården som nå er kjent som Namnerud i Namnerudsgrenda, fortalte at han hadde sett en av dem. Han kom hjem fra arbeidet en mørk vinterkveld, kjørende vestover på Monsrudveien. Like ved innkjørselen til gården var det en skarp sving sørover og en motbakke. Den bakken ble i min ungdom kalt Lilly-bakken, da lærerinna Lilly Lycke Holter bodde på bakketoppen etter svingen. Hans var akkurat i ferd med å vike hesten til venstre inn på gårdsveien, da den stoppet og nektet å bevege seg. Da han hoppet av kjøredoningen og gikk fram for å finne ut hva som var på ferde, sto en liten nisse og sperret veien. Da den fikk se Hans sprang den avgårde og forsvant inn i ei snøfonn i veikanten.

*I dette høygolvet møtte Margit kjæresten sin en sen kveld – en kjæreste, som var død av tuberkulose......FA.*

*Min oldefar, Hans Sagen, så en liten nisse som sperret veien for hesten en mørk vinterkveld på Monsrudveien. Her er han sammen med min oldemor, Mathilde. FA.*

Som smågutt så jeg at det ble søkt etter vann med ønskekvist, da en skulle grave brønn. Teorien bak ønskekvisten var at en ved å gå fram og tilbake over et område ville få kvisten til å indikere om det var ei vannåre i jorda. Det skjedde ved at uforklarlige krefter trakk kvisten ned mot åra, og den bøyde seg og pekte mot et punkt på marka. Der kunne brønnen graves. Jeg kan ikke huske om søket endte i et vellykket resultat, men det var tilsynelatende ingen som tvilte på effektiviteten av metoden.

*Ønskekvist i bruk under bergverksdrift i Tyskland i 1556. W.*

*En engelsk bonde forsøker å finne vann på gården sin med en hasselkvist i 1942. W.*

Ønskekvisten er velkjent og brukes fremdeles, men den er veldig omdiskutert. Teorien den baserer seg på blir kalt en «pseudo-vitenskap» - en vitenskap som er bygd på tro istedenfor testing og bekreftelse via statistisk signifikante resultater. Selve søkesignalet blir forklart som en ideomotorisk respons i nervesystemet, det vil si en ubevisst, muskulær refleks på en idé som opptrer i søkerens bevissthet – eller kanskje enklere sagt: En sterk tro på at noe skal skje, som ufrivillig utløser refleksen en tror på.

Metoden var kjent helt tilbake til antikkens Hellas og ble brukt til en rekke forskjellige formål. På 1400-tallet ble den brukt i Tyskland for å finne verdifulle metaller, noe som gjorde at Martin Luther erklærte at bruk av ønskekvist var brudd på det første bud – det vil si at det var okkultisme, eller avgudsdyrkelse. Under den spanske inkvisisjonen ble kvisten brukt til å peke ut skyldige i rettssaker! Noen av de tyske gruvearbeiderne tok metoden med seg til England, hvor den hovedsaklig ble brukt til å finne vann. Der ble den kalt «water-witching» eller vann-heksing, som viser at den ble sett på som noe av et samarbeid med djevelen eller okkulte krefter.

Noe som indikerer at metoden neppe har hold i virkeligheten er at den kan modifiseres til å passe alle situasjoner. En kan bruke et Y-formet redskap eller to L-formede redskap – søkevinkler. Materialet i redskapene kan være tre fra pil, hassel, fersken, bjørk – eller metall. Teknikken kan brukes både for å finne forskjellige metaller, vann og savnede personer eller gjenstander. Kanskje Georgius Agricola var inne på noe da han i 1556, etter 25 års studier av bergverksdrift i Böhmen og Sachsen, skrev: «En klok bergmann forstår at en gaffelgrenet kjepp ikke er til noen nytte for ham».

I min oppvekst var jeg også vitne til spiritistiske seanser med vandrende glass, men hadde et bestemt inntrykk av at det mer enn noe annet var utført som en skremmende spøk, uten tro på den bakenforliggende oppfatning at en via glasset kunne få kontakt med åndene til avdøde slektninger. Seansen ble deri-

*Et Ouija-bord fra 1894, som ble brukt til å tyde svarene fra et vandrende glass. W.*

mot utført som om glasset selv var et orakel, istedenfor et medium til videre kommunikasjon. Under seansen ble det brukt ei bordplate, som inneholdt, som et minimum, alle bokstavene i alfabetet og tallene fra 0 til 9 – et såkalt Ouija-bord. Et glass ble satt opp-ned på bordet, og alle deltagerne måtte plassere pekefingeren på toppen av glasset. Når en så stilte spørsmål til glasset ble de besvart ved at glasset vandret fra bokstav til bokstav og dannet ord.

Spiritisme ble utviklet i New York i 1848, og er som sådan en svært ny «oppfinnelse». Mange svindlere ble avslørt – de brukte det som et redskap til å lure penger fra godtroende ofre, som betalte for seansene. I vitenskapelige kretser blir også dette fenomenet avvist som en annen pseudo-vitenskap, som enten baserer seg på den ideomotoriske refleks, eller at glasset simpelthen «drives» av initiativtageren til seansen.

Ingen av de fortellingene jeg hørte eller opplevelsene jeg hadde som guttunge festet noen tro i meg på overnaturlige vesener eller mørke makter – til det var romfartsalderen altfor på-

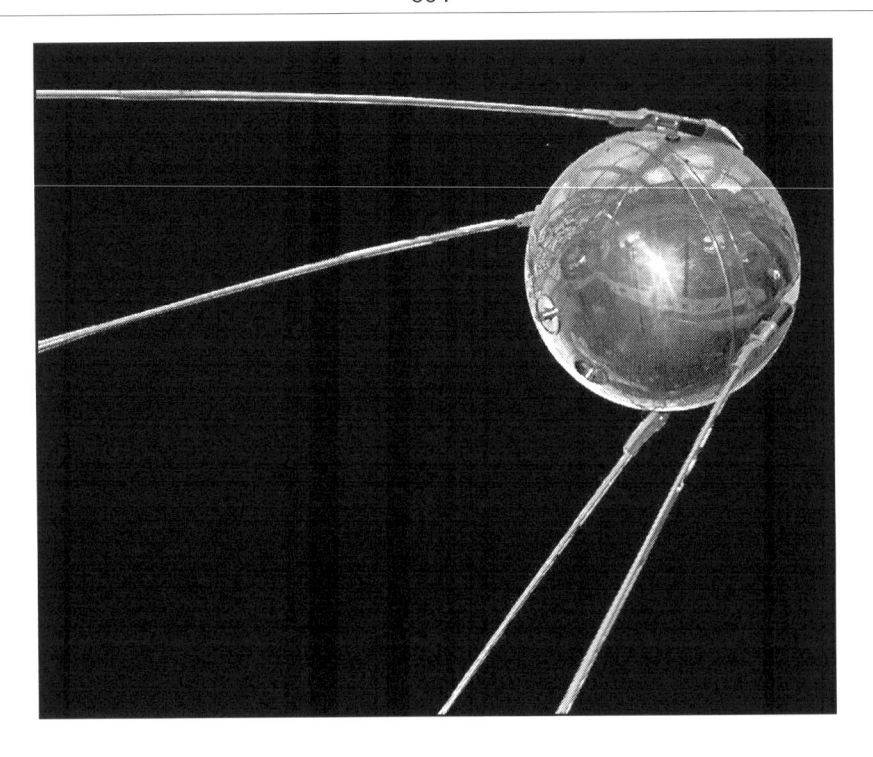

*Synet av Sputnik 1, den første satelitten som ble satt i omløp rundt jorda, trakk interessen mot vitenskap og fikk gammel overtro til å blekne. W.*

trengende. Jeg vokste opp i ei tid da jeg så den første satelitten, som ble skutt opp i verdensrommet den 4. oktober 1957, den russiske Sputnik 1. I februar måned 1964 passerte den amerikanske kommunikasjonssatelitten Echo 2 over huset vårt på ferd sørover i sin polare bane hver eneste kveld klokka 19:15. Slike altoppslukende realiteter feide tilside tanker om usynlige ånder og makter. Riktignok var jeg veldig mørkeredd, men jeg trodde ikke at mørket skjulte noen onde makter og som 10-åring så jeg nok på gammel overtro som....... gammel overtro.

# VINTERSPORT

Det slo aldri feil: Utpå ettervinteren lengtet jeg etter at sommeren skulle komme så jeg igjen kunne bade og fiske. Da det led mot høst visste jeg ikke hvordan jeg skulle klare å vente til vinteren, så jeg kunne få spenne ski og skøyter på føttene. Det var nærmest bare en unnskyldning for snø på bakken da de første sporene gikk fra utgangsdøra hjemme, og jord og høstgult gras skinte gjennom bunnen av skisporene bortover jordene.

Bindingene mine var håpløse. Det var lærbindinger, som ble strammet med klappspenner, og de gled av hælene uten stans da de ble islagte. Jeg brukte like mye tid på å sette på meg skiene, som å gå på dem. Klærne var et kapittel for seg. Det var ingenting, som var enkelt ved å kle seg for vinterforhold i 1957. Beksømsko med to par sokker. Lange underbukser, ullstillongs og strekkbukser. Undertrøye, skjorte, tynn genser, tykk genser og jakke ytterst. Topplue og Selbu grepvotter. Ingenting hang sammen mellom over- og underkroppen. Bukseselene løsnet slik at skjorta gled opp hele tida, og jeg fikk snø oppover ryggen ettersom jeg falt like mye som jeg sto

*Lærbindinger med klappspenner. IF.*

*Asbjørn i januar 1958 på skiene med de håpløse bindingene. Juleneket for fuglene kan sees rett bak meg, juletreet har blitt kastet ut og døra til grisehuset er vidåpen. Det forteller at bildet er tatt etter Jul og grisen var i fryseboksen på Namnå Handelslag. FA.*

*Anne Berit med sine første skier – brukte, med altfor lange bambusstaver. Senere lagde min far skier til henne ved å gjøre om hoppskiene sine. I bakgrunnen er min mor klar med «veafanget». Bildet er tatt på vårvinteren 1952. FA.*

oppreist. Kaldt var det også, men jeg holdt ut så lenge jeg klarte før jeg måtte inn i varmen foran vedovnen og vrenge av meg de våte plaggene.

Det var et gjennomgangstema at sportsutstyret ikke passet fordi det hadde tilhørt noen som var eldre, så det måtte brukes som det var eller tilpasses. Da jeg ønsket meg nye hoppski, etter mitt første par ski fikk jeg terrengski, da disse kunne brukes til både langrenn og hopp. Skuffelsen var stor da jeg oppdaget at de bare lagde ei rand i snøen. Hoppskiene lagde tre, og det var mye mer imponerende. Men de hadde Kanda-harbindinger, og det var en absolutt nødvendighet for å unn-

*Anne Berit med de omgjorte hoppskiene vinteren 1962-63. Det ble aldri et helt nytt par ski – alltid brukt og omgjort. FA.*

gå vanskelighetene med lærbindingene. Om skiene hadde tre renner eller ei gikk ut på ett da jeg sto på stillaset i Kamphaugbakken – hoppet gjorde jeg så snøføyka sto – med vannstøvler, da jeg hadde vokst ut av beksømskoa. Hoppinga var vintersporten jeg foretrakk framfor noen annen.

Allerede i 1959 arrangerte en av naboene, Henry Nordli, sammen med min far både hopprenn og langrenn i bakken nedafor kjøkkenvinduet hjemme, og på jordene vest for huset. Det var to deltagere i klasse 6 år, og det var Jan Erik og jeg. Ifølge dommerne vant jeg rennet, og fikk pokal og diplom, men det var nok den andre deltageren uenig i. Han foretrakk å se det slik at han ble nummer to, mens jeg ble nest sist. I 1962 lyttet jeg til ski-vm i Zakopane, der Toralf Engan ble verdens-

*Kandahar-bindingene hadde fjærbelastet stramming med stålwire - en enorm forbedring over lærbindingene. IF.*

mester i normalbakke. Deretter vant han den Tysk-Østerrikske hoppuka med tre rennseiere, og så gull i storbakke og sølv i normalbakke i OL i Innsbruck i 1964. Det var nok ingen vi smågutta heller ville være, enn konsentrasjonsfenomenet fra Hølonda – bortsett kanskje fra Helmut Recknagel, tyskeren som vant OL i Squaw Valley i 1960 og Holmenkollrennet i 1957 og 1960. Recknagel brukte en dristigere stil enn Engan – lente seg over skituppene med armene strakt forover. Det var veldig imponerende, og hoppene dro seg over

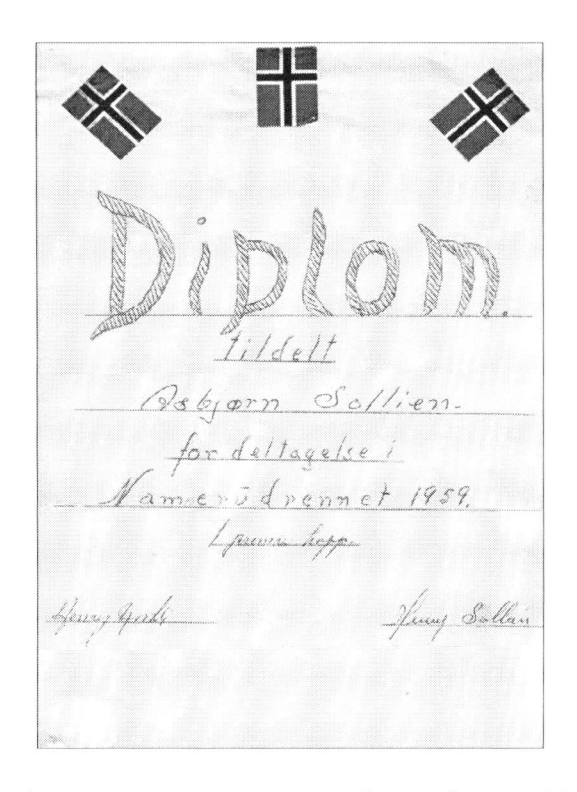

*Diplom for 1. premie og nest sisteplass i hopp, 1959. FA.*

100 meter. Vi måtte imidlertid bare forestille oss i fantasien de praktfulle svevene til Engan og Recknagel fra det vi kunne se på bilder i Glåmdalen. Det skulle gå mange år før vi fikk TV og kunne se vintersporten der.

Det var imidlertid et generasjonsskifte i emning, og hopperen som skulle bety mer enn noen annen for min generasjon gjorde store framskritt i 1964, og ble verdensmester i Oslo i 1966. Det var Bjørn Wirkola, som var så god at han fikk et begrep oppkalt etter seg: Når noe skulle gjøres bedre enn forrige mann, og det ble ansett som umulig, ble utfordringen kalt «å hoppe etter Wirkola».

Interessen for skihopping kom ikke helt tilfeldig. På veggen hjemme i dagligstua var det ei hylle med ti pokaler. Bare én av dem hadde min far vunnet i fotball, de resterende ni hadde han tatt i hopprenn. Siden han var født i 1926 var han en av de som begynte å hoppe i 1945, etter at krigen hadde satt en midlertidig stopp for skihoppinga i Grue. Den største bakken i distriktet, Bårderudsbakken, var «hjemmebakken» hans. Han fortalte imidlertid at den var feilkonstruert på flere måter enn en. Den hadde feil profil, og var en bakke der en enten hoppet på kulen - som var 30 meter – eller ned hele unnarennet. Den var også lagt slik at sola skinte på den flere timer

*Helmut Recknagel var en dristig stilhopper. UF.*

hver dag, så om våren tinte den om dagen og frøs om natta. Når de hoppet neste dag, var det rent isføre. Derfor var det nok ingen tilfeldighet at bakkerekorden på 60,5 meter ble satt i april måned 1940.

Henry hadde selv en skremmende opplevelse, som gjorde at han mislikte bakken. En dag på lynskarpt isføre gikk det altfor fort mot hoppet, så han skurte med begge hendene for å bremse på farten. Han seilte ned til – som han uttrykte det - «treåfæmti meter uta å hoppe teill». Da han kom ned på sletta var alle fingrene i vottene borte, raspet vekk av isen i ovarennet – og det var ikke godt å si hvor langt hoppet kunne ha blitt med tilsats.

*Henry Sollien klar til hopping i Bårderudskollen. FA.*

*Noen av Henrys pokaler fra skihopping.FA.*

*Til høyre sees Henrys hjemmebakke, Bårderudskollen i Bergesida på Kirkenær, uthevet med hvite linjer. Den lå like ved den fraflyttede gården Bårderud (pil). Widerøe.*

Langs Namnåa hoppet vi i småbakker. Fra vest mot øst var det først en liten bakke uten navn der jernbanen passerte over åa. Så var det Svennebybakken, bak gården Svenneby, som hadde oppbygd ovarenn. Der hoppet jeg mye i 1964. Så var det «Mjælnerudsbakken», eller Møllerudsbakken, i åbakken på nordsida av åa, på eiendommen til Helge Møllerud. Der var det naturlig ovarenn, liksom i Tuerbakken, som lå på samme sida bare et par hundre meter lengre øst. Alle disse bakkene var fem- til ti-metersbakker.

Videre østover et stykke lå Kamphaugbakken - oppe i skogen på østsida av Monsrudveien, bak huset til Torolv Skasberg. Der hoppet vi mest. Så var det den største bakken i Monsrud, en 35-metersbakke med klassisk stillas, som hadde tre avsatser – Monsrudkollen. Den lå på nordsida av det smale utløpet i Namnsjøen, noen hundre meter øst for dammen. Det var en skummel bakke, som ga skiene et «blaff» over kulen, som kunne være vanskelig å «gå over» på. Presset en ikke på for

*Et typisk eksempel på småbakkene vi lagde, med naturlige ovarenn. Det er Ola Lilleåsen som suser over hoppet. Ola Lilleåsen – NK-03.*

*Kamphaugbakken i dag, fullstendig gjenvokst av skog. Pilene indikerer (A) starten på ovarennet, (B) hoppet og (C) overgangen, alt gjemt inne i skogen. Torolv Skasberg er veiviser. Jan Erik Fosseidengen.*

å komme over blaffet, ble hoppet kort.

Da jeg begynte å hoppe var Monsrudkollen altfor stor til at jeg kunne tenke på å delta der – eller jeg var altfor liten. Det ble arrangert flere renn, og publikum sto på utbredte Glåmdaler for å forsøke å isolere skosålene fra den kalde sjøisen, spiste varme småpølser i lompe og drakk buljong. Jeg husker spesielt ett renn der min onkel, Ivar Sollien, seilte ned hele bakken, men gravitasjonskrafta i den krappe overgangen til sjøisen ble for mye å stå imot. Han falt så lang han var, og det eneste jeg hørte var latteren hans inni snøføyka.

Endelig fikk jeg hoppski. De ble kjøpt brukt fra noen i Kongsvinger og kostet 70 kroner. De hadde hælklosser bak bindingene for at en ikke skulle komme for langt bakpå i ova-

*Min onkel, Ivar Sollien, tok det med godt humør at han falt i Monsrudkollen. Her er han med hoppski og Selbuvotter. FA.*

*Det var flere «storfugler» fra Namnå i hoppbakkene. Her er det Paul Sveen, som tok bronsemedalje i klubbmesterskapet i 1950. John Arne Sveen.*

rennet, og svarte på alle måter godt til en ung hoppers forventninger. Snart skulle de bli satt på sin ildprøve.

Det skulle holdes klubbrenn i Kamphaugbakken. Min far var min personlige smørespesialist. En av hans teknikker var å legge skia opp-ned på to kjøkkenstoler, telje fliser av det lyseblå, rektangulære «såpestykket» med Swix paraffinvoks og legge dem utover undersida. Så jevnet han dem ut til et tynt lag med et varmt strykejern. Hva den som vanligvis brukte jernet syntes om det, var det vel ikke godt å si. Senere snakket Henry Nordli med overbevisning om et vidundermiddel som bare kunne legges på med en liten malekost, istedenfor å bruke strykejern: Skipolin hopplakk. Med den under skiene var du garantert suksess.

Da jeg hoppet i Kamphaugbakken første gang, flere år tidligere, hadde den hatt et tårn et stykke ovafor hoppet, som fungerte som stillas. På den tida var bakkerekorden 33 meter, noe som fortalte oss at hoppet hadde vært bygd mye lengre tilbake enn det vi brukte, og også vært mye høyere.Nå var stillaset borte. For å få fart rygget vi så langt oppi skogen som overhodet mulig og kjørte slalom mellom trærne før vi kom ned i selve ovarennet. Likevel hoppet jeg ikke lengre enn 14,5 meter. Ivar Sollien og Johnny Engen hoppet sammen med oss under trening, og det var klasseforskjell mellom de to og vi

*Vidundermiddel i hoppbakken – Skipolin hopplakk. IF.*

unggutta. Ivar hoppet bakken ned, som da var 21 meter. Han landet med «tuppa i sakken», det vil si at han tok nedslaget nesten i overgangen, og det var alt bakken kunne tåle hvis hopperen skulle ha noe håp om å stå.

I klubbrennet var det to deltagere i min klasse – Jan Erik og jeg. Det var resultatet sammenlagt etter to hopp som telte, og da jeg hadde hoppet to ganger var Jan – med sine flotte, grønne hoppski - klar for siste hopp. Der jeg sto nede på sletta kunne jeg se at tilsatsen var i tidligste laget. Skiene fløy opp og han var skeiv, men samlinga var perfekt og nedslaget fjellstøtt. Så lød dommernes avgjørelse. Jeg ble nummer to, og han ble nest sist. Det vil si at han vant.

Mine dager som skihopper skulle etterhvert komme til en dramatisk slutt. Jeg falt mye, men det var ikke noe uvanlig fenomen blant gutta da vi hoppet. Kjell Nordli hadde et stygt fall i Kamphaugbakken, da han skjente ut av ovarennet før hoppet og fór hodestups nedi krattskogen. Heldigvis var både armer og bein fremdeles intakte, selvom han slo seg halvt fordervet. En dag under trening var jeg håpløst sent ute på hoppkanten. Tuppa gravde seg godt ned i kulen og jeg tok unnarennet med hodet først, på knallhardt føre. Blodet fosset fra nesa og jeg visste verken opp eller ned på geografien rundt meg. Jeg mente imidlertid at hvis jeg ikke umiddelbart gikk opp og hoppet igjen, ville antagelig redselen for å sette utfor feste seg i underbevisstheten. Så jeg gjennomførte et hopp til med skjelvende knær, og ga meg for dagen – men det skulle bli Monsrudkollen som gjorde slutt på aspirasjonene som hopper.

Kollen var godt preparert en dag utpå vårvinteren 1966 da Knut Hordvik og jeg gled inn i unnarennet og kikket oppover det imponerende stillaset. Nå skulle bakken beseires – vi var helt alene og hadde den for oss selv. Etter noen prøvehopp, der vi tråkket et kort stykke opp i ovarennet, skulle testen stå. Jeg gikk helt opp på første avsats og satte utfor. Sjanseløs mot vindblaffet over kulen og med skiene ute av kontroll, spant jeg rundt og falt ned i unnarennet som en punktert bal-

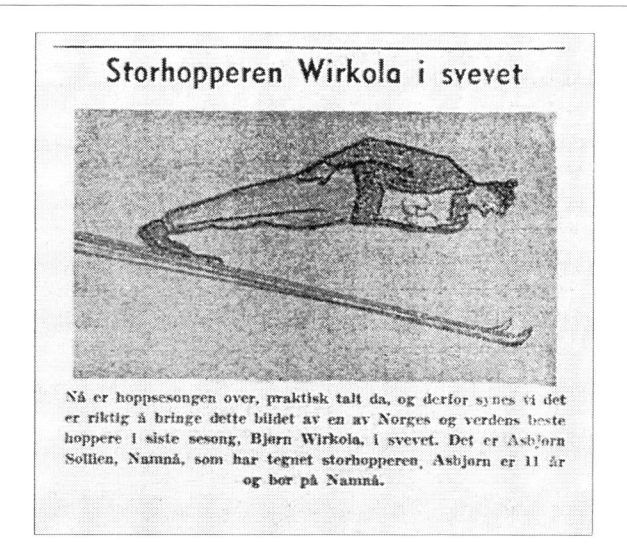

> **Storhopperen Wirkola i svevet**
>
> Nå er hoppsesongen over, praktisk talt da, og derfor synes vi det er riktig å bringe dette bildet av en av Norges og verdens beste hoppere i siste sesong, Bjørn Wirkola, i svevet. Det er Asbjørn Sollien, Namnå, som har tegnet storhopperen. Asbjørn er 11 år og bor på Namnå.

*Det nærmeste jeg kom ei hoppkarriére var å få inn ei tegning av Bjørn Wirkola i Glåmdalen. FA.*

long. Da jeg endelig stoppet nede på sjøisen uten ski, sto den ene av dem baklengs rett ned i snøen helt til bindingen, midt i unnarennet. Den andre var fremdeles i fart på skrå ned gjennom skogen, vekk fra bakken. Jeg fikk tak i skia, som sto i unnarennet, fulgte eksemplet til den andre og gikk strake veien hjem. Slik hadde det seg derfor at det nærmeste jeg kom ei hoppkarriére, var å få ei tegning av Bjørn Wirkola i Glåmdalen i 1965. Tolv år gammel la jeg hoppskia på loftet i uthuset og glemte barndomsbesettelsen med Engan, Recknagel og Wirkola. Etter det var de eneste skiene jeg hadde på beina, langrennsski.

Fra min tidligste barndom var det først og fremst spørsmål om å få tak i et par ski – uansett hva slags ski det var. Da jeg skulle ha nye ski måtte jeg gjøre et valg – langrenn eller hopp. Det var ikke råd til begge. Det hadde blitt hopp, noe som gjorde at jeg på barneskolen gikk langrenn i skoleskirennet i Kulblikbakken med hoppski. Det var et bakglatt slit. Nå var jeg ferdig med hoppkarriéren, og da ble det langrenn. Jeg fikk nyss om at det var en eller annen, som hadde et par gamle langrennsski som ikke var i bruk og da jeg fikk dem, skjønte jeg hvorfor. De var faktisk fra to forskjellige par, med godt synlig, forskjellig spenn. For å skjule at de var forskjellige,

*Skigåing var en naturlig del av vinterhverdagen da vi vokste opp i Namnerudsgrenda. Her er Britt Rismoen i 1956. FA.*

hadde de fått påstrøket et lag med bondeblå gulvmaling. De hadde også en innebygd feil, som var skjult av malinga – bindingene hadde vært skiftet ut, og hullene etter skruene i de gamle bindingene var åpne. Skiene varte ikke altfor lenge. Ved taktskifte i bunnen av en bratt stigning der jeg satte foten hardt ned i overgangen mellom flatmark og brattbakke, brakk den ene skia foran bindingen. Det var slik jeg fant ut om hullene etter skruene.

*Kjell Nordli har vært på skitur i skogen, ca. 1957. Det var mye snø om vinteren i Monsrud i 1950-åra. FA.*

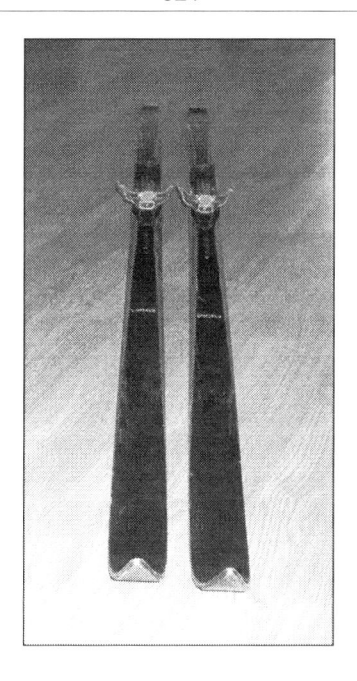

*Madshus langrennsski i tre, med rottefella bindinger. IF.*

Da ble det flunkende nye ski – og sko. Madshus langrensski med Rottefella gullbinding. Nå skulle det bli fart. Allerede i 1964, som fjerdeklassinger, hadde vi deltatt i skolelandskampen på ski og fått utdelt merker for utført dåd. Etterhvert utviklet det seg til en folkesport å gå visse løyper, som ble gått opp på førvinteren og holdt oppe helt til våren. Den mest populære var den som gikk til Gråhesten, en stor stein sør for det trigonometriske tårnet som sto på Torsberget.

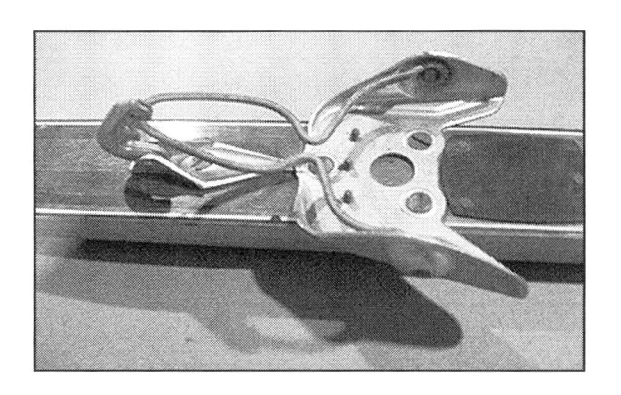

*Rottefella gullbinding. IF.*

*Birger Nesholen på et trigonometrisk tårn i 1974. Jan Erik Fosseidengen.*

Trigonometriske tårn ble brukt av geografiske oppmålere da de gjorde sine notater til nye kart, og de er selvfølgelig overflødige i dag, da alt kartlegges via GPS og satelitt. Tårnet var 30 meter høyt, og en utfordring for klatrelystne småguttter. Det var en avsats på 12 meter, og så var det å fortsette opp til toppen. Det var ikke noe rekkverk på stigene og min fetter Johnny Engen påsto en gang at han kunne se fordypninger i stigetrinnene etter fingrene mine. Det var nok ikke helt umulig, slik jeg tviholdt i dem.

Løypa vi brukte gikk via Møllerudskoia, og der kunne en få kjøpt buljong, sjokolade og varme pølser. Ved Gråhesten var det ei postkasse på et furutre, som det lå ei notatbok i. Der skrev alle navnet sitt da de passerte. I sesongen 1965-1966 utviklet det seg til en konkurranse om hvem som kunne logge flest turer til Gråhesten, og flest kilometre gjennom vinteren. To løpere trakk naturlig fra resten av feltet. Det var Mari Huset og Stein Moen, som var ivrige deltagere i konkurranser rundt om i distriktet. De tok begge hjem mange seiere. Det ble såpass konkurransepreget at Mari sto opp grytidlig og gikk til Gråhesten i mørket via sporet over Igletjernet, før hun

*Møllerudskoia. Røsås m.fl. 2009.*

kom til Namnå på skolen om morgenen. På ettervinteren 1966 gikk vi som vanlig uttagningsrenn til skoleskirennet, som det året igjen gikk ved Refsetskolen og i Kulblikbakken. Jeg hadde endelig et par konkurranseski, som det var fart i og satte alt inn på å slå Stein i det rennet. Jeg kom inn på skoleområdet vel 100 meter fra mål, og på måten folk flakset med armene i målområdet skjønte jeg at det sto om sekunder. Imidlertid tok jeg et feilskjær i siste svingen og gikk overende så snøføyka sto. Armene i målområdet flakset enda fortere -

*Merke for skolelandskampen på ski 1964. FA.*

*I dag kan en sykle til Gråhesten. Det ville ha vært utenkelig for 50 år siden. UF.*

«Opp! Opp! Opp!» - men for meg var rennet over. Jeg ble liggende ei stund før jeg tuslet i mål. Den dagen var det å vinne eller ingenting – men jeg sikret iallfall plassen i uttagninga til skoleskirennet. På Refset smurte jeg meg fullstendig bort på Blått Swix skareklister og stampet i mål som om jeg hadde sand under skiene.

I 1967 deltok vi i landskonkurransen på ski, og det ble diplom for alle som gikk løypa. Den 11. januar samme år la Jan

*På Refset smurte jeg meg fullstendig bort på blått skareklister....IF.*

*Diplom for deltagelse i landskonkurransen på ski 1967. FA.*

Erik og jeg ut ei treningsløype, som strakte seg rundt perimeteren av alle jordene i nabolaget. Den gikk jeg rundt og rundt til jeg hadde blodsmak i munnen. Dagen etter la vi den om, med behørige forandringer på løypekartet.

Etter skoleskirennet i Kulblik ble skigåinga en hobby. Skiene ble brukt til å komme seg lettvint avgårde på pilking og andre turer, eller til å hoppe i småbakkene ved Namnåa. Jeg deltok i en skidag på Grue Ungdomsskole i 1969, så var det slutt. Da det ble arrangert stor konkurransedag på Namnå, med langrenn og skiskytterstafett, var jeg tilskuer. Min onkel Ivar var som vanlig i full sving og rask, som en røyskatt i sporet. Han prikket inn blinkene under skiskytinga ved å punktere ballonger med luftgevær. Selv spiste jeg varme pølser i lompe og drakk buljong.

28. Januar 1963 satte russeren Yevgenij Grisjin ny verdensrekord på 500 meter på skøyter på 39.5 sekunder på Medeo-

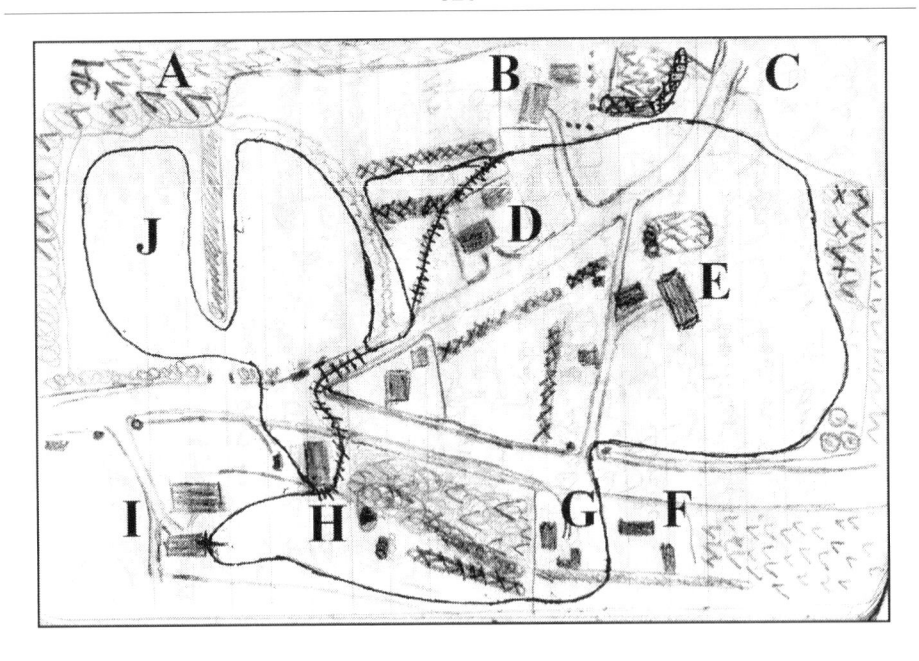

*Ei treningsløype, som ble lagt ut 11. og 12. januar 1967. Den var ca 2.2 kilometer lang og ble gått på noe over 13 minutter. A: Blekkvettskogen. B: Haugli. C: Eiendommen til Odd Sagen (Nord-Sagen). D: Ragnar og Karen Nordli. E: Torvald og Margit Sollien (Sør-Sagen). F: Sigurd og Martha Hytjanstorp. G: Ivar og Torbjørg Hytjanstorp. H: Kåre og Ingrid Sletten. I: Thorleif Bekkelund, der Åse Fosseidengen bodde (Jan Erik). J: Eiendommen til Oskar Sagen (Namnerud). FA.*

banen i Alma Ata, Khazakstan. Khazakstan var på den tida innlemmet i Unionen av Sosialistiske Sovjet Republikker – USSR. Det var andre gangen på to dager at Grisjin – som den første i verden - gikk under 40 sekunder på sprintdistansen. At noen kunne gå så umenneskelig fort på skøyter!

Russerne hadde flere enestående skøyteløpere - Oleg Gontsjarenko, som ble verdensmester i 1953, 1956 og 1958, og Boris Stenin som ble verdensmester i Davos i 1960. Norges beste i den perioden var Knut «Kuppern» Johannesen, som ble verdensmester i 1957 og vant 10 000 meter på ny verdensrekord i OL i Squaw Valley, USA på 15.46.6. De skøyteløperne var mine idealer da jeg seilte omkring på gamleåa ovafor Vest-

*Ivar Sollien var rask som en røyskatt i sporet. FA.*

*I 1969 hadde vi det moro på ski på Haugli. Bakerste rekke fv: Cato Sletten (f), Britt Johansen (k), Ingvild Hytjanstorp (k) og Bjørn Haugen. Foran fv: Asbjørn, Per Morten Berg, Kari Sletten (k) og Rolf Sletten (f). (f) = fetter. (k) = kusine. FA.*

mann. Da jeg bodde i USA hadde jeg forøvrig mange samtaler med amerikanere om forholdet mellom Sovjetunionen og Norge under den kalde krigen. De var alle veldig forbauset da jeg fortalte at vi hadde vennlig omgang med idrettshelter på ski og skøyter, både på norsk og sovjetisk jord. Selv bygde de atombombesikre rom under jorda i hagen, og forberedte seg på 3. verdenskrig.

At jeg «seilte» på isen var kanskje en smule overdrivelse – jeg gikk på «skruskjesser», og med skruene stikkende ut på sidene av skøytene og veike ankler, som bøyde seg var det nok mye skraping bortover den ru isflata. Dessuten var det

*Yevgenij Grisjin, USSR – første mann i verden under 40 sekunder på 500 meter, på Medeobanen i Alma Ata, Khasakstan, 28. januar 1963. W.*

«Kupper'n» setter ny verdensrekord på 10 000 meter i Squaw Valley, California, USA på 15.46.6 den 27. februar 1960. W.

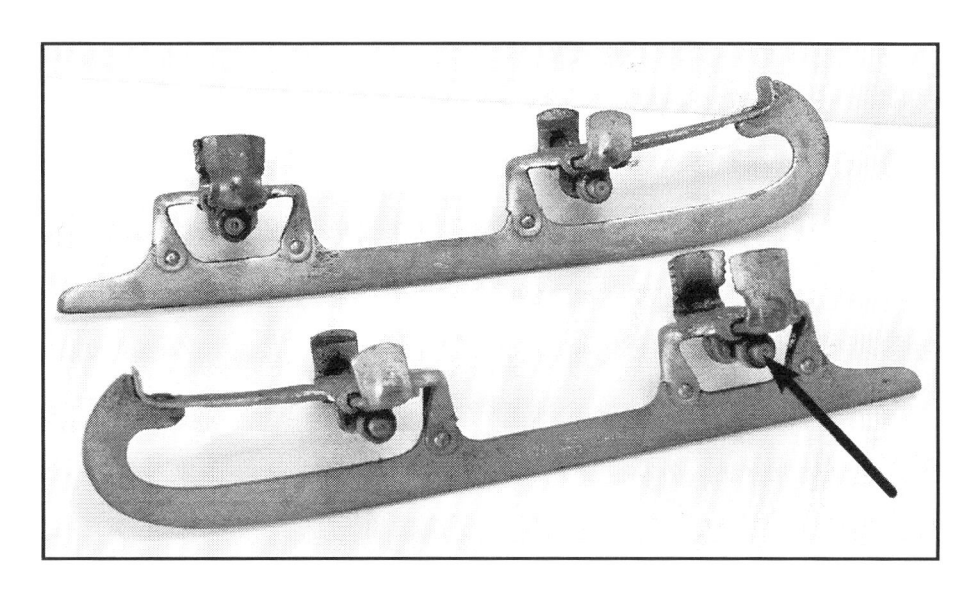

Skruskøyter. Nøkkelen hadde et kvadratisk-kubisk hull, som ble tredd inn på «skruen» som pila peker på, og klørne skrudd til.IF.

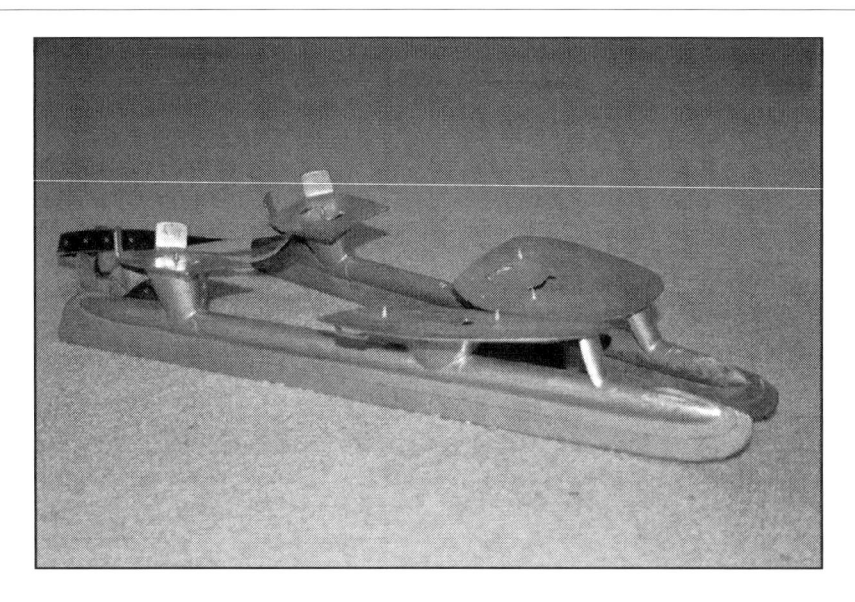

*Anne Berit hadde lengdeløpsskøyter, som kunne festes med lærstropper – men de var altfor store for meg. FS.*

ikke lett å få skøytene til å sitte på – de falt av i ett sett. Klørne, som skulle gripe fatt i sålen på beksømstøvlene, kunne skrus til med en nøkkel jeg hadde i ei reim rundt halsen. Med is i nøkkelen og «valne» og veike hender var det vanskelig å skru til hardt nok. Anne Berits skøyter var noe enklere å få til å sitte på, men de var altfor store for meg.

Henry Nordli og min far måkte opp skøytebane for oss ungene på Thorstjennet vinteren ca. 1960. Det må ha vært hardt arbeid, for bana var ikke kort, men snøen var dyp. Det jeg ikke hadde noen som helst kjennskap til, var at en berømt skøyteløper fra Monsrud nok hadde gått på det selvsamme Thorstjennet 30 år tidligere, nemlig Oskar Thors. Han var yngste sønn av smeden Petter Thors - kjent som «Mestersmeden» - som var selveier på Monsrud Vestre, kalt Thors. Petter hadde kommet hjem etter to år i Amerika, var gift med Marthe Martiniusdatter fra Nord-Monsrud og livnærte seg som selvstendig næringsdrivende.

Oskar hadde ei søster, som jeg så ofte da jeg gikk på barneskolen på Namnå. Hun het Martha og bodde alene tvers over

*Oskar Thors. FA.*

veien for gården til Ola Moen, ved innkjørselen til lærerboligen og Hulali.

Oskar Thors, som representerte OI – Oslo Idrettslag - gikk på skøyter i ei tid da han fikk bryne seg på både norske og utenlandske legender i skøytehistoria. Han gikk samtidig med den berømte «Hadelandstrioen» - Ivar Ballangrud, Michael Staksrud og Hans Engenestangen, såvel som Clas Thunberg, Finlands suveréne løper, som vant 5 gull, 1 sølv og 1 bronse i vinterolympiadene i 1924 og 1928, og tok 5 VM-titler og 4 EM-titler mellom 1923 og 1932. Ballangrud dominerte skøytesporten mellom 1924 og 1939 – han vant 4 VM, 4 EM, 5 NM og tok 4 olympiske gullmedaljer. Tilsynelatende var 1934 Oskars beste år – han var da 30 år gammel. Han deltok i NM på Marienlyst i Drammen den 20. og 21. januar. Der gikk han på 48.6 (500 m – 21. plass), 2.37.1 (1500 meter – 20. plass), 9.18.5 (5 000 meter – 15. plass) og 19.12.3 (10 000 meter – 10. plass). De tre medaljevinnerne var Michael Staksrud, Charles Mathiesen og Hans Engenestangen.

Helga etter – 27. og 28. januar – gikk han på Frogner i Oslo. Da gikk han på 49.8 (500 meter, 16. plass), 2.35.3 (1500 meter – 21. plass), 9.21.8 (5 000 meter – 9. plass) og 18.34.1 (10 000 meter – 9. plass) til en sammenlagt poengsum av 213.452. De tre medaljevinnerne i det løpet var Bernt Evensen fra Oslo Skøyteklubb, Charles Mathiesen fra Drammens Skøyteklubb og finnen Birger Wasenius. Som resultatene viser var Oskar utvilsomt best på de lange distansene, der han sikret seg en plass blant de 10 beste.

Den 3. og 4. februar var det imidlertid duket for en skikkelig dyst – EM på Hamar Stadion. Mesterskapet var beskrevet som «- et glansfullt vinterstevne, som vakte oppsikt over hele Norge og skøyteverdenen forøvrig. Byen var pyntet til fest og det var en folkevandring mot skøytebanen, som var smykket med Nederlandske, Engelske, Finske, Østerrikske og Norske flagg. Tusener og atter tusener av forventningsfulle tilskuere

*Det var 12000 tilskuere som så Europamesterskapet på skøyter på Hamar Stadion den 3. og 4. februar 1934. Hedmarksmuséet, Domkirkeodden.*

sto som en krans om den speilblanke flate». Hamar Stadion sto ferdig i 1921 etter at det hadde kommet utallige klager på Mjøsisen, som vanligvis ble brukt, der banemannskapet måtte gå med kanner og vanne sprekkene som oppsto. Michael Staksrud hadde satt verdensrekord på 3 000 meter på Hamar Stadion året før EM, og enda en rekord skulle ryke under stevnet.

12 000 tilskuere så Michael Staksrud bli Europamester foran østerrikeren Max Stiepel, som satte ny verdensrekord på 5000 meter med 8.18.9. Bronsemedalja gikk til enda en østerriker, Karl Wazulek. Ivar Ballangrud - som var regjerende Europamester - Charles Mathiesen og Hans Engenestangen tok plassene deretter. I det skarpskodde selskapet tok Oskar Thors en 13. plass med tidene 48.3 (500 meter – 15. plass), 2.31.7

*Legendariske Clas Thunberg fra Finland med 5 OL-gull, 5 VM-titler og 4 EM-titler ble slått i sammendraget under EM på Hamar i 1934 av Monsrudgrendas Oskar Thors. W.*

(1500 meter – 15. plass), 9.05.4 (5 000 meter – 15. plass) og 18.37.5 (10 000 meter, 9. plass) til en sammenlagt poengsum av 209.282. Med den plasseringa slo Oskar den legendariske finnen Clas Thunberg i sammendraget. Han hadde også bedre personlige rekorder enn han viste i de tre stevnene. Hans beste resultat på 500 meter var 47.8 mens hans beste 5 000 meterresultat var 9.02.3.

Da Anne Berit begynte på lærerskolen på Blæstad på Hamar fikk jeg møte en livs levende skøyteløper i Norgeseliten. Det var Halvard Smørgrav fra Fiskum, som bodde sammen med henne på internatet. Han vant junior-NM i 1965, da han gikk på lærerskolen. I 1966 ble han uoffisiell juniorverdensmester med tre distanseseier og sammenlagtseier under et stevne i Kirov i Sovjetunionen. I 1967 satt jeg som vanlig hjemme foran radioen og lyttet til Norgesmesterskapet for seniorer, der Halvard deltok. Da Anne Berit lyttet på skøyteløp i sin barndom skrev hun alltid rundetider, jeg nøyde meg med sluttresultater. Etter at mesteparten av 1500 meteren var gått ble jeg opptatt med noe annet, men notatene mine viser at Halvard Smørgrav da var nr. 8 med tida 2.15.1.

*Halvard Smørgrav – uofisiell junior-verdensmester i 1966. UF.*

*Parsammensetning og tider på 1500-meteren under NM i Trondheim i 1967. Pila indikerer Halvard Smørgrav. FA.*

Han ledet etter de to første parene, og slo Per Willy Guttormsen («Bettong») i samløp med hele 2,2 sekunder!

På den tida deltok jeg selv i «ordentlige» skøyteløp. Det ble en kort karriere. Jeg var 10 eller 11 år da det ble arrangert løp på Kirkenær, på den gamle Gressbanen, der løpebana ble vannet og brukt som skøytebane. Det måtte til tusenvis av liter vann, som ble kjørt dit enten med bil eller traktor påmontert tank. Per Eek og Thorleif Berger var visstnok banemestere. Skøyter hadde jeg ikke, så det måtte jeg låne. De måtte slipes, og det var bare én, som kunne den kunsten på Namnå, nemlig Hans Kristiansen. At Hans var spesialist på skøytesliping var nok ingen tilfeldighet – både Ingar Kristiansen og Svein Holter - som ikke bodde så langt unna - var gode skøyteløpere. Svein ble kretsmester i februar 1960 med 48.9 på 500 meter, som var ei god tid den gangen.

*Svein Holter ble kretsmester i februar 1960. Grue IL 100 år.*

*Skøytelaget som representerte Grue IL unde et stevne på Kjellmyra – (fv) Jan Sjaatil, Ingar Fjeld og Namnåguttene Ingar Kristiansen og Svein Holter. Grue IL 100 år.*

Dagen for skøyteløpet opprant, og i min iver varmet jeg opp til jeg var helt utslitt lenge før start. Da tida kom for å gli fram til streken i blå stillongs med matchende djevlelue på hodet, visste jeg ingenting om hvem jeg løp i par med. Det eneste jeg kunne fastslå var at han var dobbelt så høy som meg, og jeg ante at her var løpet allerede avgjort. Det var Arnfinn Branes, som jeg flere år senere skulle bli kjent med som en av kretsens beste fotballkeepere. Jeg sprintet ut i beste Grisjin-stil mens Arnfinn forsvant, som om jeg hadde møtt ham. På vei inn i første sving hørte jeg Johnny Engen rope oppmuntrende til meg:
«Ta'n, Siris!»
Det var et tilnavn han hadde gitt meg fordi han syntes jeg var så sidrumpet i vinterolabukser. Jeg ga på alt jeg hadde ut av svingen. Der jeg langet ut nedover vekslingssida kom Arnfinn allerede ut på oppløpet, og i siste sving stupte jeg så lang jeg var. Løpet var kjørt.

Ufortrødent meldte jeg meg på neste skøyteløp – det var ikke så mange av dem, så en fikk delta da en kunne. Denne gang ble det arrangert på isen på Glomma, på Sander. Jeg passet meg for å være utslitt før start, og denne gang fikk jeg også med meg navnet på ham, som jeg gikk i par med: Kai Linnes. Kai var en av kretsens beste skøyteløpere – han skulle jeg bli kjent med da jeg begynte på Kongsvinger Gymnas, 6-7 år senere. Gikk det an å bli mer uheldig? Ja, det gjorde det faktisk – uten at jeg var klar over det gikk jeg på hjemmebana til en annen skøyteløper, som skulle bli den beste av alle og som jeg også skulle bli kjent med på Gymnaset, nemlig Amund Sjøbrend. Han ble Norgesmester i 1975 og både Europamester og Verdensmester i 1981. Løpet ble en gjentagelse av det jeg hadde opplevd på Kirkenær. Kai tok av og forsvant – for å bruke min mors favorittuttrykk - «som en ånd i en fillehaug». Jeg kom stormende ut av første sving, langet ut nedover vekslingssida, kom langt frampå tuppene i siste sving – og falt.

Etter det deltok jeg aldri i skøyteløp. Det ble skøyting for moro skyld på Namnåa og Glomma – helt til moroa gikk ut av å vandre flere kilometer hjem i mørke og kulde, mens neglebiten kløp som tenger i fingertuppene, tærne var følelsesløse og jeg forsøkte å knappe opp buksesmekken med innsida av håndleddene, da fingrene nektet å lystre orde. Da jeg endelig sto hjemme på kjøkkengolvet - mens smeltende snø og is drev av meg – spurte min mor:

«Hvor har du vært? Middagen sto på bordet for to timer siden.»

Jeg slapp å svare. Leppene ville ikke bevege seg, heller.

## SOMMERSPORT

Da jeg var guttunge hadde jeg inntrykk av at alt som hadde hendt før jeg ble født, var veldig lenge siden, selvom det bare var et tiår. Delvis var det fordi barnets tidsperspektiv er fordreid på den måten, delvis var det fordi ingen snakket om fortida, spesielt ikke om sin egen fortid, derfor lå den i mørke. Det gikk nesten 50 år før jeg oppdaget at en av naboene, Henry Nordli, tok ei bronsemedalje i norgesmesterskapet i vektløfting for junior i 1949 – og det på tross av at jeg så både ham og begge sønnene, Rune og Kjell, flere ganger i uka. Junior-NM gikk det året i regi av Aktiv Atlet på Nordstrand i Oslo, den 7. og 8. mai. Henry deltok som representant for Namnå idrettslag i 82,5-kilosklassen og han veide inn med ei matchvekt på 79 kilo. Han løftet 70 kilo, 70 kilo og 100 kilo i henholdsvis rykk, press og støt, til ei totalvekt av 240 kilo.

*Henry Nordli tok bronsemedalje i junior-NM i vektløfting i 1949. FA.*

*Gruelaget, som ble Norgesmestere på 4 x 100 meter stafett i 1936, på tida 43,6. Fra venstre (i samme rekkefølge som de sprang stafetten) Johannes Hals, Petter Nordby fra Namnå, Brede Bredesen Opseth og Hans Davidsen. Grue Idrettslag 100 år.*

Ingenting visste jeg om Namnågutten Petter Nordby, som var 17 år gammel da han først gjorde seg bemerket som løper, midt i 1930-årene. Det ble sagt blant de andre Grue-løperne at det var spreke karer på Namnå – «Først fliger dom einga rundt så mie dom ærker og så hopper dom over ein skigard!». Det var bare såvidt Petter kom til NM i friidrett på Frogner Stadion lørdag 20. juni 1936. Han var medlem av stafettlaget på 4 x 100 meter, men skulle ta eksamen artium mandagen etter stevnet, og hadde tenkt å melde forfall. Tre utsendinger fra Grue reiste derfor til Namnå for å overtale ham, og det ble til at han startet. Det var godt at Petter ga seg med, for Gruegutta med Namnågutten på laget ble Norgesmestere på stafetten med tida 43,6 og slo til publikums kjempeoverraskelse storfavorittene Tjalve som fikk 43,7 og Hellas 43,8. Løpet gikk til og med fortere enn løperne selv hadde forventet. Da Brede B. Opseth forsøkte å levere pinnen til Hans Davidsen på sisteetappen, hadde Hans lagt til to fot i tilløpet – fra 16 til 18 fot - og fikk så stor fart i vekslingssona at Bredes kommentar etter løpet var – «Jeg holdt fanken ikke på å nå deg igjen!» Dagen etter ledet Gruelaget 1000 meter stafett etter 3 etapper, men ble ved mållinja klokket inn på fjerde beste tid, 2.01.1. bare to tiendedeler etter bronselaget Stabæk. Som et etterspill til Norgesmesterskapet kan det nevnes at mesterene ikke automatisk fikk sine gullmedaljer. De måtte Grue IL kjøpe, etter å ha sendt et brev med henstilling om dette til Norges Idrettsforbund. De kostet 48 kroner – som måtte betales på forskudd!

Petter Nordby flyttet til Hønefoss i august 1936, siden faren Gerard ble stasjonsmester der, og ble medlem av Idrettsforeningen LIV. Han hadde ei bestenotering på 100 m på 10.9 sekunder, som såvidt jeg vet gjør ham til den raskeste Namnågutten på den distansen. Så sent som i 1947 konkurrerte han fremdeles og ble den 23. juli nr. 5 i B-finalen i et internasjonalt stevne på Bislett, på tida 11.3. Den 9. august samme år sprang han 200m på tida 23.3 under et stevne i Skotselv. Den 16. august deltok han i Norgesmesterskapet i lengde på Bislett, der han ble nr. 6 med resultatet 6.62 meter.

All slags idrett sto sentralt da jeg gikk de seks årene på folkeskolen. Om sommeren sprang vi sprint og langdistanse, og gikk dessuten kappgang. Vi kastet stor ball, liten ball og spilte fotball og håndball. Hvert år hadde vi idrettsdag, og da måtte vi klare visse forhåndsbestemte krav i fem forskjellige øvelser for å få Friidrettsmerket i bronse, sølv og gull. Guttenes merke så annerledes ut enn jentenes. De fem øvelsene var kast med stor ball og liten ball, høydehopp, lengdehopp og 60-meter. Vi startet i fjerde klasse og skulle således klare de tre merkene i løpet av de tre siste årene på skolen. Jeg klarte alle kravene alle tre årene, men jeg var langtfra den beste atleten. Jeg ble vanligvis utkonkurrert av Jan Erik, Gunnar Jansen, Tore Andersen, Stein Moen og Gustav Fredrik Johansen – det vil si nesten alle.

De mest imponerende resultatene på idrettsdagene kom verk-

*Guttenes friidrettsmerke i alle tre valører fra 1964, 1965 og 1966. FA.*

en i løp eller hopp, men i kast. Den vesle ballen var en vanlig råteball, altså en relativt tung gummiball med uspesifisert vekt. Det lengste kastet under mine seks år på Namnå Sentralskole var det Arvid Nymoen, som sto for. Som 7. klassing kastet han ballen hele 70 meter, et forrykende resultat på den tida. Johan Petter Gustavsen var ikke snauere. Allerede som 5. klassing kastet han 53 meter.

Av sommeridrettene var det sprintløpene, som sto mitt hjerte nærmest – selvfølgelig sammen med den allestedsnærværende fotballen. Vi sprang alltid 60-meter under 17-maifeiringa på Namnå skole, men de første 5 årene var jeg aldri god nok til å vinne. Tida mi var på 10-tallet et sted, og ingenting tydet på at den skulle forbedre seg radikalt, for trente målbevisst gjorde jeg aldri. I 1964 gjorde jeg et notat i dagboka om at Jan Erik hadde vunnet 60-meteren og fått en pokal, mens Gunnar Jansen på 2. plass vant «tre kulepenner og en pussegummi». Jeg ble nr. 3 og vant en kruttlapp-pistol(!)

Det siste året på folkeskolen vokste jeg til litt, slik at farten på 60-meteren økte. 17. mai 1966 var det min tur til å få pokal – da vant jeg distansen for første gang. I løpet av de neste fire årene på Grue ungdomsskole sprang jeg mye 60-meter i gym-

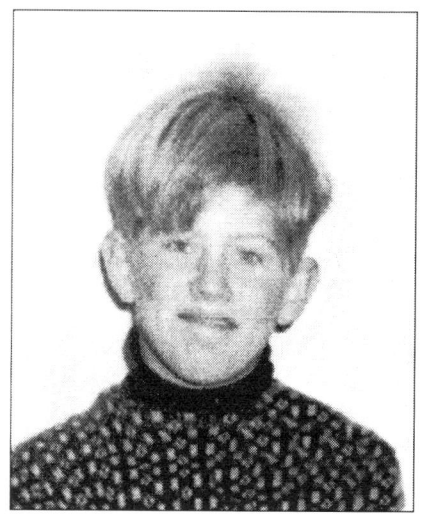

*Arvid Nymoen (tv) og Johan Petter Gustavsen kastet henholdsvis 70 og 53 meter med liten ball. Røsås m.fl. 2009.*

nastikktimene, men trente gjorde jeg aldri og deltok ikke i konkurranser. Tida gikk sakte nedover på 9-tallet og 8-tallet, til 8.1. At tida ble tatt hendte bare da læreren bragte med seg stoppeklokke.

I 1968 så jeg olympiaden i Mexico City på TV, og selvom jeg fulgte alle øvelsene med stor interesse, var sprintdistansene de jeg gledet meg aller mest til – særlig 100 meter. Amerikaneren James Hines stormet ut fra startblokkene i finalen, men ble øyeblikkelig utdistansert av landsmannen Mel Pender, som hadde en eksplosiv start og ledet etter de første 50 meter. Den tredje amerikaneren, Charles Greene, hadde også vært blant favorittene, men på grunn av en lårstrekk sprang han med støttebandasje og var ikke i toppform. Etter 60 meter kom den høye Hines med fantastisk lange klyv, og brøt mållinja på ny verdensrekord, 9.95 sekunder – den første mann i verden målt elektronisk under 10 sekunder! Charles Greene ble nummer tre, da Lennox Miller fra Jamaica snek seg mellom de to i de siste brøkdelene av et sekund.

På 200 meter gjentok noe av det samme seg innenfor amerikanernes lag. Det var forventet at John Carlos skulle vinne –

han hadde akkurat satt ny verdensrekord med 19.92 sekunder, idet han slo Tommie Smiths gamle rekord med 0.3 sekunder. Rekorden ble imidlertid aldri godkjent, da Carlos brukte de nye, såkalte «børstepiggene» istedenfor de standard fire. I finalen kom Tommie Smith overraskende tilbake og utdistanserte hele feltet til ny verdensrekord på 19.83 sekunder, den første godkjente tida i verden under 20 sekunder.

Året 1968 var midt under de verste raseopptøyene i USA, og både Martin Luther King Jr. og Robert Kennedy – under sin kampanje for å bli den neste presidenten - ble skutt ned og drept. Tommie Smith og John Carlos var medlemmer av «Det olympiske prosjektet for menneskerettigheter». De ville boikotte olympiaden i Mexico City med krav om blant annet å utelukke Sør-Afrika og Rhodesia fra lekene på grunn av deres apartheidpolitikk. De tok sin demonstrasjon til seierspallen den 16. oktober. Da den amerikanske nasjonalsangen ble spilt sto de i svarte sokker, men uten sko for å illustrere fattigdommen blant de fargede i USA, og med hevede, knyttede hender med svarte hansker for å vise sin støtte for de fargedes menneskerettigheter. Smith bar et svart skjerf for å demonstrere svart stolthet, Carlos hadde åpen jakke – et brudd på den olympiske etikett om påkledning under seiersseremonier - for å vise sin solidaritet med arbeiderklassen, og et perlehalsbånd til minne om alle fargede som hadde blitt lynchet. I løpet av noen få timer var Smith og Carlos utvist fra den olympiske landsbyen, og hadde fått 48 timers frist til å komme seg ut av Mexico City. Det var aksjoner, som hadde dyp innvirkning på en ung «sprinter» fra Namnå.

Den 6. september 1969 var det skolemesterskap i friidrett ved Grue ungdomsskole på den gamle Gressbanen på Kirkenær. Der vant Gunnar Botilsrud og jeg 60-meteren på samme tid, 7.8 sekunder. Vi måtte delta i to øvelser, så vi hadde begge valgt lengde. Der vant Gunnar suverent med et hopp på 5.62 m, mens jeg hoppet 5.34 m. Gunnar var forøvrig en usannsynlig morsom klassekamerat gjennom 10. klasse. Ved flere anledninger – i en ellers fullstendig blikkstille norsktime med

*Seierspallen etter 200-meter finalen under OL i Mexico City i 1968. Tommie Smith (gull) og John Carlos (bronse) demonstrerer for de fargedes menneskerettigheter i USA. Sølvmedaljevinneren, Peter Norman fra Australia, bærer også ei nål til støtte for «Det olympiske prosjektet for menneskerettigheter». W.*

Henry Helland - hørtes plutselig et høyt, tynt hyl fra bakerste rekke som utviklet seg til et hysterisk latteranfall, utløst av noe morsomt, som ble sagt mellom pultrekkene. Gunnar var ikke bare en god 60- meterløper. Enda bedre var han på 800 meter, der han løp på 1.59.4. Det var fremdeles klubbrekord og det eneste resultatet under 2 minutter da Grue IL's 100-års jubileumshefte ble trykket, i 2006. Han var også en veldig god skiløper, og vant mange konkurranser i langrenn over hele Østlandet.

To dager etter mesterskapet var jeg ved en tilfeldighet på fotballbana på Namnå, der det var «idrettsmerke-kveld». Det vil si at en kunne møte opp og utføre alle øvelsene, som kvalifiserte til det såkalte Idrettsmerket. I løpet av en halv time løp jeg tre 60-metere, alle på 7.5 sekunder, og det var siste gang jeg løp med tidtagning. Etterpå ble det snakk om løpere fra Namnå, og igjen opplevde jeg at jeg hadde idrettsmenn i Norgeseliten i nær fortid som jeg ikke hadde vært klar over.

Da jeg var skarptrommeslager i et av Namnå skoles musikkkorps i 1964, ble vi undervist av Asbjørn Madshus. Asbjørn var utrolig allsidig, både når det gjaldt idrett, musikk og diktekunst, og jeg vil vie ham oppmerksomhet både i dette kapitlet, og i et senere kapitel. På fotballbana den kvelden ble jeg fortalt at Asbjørn hadde løpt 60-meter på 7.0 sekunder. Da jeg spurte ham ut om det, svarte han bekreftende, men sa at «det var mange år siden». Han nevnte ingenting om at han var en like god 100-meterløper. Det fant jeg ut flere tiår senere.

Asbjørn var den dominerende sprinteren i Hedmark fylke i 1950-årene, etter å ha gjort seg bemerket allerede i 1947. Den 14. september det året vant han 100-meter i Klasse II på landsidrettsstevnet for høyere skoler på Bislett, på tida 11.3. Den 12. juni 1948 startet han med å vinne 60-meter i et lokalt stevne på Flisa på 7.2 sekunder. Han deltok ikke bare på 60-meter, men også i kulestøt, der han vant juniorklassa med et støt på 12.65 meter. Den 31. juli deltok han i et stevne på Magnor. Der vant han 200-meter på 23.8. Dagen etter vant han 100-meter på årsbeste - 11.3 sekunder. Den 29. august deltok han i Norgesmesterskapet for junior i Haugesund. Der tok han bronsemedalje på 100-meter på tida 11.5 sekunder. Tida hans fra Magnor ville ha sikret ei bronsemedalje i senior-NM samme år.

De neste 10 årene tok han flere kretsmesterskap. Den 16. juni 1950 var han på Bislett, der han vant juniorklassa på 100-meter med et løp på tida 11.2 sekunder. I 1957 ble han fylkesmester. Den 11. august det året var han på Kongsvinger og vant der 200-meter på 23.1 sekunder. Den 1. september del-

*Asbjørn Madshus var den dominerende sprinteren 1950-åra. Grue IL 100 år.*

tok han i et stevne på Hamar og vant 100-meter på 11.2 sekunder. I 1958 var han på Kongsvinger den 9. august, og der vant han 100-meter på 11.2 sekunder. Hans beste tid på 100-meter var 11.0 sekunder, noe som ville ha gitt gullmedalje i Norgesmesterskapet for senior i 1948, da han fikk bronse som junior.

Asbjørn var et multitalent innen idretten – ikke bare var han i toppsjiktet på sprintdistansene og vant kulestøt som junior. Han drev også vektløfting, og hadde en personlig rekord på 282 kilo i kombinasjonen, det vil si rykk, press og støt. Han løftet 112.5 kilo i støt, noe som gir en imponerende tyngdefordeling mellom rykk og press på 84.75 kilo i hver gren. Ved å se på Asbjørn, var det vanskelig å forestille seg at han kunne makte slike løft. Min far, som trente mye sammen med ham i ei atletgruppe på Namnå, forklarte at de prestasjonene slett ikke ble oppnådd med rå styrke, men ved hjelp av en utrolig velutviklet teknikk. I sin tid som idrettsutøver innehadde han også vervet som formann i Namnå Idrettslag.

Som ung mann trente min far mye. Han drev med både turn, vektløfting, gresk-romersk bryting, baneløp og fotball. Hans beste distanse var 800 meter. En gang fikk han forsøke seg mot en av de beste løperne i Norge, nemlig Thorvald Wilhelmsen fra Grue Finnskog. Wilhelmsen vant bronsemedalje på 5000 meter i Norgesmesterskapet i 1939, og ble klart hindret i sin karriére som langdistanseløper av krigsårene. Han kom tilbake etter krigen, og ble i 1946 Norgesmester på både 5 000- og 10 000-meter, hvoretter Martin Stokken overtok hegemoniet på langdistansene. Hvilken distanse det lokale løpet gikk over er usikkert. Henry gikk aggressivt ut og dro feltet, siden han ifølge det han senere fortalte, ikke ville «ligge inneklemt og spærke ræver». Det straffet seg hardt, da han fikk krampe og tilsynelatende besvimte, og hjelpsomme hender trakk ham ut på sidelinja. Ifølge øyenvitner gikk beina fremdeles som om han løp, der han lå på bakken. Den 12.

*Henrys diplom for 3. premie i Skarnes-stafetten 1946. FA.*

mai 1946 deltok han i «Skarnes-stafetten» og tok der 3. premie.

På den tida trente mange Namnågutter med vektløfting og turn på Verdande. Foruten min far var det Henry Nordli, Kolbjørn Karlsen Woll, Asbjørn Madshus, Hans Kristiansen, Magne Dahl, Åsmund Nordli, Asbjørn Bekkevoll, Svein Holter og Ingar Kristiansen. Åsmund Nordli var broren til Henry og Ragnar Nordli, og utrolig sterk i markløft. Min far var vitne til at han la tre 50-kilos sementsekker på hver ende av en stige – det vil si ei vekt på 300 kilo - gikk inn på midten av stigen, grep tak i trinnene og løftet den fra bakken. Senere ble treninga flyttet til Hulali, som tilhørte speiderne og lå like ved Namnåa bak plassen der lærerboligen senere ble bygd. Veien dit gikk gjennom furuskogen rett overfor gårdsveien til Ola Moen. Deretter ble treninga flyttet til den gamle skolen på Namnå, for til slutt å ende opp i fyrrommet i den nye skolen, som sto ferdig i 1954. Det ble kjøpt inn manualer og annet

*Åsmund Nordli var råsterk i markløft – han løftet 300 kilo sement lagt på endene av en stige. Bjørn Tuer - SSL.*

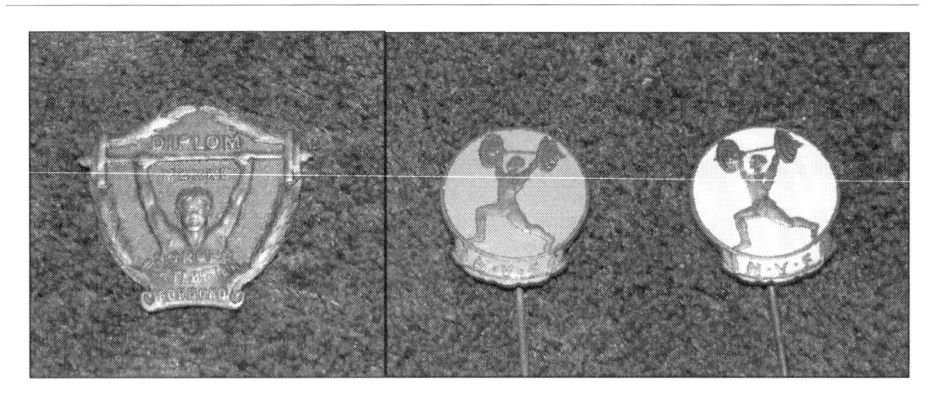

*Merker fra Norges vektløfterforbund. FA.*

treningsutstyr, og instruktører fra Norges vektløfterforbund ble innbudt til møtene. Medlemmene av gruppa drev med «merkeløfting», det vil si at de presterte løft som kvalifiserte til bronse, sølv eller gullmerke fra forbundet. Slik hadde det seg at fronten på den store rørradioen hjemme, som var av stoff, i 1960-åra var dekket av idrettsmerker, blant annet fra Norges vektløfterforbund.

Etterhvert utkrystalliserte det seg ei gruppe på tre som ville drive oppvisning. Det var Henry Nordli, Kolbjørn Karlsen Woll og Henry Sollien. De kalte seg «De tre Ikelos». Ordet Ikelos stammer fra Gresk mytologi og er et navn for noe som ligner på hverandre, eller er like. Slik kunne navnet på atletgruppa tydes som «De tre like». De underholdt lokalt på mange forskjellige steder, blant annet på Kjellerlemmen ved Gunnarsrudsjøen og når det var tilstelninger på Kongsvinger festning. De laget mange forskjellige konfigurasjoner med to til fire karer, der Henry Nordli utgjorde fundamentet, fordi han var sterk nok til å holde flere mann oppe. En gang underholdt de på Verdande, der det ble spilt en revy laget av den allsidige kunstneren – og postmester på Namnå – Arnulf Hylin. Revyen var kalt «Når bladene faller», og i pausa underholdt De tre Ikelos. Da tida kom for finalen i oppvisningen laget de en «pyramide», som var så høy at de måtte gå ned på golvet foran scena, for at min far - som vanligvis var den som sto i håndstående toppen - ikke skulle sparke i taket (bilde side 730).

*Til venstre: Henry Nordli og Henry Sollien (i håndstående). Til høyre: Henry Nordli (nederst), Henry Sollien (tv) og Kolbjørn Karlsen Woll. FA.*

Han ble senere spurt om han ville være med i Norgesmesterskapet i turn, men med en nystiftet familie følte han ingen trang til å begi seg inn på alt, som det førte med seg.

Henry spilte han mye fotball. Namnålaget var utover i 1950-åra et meget godt lag og besto av spillere med stort potensiale. Min onkel Ivar Sollien og Martin Moen prøvespilte begge for Lillestrøm. Da jeg var i tenårene så jeg dem fremdeles spille, og jeg nevnte for min far hvor rask Martin Moen var med ballen. Han hadde en eneste kommentar: «Du skulle sett ham da han var 15 år!» Han fortalte forøvrig at de ikke drev styrketrening, bare fotballtrening. Foruten å drive styrketrening på egen hånd hadde alle fysisk arbeid, noe som automa-

*Henry Nordli (tv), Kolbjørn Karlsen Woll og Henry Sollien i håndstående. FA.*

*Henry svingte fremdeles min mor, Gerd, over hodet til han var langt opp i 40-årene. Det var en tur, som også jeg fikk mye som guttunge. FA.*

tisk gjorde dem sterke og utholdende.

Jeg syns spillerne så veldig flotte ut med de røde buksene, hvite trøyene og rød-og hvitstripete sokkene, med Namnå IL i rødt bakpå ryggen – og nummer! Det utstyret ville jeg ha så fort som mulig. Knottene i de dager var noe som idag ville ha vært fullstendig forbudt – spikret til sålen på en slik måte at da knottene ble nedslitt, ble spikeren eksponert. Min far hadde da også noen monster leggbeskyttere, som jeg arvet – tre ganger så tykke, som de en kunne kjøpe i 1960-åra og med tre tynne bambusstenger sydd inn i lengderetningen foran.

På grunn av de store ungekullene på den tida var det ofte slik at laget ble dominert av flere spillere fra samme familie. I 1955 deltok Namnå i Glåmdals-cup'en, og laget besto av brødrene Reidar, Ivar og Henry Sollien samt svogeren Martin Moen. Det var også to karer ved navn Kjensmo, og to karer ved navn Holter – da var laget nesten fullt! Det ble spilt en rekke kamper, uten at det er mange minner som har overlevd

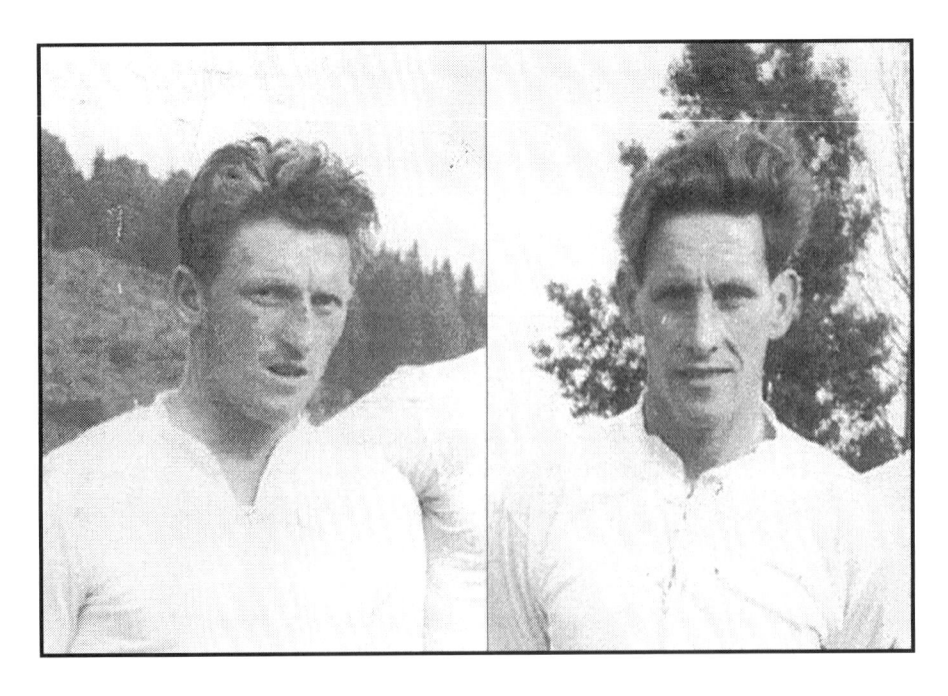

*Martin Moen (tv) og Ivar Sollien prøvespilte for Lillestrøm. FA.*

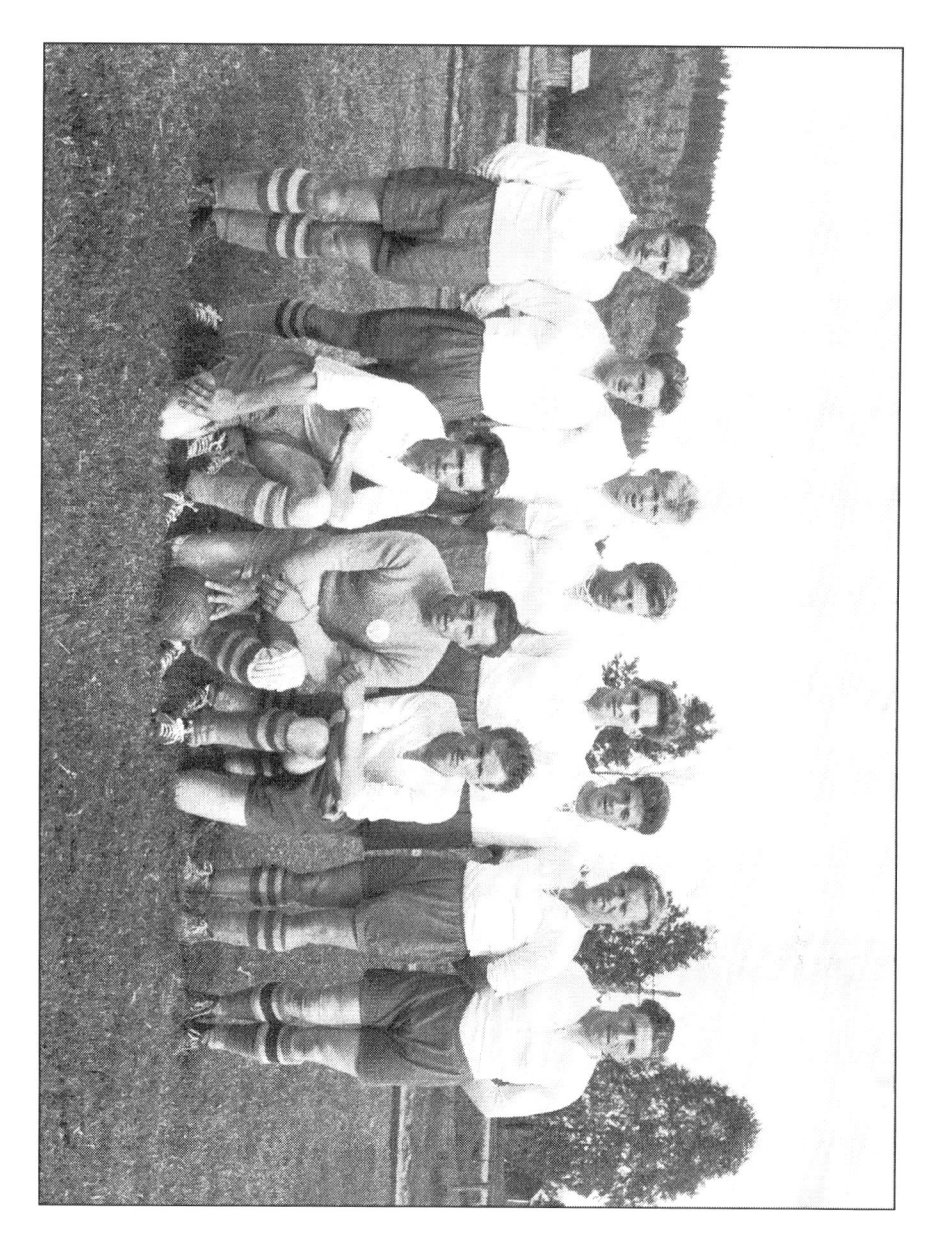

*Namnå ILs fotballag, Glåmdalscup-mestere 1955. Stående (fv): Henry Sollien, Martin Moen, Gunnar Rismoen, Johan Kjensmo, Ivar Sollien, Paul(i) Kjensmo, Reidar Sollien og Håkon Holter. Sittende (fv): Arne Engebakken, Helge Holter og Hans Petter Halvorsen. FA.*

*Pokalen for seier i Glåmdalscupen 1955. FA.*

om dem. Men det endelige resultatet er kjent: Namnå ble cupmestere ved å slå Skotterud i finalen. Alle spillerne fikk en sølvpokal – den største i min fars samling.

Mine første opplevelser med fotballen på Namnå var ikke gode. Under lek med ballen bak et av målene, da jeg fremdeles var altfor liten til å spille, kom et bomskudd på mål og traff meg i bakhodet. Det la meg flat i gresset. Pussig nok hadde min søster samme opplevelsen, mens hun satt på sidelinja. En ball traff henne i ansiktet og slo henne baklengs ned fra benken. Reidar Sveen - mangeårig spiller og dessuten en av lederne for kretslaget i 1960- og 1970-årene - satt tilfeldigvis ved siden av henne, og han hjalp henne opp igjen. Det var en stor opplevelse når laget hadde bortekamper, for da møtte noen av spillerne opp med biler. Slik fikk jeg en kjøretur, noe som ikke var dagligdags. Ikke mange av familiene i Monsrud eller på Namnå hadde biler i 1950-årene. Det var fremdeles sykler, og en og annen moped som fór bortetter veien. Noe som forringet opplevelsen betraktelig var at jeg en gang klarte å få hånda mi i klem da bildøra ble lukket.

Den nevnte Reidar Sveen spilte på Namnås fotballag i 1930-åra. Han hadde mange interessante knep å lære bort, som en ikke så mange av i 1960-åra da jeg spilte, men som idag ofte dukker opp i profesjonell fotball. I dødballsituasjoner – gjerne

*Namnå ILs fotballag i 1936. Foran (fv): Alfred Stenvadet, Oscar Sagerud, Reidar Sveen, Rolf Hansen og Per Berg. I midten (fv): Kåre Holter, Ole G.Holter og Bjarne Sveen. Bakerst (fv): Arne Østmoen, Ole Bjørklund og Harald Uggerud. NK-01.*

corner – brukte han to teknikker: Hvis han visste at han ikke kunne hoppe høyt nok til å nikke ballen, sto han på foten til den nærmeste forsvareren. Da kunne ikke den spilleren hoppe opp, heller. Ble det mølje foran mål, og en av forsvarerne var i fart til å gå opp og nikke, røsket han buksa av fyren idet denne hoppet til. Det ga spilleren andre ting å tenke på enn fotball, til buksa var tilbake på plass.

I 1964 var jeg reservekeeper på guttelaget på Namnå. Teknisk sett var jeg fremdeles en «smågutt», og håpløst fortapt på et lag der noen av spillerne var en halvmeter høyere enn meg, og en halv gang til så tunge. Jeg spilte bare en eneste kamp, og allerede under oppvarminga fikk jeg en ball på full volley i ansiktet, som fylte øyet mitt godt opp med sand. Resten av oppvarminga satt jeg på benken og forsøkte desperat å få gangsynet tilbake. Etter kampen, som vi tapte 8-0, trøstet jeg meg med at jeg iallfall hadde sluppet inn bare to mål i første omgang, mens førstekeeperen, som raget hode og skuldre høyere enn meg, slapp inn seks mål i den andre.

I 1966 så jeg verdensmesterskapet i fotball på TV. Fjernsyn hadde foreldrene mine gått til anskaffelse av året før. Det ble kjøpt etter en av min fars klassiske ombestemmelser, der han først uttrykte med sterk overbevisning at TV skulle han aldri ha, til han kom hjem en dag og ganske enkelt sa: «Nå kommer TV'n klokka 5». Det var en stor opplevelse. Finalen mellom England og Vest-Tyskland sitter fremdeles i minnet, etter Geoff Hursts kontroversielle mål etter 11 minutter i første ekstraomgang, da stillingen etter full tid var 2-2. Hurst satte et knallhardt skudd i overliggeren på det tyske målet, som slo ned i marka og spratt ut igjen.

Det var selvfølgelig ingen «goal line technology» på den tida, og dommeren, Gottfried Dienst fra Sveits, innrømmet at han sto dårlig plassert og så skuddet bakfra. Han som senere ble kalt «den russiske linjemannen», Tofiq Bahramov - som faktisk var fra Azerbaijan, da innlemmet i Sovjetunionen - var derimot klar i sin oppfatning: Han nikket energisk, siden han

*Reidar Sveen brukte spesielle teknikker for å distrahere motspillerne.*

*Ill: Hilde Aaseth.*

*Namnå ILs guttelag i 1964. Reservekeeperen glimrer med sitt fravær. Bak (fv:) Gunnar Jansen, Kjell Even Ruud, Egil Toverud, Ove Holter, Stein Moen, Jan Søgård og Tore Andersen. Sittende (fv:) Kai Holter, Geir Engebakken, Roy Bjørklund, Thor Trangsrud og Jan Willy Rensmoen. Jeg var omtrent like høy som Stein Moen, og altså ikke et utpreget keeperemne. NK-05.*

bare kunne snakke russisk og tyrkisk, og pekte på avsparket. Dienst aksepterte avgjørelsen, og engelskmennene fikk målet godkjent. Ved senere intervjuer innrømmet Dienst at han var usikker på om ballen hadde vært inne. Da Bahramov ble spurt om grunnen for sin avgjørelse, sies det at han hadde følgende, uoffisielle kommentar: «Stalingrad!» - det vil si at han lente engelskmennenes vei på grunn av tyskernes angrep på Stalingrad i august 1942, som russerne endelig, etter lange og kalde lidelser, slo tilbake i februar 1943........

Tofiq Bahramov var høyt respektert i sitt hjemland, og er så langt den eneste fotballdommeren i verden, som har fått et stadion oppkalt etter seg.

Samme år ble det endelig skikkelig fotballtrening for oss smågutta. Min nabo på Nord-Sagen, Leif Sagen, påtok seg sammen med Kåre Jørgensrud å sette sammen og trene et lag. Det betydde at vi hadde et virkelig fotballtilbud, noe som hadde manglet fullstendig på mitt aldersnivå. Det var ikke

*Geoff Hurst brenner løs fra hjørnet av 16-meteren foran tyskernes Willi Schultz, og treffer overliggeren. Bak ham sees Bobby Charlton og dommeren, Gottfried Dienst. UF.*

*Var ballen inne? Geoff Hursts skudd smeller i bakken bak keeperen Hans Tilkowski, og foran 97000 tilskuere. UF.*

*Tofiq Bahramov sa ja – og Geoff Hurst hadde scoret det første hat-trick i historien i en VM-finale. UF.*

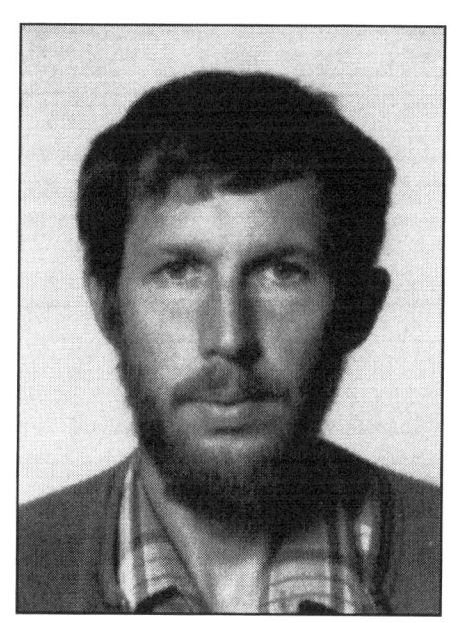

*Leif Sagen (tv) og Kåre Jørgensrud påtok seg å sette sammen og trene et småguttelag på Namnå. Leif Sagen, Kåre Jørgensrud.*

vanskelig å finne rekrutter. Vi tilhørte generasjonen av «baby-boomere» født etter andre verdenskrig, og på mitt klassetrinn og i klassa under var det ca. 25 elever i hver, derav halvparten gutter. Fotballaget besto derfor av gutter fra klassa mi samt noen få som var et år yngre. Vi trente to ganger i uka og spilte kamper i helgene. Lagene i serien var Grue, Namnå, Hof, Flisa, Kjellmyra og Våler, det vil si vi spilte 10 kamper vår og høst, 5 borte og 5 hjemme.

I fotballgenerasjonene før oss hadde det enkelte ganger vært vondt blod mellom lagene i serien – for eksempel mellom Namnå, Hof og Grue. Det var mye grisete spill, og hevnaksjoner for tapte kamper ble gjennomført på egen tid etterpå. Det opplevde vi aldri da laget vårt spilte – det hendte at jeg fikk trusler om juling hvis jeg var sleivete og pådro meg unødvendige frispark, men det ble ikke fulgt opp etter kampen.

Leif og Kåre gikk vitenskapelig til verks og drev systematisk trening både når det gjaldt fysikk og lagspill. De forklarte oss om prinsipper som trekantspill, sonedekning og mannsoppdekning, og for første gang prøvde vi ut systemer og så at de fungerte. Vi fikk bruke kjelleren på Namnå skole som treningslokale, og Leif og Kåre lagde et program, som alle måtte følge. Det var forventet at vi skulle utføre øvelsene til en viss standard da vi trente på dem gjennom vinteren. Om våren var det en finale der alle deltok, og det var satt opp en premie for best utført program: Et par nye fotballsko. Det var ingen selvfølge at vi hadde gode fotballsko på den tida. Selv hadde jeg tøyfotballsko med gummisåler og faste knotter helt til 1970. Etter finalen viste det seg at det var Jan Erik, som slapp å kjøpe seg nye sko før serien startet – han utførte øvelsene best og gikk av med premien.

I 1967 ble vi nr. 3 av 6 lag, men det mest eksotiske ved fotballåret var at vi hadde ei turnering på Namnå, som trenerne våre hadde fått istand. Det var tre lag fra Norge – Namnå, Grue og Innsats fra Heradsbygd, samt Rännberg fra Sverige. Turneringa gikk over to dager og var en stor opplevelse, tilsynelatende både for deltagere og tilskuere. Lørdag hadde vi trukket Innsats, som vi var fornøye med, da vi gjerne ville se svenskene i aksjon før vi spilte mot dem. De virket fysisk endel større og sterkere enn oss. Roy Søgård var vanligvis den store goalget'eren på laget vårt, men i kampen mot Innsats klarte også jeg å stikke ballen bak keeperen, og vi dro i land en 3-1 seier. Neste dag fikk vi kjørt oss kraftig mot Rännberg. De var store, spilte hardt – på grensa til grisete – men vi sto i mot til et uavgjortresultat, 1-1. Følgelig ble det straffesparkkonkurranse. Da tok nervene over hovedrolla, og ballene fløy i alle retninger. Selv hadde jeg øvd mye på et spesielt spark, som satte ballen i keeperens høyre kryss, men fordi jeg la i litt ekstra «for sikkerhets skyld» fløy ballen over som ei kanonkule. Da slaget var over viste det seg at Rännberg hadde vunnet, med Namnå, Grue og Innsats på de neste plassene.

I 1968 hadde jeg rykket opp ei aldersklasse og begynte å spille på guttelaget, selvom jeg fremdeles stjal meg til å spille noen kamper på småguttelaget på vårparten. Den 1. juni fikk vi vi vite at vi igjen skulle spille turnering – denne gang i Sverige! Beskjeden ble mottatt med glede og stor forventning. Før vi reiste til Sverige skulle vi imidlertid spille seriekamper. Den 14. juni spilte vi kamp mot Flisa. Da scoret Bjørn Østmoen et mål, som ikke var dagligdags selv i proffenes verden - han skrudde en corner direkte inn i motstanderens kryss. Det var et nesten utagbart mål, som ble vist ved at det ikke var hvilken som helst keeper, som sto mellom stengene. Det var nemlig Arnfinn Branes, min makker fra skøytebana flere år tidligere, som nå var keeper på kretslaget.

Den 13. juli var vi på plass i Rännberg. Jeg spilte ytre høyre, og hadde som hovedoppgave å «flige så mie je ærke» ned mot cornerflagget og legge crossballer til Roy Søgård. Jeg husker fremdeles Leifs uttrykkelige formaning før kampene

*Turneringslaget på Namnå. Stående (fv): Stein Moen, Knut Håvard Jørgensrud, Jan Erik Fosseidengen, Tore Andersen, Roy Søgård og Ove Bjørklund. Sittende (fv): John Arne Sveen, Asbjørn Sollien, Knut Hordvik, Hans Egil Sletten og Terje Gaustad. Leif Sagen.*

*Straffesparket fløy over som ei kanonkule.......*

*Ill: Hilde Aaseth.*

startet: «De' eineste je vil du skær jæra er å flige opp å' ne' langs si'elinja som eit ækspresstog!» Som sagt, så gjort. Bak meg hadde jeg Jan Erik som knallhard høyreback, og vi hadde utviklet et godt samarbeid der han la lange, harde pasninger langs sidelinja, som jeg kunne løpe på og feie forbi motstandernes venstreback. Det var stor forskjell på lagenes kvalitet det året. Første dag vant vi 3-1 over Grue, mens Rännberg slo Innsats 10-0. Dagen etter vant Grue 7-0 over Innsats, mens Namnå tapte 5-0 for Rännberg. Rekkefølgen ble således den samme som året før, med Rännberg som vinnere av turneringa.

I 1969 fortsatte vi turneringslivet, denne gang på ei bane som lå litt nærmere, nemlig den gamle Gressbanen på Kirkenær. Det var satt opp et skikkelig trofé det året – en stor pokal. Den 5. juli åpnet «mesterskapet», og kvaliteten på lagene var nå mye jevnere. Den første dagen spilte Rännberg og Innsats 2-2, mens Namnå og Grue spilte 1-1. Det betydde at utfallet måtte avgjøres på straffespark, noe som falt ut til fordel for Innsats og Namnå. Dagen etter overrasket Gruegutta oss med å banke svenskene 2-1! Vi lå derfor godt an til å vinne turneringa. Da kampen kom igang viste det seg at det var Namnågutta som hadde størst «innsats» den dagen. Målene begynte å rulle inn, og etter 90 minutter var stillingen 6-1 i Namnås favør. Vi hadde vunnet vår første turnering.

Vi fikk overlevert det flotte troféet, som ble utstilt i butikkvinduet til baker Henry Andersen på Namnå – Tores far – slik at lokalbefolkningen kunne få se det.

Seriøs trening, seriekamper og turneringer gjorde oss mer og mer samspilte, og fra å ha tapt mange kamper i serien de to foregående år begynte vi å dra i land skikkelige seiere. Den 15. august vant vi 6-1 over Kjellmyra, og Roy Søgård scoret 5 av målene. Den 22. i samme måned vant vi 9-0 over Våler, altså to seiere med målforskjell på 15-1 i løpet av ei eneste uke.

*Jan Erik var en knallhard høyreback. Fv: min kusine, Aud (Sollien) Beck, Jan Erik, Knut Beck og Jans mor, min tante Åse. Jan Erik Fosseidengen.*

Den 26. september ble jeg uttatt på laget som spilte «elever mot lærere» på Grue Ungdomsskole. Vi satte opp et 4-2-4-system, og selvom vi så ut som et godt lag på papiret ble lærerne for sterke for oss. Vi tapte 5-2, og Gunnar Botilsrud – like god til å spille fotball, som til å gå på ski og drive friidrett – scoret begge målene.

Den 2. april 1970 ble jeg tatt ut til kretslagssamling på Glåmdals juniorlag, noe som var et pussig sammentreff. Her var det en mulighet til å utvikle ei fotballkarriére, mens jeg allerede hadde bestemt meg til å legge støvlene på hylla, hvis jeg kom inn på naturfaglinja på Gymnaset i Kongsvinger i august. Slik gikk det da også, derfor ble 1970 min siste fotballsesong – og den ble full av fotball. Ikke bare spilte vi den siste av turneringene mot de tre velkjente lagene Innsats, Grue og Rännberg. Jeg spilte på «alle» lagene på Namnå – A-laget (5. divisjon), B-laget, reservelaget og juniorlaget – noe som teknisk sett ikke var tillatt. Jeg deltok til og med på en guttekamp på Flisa, der vi slo dem 3-1. Det var godt jeg ikke var storvokst – jeg kunne tilsynelatende fremdeles passere for en stor guttespiller. A-laget ble trent av min onkel, Kåre Sletten, som i sin tid hadde vært fast keeper på Glåmdals kretslag. Han hadde både lang og bred erfaring, og etter en vinter med grunntrening under hans ledelse i gymnastikksalen på Grue ungdomsskole, startet jeg sesongen 1970 i den beste fysiske formen jeg noengang hadde vært.

Etterhvert ble det for mye fotball – jeg kom meg nesten ikke fra én kamp til den neste. I begynnelsen av juni hadde jeg allerede spilt 16 kamper og scoret 9 mål – 10 av kampene på bare 13 dager - og slik fortsatte det. Jeg trakk meg fra deltagelse på A-laget for å konsentrere meg om juniorserien. Den 13. juni spilte vi igjen kamp mot lærerne på ungdomsskolen. Denne gang ledet vi 3-0 etter første omgang, men lærerne kom tilbake til et uavgjortresultat – 4-4.

**Per Grinden**   **Roy Søgård**

**Gunnar Botilsrud**                **Asbjørn Sollien**

**Arnfinn Skara**   **Morten Ulvevadet**

**Stein Moen**                **Tor Bredvold**

**Jan Svensson**   **Erik Nesholen**

**Knut Hordvik**

**Innbyttere: Åge Skarateppen, Rune Lilleskjæret, Øyvind Hersvik og Knut Koiedahl.**

*Laget som spilte mot lærerne på Grue Ungdomsskole 26. september 1969.*

*Min onkel Kåre Sletten hadde vært fast keeper på kretslaget, og trente A-laget på Namnå da jeg kom opp gjennom rekkene i 1970. Her er han med min tante, Ingrid. FA.*

Ikke bare spilte jeg fotball – jeg brukte mye tid på fuglekikking, noe som forutsatte at jeg måtte våkne grytidlig om morgenen, da fugler er mest aktive fra før soloppgang. Etter skoletid den 9. mai 1970 reiste jeg til Arneberg for å ligge over hos en kamerat, og sto så opp klokka 2:30 neste morgen for å kikke på fugler. Jeg kom hjem klokka 10:00 og klokka 11:00 satt jeg på bussen til Skotterud for å spille fotballkamp. Jeg kom hjem klokka 16.30, og etter et raskt måltid var jeg på Grue Rådhus på kinoen, som gikk klokka 19:30. Fra kinoen returnerte jeg hjem klokka 22.30. På nesten 40 timer hadde jeg da bare sovet 4 timer.

På kretslaget spilte jeg sammen med gutter, som hadde store begivenheter foran seg i idrett, som vi ikke visste noe om da. Terje Berg fra Sander var allerede uttatt på juniorlandslaget, og var i Skottland på landskamp da vi spilte den første kretskampen. Tre av spillerne gikk jeg sammen med på Gymnaset på Kongsvinger: Even Pellerud fra Roverud skulle 25 år senere trene det norske damelandslaget både til bronse i OL og

Roy Søgård   Asbjørn Sollien

Gunnar Botilsrud                                Per Grinden

Arnfinn Skara   Jan Erik Fosseidengen

Jan Svensson                                    Willy Tønnesen

Stein Moen   Erik Nesholen

Hans Bekken

*Laget som spilte mot lærerne på Grue Ungdomsskole 13.juni 1970.*

gull i VM, hvoretter han trente Kanada i 8 år – for etter 4 år med Trinidad og Tobago igjen å overta Norge! Amund Sjøbrend fra Slåstad – en fantastisk god fotballspiller – valgte skøyter og flyttet i 1971 fra Kongsvinger til Hamar for å trene under den anerkjente treneren Johs. Tenmann. Det var et godt valg. Allerede i 1974 tok han sølv i Europamesterskapet, i 1975 ble han Norgesmester og i 1981 ble han både Europamester og Verdensmester. Amund er forøvrig en av veldig få nordmenn som har fått en vei oppkalt etter seg (i Slåstad) mens han fremdeles er i live! Øyvind Tomtebergets karriere på Kongsvinger og Lillestrøm trenger neppe nærmere forklaring – han spilte 660 kamper for Kongsvinger, som er klubbrekord, og fikk dessuten fire landskamper. Det hadde gått 38 år da jeg møtte Even i Washington, USA, etter at vi hadde gjenopprettet kontakten noen år tidligere. Da vi satte oss ned ved bordet over et glass pils, var det som om vi hadde snakket sammen dagen før.

Mine egne fotballopplevelser i 1970 ble imidlertid overskygget av den **STORE** fotballbegivenheten: VM i Mexico City med finalen mellom Brasil og Italia den 21. juni. Brasil ble verdensmestere for tredje gang, med et lag som av ettertida

*Da jeg møtte Even i Washington etter 38 år var det som om vi hadde snakket sammen dagen før. FA.*

*Amunds personlige rekorder på de fire klassiske distansene 500, 1500, 5 000 og 10 000 meter var 38.62, 1.56.32, 7.08.88 og 14.58.71. W.*

er blitt kalt det mest elegante og velspillende laget, som landet noen gang har fostret. Selvom de hadde en gnistrende god angrepsformasjon med Jairzinho, Rivelino, Tostao og Pelé, er det generelt akseptert at arkitekten bak suksessen i Mexico City var midtbanestrategen Gerson, en spiller som tilsynelatende hadde jernkondisjon på tross av at han røkte 40 sigaretter pr. dag. Han scoret ett mål, la inn til et annet og ble valgt til «Man of the match».

Et av de mest imponerende mål jeg noensinne så på fotballbana - bortsett fra Bjørn Østmoens corner – ble imidlertid scoret på Namnå, og ikke i Mexico City. Det var Johnny Engen som lå vertikalt opp-ned på en corner og dundret ballen utagbart i motstandernes kryss. Det var ikke bare i Brasil det ble gjort brassespark.

*Laget, som vant VM i fotball i Mexico City i 1970 – kjent som det mest elegante og velspillende lag som Brasil noen gang har fostret. Spesielt var angrepsrekka fryktet – de fire første spillerne sittende fra venstre: Jair Ventura Filho* (**Jairzinho**), *Roberto* **Rivelino**, *Eduardo Goncalves de Andrade* (**Tostao**) *og Edson Arantes do Nascimento* (**Pelé**). *UF.*

**Gerson** *de Oliveira Nunez – midtbanestrategen, som var hjernen bak Brasils suksess i VM i Mexico City – røkte 40 sigaretter pr. dag. UF.*

*Gruelaget, som rykket opp i 2. divisjon i 1975. Stående (fv): Rolf Svesengen (oppmann), Svein Solbakken, Ole Petter Gundersen, Bjørn Solvang, Tore Stampen, Arne Magnus Tomterstad og Even Pellerud. Sittende (fv): Arne Langseth, Gunnar Moe,* **Kåre Sletten***, Thor Nordli, John Hansen, Vegard Sjaatil og Arne Bergersen. Grue IL 100 år.*

*Gruelaget i 1981 med Namnåspillerne Steinar Hytjanstorp og Terje Gaustad som nr. 2 og 4 fra venstre i bakerste rekke. Grue IL 100 år.*

*Gruelaget i 1985 med Steinar Hytjanstorp og Terje Gaustad ved siden av hverandre, nr. 1 og 2 fra venstre i første rekke. Grue IL 100 år.*

Utover i 1970- og 1980-årene hadde flere spillere fra Monsrud og Namnå sterk innflytelse på det lokale fotballmiljøet. Da Grue rykket opp i 2. divisjon i 1975, som det første laget i Glåmdal, var min onkel Kåre en av trenerne. Etter at laget var tilbake i 3. divisjon i 1978 måtte det gjenoppbygges rundt unge talenter. Min fetter, Steinar Hytjanstorp, hadde vist stort talent allerede i veldig ung alder – helt fra han gikk i småskolen og vi spilte sammen på plenen hjemme. Han var snart en av de regulære spillerne på laget. Likeledes hadde den yngste spilleren på turneringslaget vårt i slutten av 1960-åra etablert seg. Det var Terje Gaustad. Disse to markerte seg og spilte på laget i flere år.

Da jeg gikk på Grue ungdomsskole fra 1967 til 1970 var det i ferd med å utvikle seg et meget sterk svømmemiljø der. Vi hadde et av de aller første innendørsbassengene i Hedmark, et kortbanebasseng på 12,5 meter, og svømming utgjorde halvparten av timene i kroppsøving. I 8. og 9. klasse satt jeg ved sida av en gutt, som skulle hevde seg sterkt i landssammenheng. Det var Erik Sandvik, som kunne vise til gode resul-

*12.5-metersbassenget ved Grue Ungdomsskole i 1960-åra. I midten foran står min kusine Inger Marie Sollien. Henning Sagen stupte fra vinduskarmen, ved pila...... Røsås m.fl. 2010.*

tater i brystsvømming allerede på ungdomsskolenivå. Under det første Norgesmesterskapet, som ble arrangert av et av særforbundene i Norges svømmeforbund - nemlig Alta i Finnmark den 27. og 28. mars 1971 - tok han bronse på 200 meter. Det resultatet var uhyre sterkt, sett på bakgrunn av at det var under Ole Wisløffs hegemoni. Wisløff var nettopp fra Alta, og hans spesialdistanser var 100 og 200 meter brystsvømming. Han satte 30 norske rekorder på de to distansene mellom 1972 og 1976, noe som forteller alt om Eriks prestasjon.

*Erik Sandvik var min klassekamerat i 8. og 9. klasse og vår sterkeste svømmer, med bronsemedalje i NM på 200 meter brystsvømming i 1971. NRK.*

Det var mange andre gode svømmere ved Grue ungdomsskole. Alle måtte svømme flere forskjellige distanser på tid, for at det skulle være mulig å sammenligne oss med elever på samme klassetrinn over hele landet. Da diplomene ble utdelt for deltagelsen under en tilstelning i Grue Rådhus, viste det seg at Jan Erik Fosseidengen hadde den 11. beste tida i Norge på 100 meter ryggsvømming.

Å stupe i bassenget fra større høyde enn golvnivå var strengt forbudt. Den dristigste stuperen i klassa mi brydde seg ingenting om det. I minuttene før læreren ankom i svømmetimen, stupte Henning Sagen fra vinduskarmen. En gang skrenset han kanten på bassenget og fikk skrubbsår på låret. Det hendte at læreren kom tidsnok til å overvære stupet, og utvilsomt hadde han flere grå hår på hodet da han gikk, enn da han kom....

## LEK OG SPILL

Min mor levde etter gamle tradisjoner og tegn. Da hun var småjente var hun hos sine besteforeldre, Magnus og Olivia Dammen på Smea i Bergesida, hver sommer. Der sprang hun barbeint i skog og mark fra våren til høsten – men å ta av seg skoene kunne ikke skje før tida var inne. Det var da gauken gol – den bestemte når skoene kom av. Den 1. mai var Gaukmesse på den gamle primstaven, og gauken gol ofte en av de første dagene i mai, så alt det hang nok sammen. Derfor lyttet jeg intenst etter gauken om våren, for jeg visste at da den gol fra framberget i øst, kunne jeg springe «barfatt» - noe jeg hadde sett fram til hele vinteren.

*Gerd med tvillingbroren Arne på Smea hos besteforeldrene Magnus og Olivia Dammen. Foran står sønnen Helge. Bildet er tatt ca. 1931. FA.*

*Da gauken gol for første gang om våren, var det signalet til at jeg kunne ta av meg skoene og springe «barfatt». W.*

Min søster, som var 6 år eldre enn meg, hadde lekt rundt hjemmet vårt i flere år før jeg ble født. Defor var det allerede anlagt «dokke-steiller» i Blekkvettskogen – «de' gamle dokkesteille'» og «de' nie dokkesteille'» - plasser, som antagelig bare et trent barneøye kunne se var et slikt «steille».

*Kongleku av grankongle, med tynne tørrkvister av gran til bein. W.*

*Aud Sollien hadde fått ny dokke ca. 1952. Fv: Anne Berit Sollien, Aud Sollien, Mariann Berg og Karin Holter. FA.*

Store dokker var ikke vanlige i de dager, og da noen var så heldig å få ei måtte den gå på rundgang så de andre fikk holde den. Aud Sollien (Beck) hadde fått ny dokke, og på bildet er det Anne Berit som holder den.

Både blant hennes venner og mine ble det lekt med «konglekyr». Skogbunnen ble børstet rein for kvist og kvas og så laget vi store bølinger der grankonglene var kuene og de mindre furukonglene var kalver, sauer, geiter, griser eller den buskapen vi syns vi trengte. De ble gjerdet inn med skigard laget av kvister og greiner på gårder av forskjellige størrelser.

Lek betydde altså å være mye utendørs. Det hadde nok noe å gjøre med at min far vokste opp i en stor ungeflokk, der plassen inne ikke ga mange muligheter for å leke uten å være i veien for de som forsøkte å arbeide. Unger skulle holde seg unna – «Gå tur vægen! Nå kan dø gå ut å leke!» var uttrykk jeg hørte mye. Så vi var ute – vår, sommer, høst, og vinter – mens vi ble våte og kalde, frøs oss fordervet og hostet og snøt oss om vinteren, og hadde såre, avflassede ansikter, skuldre og rygger av intens sol om sommeren. Det la vi ikke så mye merke til mens leken pågikk – moro var det, uansett.

I 1956 flyttet Oskar og Dagny Rismoen til grenda, og bosatte seg i det vestre hjørnet av min bestefar Torvalds eiendom, der Sagaveien møtte Monsrudveien. Den vinteren ble det kaldt og mye snø, men likevel lekte vi vår vane tro ute. Om det var 10 eller 20 minusgrader tenkte vi nok aldri over, selvom klærne ikke var på langt nær så lette, vindtette og vanntette, som de er i dag. En måtte kle seg i mange lag for å skape flere luftlag, som kunne isolere mellom kroppen og de utvendige omgivelser. En vanlig påkledning var: Tynne sokker inni tykke sokker i beksømstøvlene. Lange underbukser under stillongs, gjerne med vadmelsbukse ytterst, hvis vi hadde ei. Undertrøye, flanellsskjorte, tynn genser, tykk genser og jakke. Fingervotter inni grepvotter, og lue på toppen. Det var rart at vi

*Vinteren 1956 huskes som en kald snøvinter. Fv. bak: Ragni Rismoen og Rune Nordli. Fv. midterste rekke: Anne Berit Sollien, Kari Rismoen, Britt Rismoen og Kjell Nordli. Foran: Asbjørn. Bildet er tatt på Haugli. FA.*

klarte å bevege oss så noenlunde normalt. Habitten hadde en slem uvane med å gli fra hverandre, så snøen klarte å komme ned i buksene bak og ned i sokkene i beksømstøvlene.

Da vi endelig gikk inn igjen om kvelden hang istappene fra underkanten av jakka og omkranset toppen av sokkene. Munnen var paralysert av kulda – «valen» - det var umulig å snakke klart, og hendene var så kalde at fingrene var lamme. All håndtering av skier, skøyter, sparkstøttinger, grinder og dørklinker skjedde ved hjelp av innsidene av håndflatene og håndleddene. Likevel var forfrysning sjelden. Det eneste tilfellet jeg hadde kjennskap til var Kjell Nordli, som forfrøs ørene sine. Det var ikke særlig overraskende, siden vi ofte var «kjekke gutter» med lua ned i øynene men godt oppover forbi ørene, og høreorganene var bokstavelig talt «stive som flatbrød».

Vinteraktivitetene var mange. I tillegg til å gå på ski og skøyter kjørte vi sparktog – alle sparkene dyttet sammen bakfra til et langt tog der vi kunne sitte på en hver. Det gikk i stor fart hvis det var is på veien. Unger fra to av husstandene var heldige nok til å ha rattkjelke, nemlig Nordli-brødrene og Anne

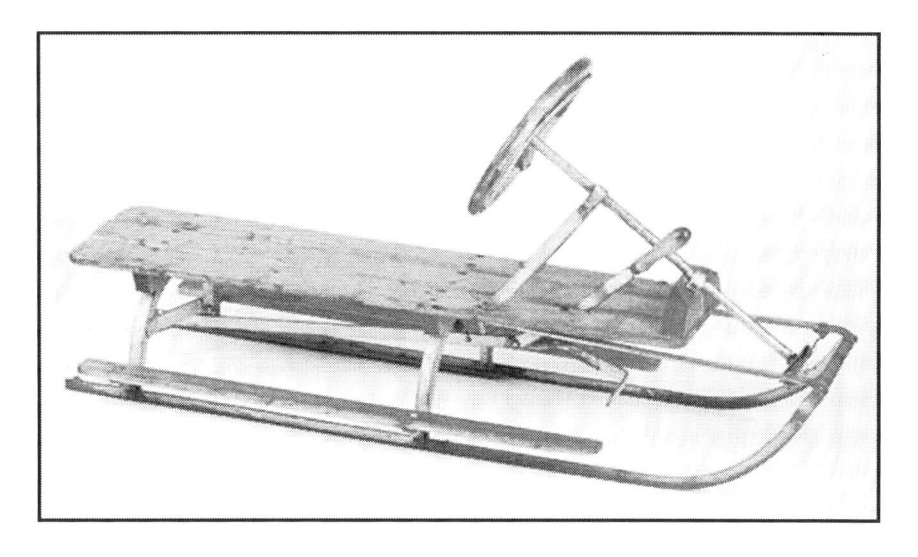

*Slik så rattkjelken ut, men fotbremsene var formet som rektangler. IF.*

*Sparkstøtting slik den så ut i 1960-åra. I dag kan prisen variere mellom 1000 og 1500 kroner. I 1965 kostet en stor spark av god kvalitet 45 kroner. IF.*

Berit og jeg. De dro vi etter oss oppover skogsbilveien forbi Kamphaugbakken, lastet på så mange det gikk på setet og suste i god fart nedover igjen til Monsrudveien og videre tilbake hjem.

Siden gårdene der vi bodde fremdeles hadde hester, var det populært å lage hestekjøretøyer i miniatyr som vi dro rundt med, og om vinteren var det snøplogen som ble trukket mens vi lekte hest. Men det var hardt, kaldt og tungt arbeid, og moroa holdt seg ikke så altfor lenge under den leken. Dessuten lagde vi snømenn, snøengler, snølykter, bygde iglooer, anla snøfestninger, som vi brukte til snøballkrig og grov snøhuler. En av de mest særegne opplevelsene Jan Erik og jeg hadde var en dag vi oppdaget vidstrakte huler og tunneler under isen på Namnåa ovafor Vestmann. Åa hadde frosset på høyt nivå og vannstanden hadde så sunket godt og vel en halv meter - da åa frøs på nytt. Vi kunne slippe oss ned gjennom et hull i det øverste islaget og deretter åle oss på magen over lange distanser mellom det øverste og nederste laget. Mellom de to lagene sto det søyler av is – lange istapper fra «golv» til «tak», nesten som i ei dryppsteinshule.

*Mine fettere Steinar Hytjanstorp (tv) og Rolf Sletten med snøplogen ca. 1962. FA.*

Inne ved bredden forsøkte jeg å åle meg forbi en av dem – og ble sittende fast. Isen var glatt, og det var umulig å vrikke seg fri, verken framlengs eller baklengs. Men den allestedsnærværende kniven hang i slira i beltet, så etter litt plunder fikk jeg hakket meg løs. Situasjonen etterlot meg imidlertid med et snev av klaustrofobi, som ikke forsvant på mange år.

*Å ligge på ryggen i snøen og lage «snøengler» var en sikker måte å bli søkkende våt og kald på. Jan Erik Fosseidengen.*

Det var noe en lærte godt ved å være mye ute i snø og kulde om vinteren – og det var å verdsette varmen da vi kom inn igjen etter endt lek. Å få vrengt av seg kaldt og vått tøy, skifte til tørt og sette seg foran en durende vedovn med en kopp kakao og ei diger brødskive, var noe som gjorde at lidelsene fort ble glemt. Det måtte de bli, for neste dag var det «samme leksa om igjen». Det har ofte forundret meg etter at jeg ble voksen, hvordan vi klarte mentalt å skyve kulda på avstand og på tross av valen munn, klaprende tenner, paralyserte fingre og «neglebiten» i tærne fremdeles kunne ha det moro. Det var også pussig hvordan jeg alltid gledet meg til det som lå i framtida. Om sommeren så jeg fram til å gå på ski og skøyter, om vinteren så jeg fram til å ta ut sykkelen, springe i Tarzanbuksa og bade.

Det var vanlig når vi lekte, at vi ikke hadde noe å leke *med*. Leker fikk vi noen få av på fødselsdager og til Jul, ellers lagde vi det vi brukte selv. Derfor ble det så viktig å ha skarpe kniver, og at øksa og saga i vedskåla også var skarpe. Min far lagde en bulldozer til meg. Karosseriet var et stykke av en 2-tom x 6-tom bjelke, kahytta var et lite stykke av en 2-tom x 4-tom, hevarmene for skjæret var et par 2-tom x 2-tom lektestykker og selve skjæret var en avsagd del av en sykkelskjerm. Den gikk det an å dosere veifyllinger og rydde stubbmark med.

Som unger flest lekte vi cowboy og indianer. Det var veldig moro fordi det ga anledning til å male seg og bruke indianerutstyr som vi lagde av papp. Det var fort gjort å lage en indianerhatt av ei bred pappstrimmel, som vi tilpasset til omkretsen av hodet. Den malte vi forskjellige symboler og sikksakkmønstre på, med vannfarger. Fjær fant vi i Blekkvettskogen – vanligvis brukte vi fjær av kråke, ringdue og skjære. Skjæras armsvingfjærer hadde en skinnende metallisk farge, som lyste opp i hatten. Var vi riktig heldige kunne vi finne ei armsvingfjær fra en hann av stokkand. Den hadde også flotte metalliske farger. Enda finere var de lyreformede stjertfjærene til orrhanen, som vi fikk tak i hvis noen hadde vært på jakt. Men aller best – og aller størst – var stjertfjærene til tiuren. Da de satt i hatten var den verdig en høvding. Svært sjelden fant vi fjær av rovfugl – det kunne være fra spurvehauk eller hønsehauk – eller kanskje til og med fra ei perleugle eller ei hornugle. De var spesielt ettertraktet. Så brukte vi vannfargene som «krigsmaling» i ansiktet og på overkroppen

Enhver indianer med respekt for seg selv hadde gode våpen. Kniv hadde vi allerede, men bue måtte vi lage, og piler. Bua kunne lages av ei spenstig grangrein, som satt lavt på et stort tre, men skulle det bli skikkelig kvalitet måtte den være av einer, eller «bruse». Pilene fant vi «verkjer» til i skåla – plankebiter, som kunne splittes i smalere stikker med kniven og rundteljes. De måtte ha et utvidet «fløg» bakerst for at de skulle styre godt gjennom lufta, og «hakk» i fløget der buesnora skulle hvile. For å holde tyngdepunktet foran, og således gjøre dem mer treffsikre, tredde vi geværhylser fra

*Asbjørn med bue i 1958. FA.*

Krag- og Mauserrifler på spissen. Det krevde en spesiell teknikk for at hylsene skulle sitte godt. Spissen måtte teljes slik at den var smal nok til at den akkurat såvidt gled inn i hylsa. Så ble pila skutt for full kraft inn i et tre eller lignende, noe som drev hylsa bakover og dekket spissen. Spissen ble slik et svakt punkt hvis vi brukte Kraghylser. De var bare 6.5 mm i diameter, og hvis pila traff skeivt, brakk spissen ofte i hylsekanten.

Ca. 1965 kjøpte min far et par laminerte konkurransebuer til oss da han arbeidet i Oslo og bragte dem hjem en fredagskveld. Det var lange buer - lengre enn oss – med god og slitesterk snor. Vi spente dem bare da vi brukte dem, ellers sto de uspent for å holde seg så spenstige som mulig. Med «kjøpepiler» som hadde 3 fjærer til «fløg», var de veldig treffsikre og langtskytende i forhold til hjemmelagde buer. Det viste seg ved at vi etterhvert skjøt bort alle pilene vi hadde, og måtte igjen lage våre egne – ellers ville det ha blitt dyrt. Ei av pilene skjøt jeg rett opp for å se hvor høyt den gikk. Det viste seg at den gikk veldig høyt – så høyt at jeg ikke kunne se den lengre, og hvor den falt ned er det ingen som vet. Borte var den, for godt.

Papp ble brukt til å lage mange forskjellige ting, som enten ikke kunne kjøpes, eller vi ikke hadde penger til å kjøpe. Derfor ble ikke bare indianerhatten, men også pilkoggeret laget av papp – sylindrisk og håndsydd sammen med grov, rød ulltråd og med slynge i samme farge, slik som en indianer nok ville ha foretrukket.....

De Nord-Amerikanske Indianernes ponnier hadde et fargemønster kalt Pinto. De var enten etterlatt av - eller hadde rømt fra - de spanske Conquistadorene. Det var slik Indianerne forandret seg fra stasjonære jordbrukere til nomadiske krigerfolk – ved å temme og lære å bruke hesten. Det gjaldt særlig de nordlige prærieindianerne som Sioux, Cheyenne, Crow og Arikara, og de sørlige Comanchene. I Blekkvettskogen transformerte vi oss til prærieindianere ved hjelp av selvlagde kjepphester – de var jo mye enklere å kontrollere enn Indi-

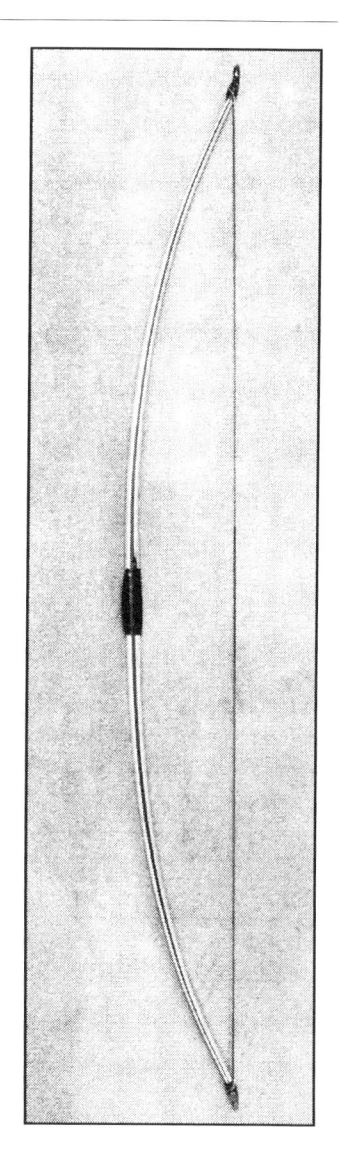

*Ei selvlaget bue (tv), som kunne være av gran eller einer og ei laminert bue av amarant (purple heart), tarata (lemon wood) og hickory. Bua var modellert etter den engelske langbua, som ble brukt med stor suksess mot franskmennene i hundreårskrigen på 1300- og 1400-tallet. Det var denne typen vi brukte på midten av 1960-tallet. IF.*

anerhestene, trengte ikke mat og kunne bare slenges unna når rittet var over. Bøflene på prærien vår var gamle stubber, fullstendig overgrodde av mose, og disse ble målene for bueskytinga. Med en god porsjon fantasi var vi snart langt ute i Montana og Nebraska, under påtatte navn som Stting Bull og

*Det var to måter å miste piler på: En kunne kjøpe dem dyrt – som den på bildet – og skyte dem bort, eller bruke lang tid på å håndlage dem – og skyte dem bort. Borte ble de alle sammen, uansett. IF.*

Crazy Horse.

Det var ikke bare Indianerne, som levde et spennende og dramatisk liv i den Ville Vesten. Det gjorde også cowboys – kvegdrivere - og revolvermenn. James Butler «Wild Bill» Hickok, Wyatt Earp og Billy the Kid var på gjennomreise i Blekkvett ved anledning, tungt bevæpnet med kruttlapp-pistoler eller Colt'er som vi hadde spikket av tre. Jan Erik var en mester til å spikke, og laget en såkalt «Buntline Special» - en spesialutgave fra Colt med 8 tommers løp – i naturlig størrelse. Dessuten hadde både indianere og cowboys geværer, vanligvis spikket av en treplanke, enkelte ganger oppgradert med kikkertsikte av papp, kammer for tomme mauserhylser laget av blikkplåt og lademekanisme av «bælk-låsen» fra grisebingen.

Stor var begeistringa den fødselsdagen da mine foreldre kom hjem med ei lang pakke, som viste seg å inneholde en plastikk replika av ei Winchester rifle, Modell 1866, som kunne skyte kruttlapper. Jan Erik hadde ei lignende rifle, og snart «skjøt» vi på alt som rørte seg. Indianerne bar også lette enhånds økser, som de byttet til seg på handelspostene og brukte som stridsvåpen. De ble kalt tomahawk, og var fryktede «skalle-kløyvere». Da jeg ymtet frampå om at jeg trengte ei slik øks, kom min far med idéen om å bruke de

*Prærieindianernes Pinto-hest. W.*

*Vår Pinto-hest. IF.*

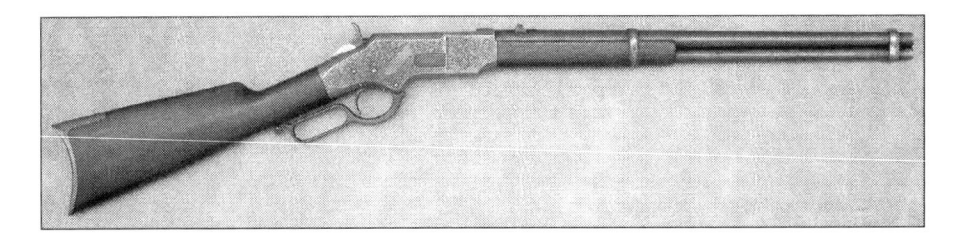

*Winchester Modell 1866. IF.*

kasserte tennene på en slåmaskinkniv – og slik fikk jeg min tomahawk.

Det var enda flere tegneseriefigurer som streifet gjennom Blekkvett og langs Namnåa. Onsdag var bladdag, det vil si den dagen da de nye ukebladene kom ut. Min søster lærte meg å lese et par år før jeg begynte på skolen, og i begynnelsen var det Donald Duck som var favoritten. Over tid ble det

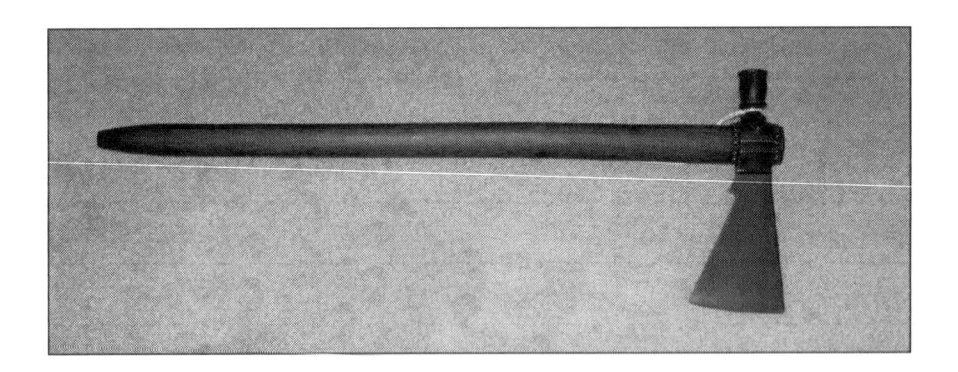

*Prærieindianernes tomahawk – en såkalt pipetomahawk der hammeren er uthulet til pipehode og skaftet er uthulet til munnstykket på pipa. FS.*

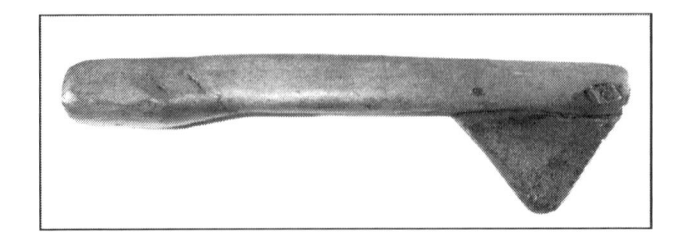

*Min tomahawk, med øksehode av ei slåmaskintann. IF.*

*På onsdag var det blad-dag, Da vanket det ei lita flaske solo. Gerd og Asbjørn i 1956. FA.*

mange av de bladene - en gang i 1960-åra hadde jeg 525 stykker, som jeg ga bort......Onsdag var også den dagen i uka da vi fikk godteri, som vi spiste mens vi leste – welsh-kringle, sjokolade, iskrem og alltid ei lita flaske solo. Etterhvert ble min interesse fanget av Serie-bladene - små tegneseriehefter, som ble publisert i et såkalt «sjekkhefteformat» med helter fra fjerne himmelstrøk, helst det Amerikanske kontinent. Det var «Vill Vest» med Kaptein Miki, «Prærriebladet» med Davy Crockett og Jukan, jungelens sønn, som helt klart var et alternativ til suksessen med Tarzan, apenes konge.

På fødselsdagen min en høst fikk jeg en Jukandolk. Det var en kniv som det ble reklamert for i serieheftet, og noe som vi i dag nærmest ville kalle en sveitsisk militærkniv (Swiss army knife). Den hadde mange forskjellige redskap bygd inn i skjeftet, som var dekket av kunstig hjortehorn – alle mer eller mindre ubrukbare - og det var til og med et speil felt inn i overflata. Det var en perfekt presang for en smågutt, som sprang skoglangs i tarzanbukse hele dagen.

*Etter å ha lest Donald Duck i vel 10 år hadde jeg 525 blader
– som jeg ga bort......FS*

*I 1950- og 1960-åra var serieheftene i «sjekkhefteformat» populære. Her ser vi Vill Vest med Kaptein Miki (øverst), Prærebladet med Davy Crockett og Jukan, jungelens sønn. FS.*

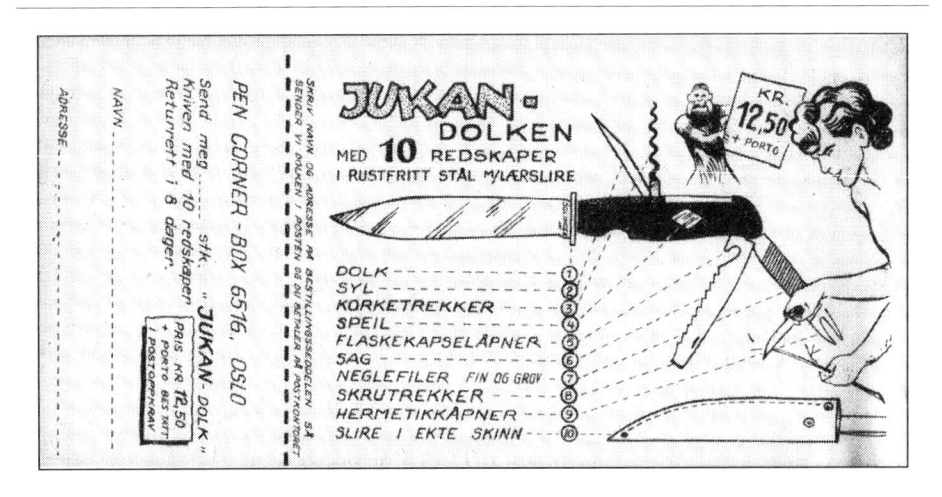

*Jukandolken – en perfekt presang for en smågutt som leste serieheftene. FS.*

*Tarzan – apenes konge. Dette bladet kjøpte jeg for å lese i jula, i 1963. FS.*

*Davy Crockett – King of the Wild Frontier. Tennessee State Library & Archives.*

De eneste av tegneseriene, som bygde på historiske personer, var Davy Crockett i Prærebladet og en annen hefteserie som ble kalt Kit Carson. Mange år senere fikk jeg imidlertid vite at den blonde kjempen, som var hovedpersonen i Prærebladet, ikke hadde noe med den historiske Crockett å gjøre. Tegneserien var oversatt fra italiensk, der hovedpersonen ble kalt Il grande Blek – den store Blek. Det var bare i de skandinaviske oversettelsene at han ble kalt Davy Crockett. Seriene var også sensurerte. Når Kaptein Miki slo ned en banditt med revolveren, var våpenet retusjert bort, slik at han bare brukte knyttneven!

Davy Crockett var ingen blond kjempe, men mørkhåret og av normal høyde. Han var en frontiers- og kongressmann fra Kentucky, som ble født i 1786 og det er korrekt at han var en ekstraordinært god skytter, og at han gikk i hjorteskinnsklær og vaskebjørnlue da han var på jakt. I 1836 ble han involvert i den Texanske uavhengighetskrigen, der Texas ville rive seg løs fra Mexico og bli en amerikansk stat. Den 6. mars befant han seg i den beleirede misjonen Alamo sammen med 135 andre soldater og frivillige – blant annet den nesten like berømte Jim Bowie, som den store Bowie-kniven er oppkalt etter. Misjonen ble overrent av meksikanske soldater under generalen Santa Anna, og samtlige av forsvarerne ble drept. Slaget la grunnlaget for den påfølgende, bunnløse heltedyrkelsen av Crockett, som resulterte i en mengde bøker, teaterstykker, filmer og TV-program. I 1954-55 laget Disney en mini-serie om hans liv, som helt klart influerte interessen for Davy Crockett i Norge da jeg vokste opp, og det var til og med en sang om ham på norsk – Balladen om Davy Crockett.

En av våre Western-helter, som vi ofte «var» da vi lekte, var hovedpersonen i en serie, som het «Kit Carson». Christopher Houston «Kit» Carson var født i Missouri i 1809, og reiste hjemmefra i en alder av 16 år for å bli pelsjeger i California og Rocky Mountains-fjellene. I løpet av sitt korte liv – 61 år – fikk han oppleve mesteparten av utviklinga ved åpningen av den amerikanske Vesten. Han giftet seg inn i Arapaho- og Cheyennestammene, var speider og stifinner for amerikanske ekspedisjoner gjennom California og Oregon, og var kurér og speider i krigen mot Mexico 1846-1848 der han red fra kyst til kyst for å levere dokumenter om krigens utvikling til den amerikanske regjeringa i Washington. Deretter var han indianeragent for Ute-indianerne og Jicarilla-apachene, ble utnevnt til general i den amerikanske borgerkrigen (1861 – 1865) og deltok i indianerkrigene mot Navajo-, Mescalero-, Kiowa- og Comanche-indianerne – og alt dette på tross av at han gjennom hele sitt liv var analfabet. Det eneste han kunne skrive var sitt eget navn. Han var nok verdig til å foreta et speidertokt gjenom Blekkvettskogen, for å finne ut om det var noen farlige indianerstammer som hadde slått seg til ved bredden av Namnåa.

Selvom vi var født bare 8 år etter den 2. Verdenskrig, var vi stort sett uvitende om hva som hadde foregått i Norge. Lite eller ingenting var skrevet enda, og ingen ville snakke i

*Christopher Houston «Kit» Carson. W.*

*Et av seriebladene om Kit Carson. IF.*

detaljer om krigen. Det vokste opp en flora av amerikanske og engelske tegneserieblader, som feiret de allierte seiere på alle fronter, både på hav, til lands og i lufta. De var oversatt til norsk og ble lest med stor interesse. En vinter jeg lå syk i to sammentrukne lenestoler nede i stua – en foreteelse, som ikke var sjelden – kom Johnny Engen til meg med en stor bunke hefter i Kamp-serien så jeg skulle ha lesestoff. De gikk jeg gjennom i løpet av noen få dager.

Vi hadde ingen spesielle helter i de heftene, men lærte noe om deltagerne på forskjellige fronter – slik som de to gene-

*Et hefte i Kamp-serien fra 1964 – med en engelsk Hawker Hurricane tett forfulgt av to tyske Messerschmitt Bf 109. IF.*

ralene Erwin Rommel og Bernhard Montgomerys oppgjør i Nord-Afrika, der Montgomerys 8. Armé - kjent under navnet «Ørkenrottene» - kjempet mot Rommels Afrikakorps. Lite visste jeg som tiåring, der jeg lå i lenestolene på Haugli og leste tegneserier, at jeg over 20 år senere skulle bli gift med dattera til nettopp en av de ørkenrottene, den engelske infanterisersjanten John Douglas Webb fra Salford i Manchester. Han deltok i det avgjørende slaget, ved El Alamein i Egypt i 1942, og slapp unna med et skudd gjennom underarmen og en granatsplint ved det ene øyet.

Krigen var imidlertid 20 år på avstand og vi fordypet oss bare i tegneserienes verden om det som hadde foregått. Krigshistoria – som vanligvis skrives av vinnerne – malte et svarthvitt bilde av handlingene, med de allierte som helter og aksemaktene som de onde kjeltringene. Heftene gjenga gjerne episoder, som hadde en viss forbindelse med noen av de sentrale hendelsene, som hadde funet sted der vi fulgte fiktive personer i utførelsen av forskjellige oppdrag – som flyvere, spioner, commandosoldater osv. Noe som alltid var korrekt og lærerikt i heftene var alt krigsmateriellet, som ble brukt. Jeg lærte spesielt mye om flytyper og håndvåpen. Det var svært få flymodeller å få kjøpt i butikkene, og om de hadde vært tilgjengelige, ville jeg ikke hatt råd til å kjøpe dem. Så jeg laget mine egne fly av universalmaterialet papp. Da kunne jeg få dem til å se ut akkurat slik jeg ville, bestemme størrelsen på flyet selv og få et ubegrenset antall fly i «flåten». Papp var gratis og lett å få tak i.

Naturlig nok lekte Jan Erik og jeg «krig», noen ganger sammen med andre gutter fra fjæm og nær, som Øystein Eriksen, Roy Myrvang og Knut Tony Johansen fra nordsida av åa. Da kunne det være «løpende slag» helt fra Blekkvettskogen til grustaket/søppelfyllinga i Smidholen. Favorittvåpnene var maskinpistoler som vi lagde selv av tre. Det var tre av dem: Den engelske Sten-Gun MK II i 9 mm, den amerikanske «Tommy- gun» - Colt kaliber .45 Thompson - som ble gjort berømt gjennom gangsterkrigene i USA i 1930-årene, og den

*Infanterister fra General Montgomerys «Ørkenrotter» i den 8. Engelske Armé i 1943. Min svigerfar, Sersjant John D. Webb, står som nr. 2 fv. FA.*

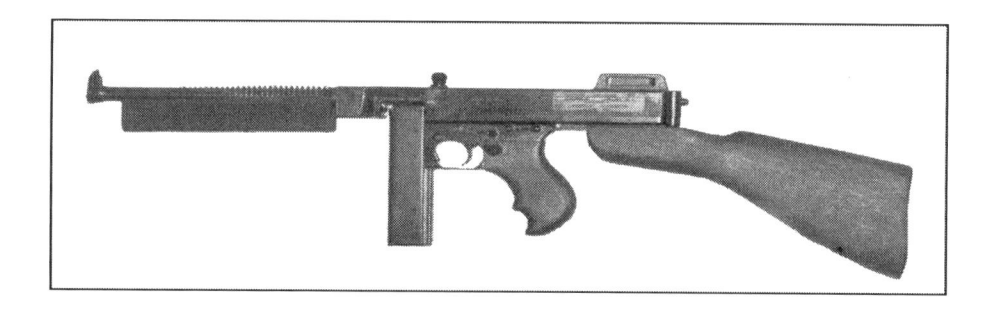

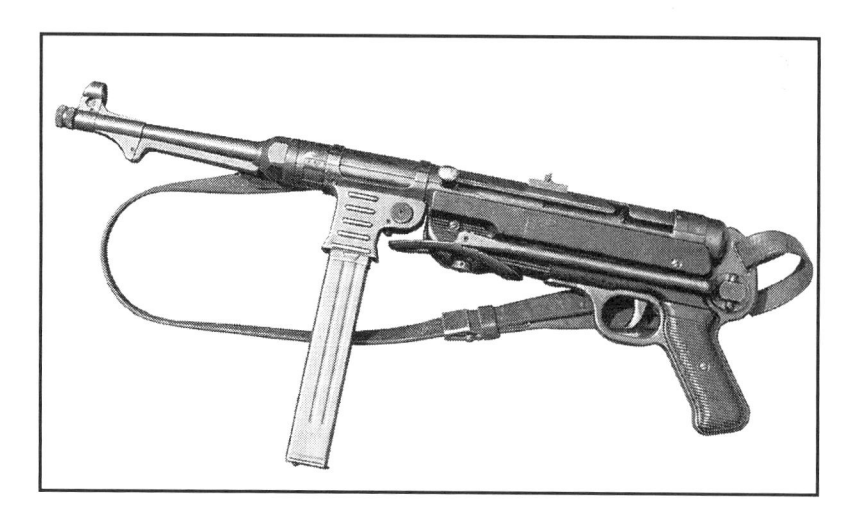

*Maskinpistolene vi lagde modeller av i tre, og lekte krig med – ovenfra: Sten-Gun Mk II (England), Tommygun, krigsmodellen (USA) og Schmeisser MP 40 (Tyskland). IF.*

tyske Schmeisser MP 40 i 9 mm. Den siste hadde vi nok erobret fra fienden. Jan Erik tok igjen i bruk sine evner som treskjærer, og laget en detaljert Sten-Gun i full størrelse.

Selvom det var mye heltedyrkelse av pionérer, cowboys, Indianere og allierte soldater, drev vi med mange leker, som var av langt mer fredelig natur. I Namnerudsgrenda var jeg en av de yngste i ungeflokken i min generasjon, det vil si at det var mange å leke med i den tidligste perioden av min barndom. Landskapet var i ferd med å bli brutt opp til dyrkbar jord og stubber og steiner ble skjøvet sammen i ranker av bulldozere. De skulle ligge i 7 år før de ble jevnet ut igjen. Rankene skapte et utall av muligheter for å gjemme seg da vi lekte gjemsel, og det var mange å leke med – min søster Anne Berit, Else Marie og Jan Erik Fosseidengen, Kari og Britt Rismoen, Rune og Kjell Nordli, Anne, Sverre og Karin Holter – med alle tilstede kunne det fort bli et dusin av oss.

Jentene hoppet tau - ofte slengtau med et reip i mangel av et bedre «kjøpetau». En gang i slutten av 1950-årene hoppet de ved postkassene, som sto nede ved Monsrudveien. Det var Anne Berit, Kari og Britt Rismoen og Else Marie Fosseidengen. Da kom Ragnar Nordli – sin vane tro – og stakk til min søster et dikt. Det lød slik:

>Fire hoppende glade piker
>jeg traff på veien en dag i mai.
>Fire slike som alle liker
>og ønsker at de fikk lov å ta i.
>
>De ville lære meg å hoppe tau,
>men dertil er jeg for tung i baken.
>I beina er jeg omtrent som dau,
>i gymnastikk er jeg rene kraken.
>
>Så jeg sa nei takk, jeg tør ei prøve
>på høydehopp eller paradis.
>Man må ha tid på seg til å øve
>skal tingen mestres på riktig vis.

Vi lekte ofte på «Verket», rett overfor mine oldeforeldres gård Namnerud. Den ble i min ungdom drevet av grandonkel Oskar. Verket var ei stor, grasrik slette delvis gjenvokst med småtrær hvor Navnerud Teglværk hadde stått. Drifta ble lagt ned i 1914. Der spilte vi ballspill, som råteball og stikkball.

Blant andre ballspill var «veggdanka», som min søster og Karin Holter spilte på veggen på Persholen da de var småjenter, til Sigurds store irritasjon da han kom hjem fra arbeid. Og hvis en leser reglene, er det kanskje mulig å forstå hvorfor.....

1 – Foldede hender, 10 ganger mot veggen.
2 – Knyttede hender, inntil hverandre – 9 ganger.
3 – Høyre hånd knyttet – 8 ganger.
4 – Venstre hånd knyttet – 7 ganger.
5 – Håndflatene mot hverandre, høyre hånd øverst – 6 ganger.
6 – Håndflatene mot hverandre, venstre hånd øverst – 5 ganger.
7 – Nikke med hodet – 4 ganger.
8 – Brystet – 3ganger.
9 – Kneet – 2 ganger.
10 – Sparke med foten – 1 gang.

Hvis begge deltagere kommer ut av rytmen etter 6. øvelse, 10 ganger hver, blir det 900 dunk i veggen, uten stopp........

Borti veien like ved Verket kastet vi mye på stikka, eller «sprætte på stekka», som vi sa. Vi brukte som oftest en kniv som vi stakk ned i veibanen, som da hadde grusdekke og ikke asfalt, som i dag. Biltrafikken var heller liten langs Monsrudveien på den tida, og kniven sto slik til at bilene passerte over den med to hjul på hver side. Så valgte vi en avstand til kniven, som vi ville kaste fra – jo lengre unna jo mer krevende. Der trakk vi ei linje over veien. Lange avstander krevde helst de største myntene, nemlig femøringene. Alle kastet én mynt hver, og den som kom nærmest lot sin ligge, mens de andre myntene ble samlet i en «pott». Så kunne hver enkelt deltager i tur og orden «ofre» så mye som de ville - eller hadde penger til – for å komme nærmere. Noen ganger kom mynten helt «klin» - det vil si helt inntil knivbladet – og noen ganger kunne den til og med stå oppreist og lene seg på kniven. Da var den eneste måten å komme nærmere på, å treffe kniven eller mynten, og derved slå den unna.

Når alle hadde ofret så mye, som de ville eller kunne var det opp til den som var nærmest å «riste potten», kaste den opp i

*Det var best å sprætte på stekka med femøringer. Vanligvis så vi de som var 20-30 år gamle (ø.tv), men noen riktige gamlinger kunne blande seg inn (ø.th). Det slang endel krigsmynter i stål (n.tv), og en og annen svenske (n.th). I 1958 kom det ut en serie med forskjellige dyr, fugler og insekter på alle myntene (midten). De ble populære hos en gutt som var interessert i dyr og natur. FS.*

lufta og la den falle ned på veien – etter å ha sagt «mynt» eller «kron». Var det kron som hadde blitt sagt, kunne vinneren ta alle med kronesida opp. Så kom turen for å riste til den som hadde kommet nest nærmest kniven, og så videre. Når potten hadde blitt fordelt, var det å starte om igjen.

Å samle på glansbilder var en utbredt hobby i 1950-årene. «Glans» kom som store ark med mange bilder festet sammen, og hvert ark hadde gjerne ett motiv – blomster, barn som lekte, dyr og så videre. Å «bytte glans» foregikk ofte med ei «puttebok» - ei kladdebok der alle sidene var foldet sammen innover, som altså gjorde boka full av «lommer». Et glansbilde ble lagt i hver av disse lommene. Den du byttet med «puttet» et glansbilde inn i boka på et tilfeldig valgt sted og fikk da tilbake bildet, som lå i den lommen. På flere steder var sidene foldet mot hverandre, til en dobbelt lomme. Den ble kalt «kasse». Puttet du et glansbilde inn i den lommen, tilfalt det eieren av boka, og du fikk ingen tilbake.

Som småunger spilte vi mye kort, på mørke vinterkvelder eller når det var dårlig vær ute. «Sveilte ræven» var enkelt og veldig populært. Da vi ble litt eldre spilte vi amerikaner, eller poker med småpenger, knapper, fyrstikker osv. Noen ganger spilte hele familien bordspill sammen – ludo, yatzy, monopol eller kinasjakk, eller to og to fordypet seg i et slag over sjakkbrettet, som kunne dra seg over flere timer.

Siden TV ikke kom i huset før 1965, hørte vi mye på radio. Om morgenen var det barnetimen for de minste, med Alf Prøysen, Kirsten Langbo, Anne-Cath.Vestli, Jens Bolling, Helge Sverre Nesheim, Torbjørn Egner og Ingebrigt Davik. På lørdagskveldene var det også en barnetime – denne gang med hørespill. «Nå kommer barnetimen, nå kommer barnetimen, hysj,hysj,hysj, så stille som mus...!» Da lyttet vi til Astrid Lindgrens «Mio, min Mio» og «Rasmus på loffen», og Selma Lagerlöfs «Nils Holgerssons forunderlige reise». Dessuten gikk «Veien til Agra» og en rekke episoder om Stein Oskar Magell Paus Andersen – best kjent som «Stompa».

Det hørespillet, som gjorde størst inntrykk, var nok det om Lars og Anne som emigrerte fra Norge på 1800-tallet og bosatte seg, som nybyggere, blant Indianerne i Nord-Amerikas villmark. Jeg hadde ikke hatt noe som helst i mot å slå følge med dem.

Rockeringene var veldig populære en periode rundt 1960, og det ser ut, som om de har fått noe av en renessanse de senere år. De vi brukte var imidlertid laget av bambus, og ikke av fargerik plastikk.

Telefon fikk vi ikke hjemme før på begynnelsen av 1960-tallet - så vi laget våre egne telefoner. Det var 1-liters fiskebollebokser der både lokk og bunn var fjernet. Over ene enda plasserte vi stramt et stykke matpapir og bandt det fast til boksen. Så punkterte vi det og stakk en sytråd eller et fiskesnøre gjennom, som ble bundet fast rundt ei fyrstikk på innsida. Ved å strekke tråden stramt mellom de to «apparatene» kunne en høre det som ble sagt i den andre enda, hvis en la øret inntil hullet i boksen.

Som smågutter likte Jan Erik og jeg å svinge oss i trærne – bokstavelig talt fra tre til tre, slik som vi så i Tarzan-filmene. Vi valgte oss ut en del av skogen som hadde storvokst ungskog - som var sterk nok til å klatre i men fremdeles myk nok til at vi kunne bøye toppene ved å svinge fram og tilbake. Vi klatret så til topps i et tre, brukte vekta vår for å få toppen til å svaie så mye som mulig og hoppet fra det treet til det neste. Slik kunne vi bevege oss over lange avstander, når trærne var jevnhøye. Det gikk ikke alltid like bra. En dag sto jeg i toppen av et tre mens jeg svaiet ivei – helt til den brakk. Jan Erik hadde lagt seg under treet for å kikke opp der jeg drev på – og idet jeg kom tumlende ned med hodet først traff jeg ham midtskips. Med lufta fullstendig slått ut av seg lå han sammenkrøket på bakken mens han skiftevis ble rød og hvit i ansiktet – men han sa ingeting. Etter det fant vi det like godt å gå hjem.........

# SKOLE

Før skoleloven ble vedtatt i 1860 med pålegg om å opprette skolekretser med fastskoler, var det omgangsskoler på Namnå. Ungene skulle lære sin bibelhistorie og katekismus, og også å lese, skrive og regne. På 1830 tallet var det omgangsskole på Mjølnerud (Møllerud), Namnerud og i Skulstadberget i henholdsvis 3, 7 og 3 dager i uka. I de siste årene før fastskolen kom ble det undervist i Holmslia ved Namnsjøen. Det var fremdeles ikke noe påbud om å gå på skolen, så frammøteprosenten varierte med vær, føre, tilgang på klær og mat, og ikke minst med foreldrenes innstilling til nødvendigheten av skolegang.

Etter at skoleloven hadde blitt vedtatt ble det i august 1861 opprettet skolekretser på Sorknes og Ingelsrud. Det ble leid lokaler på Dal på Sorknes og på Møllerud på Namnå. Det var da én skolekrets med to forskjellige skolesteder. Skolebarna

*Monsrud skole (1866 – 1941). Her gikk min far 7-årig folkeskole, fra 1933 til 1940. Til høyre skimtes Stor-Monsrud, eller Monsrud lærerbolig (den tilhørte Kristian Huatorp fra 1952). Jan Erik Fosseidengen.*

i Monsrud ble delt mellom Ingelsrud og Møllerud, og selvom det ikke hadde vært planer om fastskole i Monsrud, ble skoleveien for barna rundt Namnsjøen så lang at naturlige hindringer som kulde, snø og is gjorde at de foretrakk å holde seg hjemme vinterstid. Det ble fortalt ei historie om problemene ungene møtte: Ei jente som hadde skolevei fra et sted langt innpå skogen falt i en nedsnødd, veiløs nedoverbakke og tumlet helt til bunnen, noe som ble en kald opplevelse - da hun ikke hadde underbukser. Det ble sagt at jentene ikke brukte underbukser under stakken, selvom det var «sprættkallt» og temperaturen gikk ned til 30 kuldegrader. Disse forholdene resulterte etterhvert i at det ble arrangert 12 ukers skole i året i leide lokaler på Monsrud fra 1863 fram til skolen ble bygd i 1866.

Hvis samme prinsipp ble brukt i Monsrud, som for barna i skolekretsen på Grindersetra, så gikk de seks dager i uka annenhver måned. De bar med seg et «bok-knitte'» med bibelhistorie, katekisme, forklaring, skrivebok og griffel (et redskap til å holde krittstiften med). I tillegg hadde de med seg et «mat-knitte». Timeplanen i fastskolen var mye viet til religionsundervisningen. En ukentlig plan på 34 timer i storskolen inneholdt 12 timer bibelhistorie, forklaring og bibellesing, 6 timer regning, 4 timer skriving, 6 timer lesing, 4 timer lesebok og 2 timer sang. «Lesebok» dekket historie, geografi og naturfag. De tre ble separert i forskjellige undervisningstimer og lærebøker først ved skoleloven i 1889. Dagen startet med salmesang og elevene ble deretter hørt i utenatleksa si. Hvis det var noen som ikke kunne leksa gikk læreren ut og hentet en svolk, noe som sikkert ikke var den beste måten å starte dagen på. Så var det «skjønnskrift», som besto av å kopiere allerede trykte ord. Videre praktiserte de hoderegning og regning på tavla, der det var divisjon som skapte de største problemene.

Monsrud skole ble til ved at Ole Olsen Huseby på Grøset ga bort ei tomt på husmannsplassen Stor-Monsrud, som antagelig ble ryddet ca. 1760. Han ga også tømmeret til materialene i bygningen. Det var skolestue på 6x6 meter, lærerrom/kjøkken med feleovn på 3x2.5 meter og et inngangsparti. Høgda under taket var 2.5 meter. I lærerrommet var det ei seng, da læreren holdt skole ei uke om gangen istedenfor å gå fram og tilbake hjemmefra. I små skolekretser som Monsrud skiftet lærerne ofte, og på et tidspunkt var kretsen koblet sammen med Frysjøberget. Læreren bodde øst for Tjura og hadde tre små skolekretser. Skolebenkene på Monsrud var smale, 2.5 meter lange og hadde plass til 4 elever. Intensjonen med skolebygningen var at den skulle ha kapasitet til 25 barn. De første 20 åra det var skole der, varierte imidlertid elevtallet mellom 37 og 40. Da var det ifølge Olea Martiniusdatter Monsrud (født 1850) - som konsekvent snakket i gammel dativ språkform - «stiggmie onger i tærpom, sæterliom å plassom på hælmom (holmene)», steder som etterhvert skulle bli avfolket. I 1889 var det 14 gutter og 23 jenter, som var skolepliktige, hvorav 2 var fritatt. Den ene var blind, den andre handicappet. I 1897 var elevtallet bare 25. Da Gunnar Tanga – også kjent som kunnskapsrik lokalhistoriker - kom til kretsen som lærer i 1924, fortalte han at han bare fant hustufter på holmene og i seterliene.

Skoledagen på Monsrud varte fra klokka 08:00 til klokka 15:00 med en fritime midt på dagen. På lørdag var dagen én til to timer kortere. Skolematen besto i at barna bragte med seg mel i en pose, som læreren blandet og laget vassgraut av i fritimen. Protokollen med skolefravær ga ofte grunner som er svært forskjellige fra de vi finner i dag: «Uveisomt om vinteren», «haver ikke klær», «haver ikke sko», «gjeter» og «kjører gjødsel». En mer dramatisk anmerkning ble gjort i 1879, der det står «Eli død». I 1892 ble det reist en ny bygning på tomta. Det var vedskjulet og utedoet.

Det hendte at barna i 10-12-årsalderen tok seg lønnet arbeid og uteble fra skolen. Da ble arbeidsgiver og foreldre gjort oppmerksomme på at de foretok handlinger som stred mot skolelovens intensjoner. Siden lønna som barna bragte inn ved å være tjenestejente eller gjeter kunne være livsnødvendig for familiens opphold, omgikk foreldrene loven ved å

*Min bestemor Ellen Jenny (Ella) Dammen gikk på Tjura skole. Her er hun i håndarbeidsklassa ca. 1917 (helt tv.) sammen med (videre) Dagny Bye, Jørdis Nilsen, Gudrun Bredvold, Klara Ødegård, Ellen Øveråsen, Margit Hektoen, Jorun Brenna, Edith Karlsen og Eli Opåsen. Lærerinna er Ellen Wangerud. Nanna Tangen NK-05.*

melde utflytting til en annen skolekrets i Grue eller til en nabokommune. Da arbeidsperioden var over meldte de flytting tilbake.

Det var ikke alle lærerne, som var like skikket til vervet. I de tidlige omgangsskolene ble det ikke stilt høyere krav til lærerne enn at de kunne skrive og regne litt, og jobben kunne også tilfalle en person med et fysisk handicap, som ikke kunne gjøre det krevende arbeidet som ofte var nødvendig på gården og i skogen. Han ble derfor satt til å være lærer, uansett om han var kvalifisert eller ikke. Etter at fastskolen hadde kommet igang var det en sersjant som var ansatt som lærer for barna i Monsrud. Han kom noen ganger temmelig påseilet til skolen, og sovnet i timen, hvoretter elevene naturlig nok tok seg til rette. Etterhvert ble støynivået fra bråket så høyt at han våknet, slo knyttneven i bordet og ropte: «Fáan, kan dø itte væra rolie så je får såvå!?» Etter at bråket hadde stilnet sovnet læreren på nytt.

Forholdet mellom lærere og elever på den tida var svært forskjellig fra det vi opplever i dag. Det verserer flere historier fra skolene i Grue om at disiplinen var streng, og kroppslig avstraffelse ikke uvanlig. Når det gjaldt avstraffelse var det selvfølgelig de, som ikke lærte like fort som de andre, det gikk utover. Hos noen lærere startet dagen med inspeksjon av skopuss, sjekk av negler og ører for å se om de var rengjort, og om eleven hadde lus i håret. Når det ble funnet lus, ble de plassert på kateteret så alle kunne se. For dårlig skopuss betydde vendereis hjem.

Leksene skulle kunnes utenat, «på pugg», og represalier ventet den som ikke kunne utføre oppgavene de var tildelt. Ei jente, som ikke kunne få riktig svar på et regnestykke på tross av gjentatte forsøk, gråt og fikk streng tiltale av læreren, og ble truet med å sitte igjen. Det viste seg etterhvert at svaret i fasiten var feil..... Flere ganger forekom det at elever måtte sitte igjen etter skolen, og ble glemt. En av dem måtte etter mørkets frembrudd bli fulgt hjem av læreren, en annen rømte gjennom vinduet.

*Elever ved Monsrud skole i 1928. Bak fv: Karl Haug (bodde på Mellem), Åsmund Nordli, Sigurd Holter, Sverre Sagen, Paul Skulstadberg, Magne Hemseter (b.p. Kroken), Odd Sagen, Henry Nordli og min onkel Reidar Sollien. Midtrekka fv: Ragnar Nordli, min tante Bergljot Sollien, Else Sagen, lærer Gunnar Tanga, Bergljot Johansen (b.p. Sagen) og Oskar Holter. Foran fv:Magnus Nymoen (b.p. Sagen), Olaf Bråten (b.p. Sagen) og Henry Sørensen (b.p. Kroken). Liv Holter NK-05.*

*Lærerne i Grue, 1903. Foran (fv): Frøknene Fougner, Hansen og Noreng. På benken (fv): Johansen, Østberg, Gran, Grimstad og Olsen. Stående (fv): Waadeland, Hektoen, Tagestad, Maanum, pastor Breder, Nordgaard, Sandnæs, Sund, Bremnæs og Madshus. Bildet er tatt utenfor kommunelokalet Forkerud. Bondekvinnelagene i Grue 1987.*

Å kikke ut gjennom vinduet var strengt forbudt. En gutt som ble tatt i å se på en kjørekar med hest som passerte skolen, måtte springe etter kjørekaren for å ta ham igjen og spørre hvem han var og hvor han skulle. Så måtte han fra kateteret i skolestua fortelle de andre elevene hva han hadde funnet ut. Å reise seg fra pulten måtte foregå i et visst tempo. En gutt, som reiste seg for sakte, måtte gjenta eksersisen 8-10 ganger for at han skulle lære seg riktig tempo. Kakking i hodet med pekestokken var ikke uvanlig hvis læreren ikke fikk det han var ute etter faglig sett.

Etter 1. Verdenskrig (1914 – 1918) kom det krav om lærerbolig på Monsrud, siden lærerne inntil da vanligvis hadde bodd privat. «Generalinna» Dorthe Hansen på Grøset solgte da husmannsplassen til Grue kommune i 1920, og bolighuset

*Min far Henry (tv), bestefar Torvald og onkel Reidar drev bygningsarbeide på Stor-Monsrud lærerbolig ca. 1938. FA.*

ble ombygd til lærerbolig. Gunnar Tanga var lærer fra 1924 til 1937, en lærer som min far hadde den største respekt for. Skolen var todelt, det vil si at 1., 2. og 3. klasse gikk sammen 3 dager i uka. De andre dagene gikk 4., 5., 6. og 7. klasse. I 1924 var det 7 elever i de første 3 klassene. I 1932 var det 10 elever i 4. – 7. klasse. I 1938-39 var det bare 4 elever i de tre første klassene – 3 jenter og en gutt. Min far, som gikk mellom 1933 og 1940, fortalte at det var vanlig at de sprang bort på Monsrudsaga i fritimen midt på dagen og lekte i flishaugene. I 1937 hadde skolen en vikarlærer som hadde vært norgesmester på 4 x 100 meter stafett. Det var Johannes Hals. I 1940 var det tilsynelatende Asbjørn Skyrud, som var lærer da han har signert min fars avgangsvitnemål, og Sandnæs har signert som «formann».

Telefonen hadde forøvrig kommet til Grue i 1887, og Monsrud skole var en av de første abonnentene. Det var det private aksjeselskapet Kongsvinger-Solør Telefonforening, som sto bak, og 4 sentraler ble opprettet – Kongsvinger, Grue, Hof og Åsnes. Samtaleavgiften var 10 øre, men måtte en gjennom

*Henry Sollien gikk ut av folkeskolen i Monsrud i 1940. FA.*

flere sentraler var den 20 øre. Imidlertid var det gratis å ringe til lege.

I 1941 ble skolen nedlagt på grunn av for få elever, og den ble skolemuseum i 1962. Lærerboligen ble utleid til skomaker Sigurd Sæther og kona Magnhild Kvesetberget. I 1952 ble eiendommen solgt til Kristian Huatorpet, som eide den da jeg vokste opp.

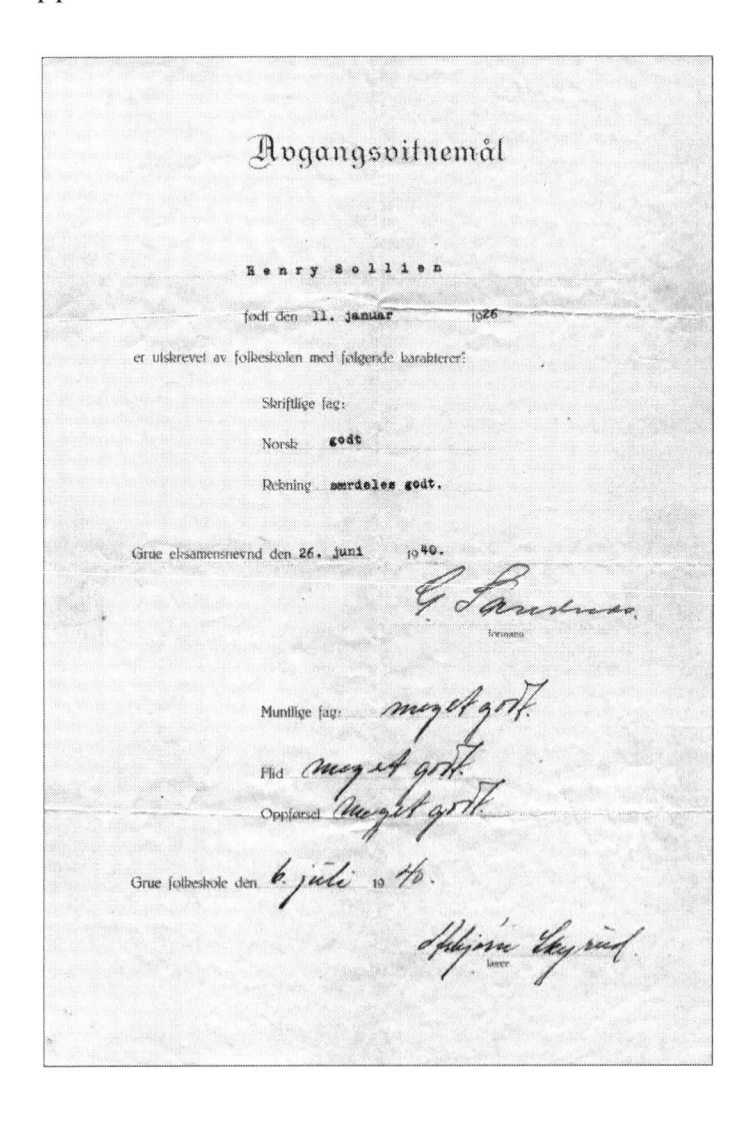

*Slik så avgangsvitnemålet fra Monsrud skole ut i 1940. Som vi ser ble det lagt stor vekt på norsk og regning, som skriftlige fag. Muntlige fag ble summert opp i én eneste karakter, og flid og oppførsel ble separert ut som egne karakterer. FA.*

*Asbjørn Skyrud signerte min fars vitnemål, som lærer på Monsrudskolen i juli 1940. Han var skolestyrer gjennom hele min tid på Namnå sentralskole, fra 1960 til 1966. Røsås m.fl. 2010.*

Kvernbakken skole ble bygd i 1894, før alle andre bygninger i forretningsstrøket på Namnå. I 1902 ble navnet forandret til Navnaaen skole, i 1911 til Namnå skole. Det var et flott, toetasjes laftehus, men på Namnå var det likevel ikke skolebygningen som var eksepsjonell, men læreren. Olav Kristian Madshus var lærer ved skolen fra begynnelsen helt fram til 1927. Han var født 23. september 1869 på Østre Toten, og var sønn av Lars Madshus - også lærer, fra gården Madshus i Vardal – og Lise Olsdatter. Lars Madshus druknet i Mjøsa i 1882, bare 35 år gammel. Olav tok en glimrende middelskoleeksamen i 1885, 16 år gammel, og en god lærereksamen etter ett år på seminaret på Hamar. Til Namnå kom han i 1892 etter å ha drevet som privatlærer. Han var vikarlærer i to år før han ble fast ansatt.

*Olav Kristian Madshus og Navnaaen skole ca. 1910. Jenta er ukjent. Olav Madshus.*

Det var en strabasiøs stilling. Han holdt skole på Namnå og Kirkenær annenhver dag. Så dro han til Stampetorpet på Brandval Finnskog (nå Kongsvinger) og holdt skole der i 14 dager. Dessuten var han på Monsrud 17 uker i året sammen med ei lærerinne på Namnå – 9 uker i storskolen og 8 uker i småskolen. I 1922 ble Namnå skole 4-delt og Monsrud fikk egen lærer. Da kunne Madshus endelig konsentrere seg bare om Namnå.

Det var imidlertid aktivitetene utenfor skolens pensum, som stilte denne læreren i relieff, enda mer enn skolearbeidet gjorde. Han var en ildsjel for ungdomsarbeidet i bygda, og var med og grunnla to ungdomslag – Grue ungdomslag på Grinder i 1894 der han var første formann, så Verdande ungdomslag på Namnå i mai 1899, der han også var formann. Senere gikk han tilbake og ble igjen formann i Grue U.L. På Namnå hadde han et barnelag, som han kalte «Ungbjørka». I 1894 var han tilstede på Eidsiva-stemnet, og fra trappa foran Eidsvollsbygningen var han den første som talte for en nasjonal samling av alle ungdomslagene i Norge. Noregs Ungdomslag ble dannet bare to år senere. Han var avholdsmann, og i flere år varaformann for Landslaget for det Blå Bånd, en avholdsbevegelse, som ble opprettet i Oslo i 1882 etter modell av en forening som ble dannet i Pittsburg, Pennsylvania, USA i 1877. Det Blå Bånd ble slått sammen med Blå Kors i 1924.

Olav Kristian Madshus var et av de sjeldne multitalentene, som vi finner sporadisk i historia, som gjør seg bemerket på flere fagfelter. Han var veldig musikalsk, og startet en rekke ungdomskor. I 1895 finner vi ham som kunde hos Warmuth noteforlag og musikkforretning i Oslo, den største og mest moderne i landet. Warmuth ga ut noter for blant annet klaverstykker og sang for mannskor og blandede kor. Forlaget hadde også et leiebibliotek, slik at utøvere som ikke hadde råd til å kjøpe noter kunne leie dem. I 1918 gjenopplivet Madshus sangkoret «Løvsprett», og tidlig i 1920-årene var han leder for tre kor samtidig. De var på Kirkenær, Namnå og Flisa. Han spilte klaviaturinstrumenter og renset og stemte orgelpiper, noe som han også hadde gjort på en av de største orgelfabrikkene i Norge. Kildene angir imidlertid ikke navnet på den fabrikken. Under arbeidet fikk han idéen om at det måtte eksistere et konstant matematisk forhold mellom tonene i pipene. Hvis det forholdet kunne uttrykkes ved hjelp av en formel, ville orgelbygging forenkles fra en møysommelig utforming av hver pipe til noe som kunne sammenlignes med masseproduksjon.

Ikke nok med at idéen viste seg å være korrekt – Madshus utviklet den matematiske formelen og publiserte den i et tysk tidsskrift. Ved et senere besøk i Tyskland befant han seg i nærheten av en av de største fabrikkene for kirkeorgler. På grunn av sin store interesse for orgelbygging gikk han inn og spurte om å få se seg om. Høyst overraskende ble han spurt om han var **den** Olav Madshus, fra Norge? Da han svarte bekreftende fortalte ingeniøren at de var godt kjent med hans matematiske formel, og for å få helt rene toner i korrekte forhold mellom orgelpipene ble det nå simpelthen skrevet en instruksjon på tegninga, som ble fulgt under byggeprosessen.

*Olav Kristian Madshus. På venstre jakkeslag sitter symbolet for avholdsbevegelsen det norske Blå Bånd, der han i mange år fungerte som varaformann. Olav Madshus.*

Minst like stor innflytelse skulle Olav Madshus få på norsk litteratur. Han var veldig interessert i språk, og 2 av de 7 han kunne var russisk og hebraisk. Før århundreskiftet begynte han å fordype seg i gammelengelsk, særlig William Shakespeares teaterstykker. Han begynte å arbeide med den første oversettelsen av Shakespeare til nynorsk - eller «landsmaal» - og etter 3 år hadde han den ferdig. Det var Macbeth. Han vendte seg først til sin venn Olav Aasmundstad, som blant annet oversatte norske kongesagaer til nynorsk, for å få hjelp med språket. Aasmundstad sendte arbeidet tilbake og ba ham ta kontakt med Arne Garborg. Det gjorde Madshus, og Garborg ba ham til Asker for å diskutere manuskriptet både med ham selv og Steinar Schjøtt, en annen lærer og språkgeni, som publiserte på 8 forskjellige språk. Garborgs hjelp var tilsynelatende noe vaklende, da han i et brev til Olav Madshus 25. januar 1901 gikk i rette med sine egne rettelser. Imidlertid ble det endelige resultatetet at Garborg ordnet med publikasjon av verket hos Nygaards forlag samme år, og ikke nok med det: William Nygaard diskuterte med Garborg om mu-

*Den første oversettelsen av Shakespeares Macbeth til nynorsk av Olav Kristian Madshus, i 1901. IF.*

ligheten av en «folkelig» utgave av Shakespeares verker på nynorsk med Madshus som oversetter. Nygaard hadde samme år tatt bokforlaget ut av Aschehoug-konsernet som eneeier, og ville nok satse på nye prosjekter. Det skulle senere vise seg at den tanken ikke ble realisert, men Madshus publiserte sitt neste verk, Kjøpmannen i Venezia, på Det Norske Samlaget i 1903. I tillegg oversatte han Henrik den Fjerde, men den ble aldri publisert. En av samtidas største linguister, professor Hjalmar Falk, som var formann i komitéen som foretok rettskrivingsreformen av 1917, hadde følgende kommentar til Madshus' bøker: «En slik Shakespeare-oversetter fødes ikke hvert århundre!»

Madshus fikk bare 150 kroner for sin oversettelse av Macbeth, men utdrag av oversettelsen fikk plass i Garborgs og Mortensons «Lesebok for høgre skular. Utvalde lesestykke

*Madshus' oversettelse av Kjøpmannen i Venezia, i 1903. IF.*

*Utdrag av Olav Madshus' oversettelse av Macbeth er gjengitt i Garborgs og Mortensons «Lesebok for høgre skular» (1901). IF.*

i bygdemaal og landsmaal» i 1901. I dag kan Madshus' Macbeth finnes ikke bare i Norge, men ved universitetsbiblioteket i Cambridge, England og minst 7 universiteter i USA.

Så begynte Madshus å fokusere sin oppmerksomhet på en større litterær analyse av Shakespeare, og ble innrullert ved Chautauqua Literary and Scientific Circle – Chautauqua Litterære og Vitenskapelige Sirkel - i Chautauqua, New York. CLSC var et universitet, som under en religiøs paraply hadde som formål å tilby både klasseundervisning og korrespondanseundervisning til studenter fra alle kristne kirker over hele verden. Mellom 1902 og 1906 skrev Olav Madshus 4 avhandlinger om William Shakespeares verker, som ble bedømt av CLSC. De gjorde ham kvalifisert til et diplom fra universitetet, og tittelen «Fellow of the League of the Round Table», noe som i 1906 var omtrent på lik linje med en norsk doktorgrad. Universitetets magasin, «The Chautauquan», hadde i 1906 et innlegg fra en av universitetets ansatte der han i en tale siterte et brev fra Madshus, som beklaget at han ikke kunne komme til diplomutdelinga. Han nevnte blant annet at Norge året før hadde vært på grensa til krig (Unions-

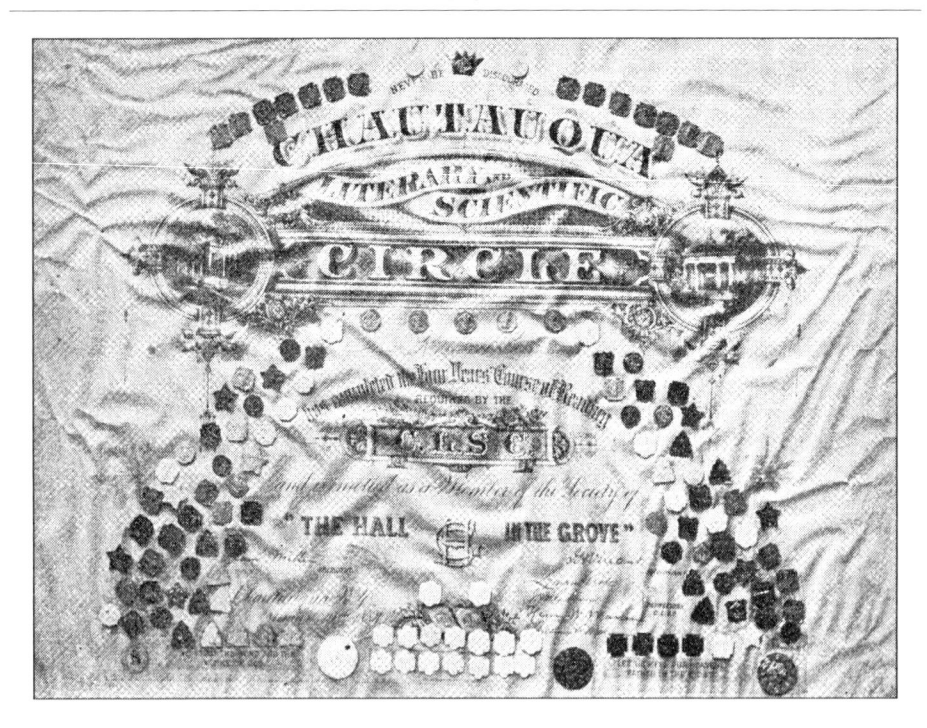

*Eksempel på diplomet, som Olav Madshus mottok fra Chautauqua Literary and Scientific Circle i 1906, med segl for forskjellige studier. Mottatt fra Chautauqua i mars 2015. FA.*

oppløsningen), og at han ble utkalt til Kongsvinger festning, som soldat i de norske styrkene. I tillegg hadde han publisert et par barnebøker i regi av Det Blå Bånd.

Olav Madshus fortsatte å tøye grensene for det han kunne foreta seg og drev med kunstmaling, samtidig som han eksperimenterte med fargefotografering. Fra hans korrespondanse med universitetet i Chautauqua går det fram at fargefotograferinga var noe han gjorde i forbindelse med et lysbildeforedrag, som han ville holde om universitetet for å informere andre interesserte om mulighetene for å ta utdannelse der. Han fortalte at han var i ferd med å lage et foredrag med såkalte «lantern slides», det vil si lysbildene som ble brukt tidlig på 1900-tallet. De ble laget ved å impregnere positive bilder – laget fra negativer – på lyssensitive glassplater. Fargene ble satt til bildet ved håndkolorering, og det ble så plassert mellom to nye glassplater for å være beskyttet, og kantene forseglet med limbånd.

# THE CHAUTAUQUAN

### Issued Monthly
### with Illustrations

SEPTEMBER—NOVEMBER, 1906

---

404     C. L. S. C. Round Table

studies of Italian Artists, using to great advantage Mr. John C. Van Dyke's 'How to Judge a Picture' and reproductions of many famous paintings. We have no library to aid us nor can we avail ourselves of the traveling libraries but we have the Chautauqua spirit and are never discouraged."

"I must mention before we close the Round Table," said Pendragon as he ran through several letters, "that the circle at Concepcion, Chili, report that they are enthusiastic and doing good work with thirteen members. We shall have fuller reports later. Now you must have a word from a Norwegian teacher, Mr. Olav Madshus in whose letters you have all been so much interested. We are glad to welcome him to the Round Table."

"I regretted so much," rejoined the member from Norway, "that the hope that I cherished of coming to Chautauqua in 1906 had to be given up. I have had to make use of the provision that hard-pressed students may be given a brief extension of time beyond October 1. Last year we had a stirring time of it here in Norway. To speak the truth, we were on the verge of a war. I myself was called to the frontier, being garrisoned in the old fortress of Kongsninger. After returning from there, I had to lay the last hand on some literary work—which, by the bye, was to procure me money for my Chautauqua trip. And even before the printing of that work was done, 'The Blue Ribbon' of which I am a member, asked me to gather some temperance tales for children. That mandate I have discharged only just now, and therefore you will readily understand why I have not been able to set about my duties as a Chautauquan till now. If all this is a good reason for allowing me an extension of time—till say 'Gunpowder Plot' I don't despair of finishing the work till then. I mean to write some lines to the 'Norse School Weekly' and tell my fellow-teachers of Chautauqua once more."

*Faksimile av «The Chautauquan» i 1906, som viser utdraget av Olav Madshus' brev til CLSC. Mottatt fra Chautauqua i mars 2015. FA.*

*Et av de tidligste lysbildeapparatene. Merk at de 8.75 x 10.0 cm bildene kunne skyves fram og tilbake i den dobbelte ramma slik at det, som ikke ble vist, kunne skiftes ut. W.*

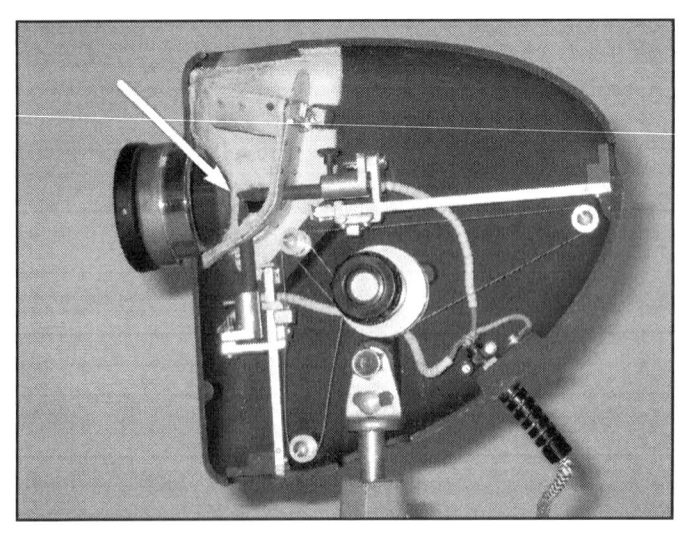

*Ei karbonbuelampe. Pila peker på de to karbonelektrodene som produserte lyset via ei lysbue, ettersom avstanden mellom dem varierte. Lysbua skaptes ved at høy spenning mellom elektrodene dannet ei bro av plasma, og den elektriske nedbrytningen av plasmaet, ioniseringa, ble oppfattet som skarpt lys. W.*

*De tidligste lysbildene. IF.*

Det kunne så sees gjennom datidas lysbildeapparat, som i mangel på elektrisk lys brukte ei såkalt karbonbuelampe.

Som en kunne forvente av en slik usedvanlig aktiv mann, så døde han på sin post – på kateteret mens han underviste – den 12. mai 1927. Dødsårsaken var hjerneblødning. De litterære verkene var ikke det eneste han etterlot seg. Han komponerte også mange musikkstykker, blant andre et som han kalte «Solørmarsj». I 1928 ble det reist en bauta til hans minne ved sørveggen av Grue kirke.

Etter at Namnå skole ble 4-delt måtte en leie lokaler for småskolen hos Harald Moen. Det leieforholdet varte til 1954, da den nye sentralskolen sto ferdig. Bjørn Tuer har gitt oss innblikk i hvordan tilværelsen var innenfor Namnå skoles fire veg ger under 2.verdenskrig. Det var 2 saler i 1. etasje, 1 sal

*Avdukinga av minnebautaen over Olav Kristian Madshus i 1928. Vardens Julenummer 1949.*

*Namnå skole leide lokaler hos Harald Moen i 32 år. Olav Madshus.*

i 2. etasje og utedo. De gikk 3 dager i uka unntatt den perioden de hadde snekkerskole – da var det 6 dagers uke. Snekkerskolen ble holdt i de gamle butikklokalene til landhandelen på Kvernbakken. Vinduene i første etasje på skolen var hvitmalte nederst (bilde side 184), for at ungene ikke skulle kunne se ut og bli forstyrret i skoletimen. Disiplinen var hard, og ved den minste ulydighet måtte de stå i skammekroken eller gå ut på gangen i 15 minutter.

Mat var det dårlig med under krigen, og mangel på nesten alt. Ungene hadde med seg skolemat, men ikke alltid pålegg på maten. Elevene hadde rett til ei spiseskje tran hver, en «rett», som de kanskje ikke hevdet med største overbevisning. Ikke overraskende var den gamle bygningen oppholdssted for mus. En gang hadde de besøk av flere av gnagerne i klasserommet. De kom opp gjennom et hull i gulvet og ble fóret av elevene i matfriminuttet. Ei av dem spiste så mye at den ble sittende fast i hullet idet den forsøkte å returnere hjem, og måtte dras ut igjen av en av elevene. Senere på dagen hadde den fått

*Namnå skole, 1893 – 1954, fotografert i 2007.Til venstre sees bygningen, som tilhørte skredder Oscar Møllerud. FA.*

*Elever ved Namnå skole, som har plukket hvitveis tidlig på 1920-tallet. Bak fv: Åge Kolstad, Thorleif Bekkelund, Arne Østmoen, Ola Holter, Jens Vestli, Alf Kamphaug og Gunnar Trangsrud. Foran: Olaug Kveset, Klara Stenvadet, Lina Møllerud, Randi Stenvadet, Menny Vestli, Hanna Stenvadet, Berta Engelund, Helga Sagen og Olaug Gjeterud. Randi Østmoen, GK-94.*

«slanket seg» såpass at den kom seg ned i gulvet igjen.

For meg var Namnå skole som et slags lukket kapittel. Min far, mine naboer og de nærmeste kjente hadde gått på Monsrud skole, mens min søster og alle jevnaldrende, som jeg gikk på skole med, gikk på Namnå Sentralskole. Det skapte et tomrom i tid, som Namnå skole hadde fylt, men som jeg ikke visste noe om. Sentralskolen ble tatt i bruk 21. august 1954, og det var nok på høy tid med nytt skolebygg. Det ble fortalt at elevene i den gamle skolen måtte klatre over gebrekkelige pulter for å komme fram til plassen sin, det blåste tvers gjennom veggene og doet var utendørs.

Anne Berit fikk ny sykkel da hun begynte på skolen, noe som var en tradisjon. Det betydde at jeg arvet sykkelen hennes, som jeg lærte å sykle på. Det ble mye knall og fall, både før og etter at jeg hadde lært å holde balansen. Jeg visste at jeg måtte ha fart for å holde det gående, så til slutt turde jeg å sette utfor bakken fra huset, som lå på en topp. For det meste gikk det bra, men det var en sving nederst i bakken, som jeg måtte takle og det var ikke alltid like lett. En gang gikk det rett fram, uti potetsenga, og etter at mine foreldre så hodet mitt sprette opp og ned over potetriset endel ganger kom sykkelen til ro, og jeg var borte. Styre med bare ei hånd var neste skritt. Da kjørte jeg rundt og rundt på tunet mens jeg slapp styret med ene hånda – og falt umiddelbart. Gang på gang. Det ble mange blåmerker, kuler, kutt og skrubbsår, og min mor pleide å si at jeg så ut som et Europakart.

Å begynne på skolen som 7-åring var altfor sent for meg. Jeg var allerede godt og vel gammel nok til å vite at der ville jeg ikke begynne – uansett hvor mye de voksne prøvde å sette et positivt spinn på det ved å si at jeg skulle få både «ny sykkel» og «ny ransel». Sykkel hadde jeg, mer enn bra nok, og det var lite jeg trengte mindre enn en ny ransel. Jeg foretrakk å renne skoglangs, fri og frank, leke cowboy og Indianer, og bade og fiske i Namnåa.

*Elever ved Namnå skole, 1934. Bak fv: Oskar Ålien, Oddvar Holter, Elfi Nybrenna, Solveig Vestli, Noomi Dahl, lærer Håkon Rambøl, Astrid Dahl, Margit Johansen, Solveig Eriksen, Erik Høye og Per Frantzen. I midten: Anna Svenneby, Astrid Sagen, Gudrun Stemsrud, Gudrun Møllerud og Henry Søgård. Foran: Hjørdis Østmoen, Kari Bekkevold, Aslaug Hansen, Dordi Gaustad, Aslaug Berg, Anna Myrvold, Randi Møllerud, Odd Kolstad og Helge Sorknes. Anna Andreassen, NK-01.*

*Bildetekst side 640(a).*

*Bidetekst side 640(b).*

*Bildetekst side 640-641(c).*

*Side 637(a):Framhaldsskolen i Grue 1936-37. Noen av disse elevene er fra Namnå. Første rekke fv: Alette Sætre, Anna Holtet, Mary Pettersen, Sigrid Toverud, Magni Myrvold, Solveig Stemsrud, lærer Petter Skyrud, Reidun Tvengsberg, Gerd Skara, Else Gjeterud, Gudrun Stemsrud, Olaug Kulblikk og Edith Kulblikk. Bak fv: Reidar Sillerud, Hans Rønåsen, ? Smestad, Bjarne Mykkestu, Olaf Østmoen, Henry Moen, Bjarne Holter, ukjent, Oddvar Skasberg, ukjent, Kjell Løvstad. Anna Kjølstad, NK-05.*

*Side 638(b):Jentekonfirmanter i Grue i 1937, fotografert utenfor bedehuset på Kirkenær. Noen av disse elevene var fra Namnå. Foran fv: Else Engebakken, Magna Myrvold, Laura Rensmoen, Solveig Sagen, Borghild Haug, ukjent, Elise Berg, Olga Myrvold, Klara Haugen, min tante Åse Sollien, presten Olav Manders, Reidun Sagen, Åse Meiningen, Gerd Halvorsen, Olaug Bråten, Olaug Vestli, tre ukjente, Edith Syversen og Solveig Gustavsen. Andre rekke: Karoline og Anne Åseth, ukjent, Berthe Marie Stenvadet, Gudrun Sandnes, Astrid Bjørkerot, Else Berget, to ukjente, Helga Sundkøien, ukjent, Asta Myrvold, ukjent, Karen Nordseth, ukjent, Olivia Langholmen, to ukjente, Sigrid Engen og Margrethe Aarnes. Bak: Else Marie Nilsen, fem ukjente, Olaug Nygård, Ingrid Bredvold, Margit Haug, Reidun Langseth, Kari Håkonsen, ukjent, Torbjørg Håkensen, Marit Nesset, Rønnaug Sollien, Åse Kjølseth, Gunvor Sund, Kari Thorsby og Ruth Johansen. NK-00.*

*Side 639(c): Namnå skole ca. 1951. Bak fv: Hasse Uggerud, Bjørn Bråthen, Bjarne Snapa, Per Thorsberg, Magne Kjensmo, Arvid Hytjanstorp, Egil Stensbøl, Frank Nymoen, Arne Johnny Holtet, Kåre Berg og Holger Gustavsen. 2. rekke bakfra, fv: Lærerinne Lilly Lycke Holter, Anne Marie Berg, Else Søgård, Liv Haug, Grete Hengebøl, Tordis Lindstad, Marit Stenvadet, Else Mellemrud, Bjørg Nybrenna, Reidun Seigerud, Synnøve Andreassen og lærer Abraham Bergseth. 2. rekke forfra, fv: Ragnhild Vestli, Kristen Hengebøl, Astrid Nymoen, Kari Trangsrud, Else Marit Ruud, Åse Rismoen, Gerd Sørensen, May Eriksen, Astrid Monsrud, Oddveig Holter,*

*Gunhild Amundsen, Siri Ulvevadet og Aud Thorsberg. Første rekke, fv: Trond Skulstadberg, Sigmund Hansen, Erik Moen, Karl Arne Stemsrudhagen, Per Ivar Uggerud, ukjent, Ingar Kristiansen, Svein Holter og Arne Gunnar Slåstad. Synnøve Andreassen, NK-03.*

Uten å anstrenge seg hadde Lilly Lycke Holter fått inntrykk av vår innstilling til skolestart. Hun var småskolelærerinne på Namnå Sentralskole og en av mine nærmeste naboer. Hun hadde allerede fulgt Jan Eriks og mine eskapader i flere år. Det var ikke nødvendig å være synsk for å forstå at her var det trøbbel som brygget med to små «rabagaster», som hittil hadde løpt fritt og uhemmet gjennom Monsrudgrenda, og hadde både kvikksølv og lopper i blodet.

Fra første dag satte hun i verk tiltak for å hindre utglidninger. Vi ble plassert på pultene som sto diagonalt i hvert hjørne av klasserommet, slik at vi var lengst mulig unna hverandre, og ikke kunne ha noen kontakt i timen. Likevel fant jeg meg selv, ved tankeløse handlinger, svært ofte i situasjoner som gikk fullstendig på tvers av skolens ideologi og retningslinjer, og strevde i 6 samfulle år – uten suksess – for å få beste karakter i oppførsel.

Anne Berit var lærerinne – både da hun gikk på skolen og da hun ble yrkesaktiv – og vi lekte skole hjemme. Hun lærte meg å lese, så et par år før jeg begynte på skolen pløyde jeg gjennom leseboka for 1. klasse. Det skulle skaffe meg mange ergrelser det første året på skolen – jeg kom hjem og klagde over at jeg måtte gå igjennom den samme boka **igjen.** Den første sida viste en okse, ei ku og ei geit, og jeg måtte lese lydene deres – «mu, mø, mæ». Den neste sida sa «bu, bø, bæ». Det var veldig kjedelig for en førsteklassing med laber innstilling til skolearbeid.

Heldigvis gikk Anne Berit i 7. klasse – hun hadde allerede lånt bøker på skolebiblioteket for meg et par år, som jeg leste hjemme, og det fortsatte hun med. Jeg likte reiseskildringer om jakt og fiske. Spennende bøker fra virkeligheten, som

*Namnå sentralskole, 1954 – 2009. Da jeg gikk der, 1960 – 1966, var det en enkelt bygning uten vinkelbygg med gymnastikksal. FA.*

> LAWRENCE EARL
>
> **KROKODILLE FEBER**
>
> Et eventyr fra virkeligheten
>
> Illustrert med 16 fotografier
> Oversatt av Ragnar Kvam d.e.
>
> STABENFELDT FORLAG
> Stavanger

*Krokodillefeber – mye mer interessant enn leseboka for 1. klasse. FA.*

«Krokodillefeber». Den handlet om den sør-afrikanske profesjonelle jegeren Jack Dempster, som drev nattlig jakt fra båt med påhengsmotor på Zambezi-elva, der den passerte gjennom Kariba-juvet ved Lusaka i daværende Nord-Rhodesia. Det var noe som holdt interessen fanget på en helt annen måte enn «mu, mø og mæ».

Jeg fikk min nye sykkel – men ikke den jeg ville ha. Slik var det ofte. Det var kanskje ikke råd til å kjøpe det som sto øverst på lista, så en måtte ta til takke med noe som var funksjonelt, men som det ikke hadde vært noe brennende ønske om. Det prinsippet var generelt både når det gjaldt klær og utstyr. Noe av grunnen lå også i den tidløse drakampen mellom den eldre og yngre generasjon, om hva som er «moderne», «nødvendig» og «unødvendig», og foreldrene brukte flittig motstridende argumenter for å lede avkommet i den retning-

*Bildetekst side 645. Røsås m.fl. 2010.*

*Forrige side: Namnå Sentralskoles 2. klasse 1961-62. Øverst fv: Stein Gunnar Moen, Ove Bjørklund, Frode Lerdal, Gustav Fredrik Johansen, Jan Paul Ludvik Sæther, Asbjørn Sollien og Knut Tony Johansen. Midten: Anne Berit Sagen, Aud Rensmoen, Tore Andersen, Jan Erik Fosseidengen, Knut Gjermund Hordvik, Leif Rusten, Gunnar Jansen, Tove Østlie og Liv Johansen. Foran: Vigdis Sæternes, Kari Gunvor Østby, Reidun Marit Sagen, Anne Holter, Marianne Søgård og Karin Elinor Ruud. Lærerinne var Lilly Lycke Holter.*

en de ville. En dag kunne jeg høre « - det behøver ikke du ha, selvom alle andre har det». Den neste dagen var låta « - det har han på seg, så det kan du ha på deg også». Klær var aldri mangelvare, snarere tvert i mot, men utvalget var mye mer begrenset enn det er i dag. Klær og sko ble kjøpt for å vare, og var mer praktisk enn «moderne». Det var de samme brune lærskoene med spenne hver høst, de samme svarte støvlettene med hvitt skinnfor hver vinter, de samme brune lærsandalene med spenner hver vår og de samme blå turnskoene med hvite lisser hver sommer. Mye vekt ble lagt på å ha godt skotøy – det var viktig å ha rom for foten og gode såler. Tøyet skulle være varmt, for det var rikelig anledning til å fryse seg fordervet på skoleveien vinterstid. Den nedre temperaturgrensa for oppmøte da min søster begynte på skolen var 25 kuldegrader. Da jeg begynte (1960) hadde den blitt hevet til 18. Var det kaldere enn det, kunne en bli hjemme.

Det var hustrig å sykle til Namnå i tåke og regn i råkalde høstmorgener. Det gikk skolebuss som hentet elever helt fra Namnsjøen og vestover. Den ble kjørt av Reidar og Bjørg Sveen. Imidlertid var det trukket ei usynlig grense tversover Monsrudveien, som sa at de som bor vest for denne må ta seg til skolen på egen hånd. Den linja gikk 300 meter øst for der jeg bodde – så jeg gikk eller syklet. Mange ganger stoppet nok Reidar og Bjørg og tok oss med, likevel, hvis det var kaldt, snøvær eller ufyselig på andre måter. Så lenge veien var snøfri syklet vi om Kvernbakken. Da nøen falt måtte sykkelen parkeres, og vi tok fatt med apostlenes hester.

*Når isen endelig la seg om vinteren kunne vi ta snarveien over Ruud-åa selvom brua ikke lå ute. Bjørn Tuer.*

Gangbrua over Ruud-åa hadde blitt brukt i flere tiår – Bjørn Tuer forteller at han gikk over den da han var guttunge, rundt 1940. Den ble vanligvis tatt opp under fløtinga. Hvis den ble lagt ut igjen over sommeren, gikk vi snarveien om Spinneriet. Hvis ikke, var det å gå hele veien om Kvernbakken, til isen la seg på åa. Da kunne vi krysse Ruud-åa uten bru. Etter store snøfall måtte vi stampe gjennom snøen, ofte «til knes». Da var det en som gikk foran, og alle de andre fulgte i samme fotspor, som en flokk med gjess. I morgenmørket måtte en konsentrere seg om å sette foten presist i sporet til den som gikk foran, ellers var det lett å velte overende. Det skulle være unødvendig å si at vi var både våte og kalde lenge før vi kom til skolen.

Gjennom de 6 åra jeg tilbragte på Namnå Sentralskole var det en langsom rotasjon i deltagelsen i «morgenvandringa». Hvert år var det vanligvis noen som sluttet skolen, mens andre begynte. Vi, som begynte noenlunde samtidig, gikk skoleveien sammen i mange år – Sverre og Anne Holter, Else Marie og Jan Erik Fosseidengen, Rune og Kjell Nordli, Ingvild og Steinar Hytjanstorp, Cato og Rolf Sletten, Bjørn Haugen og Per Morten Berg og Torill, Anne Berit, Karin og

Oddny Ruud.

Da jeg begynte i småskolen var jeg redd 7. klassingene. Det var en tradisjon at de større elevene utøvde endel av sin makt på de forsvarsløse nykommerne – min søster hadde samme erfaring fra den gangen hun begynte i 1. klasse. Det var ingen form for mobbing, men enkelte individer som så seg ut en nykommer som de hadde moro med å plage ei stund. Det gikk seg til etterhvert, vanligvis ved at 1. klassingen en dag ble skremt nok til å gråte høylytt, og 7. klassingen visste at selvom smårollingen aldri ville sladre, så var det nå like før læreren ble involvert, likevel. Da var det vanligvis slutt. Det hjalp nok sikkert også at jeg hadde ei søster i 7. klasse.

Det var enkelte uskrevne lover som ble opprettholdt med hard hånd – en av dem var å aldri sladre, uansett hva som skjedde. Den loven ble etterlevd så nøye at læreren heller ville forbli uvitende om noe, som kunne ha vært viktig å vite, enn at eleven sladret. Jeg opplevde at en elev, som hadde sladret på en annen, måtte stå oppreist i klasserommet mens alle medelevene – og læreren - sang «Sladrehank skal selv ha bank». Det var liten sjanse for at noen annen ville gjøre samme feil.

Ansvaret for barneoppdragelsen i min oppvekst var jevnt fordelt over foreldregenerasjonen. Det vil si at jeg kunne bli irettesatt – i ublide ordelag som ikke var til å misforstå – av både mine tanter og onkler, eller av en person som var innlemmet i mine foreldres vennekrets. Det førte videre til at lærerne var enerådende gjennom skoledagen, og at foreldrene frasa seg ansvaret for oppdragelsen. De stolte på at lærerens avgjørelser var riktige, og eventuell straff for forseelser mer enn vel fortjent. Det har nok forandret seg en del de siste 50 år. Min mor var kanskje litt forut for sin tid når det gjaldt det emnet, hvis hun følte at en avgjørelse var tatt, som gikk på tvers av hennes oppfatning. Etter et bestemt - «Mein je skær nukk prate me'n je, gett!», var veien kort ned til skolen og inn på lærerværelset, der hun trakk med seg den aktuelle læreren ut i korridoren for å høre dennes side av saken. Hun var også rask

*Det hjalp å ha ei søster i 7. klasse......Øverst fv: Lærer Arve Granlund, Bjørn Ove Seigerud, Per Anstein Ruud, Ole Martin Møllerud og Ivar Østmoen. Nest øverst: Ole Johnny Fosseidengen (Engen), John Magne Slåstad, Arne Olaussen, Tore Olav Sandnæs og Svein Østlie. Nest nederst: Laila Marianne Johansen, Anne Helene Larsen, Anne Berit Sollien, Ragnhild Sørensen og Lilli Jorunn Øysetkjølen. Nederst: Inger Marie Kolstad, Britt Helen Moen, Grethe Uggerud, Ada Berit Thorsberg, Mona Helene Løvstad og Henny Solveig Tuer. Røsås m.fl. 2010.*

til å omgjøre bestemmelser, som hun fant uakseptable. En dag hadde Jan Erik og jeg falt i en av de store vanndammene, som dannet seg på den islagte skoleplassen om våren. Vi var gjennomtrukket av isvann fra topp til tå. Læreren sendte oss hjem (gående), med beskjed om å skifte, og å komme tilbake. Min mor bare fnøs av tanken, og jeg forble hjemme resten av dagen.

Om vinteren skled vi på isbaner ned den bratte fyllinga på sørsida av skolen. Vi tok springfart og kastet oss stående ned i et oppkjørt spor, og sto, som på skier, ned den glatte isløypa.

*Da jeg var elev var issklia bare et spor, som ovarennet i en hoppbakke. Pila viser golvet på den murte verandaen. Fra Røsås m.fl. 2010.*

Vi hadde også ei løype som gikk videre nedover bakken hele veien til bekken, som rant langs sørsida av skoletomta. Bekken var dyp, og hadde høye, bratte bredder. Løypa endte der i ei lita kneik, som stoppet oss på kanten av bekken. Det gikk som det måtte gå. Jan Erik fikk opp en halsbrekkende fart ned lia, og kneika, som skulle ha stoppet ham, fungerte istedet som et hopp. Han seilte gjennom lufta i ei elegant bue og landet i den dype bekken. Igjen var det på tide å gå hjem.

Det var nok ikke alltid at helse og sikkerhet var satt i høysetet, selvom det var endel gode foretak, som å dele ut gratis refleksbrikker, holde kurs i behandling av sykkel osv. Imidlertid var det ingen som hadde tenkt på at golvet på den murte verandaen på sørsida av bygningen ble farligere jo høyere elevene ble – særlig om vinteren, med et tykt snølag. Om sommeren kunne jeg springe i full fart ned skråningen langs veggen – men en vinter var det mye snø, og da var jeg akkurat høy nok til at panna mi var på linje med det murte golvet. Heldigvis hadde jeg på meg ei av de russiske skinnluene med tykk pannelapp, og golvet traff meg i panna, og ikke i ansiktet - men jeg visste nok ikke helt hva som hadde skjedd der jeg lå langflat på ryggen under verandaen og trodde jeg tygde grus.

Ei av tennene mine hadde tilsynelatende fått seg en smell ved at kjeven klappet sammen på et vis.

Leser vi om den gamle almueskolen får en nærmest inntrykk av at den eksisterte bare for å lære ungene religion. Det eneste faget som var obligatorisk i tillegg til religionslære var lesing – noe som følger naturlig, da en må kunne lese for å lære. Andre fag var frivillige. I fastskolen sent på 1800-tallet utgjorde religionshistoria 35 % av timeplanen. Nesten 100 år senere var det på mange måter forbausende hvor stramt grep religionsundervisningen fra den lutherske statskirken fremdeles hadde på barneskolen i et erklært sosialdemokratisk samfunn, som skulle bygge på frihet, likhet og rett til å velge. Selvom undervisningen som sådan ikke opptok mange timer i uka, var selve skolekulturen lagt opp omkring religiøse ritualer. Det første vi gjorde om morgenen før vi kunne sitte ned, var å synge ei salme. Vi kunne ikke spise i matfriminuttet før alle hadde stått ved pulten og sunget matverset. Vi kunne ikke forlate rommet etter endt skoledag før vi hadde sunget enda ei salme. Religionsundervisningen var basert på å kunne salmer og vers utenat, og vi ble «hørt», én og én, for å være sikker på at vi kunne dem. Påvirkningen var faktisk så sterk at den nesten kunne kalles indoktrinering - da jeg begynte i 3. klasse følte jeg som om jeg var på vei til å bli personlig kristen.

Den utviklinga ble imidlertid satt i revers, men undervisningen fram til konfirmasjonen tok ikke noe av presset ut av den religiøse påvirkningen – snarere tvert i mot. Det var ingen spøk å stå langs midtgangen i kirken med trusselen om å bli overhørt av presten hengende over meg – hvor mye enn den nye sykkelen og konfirmasjonsgavene lokket i det fjerne. Mange ganger senere i livet har jeg overrasket venner og kjente fra andre steder i Norge – og i utlandet – med min kjennskap til personer og historier fra Bibelen, som for meg er en selvfølge at jeg kan, men de knapt nok har hørt om. Når jeg ser tilbake har jeg likevel ingen motforestillinger mot at vi lærte så mye og detaljert i religionsundervisningen. Kunnskap er aldri tung å bære, og jo bedre innsikt en har på mange felter, jo lettere er det å få innsikt på flere.

Det var noe spesielt jeg så fram til med å begynne i «storskolen» og det var å få Leif Thoengen, som klasseforstander. Thoengen var en interessant fyr. Han var en flink sløydlærer, og drev kontinuerlig med egne prosjekter i treskjæring, metall og lær. Han kunne spille trekkspill, og dannet ei musikkgruppe ved skolen. Han var en god tegner. Han samlet frimerker og fikk istand en frimerkeklubb. Han hadde skrevet dagbok siden 1943. Han visste mye om mangt, og svarte veloverveid og saklig på ethvert spørmål. Og sist – men ikke minst – han hadde vokst opp i nærheten av Vassfaret, og samlet på bøker av sin favorittforfatter, Mikkjel Fønhus. De leste han for oss – Trollelgen, Der villmarka suser, Gaupe, Det skriker fra Kvervilljuvet, Tredalsmåren, Det raser i Haukefjellet, Eventyreren fra Skredalselvi – det var titler som ga ressonnans i en smågutt som var interessert i dyreliv, skog og mark.

Jeg var ofte syk på folkeskolen. Vinteren var en evig kamp

*Leif Thoengen inngøt respekt for sin brede kunnskap på et mangfold av fagområder. Han trengte ingen disiplin for å holde det stille i skolesalen. Røsås m.fl. 2010.*

mot kulde og væte, med påfølgende forkjølelser, halsbetennelser og ørebetennelser. Jeg pådro meg også de vanligste barnesykdommene – «krilla» - eller meslinger, kikhoste og falsk krupp. Noe av sykdommen var selvforskyldt. Lua skulle ikke være ned over øra. Kjekkest var det når den satt høyt på hodet, og var trukket helt ned til øyenbrynene foran. Det gikk ikke en eneste dag uten at jeg kom hjem våt og kald på føttene, da vi alltid vadet omkring i dypsnøen og fikk støvlettene fulle av snø. I storskolen trente vi mye løping i friminuttene – også om vinteren. Vi hadde ei løype, som var brøytet opp rundt fotballbana. Der løp vi 10 runder hvert friminutt, hele dagen. Siden jeg var våt på føttene, uansett, tok jeg av meg støvlettene og løp på snøføret i bare sokkene, for å bli enda raskere. 50 runder i snøen hver dag, i bare sokkelesten, virket sikkert ikke forebyggende mot forkjølelse og influensa. Men musklene var i kjempeform.....

Heldigvis levde jeg i ei tid da antibiotika var lett tilgjengelig. Enkelte leger var imidlertid – på et vitenskapelig grunnlag – fremdeles veldig nølende med å skrive resept på en kur, før de var helt sikre på at det var nødvendg. På det tidspunkt kunne infeksjonen være langt fremskreden og smertefull. Som i tidligere generasjoner hadde også vi «rett til» ei skje med tran – men varm tran som ikke var blitt oppbevart i kjøleskap

*Thoengen leste fra bøkene til Mikkjel Fønhus. IF.*

var om mulig enda verre enn kald tran. Og verst av alt – jeg måtte drikke tran hjemme. Endelig kom trana i form av piller – små, røde kuler som var forseglet inne i et kvadratisk stykke metallpapir. Da ble det enklere å få den ned med en svelg melk – men den ble også lettere å «miste» for de som ikke ville ha den.

Skolen førte en nådeløs kamp mot dårlig kosthold. Søtsaker i enhver form var bannlyst. Da jeg begynte i første klasse inneholdt den velse, halvmåneformede matdåsa mi av metall - med hodene av to kattunger på lokket - alltid grovbrød med brunost og hvitost. Melkeflaska var standard – og et mareritt hvis den ble knust. Melk er et utsøkt lim når den tørker, og det var mange boksider som ble ubrukbare. Enda verre var det når termosen med kakao ble knust. Ikke bare var det en kjempeskuffelse at det ikke ble noen kakao til maten. Den varme drikken var et like godt lim som melk – og brunfarget - og termosen var dyr å erstatte. Etter maten skulle det være noe å rense tennene med. Det ble anbefalt at vi bragte med oss ei gulrot, et eple eller lignende.

Mine foreldres generasjon – inkludert lærerne – var veldig opptatte av «frisk luft». Da ungene kom på skolen om morgenen kunne de ikke komme inn før klokka ringte – uansett hvor kaldt det var. De måtte være ute i «frisk luft» så lenge som mulig. Å være inne i friminuttet var utenkelig (bortsett fra når det ble brukt som disiplinær straff!) – vi måtte være ute så vi kunne få «frisk luft». Hver klasse hadde en valgt tillitsmann. Vervet gikk på omgang fra uke til uke. To av de viktigste oppgavene var å tørke av tavla, og å åpne vinduer i de ti minuttene pausa varte – for å få inn «frisk luft». Det gjaldt uansett temperaturen utendørs, og om vinteren tok det lang tid å varme opp det store klasserommet igjen neste time, med de langsomtvirkende radiatorene. Jeg fikk nesten inntrykk av at besettelsen med «frisk luft» kanskje kunne spores tilbake til de dager da medisinsk overtro dikterte at det var helbredende for tuberkuløse lunger å puste «frisk luft» på et eller annet kostbart høyfjellssanatorium. Det var tross alt bare to tiår siden effektive medisiner hadde blitt utviklet mot den sykdommen, som hadde tatt livet av 6-7000 nordmenn hvert år.

Fra første dag i småskolen kan jeg huske den spesielle lukta av kritt. Kritt var allestedsnærværende – på tavla, på hendene mine, på lærerens hender, på lærerens støvfrakk, som støv på gulvet, i den våte svampen – det var kritt hvor jeg enn snudde og vendte meg. Mest imponert var jeg over det fargede krittet – det hadde jeg aldri sett før jeg begynte på skolen. Blekk var et mareritt, da vi endelig begynte å praktisere skjønnskrift

*Formskrift med pennesplitt og blekk var et mareritt. FA.*

med penn. Det var umulig å få den rette mengde blekk i splitten. Enten skrev ikke pennen, eller den dumpet en stor dråpe blekk på arket. Da jeg skrev stiler hjemme, brukte jeg kulepenn. Det var ikke populært. «Skal det være tørrblekk igjen, nå?» skrev Thoengen i stilboka mi – med tørrblekkpennen sin........

Multiplikajsonstabellen måtte læres utenat – «på pugg» - helt opp til 10-gangen, som det het. Imidlertid ble vi ikke lært og eksaminert i hoderegning, slik som vanlig var 60 – 100 år tidligere. Det var enkelte måter å regne i hodet på, som jeg aldri forsto. Min bestefar, Torvald, regnet mye fortere i hodet enn jeg klarte på papiret. Hans svar var faktisk umiddelbare, det gikk så fort at det knapt så ut som om han tenkte før han svarte. Jeg kunne gi ham de største tall jeg kunne finne på, både å multiplisere og dividere, gjerne 5-sifrede med en tilfeldig kombinasjon av tall, og svaret kom momentant. Bare to ganger har jeg opplevd at andre kunne gjøre det samme. Den velkjente sportskommentatoren Per Jorsett kalkulerte umiddelbart rundetider og hvor mye en skøyteløper var foran eller etter et rundetidsskjema hver gang han passerte mållinja, og en kamerat av meg på universitetet, Eddie Westad, kunne

*Min bestefar Torvald, født 1895, regnet mye fortere i hodet enn jeg gjorde på papiret. FA.*

*Min venn Eddie Westad var raskere ute med rundetider og forhold til skjema enn Per Jorsett....... UF.*

gjøre nøyaktig det samme. Eddie var ute med rundetidene og plasseringa i forhold til skjemaet *før* Jorsett fikk sagt noe, da vi så skøyteløp på TV.

Vi regnet mye på tavla, gjerne oppgaver som vi hadde fått i hjemmeregning, som vi gikk gjennom på skolen. Lærernes oppfølging av elevenes læreprosess var uhyre samvittighetsfull, noe som jeg ikke finner på skolene der mine døtre går i dag. Oppgaver ble gitt, så tatt inn og rettet, og senere gjennomgått i timen. Så ble nye oppgaver gitt. Elevene kunne spørre om spesifikke ting i hver oppgave, eller læreren oppsøkte spesielle elever de hadde merket seg, som slet med problemer. Klassene kunne ha 25 elever, og retting av oppgaver i flere forskjellige fag fra flere forskjellige klasser måtte ha tatt mesteparten av tida fra lærerne forlot skolen nedlastet med stabler av bøker, til de møtte opp neste dag.

Hvis noen forbrøt seg mot skolens reglement var disiplinærprosessen typisk todelt. For mindre forseelser måtte vi sitte inne i friminuttet. For mer graverende forhold måtte vi sitte igjen etter skoletid. Det var den verste straffen, for den var

*Tavleregning i 4. klasse, våren 1964. Fv: Marit Sagen, Vigdis Sæternes, Anne Gram-Larsen. Liv Johansen og Anne Berit Sagen. Forfatterens hode er i forkant av bildet. Foran meg sitter Karin Ruud, og til venstre June Laila Aursland, datterdatter av feieren Helge Hovelsås og kona Jenny. Helges datter Jorunn var hjemme på besøk fra Amerika, og June Laila gikk i min klasse den våren. Røsås m.fl. 2010.*

umulig å skjule for foreldrene. De forventet nemlig at en kom hjem på et visst klokkeslett. Uansett hva disse forseelsene var, kan de ikke ha vært særlig minneverdige, for selvom jeg gikk gjennom prosessen kan jeg ikke huske noen av dem. Aktivitetene, som Jan Erik og jeg praktiserte på fritida ble gjerne karakterisert som «spillopper», og vi tok sikkert noen av dem med oss til skolen. Snøballkasting var strengt forbudt. Likevel husker jeg et ekspertmessig kast som feide pipa ut av munnen på skolestyreren, Asbjørn Skyrud, men der var jeg ikke involvert.

Mine foreldre gjorde det tidlig klart, at «å henge på Sveenshjørnet» var fullstendig uakseptabelt, og noe en ikke gjorde. Det var en uforanderlig lov gjennom hele folkeskolen, til de grader at da jeg hadde gått ut, føltes det nesten som om det fremdeles var ulovlig å sette seg på trappa der noen minutter.

*Mye av det vi drev på med ble ofte karakterisert som «spillopper». Her har jeg klatret til topps på Jan Erik. Bildet er tatt ca. 1965. Jan Erik Fosseidengen.*

Bakeriet virket som en magnet, med sine tyggegummier, iskrem, «lakrislisser», lakrissigaretter(!), «frøsine læskedrikker», saltpastiller og karameller. Det aller mest fristende, som Kirsten hadde utstilt, var ei kremkake formet som en banan og dekket av gul marsipan. Den kostet 5 kroner, og det hadde jeg aldri råd til. Da jeg var ferdig med folkeskolen kom jeg en dag tilbake med et femkronestykke ens ærend for å kjøpe den. Jeg bragte kaka hjem og satte den til livs i et eneste måltid.

Hjemveien, da vi gikk «rundt» om Kvernbakken og «Nerstadsvingen», var litt over 2.5 kilometer. Det var langt nok til å finne på mye rart. En dag balanserte jeg på rekkverket på den gamle Kvernbakkbrua, over hele damfossen (bilde side 707). Det er slikt som i ettertid virker dumdristig, men i ungdommen er selvtilliten ofte overdreven.

*Slik så karakterbøkene i grunnskolen ut. Namnås (1964-66) viste et nasjonalromantisk bilde med en blanding av bygd og by, lavland og fjell, industri og landbruk. Grue ungdomsskoles (1966 – 1970) hadde et nøytralt omslag. FA.*

*På Kalbakken bodde Erik Nerstad. Hjemmet ga opphav til navnet både på den lange, rette strekka på veien oppover mot Namnerudsgrenda – Nerstadstrekka, svingen huset lå i – Nerstadsvingen, og krysset mellom Monsrudveien og den gamle riksveien – Nerstadkrysset. I huset til venstre, tversover veien, bodde Reidar Sveen, pilene A, B og C indikerer henhodsvis hjemmet til Bjarne Kolstad (bygd av min far), Baksjøberg (Ole og Anna) og Linstad. Erik Nerstad hadde en sønn, som også het Erik. Siden sønnen ble kalt Vesle-Erik, ble faren naturlig nok kalt Gamle-Erik..... Anne Berit Sollien.*

Siden den niårige skolen med et tiende frivillig år hadde blitt innført da jeg gikk i grunnskolen, ble det til at jeg bare tilbragte 6 år på Namnå sentralskole. Overgangen til Kirkenær og det 7. året på ungdomsskolen ble derfor et uhøytidelig farvel med grunnskolen der jeg hadde trådt mine barnesko. Jeg bare forlot skolen med karakterboka i hånda, som ved begynnelsen av alle de tidligere sommerferiene – men denne gang kom jeg aldri tilbake.

## HØYTIDER

Av høytidene var det én, som skilte seg ut fra alle andre og det var Jula. Den gledet jeg meg alltid voldsomt til – kanskje enda mer enn til fødselsdagen min. Adventstida på folkeskolen var ei uendelig nedtelling til Jul. Vi lagde juledekorasjoner i formingstimene – korger, lenker osv. Pakkene kom i posten fra forskjellige retninger – ikke mange, men hver eneste av dem spente forventningsnivået ett hakk høyere. Hvis jeg var heldig, fikk jeg 5 presanger – de årlige, håndstrikkede laddene fra min mormor i Åbogen, som umiddelbart ble tatt i bruk, og den mest eksotiske presangen fra min bestefar i Trondheim – hva han nå enn hadde funnet på det året. Dessuten en fra mine foreldre, en fra Anne Berit og en fra Jan Erik. Det var en viss forskjell fra de 47 presangene, som kom seilende inn fra hele verden til min datter nesten 50 år senere, da hun var 5 år gammel – men på ingen måte mindre spennende.

*I formingstimene på folkeskolen laget vi julekorger. IF.*

Jeg verdsatte alle mine presanger veldig høyt. Hun ble lei av sine og sluttet å pakke opp etter nummer 40 – og lekte med papiret istedet.

Alt som ble brukt ved forberedelsene økte forventningene. Det var om å gjøre å velge riktig papir, med gode julemotiver på, og snøret var et kapittel for seg – brede, glinsende bånd i skinnende rødt, hvit og blått – og til slutt lappene. De var veldig viktige. Noen av de beste hadde Julenissen på, eller kanskje aller helst et gult julenék fylt med rødbrystede dompaper. Pakkene ble oppbevart i et skap i stua til Lille julaften. Jeg var stadig borti skapet og snudde, ristet og vendte på presangene. Hva kunne det være?

Kort skulle sendes og kort ble mottatt. Nostalgiske kort var de beste – de med hester med bjøller og sleder kjørt av folk med ulveskinnspelser, eller nisser som nøt julegrøten på låvebrua. Løpere ble satt opp på veggene i dagligstua og kjøkkenet. De hadde alle nissemotiver. Mellom de gammeldagse, 2-fags vinduene lagde min mor ruller av avispapir, som hun kledde med bomull og dekorerte med norske flagg. Stuegolvet ble

*Løperne på veggene hadde nissemotiver. IF.*

*Julekort fra 1959. FA.*

lakkert og kjøkkengolvet ble malt. Alt luktet nytt. Vi flyttet inventaret rundt omkring og «bodde» i ett rom mens golvene i de andre tørket.

Det var ikke Jul uten mye og god mat. Matauka startet tidlig, med ølbrygging og kakebaking. Ølet måtte være Tomtebrygg. Et år prøvde vi et annet merke, men var skjønt enige om at vi måtte gå tilbake til Tomtebrygg. Det var med sorg at jeg i voksen alder hørte at Tomten-fabrikken i Sandvika hadde lagt ned i 1990. Noe ved Jula var borte for godt. Akevitten måtte også velges med omhu – det ble helst Løitens Linie Aquavit. Det var noe eget ved å nippe til karvesmak, som hadde passert ekvator vuggende i sherrytønner– to ganger(!) - og å spise juleribbe uten akevitt var utenkelig.

Kakebakinga strakk seg over flere dager – goro, krumkaker, sandkaker, sandnøtter - men de jeg likte aller best var smultringene. Den kvelden de ble laget satt jeg på kjøkkenbenken og iakttok mens min mor slapp de flate hjullignende deigene

*Det var ikke Jul uten Tomtebrygg og Løitens Linie akevitt. IF.*

i den kokende smulten. De blåste opp, som ballonger – da var de klare til å trekkes opp igjen. Hun brukte sine tegneferdigheter til å skjære ut en stor grisefigur i den utkjevlede deigen på bordplata. Den gikk i kasserollen, og etter å ha blåst opp i den kokende smulten lignet den akkurat på en diger julegris. Den ble umiddelbart slaktet og spist.

For to av bakverkene måtte det spesialister til. Det var lefser og kransekake. Å bake lefser krevde en spesiell teknikk og lang erfaring, og i hele den store familien var det bare to lefsebakere – min bestemor Margit og min tante Åse. Åse hadde fått sin ilddåp som lefsebaker på nabogården Nord-Sagen. Da hun var 12 år hadde gårdkjerringa, Anna Sagen, fortalt henne og kusina Olga Bye at nå var det bare å sette igang og bake lefser, ulært eller ikke. Slik ble hun en selvlært ekspert i kunsten. Lefsetakka sto på «kjelleren», min bestefars snekkerverksted, som hadde grønnsakslager i kjelleren. Der lå poteter og gulrøtter i flishauger, som isolerte mot frost. Takka var vedfyrt og bakinga var en tidkrevende affære, som pågikk hele dagen. Var vi heldige, kunne vi svinge innom under lek eller skigåing og få ei smaksprøve.

Min tante Åse Sollien (Fosseidengen) ruller ut lefsedeigen.
Jan Erik Fosseidengen.

Åse fikk beskjed av Anna Sagen (th) om at det bare var å gå i gang og bake lefser. Her er Anna sammen med min bestemor Margit (tv) og Anna Thors (kona til skøyteløper Oskar Thors, s. 531). FA.

*Lefsetakka sto på «kjelleren». Det er lenge siden det ble bakt lefse der nå. Jan Erik Fosseidengen.*

Ville vi ha kransekake – og det ville vi - måtte vi vende oss til min tante Ingrid Sletten. Hun var familiens spesialist på kransekake og leverte til alle festlige høytideligheter, der den kaka var en del av bordoppdekningen. Hun lagde store, flotte, passelig myke kaker som jeg bare ventet på å få synke tennene inn i.

Noen av de mest spennende og skremmende kveldene under juleforberedelsene var da både vår egen julegris og de på nabogårdene skulle slaktes. Da kom min onkel Ivar Sollien med slaktemasker, salonggevær, et stort utvalg sylhvasse kniver, øks og sag. I de blekksvarte kveldene der et grelt lys fra ei stor lyspære skinte over scena rundt slaktebenken hørtes griser som hylte - langtrukne hyl som sluttet brått med et skarpt smell. Etterhvert som kjøttet ble båret inn – ekspertmessig oppdelt i de forskjellige stykker slik den, som skulle viderebehandle det foretrakk – var det så å gjøre alt klart for oppmaling.

*Min tante Ingrid Sollien (Sletten) var familiens kransekake-spesialist. FA.*

Turen gikk først til slakter Enger på Kirkenær. Så ble kjøttet bragt hjem til etterarbeid. Noe av det ble malt gjennom håndkvern på kjøkkenbenken og presset inn i rensede grisetarmer, som slakteren hadde ordnet med da han malte. Det ble medisterpølser og innmatpølser. Så ble det stekt kjøttkaker og medisterkaker. All kjøttmaten ble lagret på fryseriet på Namnå, som først ble utleid av Namnå Handelslag, senere av Hans Svarstad da han overtok lokalene til Handelslaget. De største boksene var såvidt jeg husker på 100 liter. Det krevde litt mer forberedelser å lage en kjøttmiddag på den tida – en kunne ikke bare ta maten rett ut av hjemmefryseren.

På skolen fortsatte forberedelsene med Lucia-opptreden, en forsmak på hva som skulle skje i selve Jula, nemlig den godt

*Lucia-opptreden på Namnå skole i desember 1961. Fv: Kari Sveen, Kari Vestli, Sissel Trangsrud, Bodil Madshus, Anne Birgit Nygaard, Randi Wenche Kolstad og sittende, Marit Sagen. Bodil Madshus NK-04.*

besøkte juletrefesten. Det var vanligvis snørik Jul. Vi sto på ski og akte kjelke og hadde ingen tanke for alt det harde ar-

*Bestefar Torvald spente Nansi foran plogen og brøytet veiene. FA.*

*Slik så det ut da bestefar Torvald brøytet veien etter et stort snøfall. IF.*

beidet, som det førte med seg for gårdsfolkene når snøen lavet ned. Bestefar Torvald spente gudbrandsdalshesten Nansi foran plogen og hun slet seg fram oppover Sagaveien, fra postkassene ved Monsrudveien helt opp til utgangstrappa vår. Der fikk hun belønning i form av en diger brødskalk.

Endelig kom Lille julaften. Da kunne juletreet hentes. Siden vi hadde levende tre kunne det ikke settes opp lenge før Jul. Det skulle stå, helst uten å felle for mange nåler, til Jula var over. Min far hadde sett seg ut et tre lang tid i forveien. Det ble hentet inn og satt i juletrefoten, som var en kjempemessig «knåtå» - en misdannelse på et tre, med ekstra fin utforming, som han hadde tatt vare på mange år tidligere Han lagde også ei «tugu», ei dørmatte av granbar, som var stukket og viklet inn i hverandre. Den var fin å få snøen av beksømskoa med, og ga enda mer inntrykk av at det var Jul. Ute i bjørkene hengte han opp juleneket, og Jula var perfekt hvis dompapene kom på besøk. Nå kunne dekorasjonene henges på treet – lenker, korger, ornamenter, norske flagg og ikke minst lys. Mine første minner om juletreet var at vi hadde klemmer som ble satt fast på greinene med levende lys. Det var brannfarlige saker, og det var ikke lenge før lysene ble elektriske. Så kunne pakkene legges under. Lille julaften var også tid for å ønske seg noe spesielt fra Nissen. Det skrev jeg på en papirlapp og la i mørket på utgangstrappa. Da jeg kom ut igjen senere hadde lappen på et eller annet mystisk vis forsvunnet......

Før Jul syklet det to bladselgere rundt til hver enkelt husstand og solgte magasiner. En av dem – Olaf Nymoen – ble av ungene veldig uerbødig kalt «Bladlusa», mens den andre het Falk Hansen. De solgte gjerne Familiens Jul, Mors Julenummer og Nordmannsforbundets Julehefte. Vi fikk også lov til å kjøpe store og dyre tegneseriehefter, som vi ikke leste resten av året. Det var Tarzan, Knoll og Tott, Blondie, Snøfte Smith, Fiinbeck og Fia og 91 Stomperud. Stomperud bodde forøvrig i Sørum kommune, og ikke visste jeg i 1950-åra at det skulle også jeg gjøre, i begynnelsen av 1980-åra. Jula 1981 skjedde forøvrig noe svært uvanlig der nede, på Sørumsand. En julehilsen til min tante Åse ble sendt i posten – som kom fram til Jul i 2014, 33 år senere!

Julenissen bodde på Sagalåven, og han kom med pakker. Da han knakket på døra hilste jeg ham med skrekkblandet fryd –

*Min tante fikk en julehilsen fra meg i 2014 – 33 år for sent. Merk datostempelet, 18.12.81. Jan Erik Fosseidengen.*

*I 1960-årene leste vi Familiens Jul. FS.*

*Ungene leste Knoll og Tott og 91 Stomperud. FS.*

mest skrekk. Da jeg ble eldre fikk jeg vite at nissen het Øystein Bekkevold, og jeg kjente ham godt, men det bidro ikke til at minnet om hendelsen bleknet.

Endelig hadde Julekvelden kommet. Klokka hadde på en eller annen merkelig måte sakket på farten. Jeg kikket på den, og så ventet jeg ei laaaaaang stund med å kikke igjen – og fremdeles hadde det bare gått 5 minutter!? Ribba og pølsa surret i panna, og fylte rommet med ei herlig lukt av julemat. Jeg hørte på radioen mens jeg ventet – kalenderen skulle vise 1965 før fjernsynet gjorde sitt inntog i stua vår, og det var fremdeles lenge dit. Ute var det store snøfonner og kaldt – akkurat slik ei Jul skulle være. Maten var klar, og vi satte oss til bords. Mens vi spiste snek jeg noen godbiter til katta – det var tross alt Jul. Min far hadde sans for høytid – alt gikk stille og korrekt for seg, og etter at vi hadde spist noen minutter hevet han glasset for en høytidelig skål til alle rundt bordet : God Jul! Først da kunne vi konsentrere oss fullt og helt om å nyte måltidet. Desserten var multekrem, en delikatesse, som jeg bare spiste i Jula.

«Nå får vi vel vente ei stund til maten har sunket og slappe av litt, før vi åpner presanger», kom det fra bordenda der min far satt. Jeg stirret, som forstenet på ham. Vente? Ikke tale om. Jeg hadde ventet i uker allerede – nå var selv minuttene dyrebare! Smilet han sa det med fortalte at det var nok ikke alvorlig ment. Snart var pakkene båret fra treet til sofaen, og min far leste opp lapp etter lapp mens vi pakket opp ei og ei pakke. Lommelykt, bok, modellfly, racerbil og hjemmestrikkede ladder – som øyeblikkelig ble satt på føttene. Et perfekt utvalg av presanger.

Det var juletrefest på skolen. Den var godt besøkt – undervisningssalene ovenpå og sløydsalen i kjelleren var pakkfulle av foreldre og unger, og dansen gikk rundt juletreet så svetten drev:

> Til seters, til seters – der synker sola ned!
> Til seters, til seters - der synker sola ned!

Og skyggene blir så dunkle og lange,
fremad vi går med lystig sange –
en – to, en – to, så slår vi oss til ro!

Så gikk vi julebukk – og julebukker besøkte oss. Vrengte jakker og bukser og julenissemasker gjorde det vanskelig å gjenkjenne oss – og aldri gjenkjente jeg noen, som kom på besøk, enda det sikkert var mange av naboene. Det var en utbredt hobby å gjette på hvem det kunne være. De forskjellige bukkene ble pekt ut, og så ble det påstått hvem de var – i håp om å få en reaksjon. Det ble også fortalt morsomme historier av de som ble besøkt, om hvor de kunne komme fra – «denna har je sett oppi Brusætra, gett» - og lignende uttalelser for å få dem til å le, og dermed avsløre seg. Mye av poenget med å gå julebukk var selvfølgelig å få julegodterier – kaker, nøtter, fiken, dadler, sjokolade, marsipan, epler og appelsiner – og kanskje en liten dram med julevin fra de aller mest gavmilde.

Etter å ha spist og drukket til overmål hele Jula, utrettet så lite som mulig og tuslet fram og tilbake mellom Bekkelund og Haugli sammen med Jan Erik, kom endelig nyttårskvelden. Det var som en ny Julekveld uten pakker – overdådig måltid, hyggelig samvær med nær familie, og på tolvslaget: Godt nytt år!!

Det var bare en eneste annen høytid, som kunne måle seg med Jula, og det var 17. mai. 17. mai er vi så gla' i! Jeg gledet meg alltid, lang tid i forveien – store folkemengder på skolen, korpsmusikk, lange 17- maitog, iskrem, brus, pølse i lompe, sekkeløp, eggeløp, 60-meter....det var få anledninger, som kunne konkurrere med en slik festivitas.

Jeg deltok i alle leker på programmet, og etter en utmattende dag ble vi gjerne samlet til et «etterpåselskap» og spiste og drakk enda mer enn vi hadde gjort under feiringa på Namnå. Da spilte vi badminton, fotball og lekte forskjellige leker, og enden på visa var alltid at jeg endte opp med å gjøre nettopp det, som min mor hadde fortalt meg ikke kunne skje: De nye

*På 17. mai var vi kledd i vår fineste stas og viftet med flagg. Året er 1957, og bak (fv) ser vi Gerd Sollien og Karin, Karen og Sigurd Holter. Foran står Asbjørn, og Anne Holter. Jenta til høyre er Mariann Bekken. FA.*

*En av lekene på programmet var 60-meter. Her er (fv) Ingeborg Svarstad, Britt Thorsen, May Nygård, May Charlotte Gustavsen og Grethe Tveter ca.1966. Røsås m.fl. 2010.*

*Toget går nordover langs den gamle riksveien ca. 1965 og kommer ned Jonsebakken, i ferd med å passere under jernbanelinja. Helge Møllerud bærer fana, og en uoppmerksom Asbjørn kan sees ved pila. Ola Lilleåsen – NK – 04.*

*Slik kledte jentene seg den 17. mai 1960. Bak (fv): Else Marie Fosseidengen, Anne Berit Sollien og Britt Helen Moen. Foran: Ingvild Hytjanstorp. FA.*

*Etter feiringa møttes vi gjerne til en hyggelig sammenkomst - her er vi hos Steinar og Ingrid Berg i 1957, og vi ser døtrene Mariann (tv) og Inger Beathe. FA.*

skoene var oppskrubbet på overlæret av all fotballspillinga og jeg hadde grønske fra graset på begge knærne – noe som aldri kom ut i vask........

I 1930-årene var det vanlig at ungdommen samles på Granerud ved Namnsjøen 17. mai. Ragnar Nordli skrev et dikt, som uttrykker stemningen ved sjøen på disse helgedagene. Det diktet har jeg fått fra Marina Seigerud Moe.

### HYMNE TIL NAMNSJØEN I MAI

Namnsjøen, Grues perle,
hviler i storskogens favn.
Der synger lerker og erle,
der roper gjesser og ravn.

Og gjeddene lever i sivet
på mort som går rognstinn langs land.
Dette er døden og livet,
som alltid går hand i hand.

Abboren leiker på grunna,
padder og frosk holder fest.
Gauken galer langt unna,
på furumoen i vest.

Ja, gauken høres i det fjerne,
og der er en til, men i nord.
Hit, ja hit, drar jeg så gjerne,
det beste stedet på jord.

RANO

## BADING OG ULYKKER

Hva som gjør at barn er så opptatt av å plaske i vann er jeg ikke sikker på, men slik er det. Fra min tidligste barndom ville jeg bare være under vann. Vestmann var et populært badested, og der ville jeg sitte på sandbunnen mens vannet rakk meg over hodet, og stirre rundt meg med åpne øyne. Hvis min mor trakk meg opp, skrek jeg som besatt og ville under vannet igjen. Da mine foreldre gikk hjem, gråt jeg i protest hele veien gjennom Blekkvettskogen.

Det var fem forskjellige lokaliteter, som ble brukt som badeplasser. Ruudåa lå langs Ruudenga, sør for Sigurd Holters Persholen og rett overfor Møllerud. Der var det leireavsetninger på sørsida av åa, og mudder på nordsida. Likevel var det ei fin kulp å svømme, hoppe og stupe i og grasbakke til å ligge og sole seg på, sørover til bekken som kom ut av enga.

*Henry Sollien bader i Persholsåa ca. 1950. FA*

*«Det er gøy å bo på landet – især hos Sverre og Anne». Jeg tilbragte mye tid med Sverre, Karin (bak) og Anne Holter. Her er vi blant timotei i åbakken ved Persholsåa. FA.*

Persholsåa var en av de mest populære plassene. Den lå mellom gårdene Holter (Persholen) og Tuer, og ble av de som bodde på nordsida kalt Tueråa. I åbakken på nordsida lå Tuerbakken på vinterstid. Siden vi tilbragte mye tid med Sverre, Karin og Anne Holter om sommeren, var det naturlig at vi badet mye i Persholsåa – så mye at da vi kom hjem var skinnet på hender og føtter «skrukkete» av å være altfor mye i vann og kjevene klapret som kastanjetter fordi vi var så kalde. Det var to store, flate steinheller i ei bakevje på sørsida som vi kunne gå uti fra, og midt i åa var det en rund stein, som vi kalte «dukkarstein». Fra den dykket vi og samlet flaskekorker fra bunnen, som vi hadde kastet uti. Etterhvert lærte jeg meg å holde øynene åpne under vann, slik at jeg kunne se de glitrende korkene, og den som samlet flest korker vant.

Da vi oppholdt oss ved Persholsåa var vi litt mellom barken og veden – i hamninga til Sigurd løp hesten fritt, og på Tuersida gikk kuflokken. Begge var ofte innpåslitne og ville finne ut hva vi ungene drev på med og det ble sagt at kuene spiste klær hvis vi la dem fra oss, så det var vi forsiktige med. Da Sverre var med var hesten ikke noe problem – med klapping og rop sendte han den avgårde i vill galopp langs åa. Kvinnfolka fra Tuer kom ofte til åa for å vaske klær. Det var vanlig på den tida at åa ble brukt til både kroppsvask før helga, og klesvask i uka. Klærne ble båret til åa, vasket og/eller skylt grundig, bært tilbake og hengt på klessnora til tørk. Det gjorde også min mor før 1950.

Lengre oppover langs åa lå Vestmann. Navnet skulle komme av at en svenske ved navn Westmann druknet der. Plassen lå nedenfor sagarennet, og store mengder masse hadde blitt ført dit gjennom årene, fra fløting og vårflom. En stor grusrygg hadde samlet seg like ovafor, mens den finere sanda hadde blitt ført helt ned i lona og skapte fin bunn for oss, som badet. Det var dypest på nordsida, så jeg holdt meg langs «sølandet». Lona lå lunt til og vierkrattet sto kloss inntil på nordsida, som barskogen gjorde på sørsida. Det var nok en av grunnene til at stedet ikke ble så mye besøkt, som de andre – lufta var vanligvis svart av mygg. Like ovafor Vestmann, ved Haugset, var det vadested og en annen vaskeplass for klær.

Før fløtinga sluttet i 1965 var det om å gjøre å få dukket seg i åa før den tok til om våren. Gjennom mai måned hadde foreldrene nedlagt strengt forbud mot bading – flomvannet var iskaldt og tømmerstokkene farlige. Som så mange andre forbud var ikke det et, som Jan Erik og jeg overholdt særlig nøye. Vi sprang langs Vestmann hele dagen i Tarzanbukser og turnsko og var som fisker i vannet. Før vi returnerte hjem tok vi av oss bukser og sko og satt på stranda mens vi banket dem tørre mot en stokk. Slik ville ingen finne ut at vi hadde vært i vannet.

Den mest populære badeplassen var Heststupet, eller Hestjupet, bak gården Nord-Sagen. Det var også en kulp, som visstnok hadde blitt oppkalt etter ei drukningsulykke, i dette til-

*Asbjørn i Tarzanbukse i 1957. I bakgrunnen sees Blekkvettskogen. FA.*

fellet en hest. Hestjupet var en ideell badeplass fordi den hadde både sandgrunner for små unger på nordsida, var dyp over et stort område og hadde en ca. 4 meter dyp «høl» øverst, rett under strykene, der vi hadde stupebrett. Den var lettest tilgjengelig fra nordsida, da Feiervegen gikk bare et tjuetalls meter unna åløpet. Fra sørsida måtte vi gå over Nord-Sagen og gjennom kuhamninga. De fineste grasarealene lå imidlertid på sørsida, så de besøkende kom ofte over dit for å sole seg. På sørsida – hvis de ikke kom i badeutstyr – skiftet de badende i en fei bak busker og kratt før de kastet seg uti. På varme ettermiddager og i helgene var det et yrende bade-liv, og både Bjørn Tuer, som er 20 år eldre enn meg, og jeg telte i våre generasjoner opptil 50 badende samtidig. Fra ca. 1953 til 1957 hadde Anne Berit hver sommerferie besøk av sin kusine Aase «Aasemor» Johansen fra Bekkestua. Hun var datter

*Hestjupet i dag, sett fra plassen for stupebrettet. En del av det fine grasarealet kan fremdeles sees på den andre sida av åa. FA.*

av eldstebarnet på Sollien, Bergljot. De badet mye i Hestjupet – i onnene tok de seg til og med raske turer bortom mens arbeidsfolka hvilte middag midt på dagen, for så å komme tilbake da arbeidet tok fatt igjen.

I Hestjupet lærte jeg å svømme. Brystsvømming hadde jeg ikke noe tak på som 6-7-åring og heller ikke crawl, men jeg oppdaget at hvis jeg padlet, som en hund, og sparket fra med beina svømte jeg fint. «Eksamen» var å klare å svømme over åa, og når den var bestått «kunne» jeg svømme. Å klare å svømme var noe stort, og enhver som mestret det, følte som om han eller hun hadde tatt et markant skritt framover. Da vi ble eldre hadde vi ofte moro med smårollingene, som prøvde så godt de kunne. Mine kusiner Inger Marie og Torill Sollien – Ivars døtre – fortalte meg mens yngstedattera Jane hørte på at «nå svømmer a' Jane som et strykejern», hvoretter Jane nikket energisk og bekreftende og fastlo at det gjorde hun!

Vi fikk tak i gummislanger fra lastebilhjul, som vi blåste opp og brukte som kjempemessige «baderinger». I de kunne vi sitte og padle fram og tilbake over åa. Men mest av alt dykket

*Anne Berit hadde sommerbesøk av kusina Aase Marie Johansen fra Oslo fra ca. 1953 til 1957, og de badet mye i Hestjupet. Til høyre sees besteforeldrenes gård, Sollien. FA.*

vi. Det var ikke mye å se under vannflata i Hestjupet, men dykket gjorde vi, likevel. Vi hadde lest boka «Den tause verden» av Jacques Costeau, franskmannen som oppfant vannlunga, eller Scuba-utstyret, og det var en veldig fengslende fortelling. Et av problemene, som han og partnerne hans hadde, var at de ikke kunne få nok kaloririk mat til å drive eksperimentene sine. I Frankrike under og etter annen verdenskrig var det ikke mye kjøttmat å få tak i, og å oppholde seg i vann - å svømme og dykke - krevde enorme mengder kalorier på grunn av det fysiske arbeidet og å klare å holde kroppstemperaturen oppe. Jan Erik og jeg oppdaget det samme. Vi dykket vanligvis til vi var blåfrosne og tennene klapret som når vi var ute i snøen vinterstid. Så varmet vi oss opp ved å stå mellom to bål på stranda, før vi gikk uti igjen. Utover sommeren ble vi så tynne at når vi trakk pusten dypt, var alle ribbeina klart synlige, og vi hadde moro med å «spille gitar» på dem. Det førte til at vi ble kjent under nye navn - mitt navn var «Miggen» mens Jan Erik var «Blåtunn».

*Hestjupet var svært lenge en populær badeplass. Her ser vi (fv) Arvid Hytjanstorp, Helge Bekken og Ingrid Sollien (Sletten) foran, Torbjørg Sollien (Hytjanstorp) og Ivar Hytjanstorp bak, ca. 1951. FA.*

Ettersom vi ble eldre hadde vi mye moro med å hente opp forskjellige gjenstander fra bunnen – det var alltid noen som mistet et halskjede, en ring eller et annet smykke, som sank til bunns. Selvom det skjedde når vi ikke var der, var det ikke noe problem å finne smykkene neste gang vi badet – bunnen var oversiktlig og full av steiner, og strømmen ikke spesielt sterk. Det var en hard kjerne av dykkere i Hestjupet, som var kjent som «vassfisker» - foruten Jan Erik og jeg var det Roy Myrvang, Ove Holter, Frank Lindbergh og Knut Tony Johansen, men mange andre var også «mer under enn over vannet».

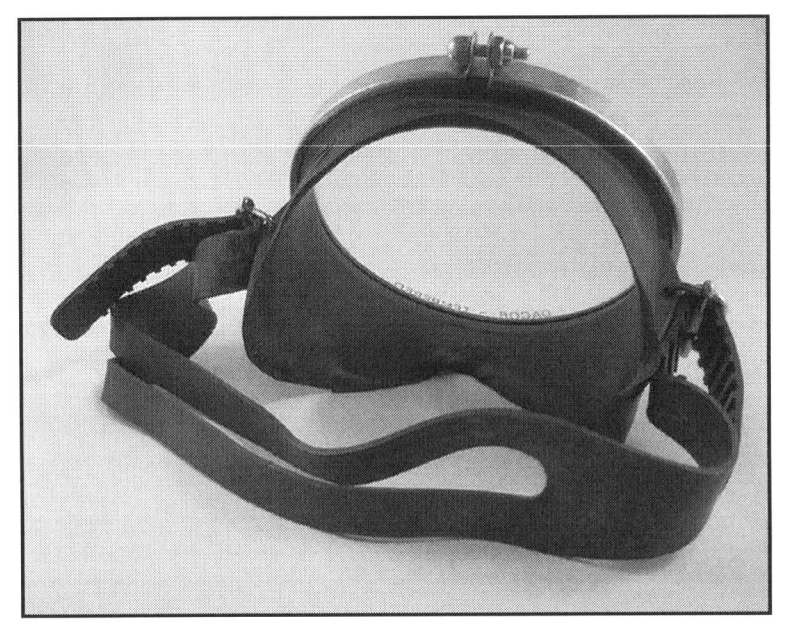

*Ei god dykkemaske, som vi brukte. IF.*

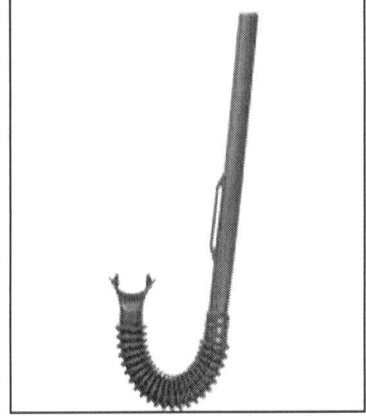

*Jeg hadde svømmeføtter, som var åpne bak og hadde stropper, og snorkel. IF.*

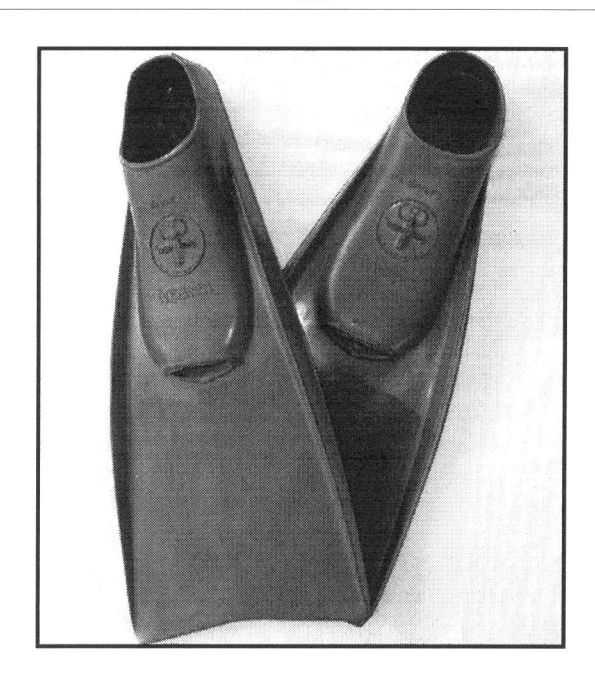

*Jan Erik hadde svømmeføtter med hel fot. IF.*

Det var en stor utfordring å stupe fra brettet, som var noe over 2.5 meter høyt. Først ble det å hoppe, men til slutt vågde jeg endelig å stupe. En ny milepel var passert. Den beste stuperen var Gunnar Rismoen, som gikk bort i 2014. Brettet hadde god svikt og Gunnar tok løpefart, hoppet til værs og landet på enda av brettet for å få skikkelig tilslag på hoppet. Han spratt opp i lufta, foldet overkroppen ned mot de rette beina, som en profesjonell stuper, strakte så beina lynrapt opp og forsvant i den dype hølen. Brettet begynte imidlertid å dra på årene, og kunne bare ta en begrenset mengde av Gunnars akrobatikk. En dag tok han fart, hoppet til, landet på enda av brettet – og det knakk som om det var laget av fyrstikker. En haug med planker og en overrasket Gunnar tok vannflata så spruten sto. Slik hadde det seg at vi fikk nytt stupebrett.

En kikk i dagboka forteller litt om hvor ofte vi var i Hestjupet i 1968. Den 4. juni badet jeg for andre gang det året, og en tilleggskommentar sier: «Kaldt». Så følger: 10., 11. og 12 – badet. 14., 15., 16. og 17 - badet – og enda en kommentar: «Bader nå to ganger hver dag». Jeg hadde også blitt mer fornuftig enn før når det gjaldt å beskytte meg mot sola, og brukte

*Gunnar Rismoen var den aller beste stuperen. FA.*

«solbadoljer». De hadde ikke beskyttelsesfaktor på 50, som de vi ser i dag, men var likevel bedre enn Nivea, som var det eneste vi hadde i 1950-åra. Som smågutt sprang jeg i bare Tarzanbuksa dagen lang – melanoma var et ukjent begrep og solskinn var bare godt for deg. Niveaen kunne bare holde stand ei lita stund, og at ansiktet og skuldrene flasset og ble røde og hudløse var noe som naturlig fulgte med sommeren. Plaster over nesa var standard behandling. Jeg våknet gråtende midt på natta med ei ryggtavle så stiv som papp, som føltes som om den var i brann. Da var det tid for vaselin, som smurtes inn slik at jeg kunne få sove igjen.

På sørsida av åa var det to kjempestore steiner, som vi sto på før vi gikk uti vannet. Under dykking den 17. juni fant Jan Erik en musling like ovafor de steinene, rett overfor stupebrettet. Den var 5-6 centimeter lang, og sett på bakgrunn av ferskvannsmuslingenes utbredelse i Norge var det mest sannsynlig en elvemusling (elveperlemusling, *Margaritafera*

*Jan Erik fant en musling lengst øst i Hestjupet, rett overfor stupebrettet. Tegning laget den 17. juni 1968. FA.*

*margaritafera*). Det var den eneste muslingen vi fant i Namnåa.

Imidlertid var det annet dyreliv som dukket opp, som ikke alltid var like velkomment. Noen ganger så vi ei igle, som kom svømmende gjennom vannet, og passet oss for å komme i dens vei. Det ble fortalt historier om at igler hadde sugd seg fast på intetanende badere, og at en måtte holde brennende fyrstikker under dem for å få dem til å slippe. Vi trodde at iglene var Blodigler, eller Legeigler, *Hirudo medicinalis.* De finnes i næringsrike vann langs kysten, og det er usikkert om den er en norsk art, eller om den har blitt satt ut av mennesker på grunn av sin anvendelse i gammel legevitenskap. Igla vi så var nok heller Hesteigla, *Haemopis sanguisuga,* som er til forveksling lik Blodigla. Antagelig var vår frykt ubegrunnet, og historiene uten sannhetsgehalt, for hesteigla har ikke kjever som er sterke nok til å bite gjennom pattedyrhud.

*Iglene, som besøkte oss da vi badet var sannsynligvis uskyldige hesteigler, og ikke blodigler. W.*

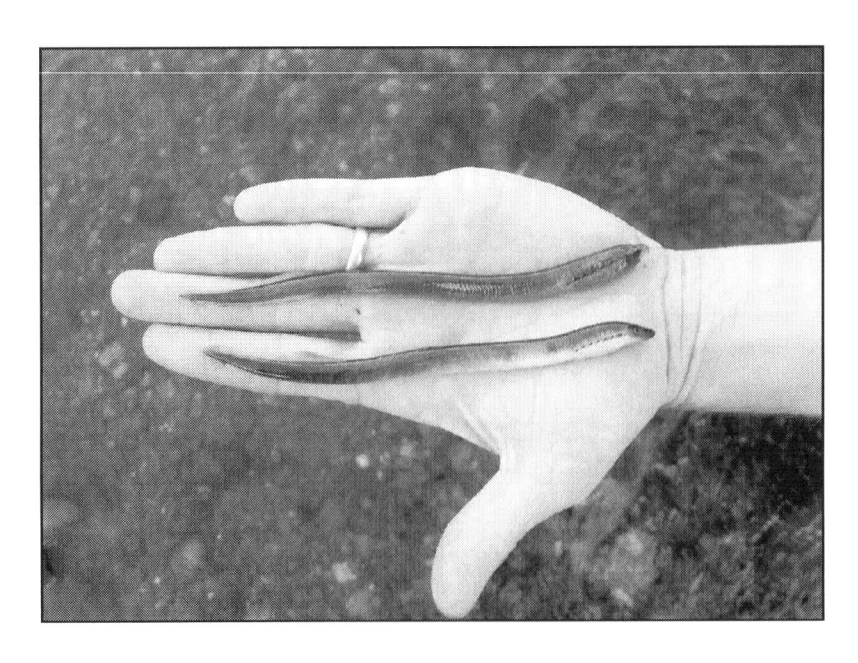

*Bekkeniøyer – blindt larvestadium (øverst) og voksent individ. UF.*

Et annet dyr, som dukket opp inne på grunna og forsøkte å stikke seg vekk i sanda, var noe vi kalte «sandøle». Det var en pussig skapning, som lignet på en liten ål. Det eneste jeg visste om den, var at den tidligere hadde blitt satt på fiskekroker, som levende agn ved gjeddefiske. Senere skulle jeg lære at skapningen het Bekkeniøye. Bekkeniøyet har et blindt larvestadium, som ligger gjemt under jorda på bunnen i mer enn 6 år. Da kommer det kjønnsmodne individet ut, og lever opptil ni måneder uten å ta til seg næring mens det formerer seg og siden dør.

Annet dyreliv, som dukket opp over vannflata, var like uvelkomment som hesteigla var under vannflata. Det var de kjempemessige storkleggene, som gikk etter kuene i hamninga. Om det var Mørk kjempeklegg *Tabanus sudeticus* eller Kuklegg *T. bovinus* som besøkte oss ble aldri bestemt, til det løp vi for fort unna da de kom brummende gjennom lufta. Dessuten var det Regnkleggen - som vi kalte Gråmunk – som ga smertefulle stikk og var så raske at de var ytterst vanskelige å slå ihjel. Blindingene - som vi kalte Flekkefluer – var de aller mest plagsomme. Hvilken av de 7 norske artene av denne kleggen - *Chrysops sp.* – som stakk oss, visste vi ikke – men det var heller ikke nødvendig å vite. De forekom i større antall enn de andre kleggene, landet varsomt på huda uten at en merket det, og hadde svært smertefulle stikk. Kroppen var flat og læraktig, og et hardt slag med åpen hånd gjorde mest vondt for den som ble slått. Selv etter en fulltreffer fløy Flekkeflua uanfektet avgårde, som om ingenting hadde skjedd.

I 1969 gjentok det samme mønsteret seg med mye bading, og dagboka forteller at min skriftlig/muntlige eksamen i 9. klasse den 10. juni skulle bli i religionslære. Til det var min kommentar: «Slipper så godt som å lese. Bare ha fri, ligge i telt og bade».

Jan Erik skulle senere gjøre dykking til noe mer enn en hobby. Da han ble innkalt til militærtjeneste ble han lettdykker

*Mørk kjempeklegg kan bli opptil 2,5 cm lang. W.*

*Regnklegg - eller Gråmunk - en pågående liten klegg med et smertefullt stikk. W.*

*Blindingen, eller Flekkeflua, var veldig vanskelig å slå ihjel. Etter å ha truffet den med et solid slag med flat hånd, som kunne etterlate blåmerker på huda, fløy den likevel avgårde som om ingenting hadde skjedd. W.*

i Marinen. Der gjennomgikk han et knallhardt treningsprogram, som blant annet inkluderte et 5 000-meter løp før frokost, og senere på dagen en svømmetur på 3000 meter i dykkerdrakt i vinterkaldt fjordvann utenfor Stavanger.......

Ved å gå ned en kjerrevei fra Monsrudveien ved huset til Karl og Jenny Haug, gjennom en teig med furuskog vi kalte «Hola» (Holen), kom vi ned til Namnåa i sørvestre hjørne av gården til Åsmund Nordli. Der hadde Henry Nordli «kokkhuset» sitt, hvor familien vasket klær og badet. Det er mulig at det var kulper lengre oppover langs åa, som var i bruk til bading, men ikke noen jeg kjente til i den tida jeg badet som mest.

Som nevnt var både Vestmann og Hestjupet ifølge historia oppkalt etter drukningsulykker. I Sagafossen skjedde det ei ulykke den 3. mai 1908. Det var den 11 år gamle Arne Eberhardsen – en eldre bror av Martin Høgbrenna – som skulle fra nordsida av åa over til Nord-Sagen, der han hadde slekt. Åa var nok flomstor og Arne skulle ta seg over på noen stokker,

*I «lunkent» vann på grunna i Hestjupet i august 1969. Fv: Asbjørn, Steinar Hytjanstorp, Kari Sletten og Gerd Sollien med hunden Peik. FA.*

*Kokkhuset til familien Henry Nordli. Her ble åa brukt til klesvask og bading. FA.*

*Henry Nordli benyttet åa til den kaldeste badinga, nemlig isbading. Her er det sønnen Rune, som kommer med øksa for å hogge hull på isen. Bildet er tatt ca 1953.FA.*

*Jenny Haug vasker klær i åa sammen med dattera Liv. Bildet er tatt ca. 1947. Liv Haug NK-05.*

*Sigurd Sæther var bare fire år gammel da han druknet ved Monsrudteppen i 1919. Fra venstre står Magnhild Bredesen, Gustava Bredesen, Borghild Bredesen, Martha Bye og Harald Bredesen. Foran står (fv) Magnus M. Berg og Ågot Bredesen. Marie Hytjanstorp – SSL.*

som var lagt ut som ei slags bru. Han må ha falt uti og ble senere funnet ovafor Vestmann.

I 1919 skjedde det enda ei ulykke, denne gang ved Kroken. Det var Sigurd Sæther, eneste sønn av Anton Sæther og Martha Bye, et ugift par som bodde på Monsrudteppen. Han var bare fire år gammel da han druknet.

Det var også veldig nær at Bjørn Tuer, forfatteren av «Bureising i Solør» og «Navnsjøboerne», ikke ville ha levd lenge nok til å skrive de bøkene. I 1939, da foreldrene hans drev bureisingsbruket Haugset 200 meter fra Namnåa ved krysset Smiholsvegen-Feiervegen, lekte han som femåring hjemme på tunet med to fireåringer. På tross av forbud mot å gå ned til åa kastet de seg på kjepphestene og galopperte nedover, til ei åpen råk der vannet bruste og skummet. Mens de moret seg med å kaste kongler og kvister uti strømvirvlene og se at de forsvant under isen, mistet Bjørn fotfestet og sklei uti råka.

Det var grunt nok til at han akkurat nådde bunnen med føttene før ansiktet forsvant under vannet, og han holdt imot den strie strømmen mens hendene klamret seg til iskanten. Uten sjanse til å komme seg opp ville han ha vært håpløst fortapt, om ikke tante Anna Tuer hadde fattet mistanke om at noe var på ferde, og i stormløp kommet over bakketoppen, nedover mot åa. Mens hun ropte at han skulle holde seg fast hoppet hun ut i råka og fikk fatt i håndleddet hans akkurat idet han mistet fotfestet og forsvant under isen.

Ti år senere ville Bjørn kontakte Carnegies heltefond slik at Anna kunne bli hedret med et armbåndsur - men det la Anna ned veto mot. Ikke var hun noen helt, og ikke trengte hun noe armbåndsur – vekkerklokka på kjøkkenhylla hadde store nok tall til at det ikke var nødvendig med noen annen klokke!

Det var også andre ulykker langs åa. Under lek på isen mellom Persholsåa og Ruudåa våren ca. 1954 falt min kusine Else Marie Fosseidengen gjennom, og ble trukket opp igjen av en flokk med redde unger. Så var det å gå den lange, kalde veien hjem til Bekkelund.

Min bestefar Torvald Sollien reddet lærer Gunnar Tanga fra drukningsdøden ved Kvernbakkdammen. Omstendighetene er uklare, men Tanga hadde falt gjennom isen i stuphølet på sen kveldstid og skrek om hjelp. Slik historia har blitt fortalt var Torvald sannsynligvis ved Hulali da han hørte ropene, og la på sprang nedover mot Namnåa. Han rakk frem i tide og fikk trukket Tanga opp av hullet i isen og inn på land. Som et synlig uttrykk for sin takknemlighet ga læreren min tante Åse Sollien (Fosseidengen) en sparegris, som fremdeles er i familiens eie.

Ved Namnsjøen var det mange badeplasser, både langs sjølandet og fra faste brygger eller flytebrygger, som hytteeierne hadde bygd. I Skulstadvika var det en fin badeplass med store arealer med sandgrunn, som strakk seg langt nordover i sjøen. Det var ei stor grasslette opp mot Rotnaveien – som da fulgte sjølandet - der vi solte oss. Etter fløtinga sluttet drev det inn

*Bjørn Tuer var på nippet til å drukne i Namnåa ved Haugset som 5-åring. Her er vi på finnetorpet Sollien sommeren 2007. FA.*

*Bjørns tante Anna Tuer ville ikke ha noen medalje fra Carnegies heltefond. Her er hun på Granerud ved Namnsjøen i 1928 (2 fh) sammen med broren Birger (th) og søskenparet Kolbjørn og Magnhild Vestli. Bjørn Tuer – SSL.*

store flytemyrer nordfra, som ingen brydde seg om å taue tilbake og forankre – det samme som skjedde ved dammen. I 1950-åra var det også populært å bade ved Lensefurua, selvom den plassen var mye mindre.

Den 14. januar 1967 holdt Jan Erik og jeg vår interesse for dykking levende over vinteren ved å holde et foredrag om emnet i klassa vår på ungdomsskolen. Samme sommer dykket vi i Namnsjøoset mellom dammen og Monsrudkollen. Da mine foreldre hadde hytte på Søderstrand hadde vi to eiker. Den ene av dem - som i 1967 var nærmest for et vrak å regne - hadde jeg fått lov til å overta. Planen var å «nate» den – å drive inn hver enkelt spiker med et dor - for så å tette sprekkene mellom plankene i skroget med hamp og deretter impregnere den. Det ble det ikke noe av, så vi tok den i bruk som den var.

Å gli ned gjennom vannet i sjøen var en interessant opplevelse. Vi fant ut at det var et knivskarpt temperaturskille mellom to sjikt. Mens overflatesjiktet ned til halvannen meter var

*Min kusine Else Marie Fosseidengen falt gjennom isen på Namnåa ca. 1954. FA.*

*Min bestefar Torvald Sollien reddet lærer Gunnar Tanga fra drukningsdøden ved Kvernbakkdammen. FA.*

*Som et uttrykk for sin takknemlighet ga Gunnar Tanga denne sparegrisen til hans datter, min tante Åse Sollien (Fosseidengen). Jan Erik Fosseidengen.*

*Bading ved Lensefurua i 1956. Bak (fv) Mariann Berg, Anne Berit og Gerd Sollien og Aase Marie Johansen. Foran (fv) Inger Beathe Berg, Asbjørn og Ove Holter. FA.*

godt temperert badevann, kunne vi stikke føttene ned i et sjikt nedenfor som føltes som isvann. Eika skapte problemer for oss i timevis, da den tok inn så mye vann at vi hele tida måtte ause med ei bøtte for å holde den flytende. Til slutt forsto vi at kampen vi kjempet var forgjeves. Eika ville ikke ta seg tilbake til land. Vi samlet sammen sakene våre og hoppet til sjøs idet den sank under oss. Der ligger den fremdeles, på bunnen et sted.

Da jeg gikk på ungdomsskolen (1966 – 1970) begynte det å utvikle seg et sterkt svømmemiljø der, siden vi hadde et av de få innendørsbassengene, som fantes i Hedmark. Det inspirerte nok til uvanlige svømmeprestasjoner, som kanskje ikke hadde blitt aktuelle, hvis vi ikke hadde befunnet oss i et slikt konkurransemiljø. Sommeren 1968 hadde Jan Erik funnet ut at han ville svømme over Namnsjøen – på det bredeste. Gunnar

*Inger Beathe og Asbjørn nyter badelivet ved Namnsjøen ca. 1962. På sjølandet i bakgrunnen kan Lensefurua skimtes. FA.*

A: Jan Erik Fosseidengen og Gunnar Jansen svømte over Namnsjøen sommeren 1968. B: Asbjørn svømte over sjøen samme år. C. Her druknet Asta «Gogo» Halvorsen. Bjørn Tuer – SSL.

Gunnar Jansen svømte over Namnsjøen på det bredeste, som 15-åring. Gunnar O. Jansen.

Jansen ville slå følge. Selv følte jeg ingen spesiell trang til å foreta det eksperimentet – jeg visste at det hadde blitt forsøkt før, med nesten katastrofalt resultat. Kari Berg, min mors frisørdame på Namnå, hadde gjort forsøket helt alene. Hun fikk krampe i ene beinet midtveis, men siden det var før 1965 drev det tømmer i sjøen. Hun fikk tak i en stokk og padlet seg til lands. Derfor gjorde vi det slik at jeg fulgte turen med båt. Hvis noe hendte, kunne de komme opp i den.

Etter å ha gått i vannet et sted på Namnsjøbråten (Den grønne sletta) la de ivei. De møtte ingen problemer underveis, og etter en lang svømmetur kunne de gå i land på den østre bredden. Senere svømte også jeg over sjøen, men jeg jukset og svømte over ved Skulstadvika – med svømmeføtter......

Det hadde også skjedd ulykker i Namnsjøboernes tid. I 1899 skjedde det ei, som nesten ble til to..... Jørgen Olsen forpaktet Namnsjønæbben fra ca. 1885. På en jakttur skjøt visstnok eldstesønnen hans, Ole, sin 11 år yngre bror Georg ved et vådeskudd. Jørgen ble veldig traumatisert av hendelsen og forsøkte å ta sitt eget liv ved å drukne seg i Namnsjøen. Det ble imidlertid avverget. Ole flyttet senere til Brandval, og skulle ikke bli forskånet for flere tragedier – han ble selv drept av skader fra et spark han fikk under hestetemming.

Noen år før familiene Berg og Sollien bygde hytta ved Namnsjøen skjedde det også ei tragisk ulykke ved Skansen, hytta som lå noen hundre meter nord for vår egen. Den tilhørte stasjonsmester Gunerius Halvorsen og kona hans, Gunvor, som var postmester Arnulf Hylins søster. Fra hytta ned til sjøen var det bygd ei steintrapp, som gikk helt ned til vannet. Ei ung jente, som het Asta – kalt Gogo – skled ifølge fortellinga på et såpestykke og falt, slo hodet mot et av trinnene og endte opp i vannet, hvor hun druknet.

## SAMKVEM OG REKREASJON

For 50 – 60 år sida var det mye mer samkvem og kommunikasjon fram og tilbake over Namnåa enn det er i dag. Det var bruer på åtte forskjellige steder langs vassdraget. I tillegg var det vadesteder, som ble brukt hyppig for å komme seg over til hverandre. Bruene var ofte påvirket av fløtinga ved at de kunne bli tatt av – eller iallfall ødelagt av – flommen og stokkene. Det var en strekning av åa mellom Kvernbakken og Heggerenga, som vi kalte Moafetta. Der var det ei bru, som tilsynelatende var konstruert bare for landbrukskjøretøy. Kvernbakkbrua går fremdeles over Kvernfossen der den gamle riksvegen passerer sør for tettstedet Namnå. Vegen ble lagt om og det ble bygd ny bru – den gamle brua gikk omtrent der sykkelstien går i dag. Den gamle brua tok opprinnelig all trafikken gjennom Namnå før den nye gjennomfartsveien (Rv 2) i 1967/68 ble lagt utenom Namnå sentrum, langs Glomma på vestsida av jernbanen.

*Kvernbakkbrua. Den gamle brua gikk omtrent der sykkelstien går. I bakgrunnen midt på bildet sees Namnå Bad, bygd i 1932, ombygd til bolighus.FA.*

*Henry Sollien med 19 måneder gamle Anne Berit på gangbrua over den flomdigre Persholsåa, under fløtinga 17. mai 1949. FA.*

Det var de små gangbruene, som var viktigst for beboerne langs åa. De gjorde det mulig å besøke hverandre til fots en lørdagskveld på den tida da folk ikke hadde bil og lettvint kunne kjøre veien om Namnå eller Monsruddammen. Ei av bruene lå bak gården Ruud, og gikk over til bredden like ved ullvarefabrikken. Det var den vi brukte da vi gikk til skolen eller på butikken, og Bjørn Tuer sier at han også brukte den rundt 1940. Den ble dratt på land under fløtinga, for det var nesten ingen klaring til vannflata. Den besto ganske enkelt av to grove stokker som var lagt ved sida av hverandre fra den ene bredden til den andre. På tvers av disse var det spikret planker relativt tett inntil hverandre, og den var smal nok til at det var et kunststykke å ta seg over med sykkelen ved sida av seg. Den brua brukte vi til jeg gikk ut av folkeskolen i 19-66, hva som skjedde med den senere er uvisst.

Videre var det ei som lå tversover lona nedafor Persholsåa, mellom Persholen og Tuer. Den ble også ødelagt av fløtinga, men gjenoppbygd flere ganger. Til slutt ble den ikke satt opp igjen, og det skjedde omtrent samtidig med at fløtinga sluttet, i 1965. Ved Haugset var det vadested. Der var det en kort strekning etter Sagarennet, men før den siste fossen ovafor Vestmann, som var veldig grunn. En kunne ta seg over nesten tørrskodd hvis det var lavvann. Det var kjerrevei fra Feiervegen like ned til åbredden på nordsida. Dette var en plass, hvor det også ble vasket og skylt klær.

Like nedafor Hestjupet ble det bygd ei god gangbru tidlig i 1960-åra. Den lå delvis på et fundament av stein, som ble plassert tvers over åa. Imidlertid var også den sterkt påvirket av fløtinga, og ble til slutt ikke gjenoppbygd. Vi brukte da fundamentet som «bro» og hoppet fra stein til stein tversover åløpet. Over Krokafløyta, fra Feiervegen til Kroken ved Monsrudteppen var det ei bro, som alltid ble tatt godt vare på og holdt vedlike.

Enda høyere opp, ved Nordahl – der feieren Helge Hovelsås bodde, som veien er oppkalt etter – var det også alltid bru. Som de andre var den påvirket av fløting og gjennomgikk

*Brua nedafor Hestjupet lå slik linjene på dette bildet indikerer. Hestjupet er bak fotografen. Ved lavvann om sommeren, på solblanke ettermiddager, lå vi på de to flate steinene midt på bildet og fisket ørekyt. FA.*

flere stadier av gjenoppbygging. Den var mye brukt av både syklister og fotgjengere, og for meg var den alltid et fast stoppested når jeg fisket gjedde. Fra den kunne jeg kaste oppover inn i den første lona i Thorsåa, og også nedstrøms mot Meiningen. I 2013 så brua fremdeles ut, som den gjorde 15 år tidligere, men den var overgrodd og bar preg av forfall.

Bruene og vadestedene ble brukt slik at beboerne kunne møtes til sosialt samvær i hjemmene på begge sider av åa, men det var også samvær ved selve åa og ved Namnsjøen. St. Hans var ei populær høytid med eggedosis og store bål. Like etter andre verdenskrig var det fremdeles rasjonering på matvarer, og egg var en ren luksus. Likevel ble det vispet eggedosis i sinkebøtter på Heggerenga under St. Hansfeiringa! Ved Namnsjøen foregikk festlighetene gjerne på Den gønne sletta, med stort bål, dans og trekkspillmusikk, og hytteeiere rundt sjøen hadde også sine egne bål. Frammøtet avtok etterhvert, og i midten av 1970-åra var det ikke lengre så mange som fant veien til sletta.

*Midlertidig bru over åa ved Nordahl (Hovelsås) i april 1974. Bildet er tatt fra nordsida. Jan Erik Fosseidengen.*

*Samme brua sett fra sørsida av åa. Veibanen på Feiervegen ligger der den hvite linja indikerer. Jan Erik Fosseidengen.*

*Brua etter at den ble gjenoppbygd. Slik så den ut i år 2000. Bildet er tatt fra nordsida. Bjørn Tuer - SSL*

Det var ikke alle som kom, som var like omgjengelige. En St. Hanskveld hadde postmesteren, Arnulf Hylin, bragt schæferhunden Sandy. Sandy begynte å dra på årene – visstnok gikk han i sitt 17. år - og han likte best å ligge flat på golvet ved sida av Arnulf da kundene ble ekspedert. Vi hadde streng beskjed om ikke å røre ham hvis han vandret rundt, for han var noe uberegnelig. Helge Møllerud hadde med seg elghunden sin, Doffen, en ilter fyr som ikke la fingrene imellom når den ville vise at den mente alvor. Doffen var innelukket i bilen, men hadde merket seg at Sandy var tilstede ved bålet, og verket etter å komme borttil. Da noen var en tur bort til bilen for å hente noe, benyttet Doffen sjansen og kastet seg ut. Det ble et voldsomt slagsmål mellom to hunder, som var utenfor all kontroll. Arnulf forsøkte å holde Sandy tilbake med lenken, som var et strupebånd. Schæferen – med strupebåndet strammet helt inn til nakkevirvlene – dro imidlertid mannen på knærne etter seg uten å ense ham. Det var vanskelig å merke at hunden var gammel – den ga minst like mye som den tok. Ingen kunne gå imellom de to av fare for å bli skambitt, så Helge kom løpende og gjorde det eneste mulige. Han tok elghunden på toa med et kjempespark, som kastet den

*Nordahl bru i juni 2013. Bildet er tatt fra sørsida av åa og veibanen på Feiervegen kan skimtes på toppen av det mørke partiet øverst på bildet. FA.*

nesten over bålet. Deretter grep han Doffen i ragget og løftet ham tilbake inn i bilen. Kampen var over. Jeg så aldri noen uoverensstemmelser mellom festdeltagerne som gikk på to bein, selvom det aldri var mangel på alkohol. Snarere tvert i mot.

Som smågutt tilbragte jeg mange helger ved Namnsjøen. I 1956 begynte Steinar Berg og min far å bygge hytte, på en høy odde med fin utsikt rett overfor Lensefurua, Eiendommen ble kalt Søderstrand, og navnet på hytta ble Hegerstein, en kombinasjon av de første bokstavene i navnene Henry, Gerd, Steinar og Ingrid. Materialene ble kjørt over isen på vinterstid, slik at bygginga kunne starte da våren kom. Det var svært få hytter ved Namnsjøen, og Hegerstein var den som lå lengst mot sørvest. Det var tre måter å komme dit på: Å ro over sjøen fra lensefurua, å ro oppover Namnsjøoset fra dammen, eller å gå skoglangs forbi Monsrudkollen. Vanligvis gikk vi skoglangs, og det var en fin tur på sommerstid da vinden suste i de store trekronene og småbølger kruset vannflata mens det luktet godt av blomster og furu.

Det var veiløst og bare to gamle stier fra dammen til hytta, en langs sjølandet og en over berghamrene. Vi måtte bære med oss alt vi skulle bruke på ryggen eller i hendene. Derfor var det begrenset hva vi kunne få med. Før vi hadde kjøkken måtte vi også bringe ferdig mat – smørbrød, gjerne hardkokte egg og den klassike spritflaska, som hadde blitt rengjort med flaskekost og nå gjorde tjeneste, som melkeflaske. Inger Beathe og jeg sprang gjennom barskogen mens vi lekte med maur og treborende billelarver, og fisket mens de voksne bygde hytte og laget mat. Hytta ble på 40 kvadratmeter og var symmetrisk inndelt med kjøkken og soverom med to doble køyesenger på hver side, og ei felles peisestue i midten. Det ble også laget ei brygge og to eiker slik at vi kunne komme oss ut på sjøen.

Det var populært med besøk på hytta, og de var gjerne gjengangere: Oskar og Dagny Rismoen, Asbjørn og Esther Sørensen, Reidar og Solveig Sollien og Asbjørn og Hjørdis Myr-

*Materialene til Hegerstein ble kjørt fram over isen om vinteren. Stående bak (fv) Henry og Gerd Sollien, Ingrid og Steinar Berg. Midterste rekke (fv) Mariann Berg, Anne Berit Sollien, Karin Holter og Astrid Sørensen. Foran Asbjørn og Inger Beathe Berg. Bildet er tatt i 1956. FA.*

vang. For meg var det en pussig kuriositet da alle var samlet – det var Asbjørn, Asbjørn og Asbjørn. Myrvang hadde ei bittelita hytte på Namnsjønæbben, og den eneste husbåten på sjøen. Kahytta på husbåten var omtrent like stor som hytta på land. Den hadde et reisverk av tre med vegger av huntonit, som var malt. Det var alltid litt av et syn, da den kom tøffende sørover sjøen, og vi syns det var veldig moro å kjøre husbåt. En annen original båt, som vi ofte så, kom glidende fra den gamle sagtomta ved dammen, nordover i retning av Nils-Henriksholmen. Arnulf Hylin hadde den eneste kajakken på sjøen, og vi kunne se årene heve og senke seg rytmisk der han forsvant bak odden, som stakk ut sør for Skansen, hytta til Gunerius og Gunvor Halvorsen.

Det var veldig fredfylt ved Namnsjøen i 1950-åra – å se en bil komme langs det østre sjølandet var en sjeldenhet, og noe å

*Hytta ble brukt mye på sommerstid, men aldri om vinteren. Her ser vi (fv)Mariann og Inger Beathe Berg, Oskar Rismoen som var på besøk, Henry Sollien, Steinar Berg og Gerd Sollien, med Asbjørn vendt mot kamera. Bildet er tatt i 1958. FA.*

*Namnsjønæbben – ved den hvite pila lå hytta og husbåten til Asbjørn Myrvang, et femtitalls meter lengre borte tok Jan Erik sin største gjedde på 65 cm, og min far skjøt den første orrhanen jeg så, ut av en bjørketopp. Pila i bakgrunnen viser til Sveenshytta i Skulstadvika. FA.*

Vi syklet til Namnsjøen våren 1956 for å arbeide på hytta. Merk sykkelveska på benken, kakeboksen for brødskiver og kaker, termos og melkeflasker på bordet. Gerd Sollien (tv), Ingrid og Inger Beathe Berg (foran). I bakgrunnen Steinar Berg. FA.

Inger Beathe og Asbjørn i ei av eikene sommeren 1956. FA.

*Hegerstein under bygging. FA.*

*Hegerstein 50 år senere, i 2005. Merk forandringa i skogen. FA.*

kikke på idet den passerte. Når folk fisket fra båt var det så stille at jeg kunne høre stemmene tversover vannet fra Lensefurua, hvinet fra Ambassadeursnella og et forsiktig «plopp» da sluken tok vannet. Inne i hytta var belysningen bare paraffinlamper, og da de hyggelige sammenkomstene varte til uti de små timer og jeg gikk ut for å ta en rask tur bak veggen i stupmørket, hadde jeg definitivt følelsen av å være vekk fra sivilisasjonen, selvom den ikke var langt unna. Jeg likte å overnatte i det mørke soverommet og vite at skogen var rett utenfor veggene, og det var spennende å sovne og våkne opp på et helt annet sted enn hjemme.

Men det var ikke bare ved Namnsjøen det var høy stemning. I helgene møttes vi enten hos Asbjørn og Esther, Steinar og Ingrid eller Solveig og Reidar. Da gikk vi gjennom «Enga», som vi kalte Blekkvettskogen, og vadet over ved Haugset. På veien bortover, i dagslys, gikk det fint selvom vi bar både mat og drikke i hendene. Noe av drikket var kjøpt på vinmonopolet, annet var nok av en usikrere herkomst. På tilbakeveien, særlig om høsten da det kunne være stupmørkt, var det en helt annen situasjon. Det ble våte føtter mange ganger, iallfall for de voksne, som bar oss unga på ryggen. Gjennom Blekkvettskogen var det så mørkt, at det var som å famle i blinde, til vi så lyset fra lampa over inngangsdøra hjemme.

Sammenkomstene var alltid preget av godt humør, mye moro, høy latter, god mat og drikke, kortspill, musikk, sang og dans. Både Min far, Reidar og Steinar hadde gode stemmer, og likte å synge. Høyt. Snart dro min mor ivei på trekkspillet og da var det nesten så taket løftet seg av Måkeskjærsvalsen, Under den hvite bro, Tango for to, Robåt til Kina, En liten, gyllen ring, Det var på Capri, Nøtterøvalsen, Jag har bott vid en landsväg, Tømmerkojevise, Tatervise og Jag ventar vid min mila. I de dager var det heller ingen, som hadde spesielle motforestillinger mot røyking, selvom min far sluttet bråtт etter et veddemål da han var omtrent 35 år gammel. På den tida røyket han South State, og røyken lå tykk under taket, fra både piper og sigaretter, mens Asbjørn Sørensen hadde en skikkelig pris med snus bak leppa. Vanen med å kjenne

*Hyggelig lag hos Steinar og Ingrid Berg i 1961. Fv: Ingrid (bare forkle!), Anbjørg (Berg) Holter, Bjarne Holter, Anne Lise Berg, Kåre Knudsen, Gerd Sollien, Henry Sollien (halvt skjult), Asbjørn Sørensen, Esther Sørensen, Torbjørn Berg, Astrid Knudsen og Reidar Sollien. Foran, med ansiktet bortvendt, Inger Beathe Berg. FA.*

lukta av sigarettrøyk i hyggelige lag førte til at jeg selv i dag forbinder den med gode minner fra barndommen. Etter mye sang, inntak av varme toddy'er og effekten av mange mennesker samlet i ett og samme rom, steg temperaturen betraktelig. Da hørtes gjerne kommentaren fra min far: «*Mein nå er de' værnt her gett, nå trur je vi får ta opp glase'*» - og da hørtes nok selskapet langt utover Tuermoen.

Maten, som ble servert, var alltid et av høydepunktene ved de hyggelige lagene. Det var store fat med smørbrød laget av hjemmebakt brød med pålegg av selvlagde produkter. Ingrid hadde mange forskjellige bærbusker i hagen, og slik fikk jeg derfor bærprodukter hos henne, som jeg ikke fikk andre steder – ripsbærgele og jordbær-, bringebær-, stikkelsbær- og solbærsyltetøy. I tillegg var det klassisk eggmat, med egg og tomat toppet med ansjos. Til kaffen var det bløtkaker fylt med syltetøy, som var dekorert med store mengder krem, i tillegg til mange forskjellige slags småkaker. Min mor var spesialist på å lage ei kake, som ble kalt Charlotte Russé – ei fromasjkake med overflate av swissroll gjennomdynket med fruktjuice, fylt med krem og fruktcocktail. Den overlevde sjelden selskapet. Etter midnatt ble det servert nattmat, og tradisjonelt var det ertesuppe og rundstykker med øl til.

Ingrid, Steinar, Gerd og Henry likte godt å spille wist. Ingrid Berg var den beste wistspilleren jeg har har sett. Hun var fullstendig fokusert på spillet, engasjerte seg ikke i konversasjonen med de andre tre og var tilsynelatende i sin egen verden, der bare spillet eksisterte. Hun voktet på hvert enkelt kort som ble lagt ned, hvem som la det ned og hvem som tok stikket. Da spillerne hadde igjen 3-4 kort hver kunne hun med

*Tradisjonelt var nattmaten ertesuppe og rundstykker med øl til. Fv: Henry Sollien, Bjarne Holter, Reidar Sollien og Kåre Knudsen. I bildets forkant: Esther Sørensen. FA.*

*Opplysningene på ei sigarettpakke i begynnelsen av 1960-åra var noe forskjellige fra de vi finner i dag. IF.*

*En røyk etter maten. Fv: Astrid Knudsen, min onkel Reidar og Esther Sørensen. FA.*

*Ingrid Berg var den beste wist-spilleren jeg har kjent. FA.*

*Asbjørn Sørensen tok feil av vadestedet ved Hestjupet........*
*FA.*

stor nøyaktighet fortelle hva hver enkelt satt igjen med, hvem som kom til å spille hva neste gang og hva påfølgende runde ville bringe av resultater. Det skulle være unødvendig å fortelle at den, som spilte med Ingrid, vanligvis spilte på det vinnende laget.

Sammenkomstene varte til den lyse morgen og da alle hadde spist, drukket, spilt og sunget seg fornøyde vendte de hjem for å ta fatt på ei ny arbeidsuke. Men det var nok ikke alltid at morgenene var lyse. Om høsten kunne nattemørket vare lenge, og etter ei festlig natt skulle mine foreldre følge Asbjørn og Esther Sørensen til vadestedet nedafor Hestjupet, for å forsikre seg om at de kom vel hjem. Det var stummende mørkt, og Asbjørn ble noe forvirret av vidjekrattet langs åa, men med trekkspillet på ryggen, som en ryggsekk, følte han seg sikker på at han hadde funnet vadestedet. Det hadde han ikke, men overbevist som han var, brøt han seg gjennom krattet og tok et langt skritt uti – på dypt vann – og mens han forsvant i åa med trekkspillet på ryggen, utbrøt han: «*Hér går vægen, kjærring!!*»

# TEATER, FILM OG MUSIKK

Nord for Namnå sentrum, ved fotballbana, lå Verdande. I min ungdom var en fest på Verdande nærmest en spøk – siden blikket var vendt mot framtida og mer moderne fasiliteter, ble fester der regnet for en tilbakevending til fortida. Fester skulle helst foregå på «Rådhusen», som min mor sa, det vil si i festsalen i Grue Rådhus. Verdande var gammelt og vanskelig å varme opp, og var det «sprættkalt» måtte en «stå oppå ommen». Imidlertid hadde Verdande en verdig historie, som aldri ble formidlet til min generasjon.

Verdande var ikke den bygningen i det hele tatt. Det var et ungdomslag. Verdande kom igang i 1899, som det siste av fire gamle ungdomslag i Grue, og en av grunnleggerne var igjen læreren ved Kvernbakken skole, Olav Madshus, sammen med huslæreren på Grøset, Martin Gran. Gran skulle senere bli Cand. philol. og undervisningsleder ved Norsk Korrespondanseskole i Oslo. Olav Madshus lagde fana for laget. Ungdomslaget hadde et kryptisk navn. Verdande - som egentlig uttales Værande, dvs nåtida - er ei av tre skjebnegudinner, eller såkalte norner. I eddadiktet Voluspå sitter de ved foten av verdenstreet, aska Yggdrasil. De vanner røttene til treet ved Urdebrønnen, midt i Åsagard, mens de vever livstrådene til mennesker og åser. Slik avgjør de hva som skal skje. Urd representerer fortida, Verdande nåtida og Skuld framtida. Laget hadde ei mildt sagt undulerende utvikling. Det gikk inn etter to år og lå nede i tre år, hvoretter Olav Eriksmoen ble formann. Det hadde en markant nedgang i aktivitet fra 1914 men kom seg igjen i 1922 – mens det i lange perioder stred mot påvirkning fra alkoholbruk, festing, utskeielser og og bråk.

Bygningen ble satt opp ca. 1910, under formannsperioden til Oliver Stemsrud. Etter 20 års fravær kom Olav Madshus tilbake, og etter at Åsmund Eriksen ble formann i 1922 ble det oppgangstider. Oskar Møllerud tok over, og han fikk bygd scene i huset og satt igang med skuespill. Etter at han trakk

*Martin Gran, som sammen med Olav Madshus tok initiativet til ungdomslaget Verdande. UF.*

*De tre nornene, som spinner livstrådene i Voluspå, Urd (tv), Verdande - som hadde inspirert navnet til ungdomslaget - og Skuld. Etter et maleri av John Melhuish Strudwick.*

seg kjempet laget igjen mot negative krefter inntil Arve Bekkevoll tok over og det ble lagt ned mye arbeid fra 1927 og ti år framover. Kamp for avholdssaken ble viktig, og det ble dessuten innøvd 3-4 skuespill i året. Skuespillerne reiste rundt på alle ungdomshusene i distriktet for å tjene penger til laget og det ble holdt foreldrefester, konfirmantfester, juletrefester, leikarringer og leselag. Ungdomslaget hadde studieringer i 5 år fra 1933 og idrettsplassen ble innkjøpt.

I 1938 var det tre hedersmedlemmer – Olav Madshus, Martin Gran og Gunnar Tanga. Ungdomslaget var innmeldt i Varden, og i den tida hadde det følgende formenn: Olav Madshus, Olav Eriksmoen, P. Dahl, Oliver Stemsrud, Harald Nordli, Gunnar Møllerud, Olav Stemsrud, Åsmund Eriksen, Konrad Rambøl, Oskar Møllerud, Arve Bekkevoll, Arne Arnesen, Mentz Moen, Kåre Knudsen, Harald Uggerud, Abraham Bergseth, Kåre Vold, Jenny Hylin, Magne Møllerud og Helge

*Verdandes forsamlingshus ble bygd under formannsperioden til Oliver Stemsrud (i midten), som var medlem av herredsstyret 1935-37. NK-05.*

*Verdande teatergruppe oppfører «Til seters» ca. 1935. Fv: Gunvor (Hylin) Halvorsen, Pål Sorknes, Alf Kamphaug, Kåre Dahl, Margrethe (Colbjørnsen) Østmoen, Arne Arnesen, norgesmester på 4x100 meter stafett Petter Nordby, Gunerius Halvorsen og Bjarne Sveen. John Arne Sveen.*

Møllerud.

Etter Andre verdenskrig gikk arbeidet igjen tungt, og det er fra denne tida mine egne opplysninger stammer, da mine foreldre gikk på fester og revyforestillinger. Da var det personer som jeg både kjente og så svært ofte, som sto bak, for eksempel Arnulf Hylin som bidro med sanger. Borgny Ruud (Viggen) kjenner til to vers fra ei vise som hennes far, Borge kunne da han var ung. Det er overveiende sannsynlig at den ble skrevet nettopp av Arnulf Hylin, og ut fra det som nevnes i teksta vet vi at den ble laget mellom 1932 og 1950. Namnå Badstu og Dampbad ble nemlig satt opp i 1932, og Grøsetmølla på Kvernbakken ble kjøpt av Borgnys bestefar Bernt Svenneby Ruud i 1950 og omgjort til mekanisk verksted.

På Namnå har vi spinneri du....
og bad og mølle har vi også, du.
Strykeorkester, det har vi her,
mens katter mjauer på Kirkenær.

På Kirkenær bor alle fine,
de har speilglass i husa sine.
Butikker har de av alle slag,
og går i silke hver enda dag.

Under revyforestillingene på Namnå underholdt min fars atletgruppe De tre Ikelos i pausene. De gjorde vanligvis sine akrobatiske øvelser på scena men for å lage noe, som de kalte en «pyramide», måtte de ned på golvet fremst i lokalet, da høyden på pyramiden ville ha fått min far, som sto i håndstående på toppen, til å sparke i taket på scena.

Den 30. november 1962 ble forestillingen «En glad gutt» framført i regi av speiderne. Senere sto bygningen til Verdande stort sett tom og ubrukt. Den begynte å bli veldig forfallen, og var vanskelig å varme opp om vinteren med bare vedfyring. Den var enkelte ganger brukt til religiøse møter, som for eksempel av sekta Maran Ata. Den ble også brukt som øvingslokale for lokale rock-grupper, blant andre ei som var drevet av Ove Holter (gitar) og Vidar Holt (trommer). I dagbøkene mine har jeg notert at jeg var på to fester – tilsynelatende med «boksemusikk» - det vil si discoteque, og ikke et band, som spilte på scena. Det var den 15. november 1969 og den 25. april 1970.

*De tre Ikelos – som her får hjelp av en fjerde, baker Andreas Sveen – idet de lager sin pyramide, som var for høy for scena på Verdande. Nederst Henry Nordli, som holder oppe Sveen, Kolbjørn K. Woll (tv) og Henry Sollien i håndstående på toppen. FA.*

*Speiderne satte opp «En glad gutt» på Verdande i 1962. Her ser vi Bodil Madshus, Sissel Trangsrud, Anne Birgith Nygaard, Kari Vestli, Britt Rismoen og Eldbjørg Svenneby. NK-04.*

*Fra «En glad gutt» i 1962 – Anne Sandnæs og Berit Øverby. NK-04.*

På den tida da mine foreldre besøkte Verdande ble det også brukt som kinosal, og spillefilmer ble leid inn for framvisning. Da jeg ble gammel nok til å gå på kino var det slutt med framvisningene på Verdande – jeg måtte reise til det nye Rådhusteateret på Kirkenær. Å se «levende film» var en sterk opplevelse i 1960. 7 år gammel satt jeg på min mors bagasjebærer en søndags kveld, da hun syklet nedover til Kirkenær – det var første gang jeg var på kino. Filmen som ble vist var «Hunden fra Texas» eller, som originalen het: Old Yeller. Det var filmatiseringen av Fred Gipsons berømte ungdomsfortelling med samme tittel om en smågutt i Texas, som i 1869 tar til seg en stor, gul omstreifende løshund og deres opplevelser der ute i villmarka. Den filmen satte varige spor i et guttesinn. Å gå på kino skulle bli en altoppslukende hobby i tenårene, og mellom 24. mars 1968 og 23. juni 1970 viser dagbøkene mine at jeg var på kinobesøk på Grue Rådhus 52 ganger.

I ei historie om oppveksten i Monsrud og på Namnå er det umulig å komme utenom musikken, og hvordan den påvirket det daglige liv. Innflytelsen, som lærer Olav Madshus hadde

*Bjørketrær har blitt plantet der Verdande engang sto. FA.*

*Rådhusteateret på Kirkenær. Her var jeg på kino 52 ganger mellom mars 1968 og juni 1970. FA.*

på musikklivet på Namnå ved bla.a. å starte flere sangkor er allerede nevnt under kapitlet om skoler. Norge er kjent som «musikk-korpsenes hjemland», og knapt noe sted i verden har det vært like mange korps pr. innbygger, som her. Allerede i 1933 startet Ivar Bergum - som var meget musikalsk og som jeg opplevde å ha som musikklærer - «speiderkorps» på Namnå. Det besto av Kåre Hansen, Kolbjørn Hytjanstorp, Olav Madshus (d.y., sønnesønn av lærer Olav Madshus), Henry Moen, Bjarne Mykkestue, Paul Sveen, Bjørn Uggerud og Peder Uggerud. Den første opptreden var i 17. mai-toget på Namnå i 1933.

Da jeg gikk på folkeskolen var sang og musikk noe som hørte med til dagens orden, både der og hjemme. Vi sang salmer, som vi kunne utenat, hver morgen før første time begynte, før vi spiste og som siste post på programmet før vi gikk hjem. Namnå skole holdt seg ikke bare ett, men to korps. Det var

*Asbjørn Madshus - et eksepsjonelt multitalent:*
*I friidrett sprang han 60-meteren på 7.0 sekunder, 100-meteren på 11.0 sekunder og 200- meteren på 23.1 sekunder. Han tok bronse i norgesmesterskapet for junior på 100 meter i 1948, flere kretsmesterskap i Glåmdal på sprintdistansene og ble fylkesmester i 1957. I tillegg vant han et juniorstevne på Elverum i en helt annen gren – kulestøt - med 12.65 meter. I vektløfting presterte han 112.5 kilo i støt, 282 kilo i kombinasjonen (rykk, press og støt), og han var en svært god turner som trente med den samme atletgruppa min far var medlem av, De tre Ikelos. Han skrev noter, arrangementer og spilte flere forskjellige instrumenter hvorav trekkspillet var hans spesialinstrument. Han var solist med Kringkastingsorkesteret under ledelse av dirigent Øyvind Berg, laget 164 innspillinger på trekkspill for NRK radio og var dirigent for Namnå skoles musikk-korps i 30 år, til 1987. Han skrev dessuten dikt og viser, blant andre Vise til Namnsjøen og Gruesangen og var en dreven tegner, som ble brukt til illustratør i mange trykksaker. Han var sønnesønn til et annet Namnå multitalent, nemlig lærer Olav Kristian Madshus.*

et for begynnere og et for de, som var noen år eldre og visste litt mer om hva de spilte. Særlig beundret jeg de eldre trommeslagerne, siden noen av dem var veldig flinke til å spille – spesielt Vidar Holt og Tor Sagerud - og det influerte da også hvilket instrument jeg selv ville spille da tida kom. Det ble «vesletromma», eller skarptromma.

Uniformene var et kapittel for seg – de var alle arvet fra eldre musikanter og måtte syes om hos skredder Renholtsen på Kirkenær. Det kunne ha gått to av meg i den jeg fikk utlevert, men lua passet, iallfall, og etter at buksene var sydd om var beina korte nok til at jeg klarte å gå. Den som underviste oss i alle instrumenter var den dyktige musiker og mangeårige korpsleder Asbjørn Madshus, som jeg også har omtalt i kapitlet om sommersport. Han drillet de første, enkle strofene på tromma inn i hodet mitt. Jeg var fremdeles for uerfaren til å foreta de lange, tette virvlene, som fosset fra Vidars og Tors trommer, så det ble – ifølge Asbjørns verbale eksempel: «Prrrrr, prrrrr, pipp-popp! Prrrrr, prrrrr pipp-popp!» - og så etterhvert oppslaget før marsjen startet.

Det skulle vise seg at min karriére som trommeslager ble relativt kort – i 1960 åra ville jeg spille rock- musikk. For det første var den temmelig ulik musikken vi spilte i skolekorpset, dessuten trengte jeg et trommesett, noe som var langt utenfor min økonomiske rekkevidde. Noen av korpsdeltagerne ble veldig gode musikere og slik rekrutterte korpsene musikere som, spilte i band rundt om i distriktet i mange år. Bandet, som gjorde seg mest bemerket, var Knut Halvards med Knut Halvard Lilleåsen, som leder. De spilte fra 1963 til 1968 og hadde spillejobber fra Oslo til Gudbrandsdalen. Det var omtrent de samme medlemmene som også utgjorde gruppa Starfighters. På Namnå Damp- og Badstubad ved Kvernbakkbrua var det også et band som trente. Det var Kjell Oles - bandet besto av Thor Trangsrud, Kjell Østmoen, Knut Bergsløkken og Ole Holter. I Verdande skalv veggene fra et fjerde band – og at de spilte rock, det var det ingen tvil om.

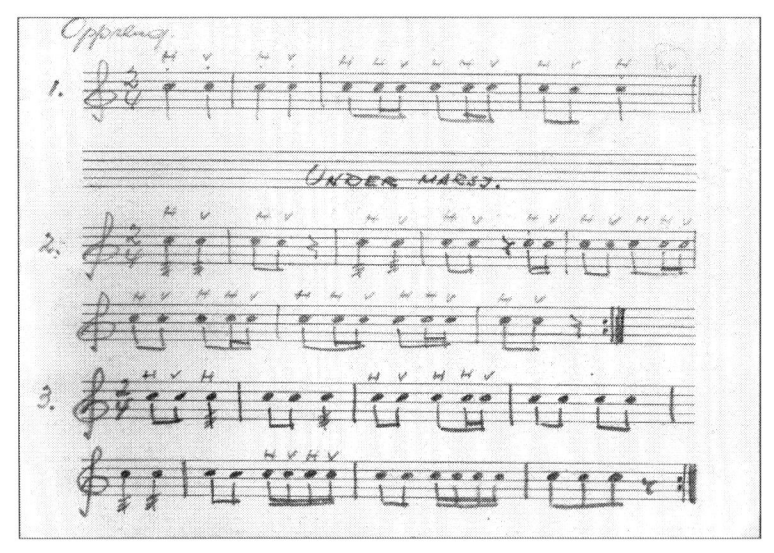

*Den første sida i trommeboka mi, som Asbjørn Madshus satte opp i 1963. FA.*

*De to skolekorpsene på Namnå ca. 1965, under ledelse av Asbjørn Madshus. De to forreste trommeslagerne er Vidar Holt (tv) og Tor Sagerud. Røsås m.fl. 2010.*

*Knut Halvards spiller avskjedskonserten på Kjellerlemmen ved Gunnarsrudsjøen 8. juni 1968. Bandet besto av Knut Halvard Lilleåsen på gitar (th), Bjarne Ibenholt på saxofon, Tor Sagerud på trommer og dessuten Ola Sagerud og Hans Otto Toverud. Tor Sagerud- NK-05.*

*Starfighters. Fv: Knut Halvard Lilleåsen, Tor og Per Sagerud, Hans Otto Toverud og Ola Sagerud. Bodil Madshus – NK-04.*

*Broom Wade spiller på Fram på Grinder. Fra venstre Øyvind Stueflaten på sin venstrehendte Gibson Les Paul, Bjørn Østmoen, Knut Bergsløkken og Kjell Opgård.Øyvind Stueflaten.*

Ove Holter spilte gitar og sang, og Vidar Holt spilte trommer – iallfall når basstromma hans hadde helt skinn, for det trampet han pedalen gjennom flere ganger.

I 1973 trente Broom Wade i annen etasje på den gamle stasjonsbygningen på jernbanestasjonen på Grinder. Øyvind Stueflatens far var stasjonsmester, så Øyvind hadde «leilighet» i gamlebygningen. Bandet besto av Øyvind på sologitar, Namnågutten Bjørn Østmoen på trommer – den samme Bjørn som scoret mål direkte fra corner i kapitlet om sommersport - Kjell Opgård fra Kirkenær på bass og enda en «Grindering», Knut Bergsløkken, som sang og spilte rytmegitar. Det var den samme Knut som tidligere spilte i «Kjell Oles» band på Namnå (side 741). Øyvind hadde forøvrig en spesiell gitar – en venstrehendt Gibson Les Paul, som han hadde sendt etter fra USA. Den kostet den nette sum av 6 900 kroner, som var en uhørt pris for en gitar på den tida.

Selv lærte jeg i ung alder å spille gitar, og etter daglig trening og hjelp av min søster Anne Berit ble jeg såpass selvhjulpen at jeg kunne spille enkle melodier og synge til. Mine foreldre hadde kjøpt en akustisk gitar, som jeg klimpret på, men jeg ville selvfølgelig spille elektrisk. Det ble mulig da min bestefar, Karl Ruud, skaffet Anne Berit en brukt, halvakustisk gitar, som vi ga 710 kroner for. Karl reiste til Trondheim i 1945 og åpnet musikkforretning. Der hadde jeg det alltid moro når jeg besøkte ham, da jeg fikk prøve alle gitarene, bassene, banjoene, tangentinstrumentene og trommesettene. I slutten av 1950-årene og 1960-årene lyttet vi til Radio Luxembourg – eller Lux, som vi kalte den – med alle stjernene der, som Elvis Presley, Cliff Richard, Pat Boone, Neil Sedaka, Ricky Nelson og Fabian. Anne Berits rom var tapetsert med bilder av filmstjerner og sangere, og selv hadde jeg ei stor kladdebok der jeg limte inn bilder av de samme.

I 1962 skjedde det en revolusjon i musikkindustrien, som skulle bli uløselig knyttet til en kulturrevolusjon blant ungdommen. Som 10-åring var det umulig å ikke bli trukket med i dragsuget – særlig siden jeg var så interessert i musikk. The Beatles eksploderte på verdensscena, og deres melodier var så forskjellige fra alt annet jeg hadde hørt, men likevel så fengende og engasjerende, at jeg øyeblikkelig ble grepet av bølgen. Mitt neste skritt var forutsigelig: Jeg skulle spille Beatlesmelodier. Trodde jeg. De var nok enkle å spille, for flinke musikere, som min bestefar, sa at de bare besto av tre grep – to i dur og ett i septim, og kanskje ett i moll i ny og ne, og absolutt ingen i forminsket – så det skulle være en smal sak. John Lennon og Paul McCartney ville det annerledes – og 17 førsteplasser på den britiske hit-lista de neste 6 år indikerte at

*The Beatles i 1963. Fv: John Lennon, Ringo Starr, Paul McCartney og George Harrison. UF.*

det var noe mer ved melodiene, enn bare «3 grep». Musikken, som rant ut av høyttaleren og som ga inntrykk av å være den enkleste i verden å spille, hadde de mest intrikate, bakvendte og opp-ned akkorder en kunne tenke seg. Det vare bare at The Beatles spilte dem så flytende, som fikk dem til å virke enkle.

Erkjennelsen av det faktum fikk interessen for å spille gitar til å kjølne betraktelig, selvom det ikke dempet lyttegleden og interessen for musikk og audio. Hvis jeg hadde holdt interessen oppe var det et godt musikkmiljø på skolen, og flere anledninger til å utvikle seg. Leif Thoengen, en av våre favoritter blant lærerne, hadde mange interesser – blant annet var han en habil trekkspiller og drev ei lita gruppe, som spilte forskjellige instrumenter. I tillegg var det ei anna gruppe på skolen, som spilte melodica, et instrument oppfunnet av Hohner i 1950-årene, som var populært da jeg gikk i grunnskolen. Men ikke noe av det apellerte. På avslutningsdagen før jul i 1965

*Kjell Oles. Fv: Thor Trangsrud, gitar, Kjell Østmoen, trekkspill, Knut Bergsløkken, gitar og Ole Holter, trommer. Thor Trangsrud – NK-05.*

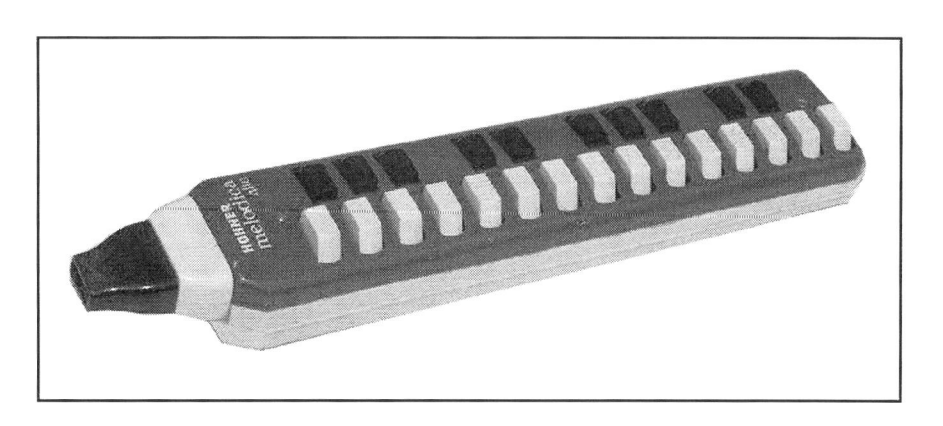

*Melodica var et instrument, som var populært mens jeg gikk i grunnskolen. W.*

*Thoengens musikkgruppe ca. 1964: Foran (fv) Unni Bjørklund og Liv Else Dahl. Midterste rekke (fv) Tone Søgård, Laila Østmoen, Sissel Trangsrud og Inger Marie Sollien. Bak (fv) Kjell Østmoen, Eldbjørg Svenneby, Leif Thoengen. NK-04.*

bragte jeg med meg den elektriske gitaren på skolen for å spille i klassen – deretter var det slutt.

Likevel var det mye musikalsk aktivitet innen familien. Min mors tvilling, Arne Ruud, hadde allerede i mange år vært anerkjent, som en av de beste trekkspillerne sammen med blant andre Rolf Lennart Legrem og vår korpsdirigent Asbjørn Madshus. Jeg hadde hørt Arne spille i NRK radio flere ganger, og da han kom på besøk fikk jeg aldri nok av å sitte rett foran ham og studere fingrene, som virvlet over tastaturet mens han spilte «El Cumbanchero» og «Humlens flukt». Arne hadde fått intens opplæring av min selvlærte bestefar Karl Ruud. Han kunne spille en melodi prikkfritt, rett fra notebladet, første gang han så den, noe han hadde bevist etter oppfordring fra et svensk underholdningsorkester ved en tilstelning på Kongsvinger festning.

*Melodica-spillere fra klassa mi, ca. 1964: Foran (fv): Marit Sagen, Anne Gram-Larsen og Anne Berit Sagen. Bak (fv): Liv Johansen, Marianne Søgård, Mari Huset og Vigdis Sæternes. Røsås m.fl. 2010.*

*Min onkel Arne Ruud var en av de beste trekkspillerne og spilte i NRK Radio flere ganger i 1950- og 1960-årene. Her er han sammen med faren Karl. FA.*

Karl var selv dreven som underholder – han spilte til dans i Glåmdalsdistriktet både før, under og etter Andre verdenskrig, og fortsatte etter at han bosatte seg i Trondheim. Han «hadde musikk i blodet» – min tippoldefar, smeden Peder Adam Gjevert, som innvandret til Grue Finnskog i 1857 og hadde aner tilbake til Holland på 1500-tallet, var kjent som en

*Arne fikk intens opplæring i klassisk trekkspillmusikk av sin far. Her har han skadet det som Karl var mest redd for, nemlig hånda si. Bildet er tatt ca.1940. FA.*

*Min bestefar, Karl Ruud, som var selvlært på trekkspill, var dattersønn av smeden og fiolinspilleren Peder Adam Gjevert fra Høybråten på Grue Finnskog. Han ga undervisning til ei jente, som ble Norgesmester to ganger og senere deltok i Nordisk mesterskap, EM og VM på trekkspill. FA.*

*Det var Sylvia Hildegunn Johansen, som i dag har sitt eget trekkspillensemble og har gitt ut trekkspillmusikk på CD.UF.*

god felespiller. Karl stemte også pianoer, og i slutten på 1940-åra var han den eneste pianostemmeren i Trøndelagsfylkene mellom Røros og Levanger. Han begynte å undervise elever, og etter 6 års opplæring med Karl ble en av dem Norgesmester på trekkspill, noe hun gjentok enda en gang, og senere deltok både i Nordisk mesterskap, EM og VM i trekkspill. Det var Sylvia Hildegunn Johansen, som i dag har sitt eget trekkspillensemble og har gitt ut mye trekkspillmusikk på både plate, kassett og CD.

Hjemme på Haugli var det to som spilte trekkspill, nemlig min mor og min søster. Anne Berit var forøvrig den eneste i familien, som kunne spille både trekkspill og gitar. Min mor var fullstendig selvlært, etter at hun som småjente pleide å dirke opp trekkspillkassa for å kunne ta ut trekkspillet og øve da resten av familien var borte. I 1958 – på tross av at hun ikke kunne skrive noter - begynte hun å komponere, og i løpet av de neste 12 år lagde hun et titalls melodier hvorav halvparten ble nedskrevet. Hun hadde ingen båndopptager på den tida, og spilte melodiene til hun kunne dem utenat.

*I 1958 begynte Gerd å komponere sine egne melodier. FA.*

*Min søster Anne Berit var den eneste i familien, som kunne spille både trekkspill og gitar. Her er hun i 1958, 11 år gammel. FA.*

I 1963 var det amatørkonkurranse på Kongsvinger. Gerd og Anne Berit meldte seg på for å spille en duett på trekkspill.

*Anne Berit og Gerd (nr. 4 og 6 fh) etter at de hadde blitt tatt ut til finalen i amatørkonkurransen i 1963. Glåmdalen.*

*Scena i Byparken i Kongsvinger, der finalen ble spilt. Fra et gammelt postkort.*

Det var en innledende forestilling på Vinger hotell der mange fikk prøve seg, og 6 skulle plukkes ut til en finale, som skulle gå i Byparken under «Kongsvinger-marken». Etter mye trening ble den første konkurransen vellykket gjennomført, og de ble tatt ut til å spille finalen. Da den var spilt, viste det seg at seieren hadde gått til en velkjent Finnskoging, nemlig Arve Granlund. Han fremførte en svært profesjonell tolkning av Åsta Holts «Porkkalafela» - og det mens han holdt den originale Porkkalafela i hendene! Gerd og Anne Berit tok 5. plassen.

Gerd fortsatte å komponere melodier, men det skulle gå 11 år før hun igjen forsøkte seg i en konkurranse. I 1974 sendte hun inn en av sine melodier til komponistkonkurransen på Finnskogdagene i Svullrya. Den vant hun, og hun var ikke snauere enn at hun gjentok bedriften da hun sendte inn melodier i 1976 og 1977. I 1989 ville et forlag i Trondheim utgi melodiene hennes i et notehefte. Beklageligvis slo selskapet seg konkurs før prosjektet ble gjennomført, og slik ble Gerds melodi-

**Gerd Sollien, Namnå vant melodikonkurransen**

Gerd Sollien, Namnå, ble vinner av melodikonkurransen som var utlyst i forbindelse med årets Finnskogdager. Melodien heter „Silja's polka". Nummer to ble Knut Mastad, Disenå, med „Søbråtavalsen", og nummer tre ble Rune Nilsson fra Årjäng med sin komposisjon „Den glada Värmlendingen" som også er en polka. Samtlige komponister er invitert til Finnskogdagene. Juryen har bestått av Henry Haagenrud, Rolf Lennart Legrem og Kjetil Skaslien.

Det hadde kommet inn i alt 22 melodier, 8 fra Värmland og 14 fra Hedmark. Vinnermelodien skal presenteres under Finnskogdagene, av fire forskjellige orkestre.

som utførte en musikalsk prestasjon etter at notearkene blåste sin veg under marsjen.
Vinneren ble intervjuet behørig av Wiger som også rakk en prat med artianeren Tone Greaker fra Trondheim, som har skrevet sin særoppgave om Finnskogens historie og fått stor heder for denne. Men så kom den

BILDET: Republikkens premierminister Einar Wiger intervjuer vinneren av komponistkonkurransen Gerd Sollien fra Namnå.

*Gerd blir intervjuet av Einar Wiger etter seieren i komponistkonkurransen på Finnskogdagene i 1976. Glåmdalen.*

De tre som kom til finalen i komponistkonkurransen. Fra venstre Emil Opaas, Gerd Sollien, hun vant konkurransen og Leif Fjeldbu.

*Gerd vant konkurransen igjen i 1977, her med de to andre finalistene, Emil Opaas (tv) og Leif Fjeldbu. Østlendingen.*

## UTGIR ALBUM

Namnå-damen Gerd Sollien venter i disse dager spent på utgivelsen av et album med seks av hennes komposisjoner. Namnå-damen har i alle år traktert trekkspillet på en fremragende måte, og hennes melodier betegnes som noe helt spesielt.

*MORO: — Det er virkelig moro at jeg får utgitt melodiene mine, smiler Gerd Sollien. (Foto: Erik Borg).*

*Gerd ble intervjuet i Østlendingen før den planlagte utgivelsen av noteheftet i 1989.*

er liggende upublisert. Etterhvert ble prosessen med å trykke hefter og bøker så forenklet, at i 2014 kunne notene endelig samles og utgis

Gerd var utrolig vidsynt når det gjaldt musikk, og viste en intens interesse når hun ble introdusert til forskjellige musikkretninger, som utviklet seg i min generasjon. Hun beundret den tekniske kompetansen hos musikere, og samspillet mellom dem, over alt annet. Blant de moderne jazzkomponistene likte hun spesielt den amerikanske klaviaturvirtuosen Chick Corea, som har dominert den nyskapende jazzrock-musikken de siste 40 år, og hans gitarist Al DiMeola. Hun satt kveld etter kveld og så på konsert etter konsert på DVD mens hun imponert kommenterte musikernes tekniske ferdigheter. En annen av hennes favoritter ble Carlos Santana, en gitarist som revolusjonerte rockmusikken ved å innføre et sterkt latinamerikansk element, som på et bakteppe av et stort og tett rytmeensemble og blåseinstrumenter, la en intens og fengende elektrisk bluesgitar.

Gerd hadde en veldig god sangstemme, som hun aldri brukte utenfor hjemmets fire vegger. Toneleiet lå såvidt jeg kunne bedømme i contralto – det vil si veldig høyt i registeret - og hun hadde en naturlig vibrato og improviserte mye og lett over populærmelodiene, som hun lyttet til i 1950- og 1960-åra.

*I 2014, 56 år etter at Gerds første melodi ble komponert, ble de nedskrevne endelig utgitt. FA.*

*Selv langt opp i syttiårene likte Gerd «å blåse støve' tur bæljen». FA.*

*Gerds tvillingbror Arne, som gikk bort i mars 2015, nærmet seg 80 år da han fremdeles uanstrengt raste raskt og presist gjennom de lange løpene i «El Cumbanchero». FA.*

*Return to Forever var gruppa som definerte retningen innen moderne jazz fra tidlig på 1970-tallet, hovedsaklig gjennom klaviaturinstrumentalisten Chick Corea (th) men også gjennom gitaristen Al DiMeola (tv). Dette fotografiet er fra den tidligste epoken, med bassvirtuosen Stanley Clarke (nr. 2 fh) og trommeslageren Lenny White. UF.*

*Armando Anthony «Chick» Corea har vært den moderne jazzens arkitekt de siste 40 år. W.*

*Al DiMeola – en av de mest kreative gitaristene det siste halvsekelet. UF.*

*Carlos Santana revolusjonerte rockmusikken med sine latinamerikanske rytmer. W.*

*To av Gerds Disneyfigurer. Hver av dem korresponder med ei tegning i bladet til venstre. FA.*

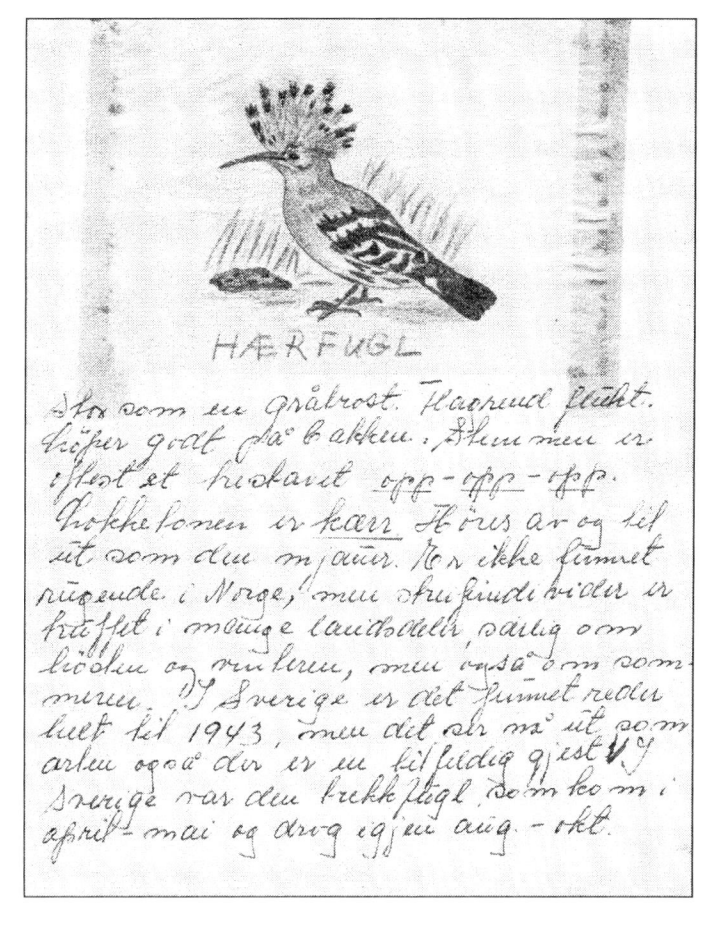

*Ei side fra Gerds fuglehåndbok fra 1958. FA.*

Gerd var ikke bare interessert i musikk, men likte også veldig godt å tegne. I slutten av 1950-åra, samtidig med at hun komponerte sin første melodi, tegnet hun mye. Hennes favorittmotiver var Disney-figurer og fugler, og foruten å forstørre opp tegningene i Donald Duck laget hun ei fuglehåndbok ved å bruke matpapir til å lage omrisset av hver enkelt fugl, og så tegne og fargelegge inn detaljene. Hun tok et korrespondansekurs i tegning, men den hobbyen kom mye i bakgrunnen for trekkspillmusikken, som alltid gikk som en rød tråd gjennom hennes tilværelse. Det var likevel en uforglemmelig opplevelse å sitte ved siden av henne, som 5-åring gjennom lange og mørke høstkvelder, og se Disneyfigurer og fugler trå fram på papiret i både form og farge, som var til forveksling lik de jeg kunne se i magasinene og bøkene.

# DEN ANDRE VERDENSKRIG

Selvom jeg var født bare 8 år etter krigens slutt, kunne den - når det gjaldt avstand bakover i tid - like gjerne ha vært den første verdenskrigen, som den andre. Ingen snakket om den, annet enn som et vondt minne om noe som skjedde for veldig lenge siden, men alle tidsrelaterte hendelser var delt inn i tre kategorier – før krigen, under krigen og etter krigen. Det var tydelig at den hadde laget ei dyp kløft mellom to epoker. Mitt inntrykk av tidsperspektivet, som rådet i mine foreldres generasjon ble formet av en spesiell setning, som jeg hørte veldig ofte: «Mein de' er snart kjugu år sea de'a gett», noe som betydde at det nærmest var nødvendig med arkeologiske utgravninger hvis noe var så langt inn i fortida. I dag virker selvfølgelig det som skjedde for 50 år sida, som om det var i forrige uke, og det som er 20 år sida skjedde i går.

Slik hadde det seg at da jeg begynte på skolen i 1960 var mitt forhold til Den andre verdenskrig stort sett komprimert til det jeg kunne lese om i tegneserier som «Kamp-serien» - en verden splittet mellom de gode, representert av engelskmenn og amerikanere, og de onde, representert av tyskere, italienere og japanere. Russerne var outsidere, som det var best å ikke bryne seg på. Siden de gode vant krigen, falt alt tilbake i det gamle gjenge og kunne glemmes – noe det virket som om alle hadde gjort. Det skulle ta mange år før jeg fikk inntrykk av hva som virkelig foregikk i Norge under krigen – selv i bygda der jeg bodde. Over tid samlet jeg opp drypp av informasjon, og fikk en sterkere følelse for hva som hadde hendt, men noen dypere forståelse for dynamikken i lokalsamfunnet ble det likevel ikke. Hendelsene under krigen var som en godt bevoktet hemmelighet, der noen hadde vært farlige nazister og andre gode jøssinger, men ikke noe en snakket om.

Den 9. april 1940 inntok tyske styrker Oslo, og startet øyeblikkelig jakten på kongen og regjeringen for å ta dem til fange. Det var ingen hemmelighet hvor de befant seg, ettersom

*Tyske sykkeltropper. IF.*

tyskerne kunne lese i morgenavisene at kongen og hans følge hadde unnsluppet til Hamar. Etter at den norske 1. Divisjon var nedkjempet i Østfold var det bare på tre lokaliteter det ble etablert forsvarsposisjoner for å stoppe den tyske framrykkinga nordover langs begge sider av Glomma. Først var det Infanteriregiment 5 – IR5 - som mobiliserte ved Elverum, samt ei mindre motstandsgruppe som ble organisert ved Kongsvinger. Noen av de tyske avdelingene – blant annet en sykkelskvadron - tok seg fram over brua ved Fetsund og videre via Sørumsand mot Blaker Skanse. Hjemmestyrker fra Sørum unnslapp nordover og etablerte seg sammen med andre frivillige ved Skarnes. Den 14. april ankom tyskerne og den norske enheten kjempet hele dagen den 15. mens den trakk seg tilbake mot Kongsvinger.

Et kompani på 131 mann, som besto av frivillige samt soldater fra den finske vinterkrigen, ankom fra Sverige under den svenske kapteinen Gösta Benckert. Han hadde hørt om den tyske invasjonen og marsjerte straks vestover fra Stockholm og inn i Norge. I kompaniet hadde han med seg blant andre den senere velkjente sabotøren Max Manus, og Leif Larsen, som under krigen skulle bli kjent som «Shetlands-Larsen». De ytet hard motstand mot de framrykkende tyskerne på formiddagen den 16. med to nesten ubrukbare kanoner på

*Max Manus (tv) og Shetlands-Larsen var medlemmer av styrken, som holdt stand mot tyskerne ved Vardeåsen fort, før de trakk seg tilbake nordover gjennom Solør. W.*

Vardeåsen fort (begge brukte samme sluttstykke), men trakk seg så etter ordre tilbake nordover.

Om ettermiddagen den 16. kom en improvisert bataljon under Major Ørnulf Rød sørover for å støtte styrken ved Kongsvinger, og etablerte seg på begge sider av Glomma ved Roverud. På vestsida presset tyskerne på nordover og sto om kvelden ved Kirkenær. På østsida, ved gårdene Rustad og Grøndalen, sto dagen etter en trefning, som antagelig var den aller hardeste og mest brutale under hele den tyske framrykkinga i Norge.

Allerede den 11. april hadde 10 år gamle Andreas Grøndahl på Nordre Rustad sett to tyske bombefly, som passerte i høyde med tretoppene i det fine vårværet. De fløy nordover langs Glomma og riksveien. Den såkalte Østerdalsgruppa under Oberst Fischer rykket nordover fra Kongsvinger om morgenen onsdag den 17. april. Fisher hadde 2 bataljoner fra Infanteriregiment 340, 1 bataljon fra IR 345, 2 bataljoner fra Artilleriregiment 233 samt et sambandskompani og et pionerkompani under sin kommando, tilsammen 2000 mann.

Klokka på Rustad hadde såvidt passert 7 om morgenen da Andreas hørte knitrende geværild og faren kom løpende inn mens han ropte: «Opp gutter! Vi er i krig!» Kaptein Magnus Vangerud fra Grue med et kompani hadde marsjert til fots i snøen sørover mot Kongsvinger, og var i ferd med å stoppe de avanserende tyskerne. Nordmennene hadde etterlatt kjøretøyene for at det skulle være lettere å ta seg fram. Vangerud hadde gått inn på gården til Gunvald Rustad for å låne telefonen, da det fullstendig uventet kom ei motorisert tysk fortropp bestående av Kompani 5 i Infanteriregiment 340 kjørende. Den tyske kolonna stoppet ikke før den første bilen sto inne i den norske stillingen. Overraskelsesmomentet på begge sider førte til en opphetet skuddveksling og bitre nærkamper der nåde verken ble gitt eller fått. De norske styrkene utraderte mannskapet på den første lastebilen – 38 soldater – og skjøt også de som falt såret av bilene og ned i grøfta på begge sider av veien. De etterfølgende 3 lastebilene kjørte av veien og tyskerne hoppet av mens de rettet en voldsom ild mot de norske forsvarerne med maskingær og en kanon. Nordmennene begynte å falle av den intense ilden.

Ei tysk tropp prøvde å omgå nordmennene ved å avansere mot Rustad – og gikk intetanende inn i ei dødsfelle. Nordmennene hadde opprettet en mitraljøsestilling ved foten av låvebrua på gården, meiet ned minst et dusin av de tyske soldatene og stakk dem ihjel med bajonetter. I løpet av noen minutter var halve kompaniet i fortroppen til det tyske regimentet IR 340 tilintetgjort.

Det norske forsvaret hadde like før 1940 blitt utstyrt med 612 nye Colt M/29 mitraljøser i kaliber 7.92 mm, bygd på lisens ved Kongsberg våpenfabrikk, i tillegg til de 1200, som de allerede hadde. Min onkel Ole Fosseidengen var en av mannskapet på ei mitraljøse i de innledende kampene mot de framrykkende tyskerne. Han var involvert i harde kamper der flere av soldatene rundt mitraljøsestillingen ble drept. Siden han, liksom de fleste andre ikke snakket om sine krigsopplevelser, er det usikkert om det var i trefningen ved Roverud

*Trefningen ved Rustad 17. april 1940. Sørum historielag.*

(han bodde i Brandval) eller om det var ved en annen anledning. Han ble senere sendt til Sverige for opplæring i de norske politistyrkene og var stasjonert i Narvik for å stabilisere forholdene i byen etter krigens slutt.

Etter den første trefningen fikk Kaptein Vangerud veltet de tyske bilene av veien og fortsatte sørover langs jernbanetraséen. Der støtte nordmennene på fiendtlige styrker som avanserte under dekning av bombekastere. Det kom til nærkamper hvoretter tyskerne avanserte i stormløp mot Grøndalen og Rustad og nordmennene – etter å ha gjennomført enda et angrep - trakk seg tilbake til Grue med et tap på 13 falne.

Under tyskernes framrykking ble familiene på Rustad satt under ild på lik linje med de norske forsvarsstyrkene. Det var 17 personer samlet i peisestua da et skudd traff peishatten og rev den i golvet. Et nytt skudd traff et bilde på veggen, som gikk i knas og falt ned. «Her kan vi ikke være!» skrek Andreas' far, og alle rømte ut av huset. Noen gjemte seg under trappa mens andre lå langflate langs den store tømmerbygningen. Da tyskerne rykket fram langs jernbanetraséen, ble det umulig å gjemme seg ved huset. Neste tilfluktssted var fjøset, der de gjemte seg bak fôrbrettet og innimellom dyra. Ilden fra hånd-

*To norske soldater bemanner ei vannavkjølt Colt M/29 mitraljøse under 2. verdenskrig. W.*

*Min onkel, Ole Fosseidengen, kjempet mot tyskernes framrykking i april 1940, som mannskap på ei mitraljøse. Her er han sammen med mine tanter Solveig (tv) og Randi Sollien. FA.*

våpnene hadde avtatt, men den tyske kanonen skjøt fremdeles. Plutselig gikk oksen, som sto nærmest veggen, i golvet og et skrik hørtes fra grisebingen.

Tyskerne sto nå på tunet, og tanta til Andreas gikk ut for å snakke med soldatene. Gårdshunden Tinka angrep inntrengerne mens den gjødde av full hals, og ble skutt ned med 3 pistolskudd. Tanta snakket med et tysk befal, som det viste seg var bare 17 år gammel. Den troppen trakk vekk mens en annen kom inn og overtok kommandoen på gården. Befalet i den nyankomne troppen var tilsynelatende fullstendig i ubalanse. Han hoiet og skrek og veivet rundt seg med en pistol. Da to menn segnet om truffet av norsk ild – en av dem var det 17 år gamle befalet - beordret offiseren alle inn i huset for å tenne på og brenne dem inne. Utenfor sto de tyske soldatene og pekte på huset med geværene. Imidlertid ble ordren anullert, men de tre voksne mennene ble stilt mot en murvegg for å skytes. Ordren ble først trukket tilbake, men så bestemte det tyske befalet at de igjen skulle stilles mot veggen for å skytes, denne gang sammen med den 17 år gamle gårdsgutten. For andre gang ble ordren anullert, men da offiseren oppdaget geværet til Andreas' far, som hang inne på veggen, fikk han det for seg at faren måtte ha skutt de tyske soldatene. Igjen ble han stilt mot veggen, og nå skulle han skytes med sitt eget gevær. Det ble ladet og gjort klart, men pånytt ble ordren trukket tilbake. Til slutt ble de fire mennene ført bort, mens resten av gårdsfolket fikk ordre om å gå ned til riksveien, for så å fortsette til Kongsvinger.

Andreas' storebror Kjell gikk i bare sokkelesten, og var gjennomvåt av snøslaps. Da de kom ned til den tyske lastebilkolonna ved riksveien grep en av de tyske soldatene fatt i ham og løftet ham opp på lasteplanet på en av bilene. Etter å ha dratt av Lars sokkene tørket tyskeren føttene hans med et teppe, satte på ham tørre sokker og et par støvler og løftet ham ned igjen. Med et klapp på skuldera sendte han ham så avgårde mot Kongsvinger. Mens de trasket sørover riksveien så de at både Rustad og nabogården sto i flammer. Totalt ble

*Nordre Rustad i 1960-årene. Ny låve ble bygd etter en brann i 1947. Grøndahl 2014.*

11 gårder stukket i brann. Tyskerne holdt de voksne mennene ei ukes tid før de ble gjenforent med familien.

Det offisielle tallet på tyskernes falne var 7, og tyske kilder opplyste at fortroppen var «fullstendig ødelagt». Imidlertid ble 38 talt allerede etter nordmennenes første salve. Andreas Grøndahl fortalte i tillegg at da de forlot Rustadgården nærmest «vasset» de i tyske lik, et resultat av mitraljøseilden fra foten av låvebrua. En lastebileier fra Roverud ble tvunget til å kjøre de falne til Roverud trevarefabrikk. Han mente å ha kjørt minst 60 lik, i tillegg ble et tyvetalls falne bragt inn av andre. Da alle de døde var samlet i bygningen, ble den stukket i brann, og tyskerne oppholdt seg der til bygningen var nesten nedbrent. Det ble videre gravlagt 6 soldater, samt at det ble funnet rester av mennesker på branntomta da den senere ble ryddet. Blant annet fant 10-åringen Andreas en støvel der foten fremdeles befant seg inni. I 2014 estimerte han antall falne tyskere til å være nærmere 100, heller enn de 50, som tidligere har vært antatt. I tillegg til de 13 falne nordmennene

*Minnebautaen over de falne norske soldatene ved Rustad. Halvor Noer/ Brandval Historielag.*

var det 17 sårede. Øyenvitneforklaring etter krigen fra Erna Borghagen Brunsell, som arbeidet i fjøset til Emil Rustad, har gjort det klart at det var minst 3-4 norske overløpere sammen med de tyske styrkene, som ga dem informasjon og instrukser under trefningen.

Min mor, som i 1940 var 13 år gammel, bodde like ved veien nord for Grinder Gård i et hus, som min bestefar Karl Ruud hadde satt opp 6 år tidligere. Hun fortalte at kanonskuddene, som ble avfyrt i trefningene med tyskerne, fikk vinduene i bygningen til å klirre. Det var mye aktivitet på veiene og i lufta av militærkjøretøyer og fly. Da de tyske soldatene avanserte nordover forbi Grinder brukte de en taktikk, som gikk ut på å la sivile gisler gå foran for ikke å bli påskutt av norske styrker. Det kunne ha blitt satt i verk, som et resultat av erfaringa de fikk med motstanden de møtte ved Rustad. Da trop-

*Min mor bodde like ved veien, der tyskerne passerte. FA.*

pene passerte hjemmet til Gerd hadde de to gisler, som gikk til fots foran kolonna, og det ble sagt at et av gislene ble skutt og drept da han grep ned i lommen for å trekke fram et lommetørkle. Siden han bodde bare et par skritt fra veien var Karl bekymret for at han kunne bli tatt, som nytt gissel, til bruk under framrykkinga. Det skulle imidlertid vise seg at den tyske hæravdelingen tok seg forbi Grinder uten at det skjedde.

Etter at den tyske krigsmaskinen hadde overhvelmet de norske forsvarsstyrkene, og de allierte hadde trukket seg ut, var Norge et okkupert land. I Grue gjorde okkupasjonsmakta Grøset til sitt hovedkvarter. Det ble fortalt at eieren, Tjostolv Falkner, sto rasende på trappa til hovedbygningen i sin fars, general Hakon B. Hansens, generaljakke med epåletter og ordener da tyskerne kom for å etablere seg der. Han ble deretter henvist til et rom i hovedbygningen. Resten av herregårdens våningshus ble brukt til rekreasjonshjem for spesielt utvalgte tyske frontsoldater, som hadde gjort seg fortjent til det.

*Karl var bekymret for å bli tyskernes gissel under framrykkinga. Her er grenseboerbeviset, som alle måtte ha øst for Glomma. FA.*

*Den tyske okkupasjonsmakta tok Grøset herregård til sitt hovedkvarter. Nanna Tangen/Gruetunet museum.*

*Tjostolf Falkner sto rasende på trappa iført sin fars generaljakke da tyskerne ankom. Sven R. Gjems.*

Noe av det jeg hørte mest om fra krigens dager var de dagligvarene, som lokalbefolkningen manglet. Det ga seg pussige utslag etter krigen, som interessant nok påvirket meg i matveien. Det min mor tilsynelatende mislikte mest var rasjoneringa av sukker. Hun kom aldri over at hun hadde «spist surt syltetøy i flere år». Resultatet var at da hun lagde tyttebærsyltetøy inneholdt det så mye sukker at det knaste i tennene da jeg spiste det. Ei krukke med syltetøy kunne holdes oppned uten at det rant ut – det var i fast form. Siden jeg også likte alt som var søtt hadde jeg ingenting imot det. Hun ble forøvrig sendt til Smea, mine oldeforeldres gård i Bergesida på Kirkenær, for å komme bort fra krigshandlingene. Der var det ifølge det hun fortalte ingen mangel på mat, og hun hadde mange gode minner om hva hun spiste. Besetningen i noen av fjøsene bortetter skulle også få merke mangelen på sukker. Kyra ble blant annet fôret med ei blanding av melasse og cellulose. Under krigen ble det etterhvert til at de bare fikk cellulosen å gumle på. Melassen ble brukt til å sette sats på, for å brenne sprit.

Ved utbruddet av 2. Verdenskrig i 1939 ble det opprettet et forsyningsdepartement i Norge. Den 9. april 1940 var det lagret forsyninger for ett års forbruk ved fullstendig isolasjon. I juli 1941 ble detaljhandelen med kjøtt rasjonert. I november samme år kom ordren om at forbrukerne måtte telle sine private potetbeholdninger, og i juni 1942 ble det rasjonering av tobakk. I august 1943 ble poteter rasjonert. Rasjoneringskort ble delt ut av forsyningsnemnda i hver enkelt kommune. Forhandlerne klippet merker av kortene og leverte dem for å få anvisninger på nye varer. Det var lite eller ingen import av kull og bensin ble bare brukt av de tyskerne, som var relativt høyt oppe i maktapparatet. Derfor ble skogressursene viktige som energikilde, da bilene gikk på knottfyrte gassgeneratorer. Knotten var små kubber av or og ask som var kuttet i lengder på 10 cm. Kaffe var også vanskelig eller umulig å få tak i, og flere forskjellige erstatninger ble oppfunnet. To av dem var forskjellige kornsorter – gjerne rug – eller erter, som ble stekt brune eller svarte i panne og deretter malt på kaffekvern. I ettertid var bedømmelsen av ertekaffen at den var brukbar som erstatning, men ikke ga noen kaffesmak. Rasjoneringa på visse varer var i effekt lenge etter krigen. I 1949 skrev Gerd i handleboka si at hun kjøpte en rasjon kjøtt den 3. september som kostet kr. 4.90, men det står ingenting om hvor mye den veide. I 1956 var det fremdeles sementrasjonering, og bureisere måtte ha anvisninger på den sementen de ville kjøpe. Under krigen vokste det naturlig nok også opp et svartebørsmarked der de, som hadde penger, kunne få kjøpt varer til høye priser, varer som ikke var tilgjengelige for den jevne nordmann.

Etter den 9. april ble alle sendinger fra Norsk Rikskringkasting kontrollert av tyskerne. Imidlertid fikk etterhvert de norske NRK-veteranene Olav Rytter og Toralv Øksnevad etablert seg i BBC i England. De hadde regulære sendinger på norsk hver kveld klokka 19:30. For å sette en stopper for informasjonsflyten fra England gikk det den 2. august 1941 ut en ordre fra de tyske myndighetene om at alle radioapparater skulle innleveres. Unnvikelse av pålegget ble straffet med to års tukthus i Tyskland. Min bestefar Karl Ruud tok sjansen - han

*Forskjellige typer rasjoneringskort. FS.*

*Bestemmelser omkring bruk av rasjoneringskort. FS.*

*Søknadskort for arbeidsklær. FS.*

*«Krigskaffe» - brent rug fra Bekkelund i Monsrud. FS.*

*Bil med vedgassgenerator i 1944. W.*

lyttet til nyhetene hver kveld og hadde radioen gjemt under gulvet i kjelleren.

Ettersom krigen skred fram var det mange, som kom i søkelyset hos de tyske okkupasjonsmyndighetene. Undergrunnsbevegelsen var vidstrakt, og med ei polarisering av samfunnet der mange sto på tyskernes side – åpenbart eller skjult – var det et farlig foretagende. Mange ble tipset om at de sto på tyskernes liste for å bli tatt inn til forhør, og så seg nødt til å flykte til det nøytrale Sverige. Det var imidlertid lettere sagt enn gjort. En måtte ha grenseboerbevis for å bevege seg øst for Glomma, så det var utelukket å ferdes langs veiene der grensepolitiet holdt utkikk. Derfor var det ett sted, som pekte seg ut, som det beste å gjøre et forsøk på å komme seg til

Sverige. Det var langs den uveisomme, skogkledde grensa på Finnskogen. Til det trengtes noe helt spesielt, nemlig kjentmenn – grenseloser – som var villige til å gå skoglangs mil etter mil på beina eller på ski, og risikere å bli skutt uten spørsmål, enten alene eller med et følge av flyktninger. Ikke bare utsatte disse losene seg for fare for sine egne liv – ble de tatt ville familiene lide samme skjebne. Ble deres aktiviteter kjent og de rømte til Sverige, ville familiene likeledes bli utsatt for hevnakjsoner.

Likevel var det flere som uten tanke på faren – eller etter å ha vurdert faren og funnet at det endelige målet var verd risikoen – tok på seg ansvaret. På Namnå var en av disse grenselosene Martin Møllerud. Som mange av losene kom han borti det ved å bli spurt. Under et stevne i regi av Varden i 1942 fikk han spørsmål om han ville gå strekningen fra Bruvoll i Nord-Odal til Svenskegrensa. På Bruvoll var det et illegalt miljø som hadde spesialisert seg på å hjelpe flyktninger, der noen

*Grensegata på Grue Finnskog. Eva Wiger NK-00.*

*Martin Møllerud gikk rute fra Bruvoll. Gjerstadberget 2002.*

av de mest sentrale organisatorene var landhandler Hans Krogsrud og kona Laura, sammen med sønnen Einar. Snart var Martin involvert som los. Enkelte ganger hentet han flyktninger helt fra Bruvoll, andre ganger hadde han avtalt møte med loser på Engersetra, Kirkemosetra eller Prestsetra. De losene var Henry Hagen, Einar Krogsrud, Kjell Baanrud og Per Lishaugen. Sistnevnte ble forøvrig senere Martins svoger da han giftet seg med søstera Ingeborg Kristine – kalt Kitta – som selv fraktet hemmelige dokumenter over grensa.

Fra Odalen kom Martin via Nøklevatnet over Glomma og overnattet hjemme hos familien - foreldrene Gunnar og Olga på Møllerud. Gården var en sentral base for flyktningetrafikken på Namnå. Fra Møllerud gikk turen forbi Namnsjøen til Byersetra, hvor det kunne være losbytte med Jacob Ryen. Hvis ikke fortsatte Martin sørover langs Rotnaelva og turen endte enten på Rotnemoen eller ved Nøklevatnet på grensa. Slik kan en si at ruta gikk fra Nøklevatn til Nøklevatn. Noen ganger tok Synnøve Kirkesjøberg over, som los på den siste strekningen. Det var så lite snakk, som overhodet mulig, mellom losene og flyktningene – navnet på losen måtte ikke slippe ut, og det var best om flyktningene ikke hadde noen anelse om hvor de befant seg. Slik hadde det seg at da ei dame, som hadde flyktet i 1943, ble gjenforent med Martin i år 2000, husket hun bare at turen hadde bestått av mye skigåing gjennom skogen i mørket, og at kursen var mot soloppgangen i øst.

Martin hjalp rundt 200 mennesker til sikkerhet i Sverige over en periode på to år. Da begynte Møllerudsruta å bli varm. Flere av de andre losene hadde gått i dekning så Martin måtte hente to flyktninger helt fra Oslo, ta toget til Eidsvoll og gå hele veien over Bruvoll og Namnå til Svenskegrensa. Like etterpå ble han tatt på toget på Roverud, på vei fra Oslo til Namnå. Selv trodde han at det var angiveri, for de som tok ham var en person fra Grue og en fra Åsnes, som var ansatt i tyskernes grensepoliti. Konduktør Lars Bredesen så at Martin gjemte unna en koffert, og fikk den viderebefordret til rette vedkommende. I tillegg ringte han stasjonsmester Gunerius Halvorsen, som kastet seg på sykkelen og reiste sporenstreks til Møllerud og ba Gunnar og Olga om å fjerne alt illegalt materiell. En time senere sto grensepolitiet i døra.

Martin Møllerud havnet i arresten hos slakter Enger på Kirkenær. På utedoet der klarte han å kvitte seg med dokumenter, som han hadde festet tett inntil beina. De hadde ikke blitt oppdaget da han ble undersøkt av politiet. Martin satt inne et helt år. Han var noen måneder i Kongsvinger kretsfengsel før han ble sendt til Bredtvedt i Oslo. Den siste tida satt han i Berg interneringsleir ved Tønsberg. Den leiren ble bygd i 1942, og Quisling henviste til den i ei tale han holdt på Nasjonal Samlings stevne i Borre den 25. mai samme år. På 17. mai gikk mange nordmenn med hønseringer på fingrene for å demonstrere mot den tyske okkupasjonsmakta. Quisling bemerket dette, og sa at han skulle få bygd en hønsegård for disse «hønsehuene», ved Tønsberg. Leiren ble derfor kalt «Quislings hønsegård». Den ble brukt som oppsamlingssted for norske jøder etter at massearrestasjoner begynte høsten1942. De av jødene, som ikke var gift med nordmenn, ble sendt til utryddelsesleiren Auschwitz og nesten ingen kom tilbake.

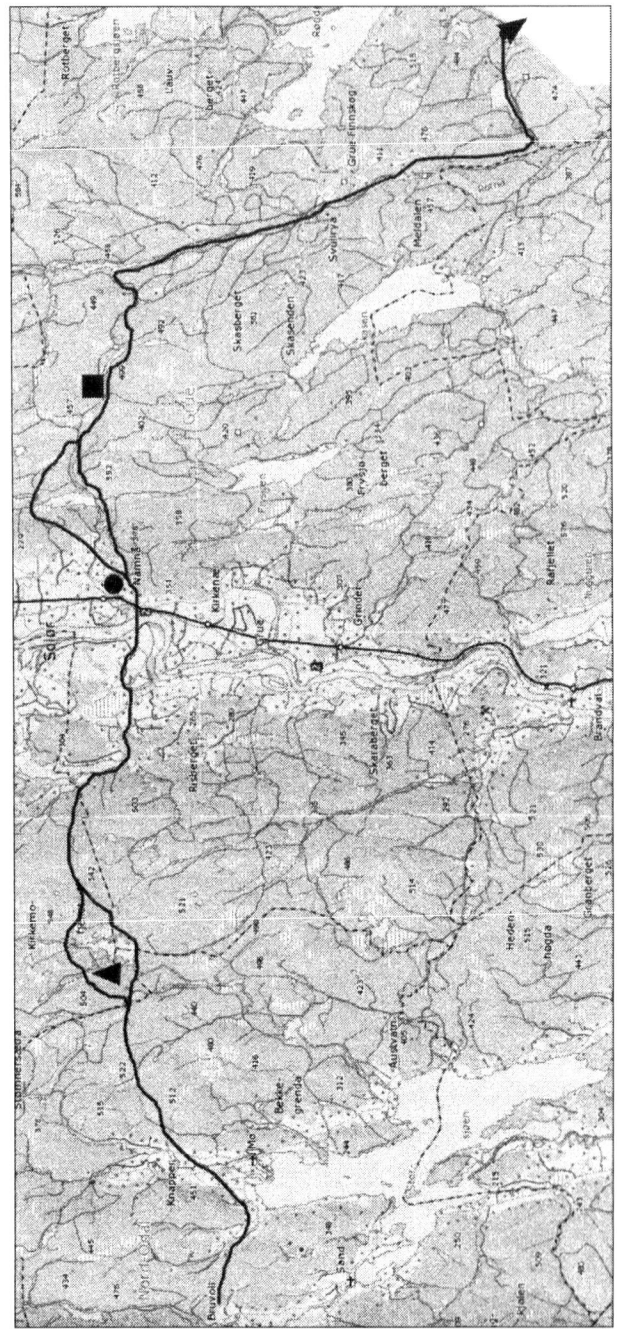

©Kartverket
*Martin Mølleruds rute fra Bruvoll til Nøklevatn på Svenskegrensa. Fylt triangel: Nøklevatn (Odalen), losbytte til Martin, eller han hadde hentet helt fra Bruvoll. Fylt sirkel: Møllerud. Fylt kvadrat: Byersetra, losbytte til Jacob Ryen, eller Martin fortsatte. Ved kroken østover før grensa: Losbytte til Synnøve Kirkesjøberg, eller Martin fortsatte. Pil: Nøklevatn.*

*Berg interneringsleir ved Tønsberg, opprettet i 1942. Her satt Martin Møllerud for sin rolle i grenselostrafikken. Slottsfjellsmuseet.*

Behandlinga av fangene var svært hard. En typisk dag ved Berg besto av arbeid i leiren og i området rundt – veiarbeid, grøftearbeid, vedhogst osv. Motstand mot leirledelsen ble straffet med slag, spark, ekstra arbeid, åling gjennom grisebingen, felles oppstilling, utskjelling og innesperring i isolasjonscellene i kjelleren. Maten var dårlig og rasjonene små. Martin kunne fortelle at han ikke fikk lov til å ta et bad på 7 måneder. Berg var den eneste interneringsleiren i Norge, der alle fangevokterne var nordmenn. Tre av dem ble dømt til livsvarig straffarbeid etter krigens slutt.

Erfaringa skremte ikke Martin Møllerud vekk fra motstandsarbeidet. Han slapp ut noen uker før freden ble erklært, og var i full gang med å bygge opp en møteplass for hjemmestyrkene i Byersætra da krigen endte. Han ble bedt om å være bygdas ordfører, et verv han innehadde mellom mai og desember 1945, da Magnus Vangerud kom tilbake.

Det viste seg i ettertid at Møllerudsruta hadde krysset ei anna losrute over Finnskogen - ved Bjølsjøene - uten at losene visste om hverandre. Det var «Spiker'n», som ble gått av Erik Høye, som var min lærer på ungdomsskolen, Sverre Østgård og min nabo Sigurd Hytjanstorp, som arbeidet ved kullbrenneriet i nordenda av Rotnesjøen. Erik hadde blitt kontaktet av sin fetter Jens Henrik Høye i Elverum i forbindelse med ei losrute, som ble opprettet våren 1943 over Finnskogen. Den kom istand etter kontakt med lærer Olav J. Løvberg, som erstatning for ei lang og vanskelig rute fra Lillehammer til Sverige via Rena og Trysil, som hadde blitt opprettet i 1941. Forandringen ble gjort etter henstilling fra Mil-orgs eksportsjef i Oslo, Knut Monrad Hansen. Med i komplottet var Asbjørn Snapa, som i begynnelsen kjørte flyktningene med lastebil fra Namnsjøen til kullbrenneriet ved Rotna. Ruta var et ledd i et større flyktningeprosjekt, som ble organisert av firmaet AS Finnskogkull.

Christiania spigerverk hadde dannet Finnskogkull og etablert 7 kullbrennerier – 5 på Grue Finnskog, 1 i Brandval og 1 i

Hof. Bak Finnskogkull sto flere eiere av store skoger, som alle var jøssinger – gode, antinazistiske nordmenn. Skogsarbeiderne, som var ansatt hos disse skogeierne, var av samme oppfatning som arbeidsgiverne og siden alle måtte ha grenseboerbevis fordi de arbeidet øst for Glomma, var de allerede utstyrt med papirene de trengte for å oppholde seg langs grensa. Derfor ble Finnskogkull, allerede fra første krigssommeren, skalkeskjul for illegal virksomhet på Finnskogen.

Det ble opprettet ei Mil-org rute fra Oslo, som ble kalt «Kølruta». Der ble det fraktet flyktninger over Roverud til Sverige, og våpen og varer tilbake. Sigurd Thomle, sjefen for Finnskogkull, drev brenneriet ved Meldalen mens Josef Torgersrud hadde ansvaret for brenneriet ved Skasdammen – begge lokalitetene var sentrale i Kølruta. Kullet ble lagt i sekker og transportert til Oslo, men noen ganger ble det også fraktet kull tilbake. Da lå det flyktninger gjemt blant kullsekkene.

Hans Hansen fra Svullrya var drosjesjåfør og kjørte flyktninger over grensa i samarbeid med lærer Seim, som arbeidet ved skolen på Grue Finnskog. Grensevaktene bodde i skolebygningen og Seim spilte kort med dem på kveldstid. Når vaktene var inne ringte Seim til Hansen og ga beskjed om at kysten var klar. Da kunne Hansen foreta de farlige kjøreturene med flyktninger eller kurérer. Hansens svigerfar bodde i Purala på svensk side, og sørget for at det alltid brant et lys slik at flyktninger kunne finne fram, om de kom langs veien eller over Røgden. Drosjeeier Ljønerholt var også involvert i den trafikken.

Kontaktnettet antok etterhvert stort omfang og Sigurd Thomle hadde ei notatbok med opptegnelser over de, som deltok. Da et flyktningefølge på 5 personer ble arrestert på Roverud stasjon i april 1943, og en norsk angiver bragte opp navnet Sigurd Thomle, foretok tyskerne en razzia og sikret seg boka. Arrestasjoner fulgte umiddelbart. Hvor mange som ble tatt er usikkert - kildene varierer mellom 15-16 og 32. Thomle ble grepet den 19. april, og allerede dagen etter – som den første etter Thomle - ble min bestefars fetter Aksel Pedersen Gjevert arrestert. Aksel var lommekjent i området der flyktningene ble loset til Sverige, siden mye av trafikken foregikk over Sæterberget, Græsbergsgårdene, Askosberget og Mellombråten. Han var født i Høybråten - under Askosberget – i 1887, 500 meter fra grenserøys 83, og hans onkel Karl var gift med Elise Larsdatter Mellombråten. Hans mor Anne og tante Pauline hadde vært tjenestejenter i Sæterberget, og hans fetter Olaf Gjevert skulle bli boende i Græsberget før han flyttet ned til Svullrya.

Ved å gå gjennom fangeregisteret på Grini er det tilsynelatende mulig å utkrystallisere noen av de, som var involvert i operasjonen, da arrestasjonene er innført mer eller mindre fortløpende. Josef Torgersrud og Hans Hansen ble arrestert den 21. april, sammen med skogeier Severin Løvenskiold og gårdeier Per Gjølstad fra Brandval. Den 25. ble skogsarbeideren Ole Vilhelm Larsen Holt fra Grue Finnskog arrestert, men ikke før den 30. tok politiet inn Johan Christian Fisher, forstmester fra Brandval. Skogeier Valentin Sibbern fra Grue unngikk arrestasjon ved å rømme nordover til Østerdalen.

Aksel Gjevert ble først tatt til Kongsvinger, der Gestapo hadde hovedkvarter i 2. etasje på Østbanernes Forbruksforening. Der ble fanger utsatt for tortur, mørkecelle og sultestraff. Den 4. mai ble alle de 8 fangene ført til Møllergata 19 i Oslo, som var Gestapos sentrale fengsel i Norge (Polizeigefängnis) – Fisher, Gjevert, Gjølstad, Hansen, Holt, Løvenskiold, Thomle og Torgersrud. Det er liten grunn til å tvile på at de ble satt under harde forhør og tortur i Møllergata, før de alle ble videresendt til Grini konsentrasjonsleir – «Polizeihäftlingslager Grini» - den 27. mai.

Det som skjedde senere indikerte at det var losene og kurérene, som var direkte involvert i den praktiske befordringa av flyktninger og kurérvirksomheten over grensa, som fikk de hardeste straffene. Severin Løvenskiold og Per Gjølstad var ute igjen før Jul 1943. Josef Torgersrud brakk beinet, og ble

*Min bestefars fetter Aksel Pedersen Gjevert var den eneste som døde i fangenskap på Grini, av de som deltok på «Kølruta» i 1943. FA.*

*Gestapos hovedkvarter og fengsel på Kongsvinger lå i annen etasje på Østbanernes Forbruksforening. Aasum 2004.*

*Grini konsentrasjonsleir ca. 1942. Library of U.S. Congress.*

*Grini i mai 1945. W.*

```
S. Løvenskiold ----------20.12.43

P. Gjølstad---------------- 21.12.43

J. Torgersrud ------------------------------28.1.44 Brakk beinet.

A. Gjevert ---------------------------------------------------------17.5.44†

O.V.L. Holt ----------------------------------------------------------------------3.2.45 Akershus.

J.C. Fisher ---------------------------------------------------------------------------8.5.45.

H. Hansen -------------30.9.43 Sachsenhausen----------------------------------------Freden.

S. Thomle ------------------------------------------------------------------------- Freden.
```

*Varigheten av de 8 fangenes opphold på Grini etter at de ble internert 27. mai 1943. FA.*

*Aksel P. Gjeverts gravstein i Svullrya. Anne Berit Sollien.*

slik forhindret fra å bli sendt til Tyskland. Han ble frigitt 28. januar 1944. Hans Hansen ble sendt til Sachsenhausen konsentrasjonsleir 30. september 1943. I den beslaglagte notatboka hadde Sigurd Thomle skrevet at hvis han fikk sjansen ville han «støpe ei 10 cm tjukk plate over hele Tyskland og alt som tysk var». Da Hansen var stilt opp på apellplassen på Grini for å bli transportert til Sachsenhausen, kom Thomle ut for å ønske ham lykke til. Med galgenhumor utbrøt Hansen: «Ja, Sigurd, nå reiser je ne' å sætter opp forskalinga, så får du komma etter å støpe sjøl!»

Oppholdet på Grini endte på verst mulige måte for Aksel Gjevert. Som den eneste av de, som hadde blitt arrestert på «Kølruta», døde han i fangenskap. Dødsårsaken er ikke kjent, men med sine 56 år var han den eldste i gruppa, som ble internert, som hadde en gjennomsnittsalder på 40 år. Yngstemann var gårdeieren Per Gjølstad, som bare var 27 år gammel.

Ved Steineie hadde Finnskogkull kjøpt 20 000 reis ved på rot

*Da Hans Hansen ble sendt til Sachsenhausen fortalte han Sigurd Thomle at han skulle reise ned til Tyskland og sette opp forskalinga til den 10 cm tjukke plata, som Thomle ville støpe over landet. Her er han, som nr. 2 fra høyre, i Finnskogen fusel og finnskjegg. De øvrige er (fv) Kjetil Skaslien, Alf Grimstad, Petter Olsen (foran), John Holgersmoen og Olaf Skaslien. Bente Korbøl – NK-03.*

av Grøset. Ansatte ved Spigerverket i Oslo kom for å hogge veden, og det var et kullbrenneri lengre øst, ved Rotna. Det passet fint inn i flyktningetrafikken, siden de ansatte ved Spigerverket måtte ha reisetillatelse til Namnå stasjon og grenseboerbevis. Ved å utstyre flyktningene med de samme dokumentene kunne de reise med toget fra Oslo kamuflert, som ansatte ved Spigerverket, og bli loset over grensa fra Namnå. På grunn av assosiasjonen med Christiania Spigerverk ble den nye ruta kalt «Spiker'n».

Flyktningene kom 4-5 om gangen og fikk beskjed om å gå av toget på Namnå og gå sørover til Svartmoen, der Erik Høye satt og ventet. I begynnelsen ble følget plukket opp av Asbjørn Snapa med lastebil like øst for bommen ved Namnsjøen. Han kjørte kull fra Rotnabrenneriet. Da vedhogsten ved Steineie tok slutt ble dette for risikabelt. Da ble det å ta beina fatt fra Svartmoen og gå ruta indikert som Spiker'n 2 på kartet. Erik tok flyktningene til Stemsrudsetra øst for Rotna, der Sverre Østgård møtte opp og loset dem til Sverige dagen etter. Sigurd Hytjanstorp tok også flyktninger fra Rotna til Grenserøys 90 på Baksjøberget, og videre 7 km inn i Sverige til familien Pärsson på Svenshöjden, som tok i mot dem. Der endte ferden for de norske losene.

I juni 1944 ble Erik Høye bedt om å komme til Oslo av Knut Monrad Hansen. En grenselos, som opererte ei rute over Roverud, hadde blitt tatt av grensepolitiet. Da ble det slutt med togtrafikken til Namnå og en styrmann fra Nøtterøy ved navn Jacob Jacobsen og Erik gikk opp ei ny rute fra Eidsvoll over Nord-Odal til Dulpetjernssetra, som tilhørte Hans Sund. Der overnattet flyktningene, og klokka 24:00 natt til lørdag gikk de ned til Jara, der Erik møtte dem og rodde over Glomma ved Gotland. Deretter gikk de til fots til Bergersetra langs delruta på kartet som er kalt Spikern 3 og fortsatte ruta østover, som på kartet er kalt Spikern 2. Ruta ble gått fram til Jul 1944 da snøføre gjorde videre losing umulig.

*Erik Høye. Åsnes Finnskog historielag.*

*Grenserøys 90 på Baksjøberget. Finnskogen turistforening.*

*Sigurd Hytjanstorp. Åsnes Finnskog historielag*

Flyktningetrafikken pågikk slik uten uhell i halvannet år. Jacobsen, under dekknavnet Harry, reiste tilbake til Tønsberg i november 1944 og etablerte ei flyktningerute derfra til Sverige, som gikk til slutten av mars 1945.

Det var flere ganger, som det nesten gikk galt. Tidlig en søndags morgen krysset Sverre Østgård veien ved Rotberget skole et godt stykke foran hovedpulja med Erik og flyktningene, da han fikk øye på ei tysk sykkelpatrulje, som kom langs veien. Han fikk gjort tegn til de andre, og de fikk gjemt seg til tyskerne var forbi. Ved et annet tilfelle hadde Sverre lagt avgårde østover fra Stemsrudsetra med flyktninger mens Erik ble tilbake for å rydde opp. Ikke før hadde han kommet ned til kullbrennerne Sigurd Hytjanstorp, Oskar Rismoen og Arne Stemsrud ved Rotna, før ei 8-manns patrulje kom ned samme løypa. De hadde antagelig sett snurten av Erik idet han forlot setra, og tatt opp forfølgelsen. Siden alle nordmennene hadde sine pass i orden fortsatte tyskerne, som kom fra Svullrya og skulle til Namnå.

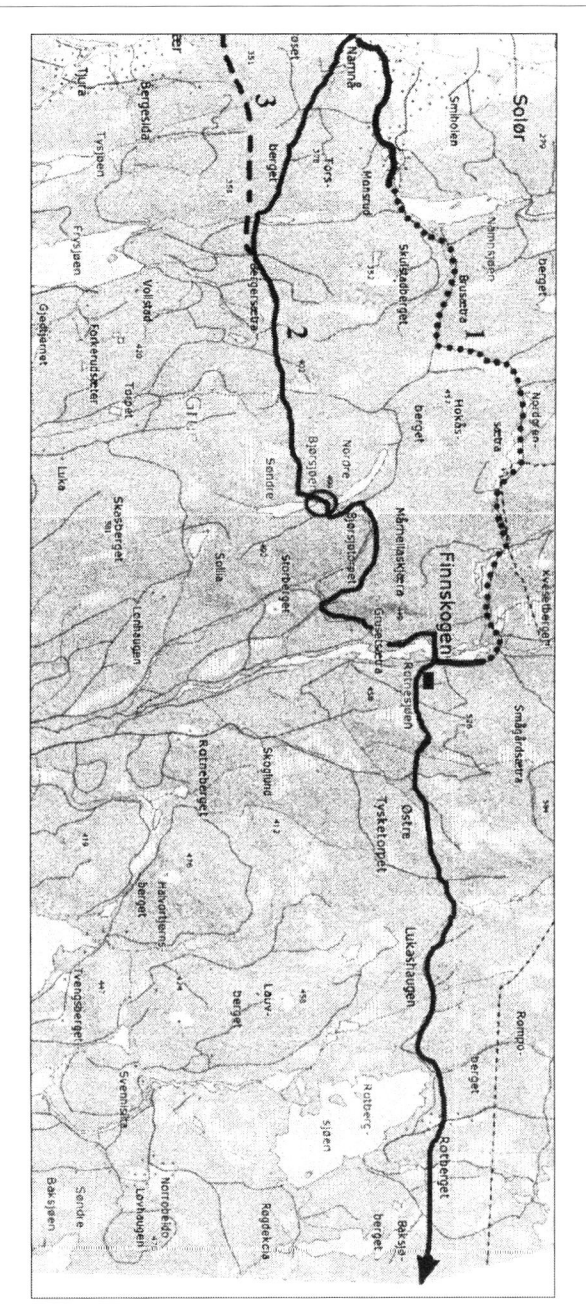

©Kartverket
*Spiker'n 1: Med lastebil fra Namnsjøen til Rotna (Asbjørn Snapa). Spiker'n 2: Til fots fra Namnå. Spiker'n 3: Til fots fra Eidsvoll over Odalen til Jara, ro over ved Gotland, til fots til Bergersetra og videre langs Spikern 2. Sirkel: Krysset der Martin Mølleruds rute i uvitenhet om hverandre. Fylt rektangel: Losbytte Erik Høye-Sverre Østgård, eller Sigurd Hytjanstorp loset fra Rotna. Pil: Grenserøys 90.*

*Når det var praktisk mulig kunne flyktningene transporteres med lastebil.......*

*......eller båt. Gjerstadberget 2002.*

*Svenshöjden. Her mottok familien Pärsson norske flyktninger. Maten sto på bordet 24 timer i døgnet. Gjerstadberget 2002.*

På Vestsida ble Erik og Jacob Jacobsen oppdaget sent ei natt i juli 1944 – etter klokka 2 om morgenen – da de hadde vært vestover og møtt flyktninger. Alle fikk gjemt seg unntatt Jacobsen. Bilen stoppet og en politimann hoppet ut og skrek om pass – men gjorde ikke noen undersøkelser utover dette. Høsten 1944 var det også på nippet. Tidlig en lørdags morgen kom Erik med følge til Bergersetra, der de vanligvis stoppet. Imidlertid røk det den morgenen fra pipa, så de passerte mens Erik snek seg tilbake og kikket inn gjennom vinduet – på to grensepolitimenn, som laget frokost!

Det trengtes en spesiell type mennesker, som kunne utsette seg for slike farer og likevel beholde den mentale likevekta. Hvordan det kom til uttrykk var via en uttalelse, som Sverre Østgårds far Håkon kom med, da en nervøs flyktning spurte om det ikke var mye tyskere og grensepoliti langs Svenskegrensa. Mellom sindige drag på pipa sa han: «Ja – de' er de' nukk. Mein vi går itte der, ser du.....»

*Erik Høye (tv) og Sverre Østgård i Østre Tysketorpet etter frigjøringa i 1945. Finnskogen Turistforening.*

Selvom tyskerne hadde rekket opp mye av kontaktnettet på «kølruta» i 1943, ble det på denne tida fremdeles brukt kullbiler til å smugle folk og utstyr over grensa. I november 1944 hadde 4 hjemmefrontgutter ligget og ventet på ordre fra høyere hold i Søljeliberget, et sted midt mellom Glomma og Agnåa. Dit hadde de flyttet og bygd seg et skjul etter at de hadde ligget i telt i Skaraliberget til snøen falt. I nærheten av skjulet hadde de deponert forsyninger og utstyr på kamuflerte steder – klær, mat og radiomottagere. Forsyningene hadde blitt bragt til Omsted av to gutter fra Finnskogen, Odd Kulblik og Petter Furuberg, som kjørte en knottfyrt 1937 Dodge lastebil med kull-last. Kullet skjulte kontrabanden de smuglet. Alle gikk under dekknavn så den eneste, som er kjent i dag, er Erling Leer fra Våler. De tre andre var fra Oslo.

Etter at de hadde blitt oppdaget et par ganger ble de i desember beordret til Sverige. 15. Januar 1945 støtte Odd Kulblik på en løytnant og en fenrik fra kompani Linge, som hadde kommet fra England. De lå i ei fiskekoie ved Nøklevatn på Svenskegrensa. Sammen med dem var de 4 hjemmefrontguttene fra Søljeliberget. De 6 skulle tilbake til vestsida av Glomma og skulle plukkes opp ved Kirkesjøbrua. På grunn av motortrøbbel og forsinkelse med en annen lastebil, ble Dodge'n

*Hjemmefrontens skjulested i Søljeliberget. Tore Sætre.*

igjen tatt i bruk. Kullet ble lastet ved brenneriet til Josef Torgersrud på Samuelsmoen, 40 sekker på hver side av planet, som skulle gi plass til menn og utstyr i midten. Ikke før var de ferdige med å laste opp, før 3 grensepolitimenn dukket opp i en leid drosje. Kulblik kjente politimennene og de hadde nok allerede enn viss kjennskap til hans aktiviteter, så hjemmefrontmennene fant det like godt å ta ladegrep på geværene og stille seg opp ved lastebilen. Det kom til ordveksling, og en av politimennene ville ha Kulblik over til drosja. Han repliserte:
«Er det noe usagt mellom oss kan du si det over hit. Vi står ikke lengre unna».
Politimennene holdt seg klokelig fra å forsøke seg på noen arrestasjon, men tok nøklene til kullbilen. Etter den episoden fant hjemmefrontmennene det sikrest å reise tilbake inn i Sverige.

Tore Sætre besøkte restene av hytta i Søljeliberget i 1978. Det er et av de få – hvis ikke det eneste – av hjemmefrontens skjulesteder i Grue, som er fotografisk dokumentert. Det var 312 x 222 cm, og 165 cm høyt. Døra var 95 x 68 cm. Veggene var lagt opp av ulaftet tømmer, festet med spiker, skruer og ståltråd. Rajer var brukt til tak.

Grenselosenes bruk av våpen var svært forskjellig. På noen ruter gikk 15 år gamle gutter med halvautomatiske pistoler i lommen, mens andre ruter hadde loser, som var fullstendig ubevæpnet og kamuflerte aktiviteten med ei sammenleggbar fiskestang. Bevæpningen var en halvautomatisk pistol og en halv/helautomatisk maskinpistol. Pistolen var en Colt – sannsynligvis en M 1911 i kaliber .455 Webley, som var flydroppet fra England, eller en M 1914 i kaliber 11,25 mm produsert ved Kongsberg våpenfabrikk. Den ble laget på lisens fra 1916, etter at det norske forsvar la om fra den belgiske Nagant-revolveren i kaliber 7.5 mmR tre år tidligere. Magasinets kapasitet var 7 skudd, samt at ett gikk i kammeret.

*Colt M 1914. Den hvite pila peker på kaliberstempelet 11.25 mm, noe som viser at den ble produsert ved Kongsberg våpenfabrikk. W.*

Da tyskerne overtok kontrollen med våpenproduksjonen hadde arbeiderne på fabrikken stjålet og lagt unna kasserte deler til Colten. Siden tyskerne visste at det ville bli endel kasserte deler i løpet av produksjonen, bestilte de for eksempel 105 pistoler når de ville ha 100. Arbeiderne stjal nye deler fra produksjonslinja til å bygge pistoler med, og erstattet de stjålne delene med kasserte deler, som de allerede hadde. Disse endte da opp som «falske» kasserte deler fra den nye produksjonen. Disse delene - som bygde mellom 300 og 500 nye pistoler – ble smuglet ut av våpenfabrikken, blant annet i arbeidernes matpakker. De fikk derfor navnet «matpakke-colter» og ble kanalisert til de norske hjemmestyrkene. Det er mulig at noen av «matpakke-coltene» senere tilfløt grenselosene. De kan i dag kjennes igjen ved at de mangler serienumre og andre stempler, som ble satt på de som kom fra produksjonslinja, samt at overflatebehandlinga også helt eller delvis mangler.

Det er trygt å påstå at den amerikanske våpenlegenden, mor-

*De to enkleste utgavene av Sten-Gun Mark II, i kaliber 9 mm Parabellum (Luger).W.*

moneren John Moses Browning, hadde en signifikant innvirkning på krigføringa i Norge. Ikke bare hadde han konstruert Colt-pistolen, som ble brukt – han hadde også konstruert Colts M/29 mitraljøse, som var standard for de norske styrkene. Browning laget en lang rekke forskjellige våpenmekanismer, blant annet ei banebrytende halvautomatisk hagle, som ble produsert av det belgiske firmaet *F*abrique *N*ationale. Alle hans våpen, som nå lages i Belgia, går under betegnelsen *FN* Browning.

Maskinpistolen, som grenselosene brukte, var den engelske *Sten*-Gun Mark II, som ble flydroppet over Norge. Navnet var et akronym av de som konstruerte geværet – Major Reginald W. *S*heperd, Harold *T*urpin og *En*field, den kongelige våpenfabrikken i London. Sten-Gun var et ekstremt utilitært våpen, raskt å produsere – MK III-utgaven tok bare 4 timer å lage - og redusert til små seksjoner av metall uten stokk, skjefte eller kolbe av tre. Maskinpistolen kunne tas fra hverandre og settes sammen i ei håndvending. Den ble produsert i kaliber 9x19 mm Parabellum (Luger) for å kunne nyttiggjøre ammunisjon erobret fra den tyske fienden, var utstyrt med et magasin med plass til 32 patroner og hadde ei skuddtakt på 500 pr. minutt.

Det var ikke bare grenselosene som brukte Sten-Gun. Den usedvanlig anvendelige maskinpistolen ble også brukt av hjemmestyrkene. Oppbygginga av disse var igang i Grue fra høsten 1943, men de ble organisert i juni 1944. Avsnittssjefen for avsnitt 3, Olaf Engebretsen hadde vervet Thorleif Flaaseth som områdesjef 7. eller 8. juni. Flaaseth hadde hatt oppdrag for Kompani Linge fra høsten 1941 til høsten 1943, da han kjørte lastebil og bragte med seg kurérer og post på strekningen Oslo – Kongsvinger. Posten var gjemt i et falsk filter på generatoren. Flaaseth tok kontakt med Hallvard Sund, som hadde militær utdannelse, og vervet ham til nestkommanderende. Det var tre hovedkriterier for å verve en motstandsmann:

1) Han måtte være hundre prosent pålitelig, ved at noen de kjente gikk god for ham.
2) Han måtte være i god fysisk form – ikke for ung, ikke for gammel - og mentalt avbalansert.
3) Det var en fordel om han var ugift.

Norge var delt opp i 23 distrikter, distriktene i avsnitter, avsnittene i områder, områdene i tropper og troppene i lag. Grue var Område 1236, som betydde at Grue var **område 6 i avsnitt 3 i distrikt 12.** Området besto av en områdestab på 2 mann og 4 tropper, som igjen besto av 4 lag, hvert med ca. 10 mann pr. lag. Hver tropp hadde en troppssjef (tropp 3 og 4 hadde også en nestkommanderende troppssjef) og hvert lag hadde en lagfører. Troppssjefene ble tatt ut av områdeledelsen, troppssjefene valgte sine lagførere, det øvrige mannskap ble tatt ut av troppssjefen, lagførerne eller av disse i fellesskap. Slik besto hjemmestyrkene i Grue av ca. 175 mann, alle utstyrt med enten pistol, rifle, maskinpistol eller maskingevær, og med uniformer bragt inn fra Sverige. De hadde også en god del sprengstoff.

*Sjefen for hjemmestyrkene i Grue, Thorleif Flaaseth (th) og nestkommanderende, Hallvard Sund. Sund 1984.*

Hjemmestyrkenes 3. tropp hadde mannskap fra Namnå og Kirkenær, og troppssjef var Torstein Sandnes. Fra Namnå kom de følgende (i alfabetisk rekkefølge):

Henry Berg
Alfred Gulbrandsen
Kristian Huatorp
Sigurd Hytjanstorp
Thorleif Lund
Henry Nordli
Ragnar Nordli
Helge Norgren
Oskar Norgren
Paul Skulstadberget
Magne Stenvadet
Hans Svarstad

Sigurd Svenneby
Bjørn Uggerud
Peder Uggerud
Karl Vestli
Jens Øverby

I tillegg var grenselosene Erik Høye og Martin Møllerud inkludert i styrkene, og etter 8. mai sluttet flere andre seg til, bl.a. Henry Moen.

Å bygge opp en hemmelig hær var spesielt vanskelig i Grue, som lå på Svenskegrensa, der det var mye lostrafikk og streng overvåkning fra grensepolitiet. Instruksjon måtte for en stor del foregå på nattestid og på bortgjemte steder. Instruktørene, som kom utenfra, måtte holdes skjult og skifte oppholdssted mellom forskjellige avsidesliggende husvær. Det var ofte veiløst terreng, og for mange skispor – lett synlige fra fly - kunne gjøre tyskerne mistenksomme.

Våpen og sprengstoff hadde Hjemmestyrkene i Grue fått ved flyslipp fra England. Slippene måtte foregå i nattemørket for å unngå tyske jagerfly, men det måtte være måneskinn slik at flyverne kunne finne slippsona. Det tyske etterretningsorganet «Meldekopf Nordland» hadde etablert seg i Sør-Norge i mars 1945 etter å ha blitt presset ut av Finland av den Russiske invasjonen, da under navnet «Meldekopf Rovaniemi». De skulle ha fly stasjonert på Haslemoen, og fem mann fra den gruppa forsøkte å bestikke en bonde i Grue til å vise dem veien til slippsona på Mikkelsberget. Det var mye aktivitet av tyske fly i området rundt slippsona i de siste ukene krigen varte.

Meldingene om forestående slipp kom i såkalte kodede særmeldinger i nyhetssendingene fra London klokka 15:00, 18:30 og 22:00, og kunne lyde slik: «Ingeniøren skreller poteter». Den som tok imot meldingene måtte finne en sannsynlig unnskyldning for å bli borte tre ganger om dagen.

Hallvard Sund hadde en batteridrevet «Sweetheart»-radio som kunne bæres i deler i lommene, og settes sammen når han ville lytte. Når meldinga kom måtte mannskapet samles og legge ivei på en nattlig skitur innover heiene i måneskinnet. Noen ganger forandret været seg, og flyet eller flyene måtte gjøre vendereis. Det var forskjellige møtetider i henhold til om månen var i ny eller ne. Hvis det var nymåne var møtetida mellom klokka 22:00 og 01:00, var månen i ne så var møtet mellom klokka 24:00 og 03:00. Ei natt da det var fullmåne sto mannskapene og ventet i 30 minusgrader fra klokka 22:00 til klokka 03:00, uten at noe fly viste seg.

Et slipp på Finnskogen slo feil, da lederen av mottaket hadde blitt arrestert i Sverige dagen før for kurérvirksomhet. Ved en misforståelse møtte mannskapet opp på feil sted, der de kunne se flyet men ikke komme i kontakt med det. Lasten ble til slutt sluppet i Sverige og ført inn i Norge derfra. Før det mislykkede slippet hadde imidlertid to gått etter planen på Mikkelsberget. Det første kom den 22. februar 1945 med to fly der bare det ene slapp, senere kom to fly den 24. april. Ett av de to siste, NA 337 2P-X, kom seg aldri tilbake til England. NA 337 2P-X var stasjonert ved Royal Air Force bomberskvadron nr. 644 ved Tarrant Rushton i Dorset. Det var et spesialbygd Halifax bombefly som manglet skyttertårn midtskips og ikke hadde radarkuppel, for å få plass til flere menn og mer utstur.

Flyet tok av klokka ni minutter på åtte om kvelden den 23. april 1945 med en besetning på 6 for å utføre «Operation Crop 17», som var å slippe 13 containere på ca. 50x150 cm samt 2 pakker på Mikkelsberget i Grue. Asbjørn Furuberg fikk beskjed via de kodede radiomeldingene fra London at flyene var underveis. Koden den 22. februar hadde vært «Hvaler gresser på isbreen». Den 23. april kom beskjeden «Tyven assurerer mot innbrudd». Mannskap fra hjemmestyrkene tok på seg skiene og gikk opp i slippsona, som hadde kodenavn Tistel. Da de norske Mil-org-mennene hørte flyene tente de røde og hvite varsellys ifølge et avtalt mønster, og flyene slapp lasten. Ved det andre slippet klokka 01:00, som

*Page Halifax A. Mk.VII Special Duties NA 337,2P-X. Dette er flyet, som slapp forsyninger på Mikkelsberget 24. april 1945, på utstilling i Trenton, Ontario. Det er den eneste Halifax av denne modellen som fremdeles fins intakt. National Air Force Museum of Canada.*

*En av radioene, som ble brukt til ulovlig lytting til sendinger fra BBC under 2. Verdenskrig. Gjerstadberget 2002.*

*Slippsona «Tistel» på Mikkelsberget, med deler av containere fra flyslipp. Håkon Bjerke.*

ble gjort av NA 337 2P-X, undret mannskapet på bakken seg noe over både høyden og retningen som flyet hadde. Flere av fallskjermene hadde ikke tid til å åpne seg, slik at endel av utstyret ble ødelagt.

Etter utført oppdrag vendte flyet nesa mot sørvest for å fly tilbake til basen. På tilbakeveien ble det imidlertid gjort en feilmanøvrering og klokka 01:20 passerte flyet altfor lavt over jernbanebrua ved Minnesund. Der kom det under ild fra tysk luftvernartilleri. En av de mange 25 mm kanongranatene traff høyre vinge og satte en av bensintankene i brann, hvoretter begge motorene stanset. Piloten, Løytnant Alexander Turnbull, hadde ikke noe annet alternativ enn å nødlande på Mjøsa ved Stange, noe som han gjorde med hele besetningen i god behold rundt 30 minutter senere. Imidlertid ble ikke gummiflåten, som flyet hadde i vingen, utløst slik som den skulle på grunn av skadene og fem av mannskapet bestemte seg for å svømme til lands i isvannet. Alle omkom.

HaleskytterenThomas Weightman, som hadde blitt slått bevisstløs, våknet til og utløste flåten manuelt. Den landet oppned ,Weightman dro seg opp på den og ble reddet etter 6 timer. For å unngå represalier overga de lokale nordmennene ham til tyskerne, som sendte ham til Oslo for å bli viderebefordret til Tyskland. Imidlertid ble han frigitt ved krigens slutt bare to uker senere.

Den 8. juli 1982 ble flyet gjenfunnet på 250 meters dyp, og i juli 1994 fikk Halifax Aircraft Association of Canada lov til å overta det. Restaureringsarbeidet startet i 1995 og pågikk i 10 år. Weightman ble lokalisert i England og overrakt sin termos med kald kaffe, som han hadde bragt med seg på toktet. Den ble funnet da flyet ble hevet.

Da Hjemmestyrkene mottok flyslippet den 22. februar gravde de containerne ned i snøen og slettet alle spor så godt det lot seg gjøre. Senere kom de tilbake og transporterte containerne ned til bygda. Ved andre slippet den 24. april lot de containerne ligge igjen i skogen og tok bare med seg våpnene og ut-

*Hjemmestyrkenes nål. IF.*

styret. Bare 36 timer før slippet den 24. april – søndag den 22. - hadde den siste øvelsen funnet sted. Der hendte det noe, som jeg hørte mange historier om da jeg vokste opp, men ingen kunne fortelle meg noen detaljer om hva som hadde fore-

*Hjemmestyrker, som øver vårvinteren 1945. IF,W.*

gått. Under arbeidet med denne boka kom jeg imidlertid i kontakt med Bjørn Uggerud, som ikke bare kunne fortelle hva som skjedde – som den siste gjenværende av motstandsbevegelsen på Namnå var han tilstede, som øyenvitne! Jeg lar Bjørn fortelle:

«Det ble holdt flere øvelser – spesielt utover vinteren 1944-45, og alle ble holdt i terrenget ved Namnsjøen og Skulstadberget. Den siste øvelsen ble holdt i Trestikkerkoia i nærheten av Namnsjøen. Klokka 9 om morgenen begynte øvelsene, blant annet orientering, fingert angrep på koia osv. Deretter ble vi samlet rundt et bord i koia og våpeninstruktøren (en for meg ukjent person) startet med undervisningen i bruk av Sten-Gun. Plutselig gikk det av et skudd og Thorleif Lund ble truffet. Han segnet om og falt i gulvet. Det ble selvfølgelig stort oppstyr, men vi fikk beskjed fra nestkommanderende, Hallvard Sund, at ingen fikk forlate stedet. Thorleif lå på golvet og ynket seg og det ble foretatt en undersøkelse av hvor han hadde blitt truffet. Det viste seg at han var dødelig såret, og han begynte å bli svakere. Nestkommanderende sendte en mann til Kirkenær for å hente dr. Molstad, som var sanitetssjef i vårt område, men før han kom var Thorleif død. Han ble lagt på en brisk i koia og et teppe ble lagt over ham.

Det ble nå diskutert hva som skulle gjøres. Noen mente at alle i laget måtte flykte til Sverige, men nestkommanderende mente at alt ville gå bra, bare vi holdt munn og lot som ingenting. Det kom fram at Thorleif hadde vært sammen med Henry og Ragnar Nordli hjemmefra. Det endte derfor med at disse to måtte forsvinne ved å dra til Sverige. Henry Nordli ble satt til å skrive et brev til sine foreldre om at han, Ragnar og Thorleif Lund var nødt til å dra til Sverige. Det brevet fikk jeg ordre om å legge i ekteparet Nordlis postkasse påfølgende natt. Det ble gjort. Thorleif ble svøpt inn i et klede og senket i Trestikkertjernet med en stein. Nestkommanderende og en til tok vare på Thorleifs lommebok – den inneholdt visstnok kroner 84,00. Lommeboken ble pakket inn og lagt under låven på Rensmoen og senere overlevert til hans foreldre. Vi ble etterhvert sendt hjem – en og en om gangen. Min bror og jeg gikk til Namnsjøen og videre hjem. Denne hendelsen skaket oss selvfølgelig opp – og jeg kommer til å huske den for alltid.»

En person, som hadde en spesielt gunstig – og farlig – posisjon i Hjemmestyrkene, var Hans Svarstad. Han var nemlig kontorist hos Tjostolv Falkner på Grøset, der grensepolitiet hadde hovedkvarter under ledelse av en ved navn Schøyen. Når grensepolitiets kontor var uten bemanning låste Hans seg inn og gikk gjennom alle dokumenter han kunne finne. Slik kunne han få gitt beskjed om det som var i emning til Hjemmestyrkenes personell, og om noen av dem var i søkelyset. Falkner hadde ei husholderske, som het Alma Maliberget. Hun forsto hva Hans drev på med, og hvis hun så grensepolitimennene komme tilbake slo hun på lokk og kjeler i kjøkkenet slik at Hans kunne låse seg ut før de kom inn i bygningen.

Etter tyskernes kapitulasjon ble Hjemmestyrkene mobilisert for å holde ro og sikre stabile tilstander i vakuumet mellom okkupasjonsmaktens tilbaketrekking og ankomst av nye sivile, legale myndigheter, som kunne ta kontroll. Viktige oppgaver ble å sikre vitale steder som broer, jernbaner, telefonsentraler osv. Det var mange i Grue, som nesten måtte gni seg i øynene, da de så vel 170 mann i full uniform materialisere seg fra det store intet i mai 1945. Riktignok hadde noen medlemmer av enkeltes familie vært underrettet, men få gruesokninger hadde noen anelse om at de hadde en hemmelig, stående hær, som var klar til å overta – og tyskerne måtte være de, som var mest overrasket.

Hjemmestyrkene ble transportert i lastebiler ned til bygda, først til Grøset og senere til lokalet Rosenborg på Kirkenær der hovedkvarteret ble opprettet. Det første målet var å sikre den tyske militærforlegningen, som lå der Grue rådhus ligger i dag. Det oppdraget fikk Bjørn Uggeruds lag i 3. tropp, med senere lensmann Oddmund Haug, som lagfører. Etter at forlegningen var omringet, kom den tyske kommandanten ut. Han var oberst, og ba om å få snakke med øverstkommande-

*Tyskernes forlegning og en russisk fangeleir lå ved Furulund, der Grue Rådhus ligger i dag. NK-01.*

*Rosenborg i Bruveien, som Hjemmestyrkene brukte til hovedkvarter. Det ble senere brukt av en bilforhandler. Kari Rudi.*

rende for Hjemmestyrkene. Bjørn Uggerud ble beordret til å eskortere ham til Rosenborg, og før de bega seg på vei forlangte han å få overlevert oberstens pistol. Det nektet den tyske offiseren, og Bjørn, som var bevæpnet med en Sten-Gun maskinpistol, eskorterte ham gjennom Kirkenærs gater og overleverte ham til områdesjefen. Der han i grå knickers, vindjakke, lue og armbind eskorterte den ordensprydede tyske obersten til det norske hovedkvarteret, var Bjørn Uggerud et representativt bilde på den norske motstandsbevegelsen, som aldri hadde gitt opp kampen gjennom de fem årene krigen varte.

Fra slutten av 1943 holdt den norske eksilregjeringa i London hemmelige møter med engelske myndigheter om å delta i okkupasjonen av Tyskland etter at 2. Verdenskrig var over. Styrken ble kalt Tysklandsbrigaden og sto under norsk administrasjon og jurisdiksjon, men under engelsk operativ kommando tilknyttet 5. Divisjon av den britiske Army of the Rhine. Det var den såkalte Yorkshire-divisjonen ved byen Harz. Soldatene var utstyrt med britiske uniformer, webutstyr, våpen, ammunisjon og kjøretøyer. Tilsammen 12 brigader på rundt 50 000 mann gjorde ca. 6 måneders tjeneste hver mellom 1947 og 1953. Mannskapene ble rekruttert gjennom førstegangstjenesten, og 6 måneder ble tilbragt med øvelser i Norge før avreisen. Deretter ble de sendt sørover på troppetransportskip og videre inn i Tyskland med tog.

Min far tjenestegjorde i Brigade 481, det vil si den 1. kontingent det andre året brigaden var stasjonert, i 1948 (48-1). Der var han «spesialist» i kavaleriet, som betydde at han var sjåfør i en oppklaringseskadron, som hadde som oppgave å være fortropp inntil 30 km foran infanteriet når hæren marsjerte inn på fiendtlig område. Ble de engasjert var intensjonen at de skulle holde stillingen når en trefning med fienden fant sted, og gi infanteriet tid til å komme opp, for deretter å dekke infanteriets flanker.

Tyskland var et bekjempet og utarmet land, og Henry fortalte

*Boka, som alle fikk utdelt, som tjenestegjorde i Tysklandsbrigaden. FA.*

*Henry var sjåfør i en oppklaringseskadron i Tysklandsbrigaden. FA.*

*Han kjørte et 4.5 tons GMC C 15 TA pansret personellkjøretøy. W.*

*Lokalbefolkningen i Bad Gandersheim nær Harz tjente penger ved å håndlage kunst for de norske soldatene. FA.*

*Massegravene ved konsentrasjonsleiren Bergen-Belsen. 70 000 fanger døde her, og da britiske styrker frigjorde de gjenværende i april 1945 fant de 13 000 lik, som ennå ikke hadde blitt begravet. Ytterligere 14 000 fanger døde etter at de var befridd, da de var for svake til å overleve. FA.*

*Minnebauta over Tysklandsbrigaden på Akershus festning. W.*

*Tysklandsbrigadens veteranmedalje (tv), har rødt bånd med svarte striper. Forsvarets medalje for internasjonale operasjoner – Intops-medaljen – har signalblått bånd med sølvstripe.*

om folkemengder, som møtte opp på jernbanestasjonene og sloss om brød, som soldatene kastet ut. Tjenesten besto av intense manøvre og øvelser, som ble ansporet av at de norske soldatene levde i en realitetsverden, som var radikalt forandret fra før krigens utbrudd. De visste nå hva som kunne skje, og så med egne øyne resultatene. Henry besøkte blant annet massegravene ved konsentrasjonsleiren Bergen-Belsen, som gjorde et sterkt inntrykk.

Potensielle engasjementer fikk nordmennene imidlertid bare med sovjetiske styrker, siden Harz lå i grensesona til området, som var okkupert av Sovjetunionen. Henry fortalte om nattlige speidertokt, som tok dem inn på sovjetisk territorium uten at de var helt klar over hvor de var, og at de måtte gjøre full retrett, jaget av motoriserte styrker.

Tysklandsbrigaden var den første norske styrken som tjenestegjorde i internasjonale operasjoner, før De Forente Nasjoner - som senere administrerte slike operasjoner - ble opprettet. I 1991, 44 år etter at Tysklandsbrigaden ble utkalt første gang, ble det innstiftet ei medalje for de som deltok: Tysklandsbrigadens veteranmedalje. Forsvarssjefen innstiftet så den 9. oktober 2001 Forsvarets medalje for internasjonale operasjoner – Intops-medaljen. Den ble hovedsaklig gitt til veteraner fra Tysklandsbrigaden, som fremdeles var i live, eller den kunne gis til familien etter veteranens død. Henry var derfor kvalifisert for begge disse medaljene, selvom han gikk bort i 1996.

# KONSULTERT LITTERATUR

Aagard, Kaare. 1995. Sommerfugler – i norsk og nordeuropeisk natur. s.167-177 i: Brox, Karl H. (red). *Natur 1995.* Tapir forlag, Trondheim. 194 pp.

Aasum, Kjell. 2004. *Hilsen fra Glåmdal. 340 gamle postkort.* Romeriksforlaget. 176 pp.

Aid, Matthew M. & Cees Wiebes (red). 2005. *Secrets of Signals. Intelligence during the Cold War and beyond.* Frank Cross & Co., Ltd., New York. 368 pp.

Angaard, Knut m.fl. 1983. *Jakt i Norge.* Chr. Schibsteds forlag, Oslo. 208 pp.

Anonym. 1949. Ungdomslag fyller år. Verdande ungdomslag. *Vardens julenummer*, 5-6.

Anonym. 1949. Olav Massus. *Vardens julenummer*, 6-7.

Anonym. 2014. *70 gauper felt under kvotejakta.*www.rovviltportalen.no.

Anonym. 2014. *Bestandsstatus, gaupe.* www.rovdata.no.

Arnesen, Karl, Erling Heggelund, Jakob Ryen og Einar Wiger. 1983. *Rotna og Rotna Fellesfløtningsforening.* Glåmdal-trykk. 120 pp.

Ausland, Steinar. 2006. *Skogskader på internett. Rød furubarveps i Salberget, Bruberget og ved Namnsjøen 28.8.2006.* Rapport nr. 804 fra Skog og landskap.

Backe, Andrew. 1996. *416 norske motstandsfolk og sivilister henrettet. Kronologisk og alfabetisk liste, også etter henrettelsesår, med ofre fra alle fylker, arrestert under unntakstilstander, og som rene represalier.* Rapport i «Prosjekt Norge under Okkupasjonen». 56 pp.

Bakken, Torbjørn. 1992. *Einar Adolfsen. Finngubbe og værprofet.*Trysil-forlaget INFO-tjenesten. 108 pp.

Bergum, Ivar. 1987. Vandring langs Namnåa. s. 121 – 128 i: Bondekvinnelagene i Grue. *Gammalt frå Grue.* Elverum Trykk. 160 pp.

Bevanger, K. 1995. Beverens gjenerobring av Norge. s. 77 – 90 i: Brox, Karl H. (red). *Natur 1995.* Tapir forlag, Trondheim. 194 pp.

Biddiscombe, Perry. 2013. *The SS Hunter Battalions. The*

*hidden history of the Nazi resistance movement 1944 – 45.* The History Press, Stroud, Gloucestershire. 448 pp.

Bjerke, Håkon. Ukjent år. *Om flyslippene på Mikkelsberget.*Internettside. 1 s.

Blotzheim, Glutz von und Kurt M. Bauer. 1980. *Handbuch der Vögel Mitteleuropas. Band 9.* Akademische Verlagsgesellschaft, Wiesbaden. 1148 s.

Borg, Arve. 1987 Grue-mål. S. 9 - 35 i: Bondekvinnelagene i Grue. *Gammalt frå Grue.* Elverum Trykk. 160 pp.

Braband, Åge og Svein Jakob Saltveit. 1983. *Fiskeribiologiske undersøkelser i Skasenvassdraget, Hedmark.* Rapport fra Laboratorium for ferskvannsøkologi og innlandsfiske. 32 pp.

Brattlie, Oscar. 2003. Tømmerkjøring med hest. *Solørboka 12*, 184.

Bull, Francis. 1945. *Tretten taler på Grini.* Gyldendal Norsk Forlag, Oslo. 159 pp.

Coulanios, Carl-Cedrick. 1998. Annotated catalogue of the Hemiptera - Heteroptera of Norway. *Fauna Norvegica Series B 45 (1-2)*, 11 – 40.

Cramp, S. 1985. *Handbook of the Birds of Europe, the Middle East and North Africa. The Birds of the Western Palearctic. Volume IV, Terns to Woodpeckers.* Royal Society for the Protection of Birds,Oxford University Press. 960 s.

Dahl, Ragnar. 1989. *Kvartærtiden og dens avsetninger i Norge.* Kompendium i emne TB 4100 geoteknikk – geologi ved Institutt for geoteknikk, NTNU. Revidert av Bjørge Brattli Dahl i 1995 og 2005. 17 pp.

Darling, Ian. 2009. A plane for tomorrow, i: *Amazing airmen, Canadian flyers in the Second World War.* The Dundurn Group. 200 pp.

Direktoratet for naturforvaltning. 2002. *Forvaltning av hjortevilt og bever.* Rundskriv av juli 2002, viltloven. 40 pp.

Drimmer, Frederick (ed). 1964. *The Illustrated Encyclopaedia of Animal Life. The Animal Kingdom.* Oldham Books Ltd., LongAcre, London. 127 pp.

Egeland, Alv. 2007. *Etterkommere av Anna og Richard*

*Søgård og Emilie og Haakon Nilsen Nyseter.*
Slektshistoriehefte på internett. 24 sider.

Elgregionen TRÅ, styret. 2012. *Bestandsplan 1. April 2012 – 31. mars 2017 for ELGREGIONEN TRÅ (Trysil-Rendalen-Åmot).* Rapport, 5 pp.

Einarsrud, Josef. 1987. Plankekjøring, også ei onn. s 87 – 91 i:Bondekvinnelagene i Grue. *Gammalt frå Grue.* Elverum Trykk. 160 pp.

Einarsrud, Josef. 1987. Tømmerkjøring på Grue Finnskog. s. 92 – 94 i: Bondekvinnelagene i Grue. *Gammalt frå Grue.* Elverum Trykk.160 pp.

Finnskogen turistforening. 2003. *Over grensa – i Flyktningelosenes fotefar. Flisa* trykkeri A/S, Flisa. 15 pp.

Fossum, Anne Lise. 2005. *Elev på Vinderen skole 1940 – 45 (og fram til 1947).* Manuskript på internett.

Fuglestvedt, Ingrid. 2006. Sandokomplekset – nyoppdagede lokaliteter fra mesolittisk tid på Sandholmen i Askim kommune, i: Glørstad, Skar og Skre (red). Historien til forhistorien. Festskrift til Einar Østmo på 60-årsdagen. *Kulturhistorisk Museums skrifter nr. 4.*

Gammelmo, Øyvind m.fl. 2009. *Naturtypekartlegging i Grue Kommune 2008.* BioFokus-rapport 2009-1. 59 pp.

Gjems, Sven R. 1988. *Villmarksgleder. Med HJFF i 50 år for vilt, fisk og naturvern.* Flisa boktrykkeri, Flisa. 128 pp.

Gjems, Sven R. 1990. *Finnskogene – spenningens grenseland.* Landbruksforlaget. 271 pp.

Gjems, Sven R. 1992. Med kuler støpt ved nymåne. Jakt og Fangst. s. 103 - 116 i: *Livet på Finnskogen.* Heimbygdsforeningen Finnetunet. Flisa boktrykkeri, Flisa. 205 pp.

Gjems, Sven R. 1999. *Toner fra et jegerhorn.* Landbruksforlaget, Oslo. 127 pp.

Gjems, Sven R. 2001. Glimt fra bilens barndom i Solør. *Solørboka 10,* 40 – 45.

Gjems, Sven R. 2002. Generalen på Gruset – en ekte radikaler. *Solørboka 11,* 40 – 43.

Gjems, Sven R. 2008. *Jaktens gleder.* Trysil-forlaget.304 pp.

Gjems, Sven R. 2009. Fra 24 kretsskoler til en storskole.

Solørboka 18, 15 – 26.
Gjems, Sven R. 2009. Hvem drev jakt og fiske før skogfinnene kom hit? *Solørboka 18*, 113 – 116.
Gjerstadberget, Kari. *De gode hjelperne. Glimt fra grenselostrafikken 1940 – 1945*. Kongsvinger festnings museum. 42 pp.
Grue kommune. 1999. *Vilt og viltområder i Grue*. Rapport. 55 pp.
Grøndahl, Andreas. 2014. Krigsminner med mer fra Rustad, fortalt til Asbjørn Kjørstad. *Brandvalitten 29 (3)*, 3 – 6.
Grønoset, Dagfinn. 1985. *Finnskogens folk*. H. Aschehoug & Co., Oslo. 221 pp.
Haagenrud, Hans.1994. *Kjønnsfordeling i elgstammen*. Elgen 1994.www.hjorteviltet.no
Haagenrud, Hans og Trond Hjemsæteren. 2003. *Elgen i Hedmark 2003. En bestandsoversikt*. Rapport nr. 2/2003 fra Miljøvernavdelingen, Fylkesmannen i Hedmark.
Halley, Duncan og Kjetil Bevanger. 2005. *Bever – forvaltning av en jakt-, frilufts- og miljøressurs. En håndbok om moderne metoder for praktisk forvaltning av beverbestander*. NINA Rapport nr. 21/2005. 61 pp.
Haftorn, Svein. 1971. *Norges fugler*. Universitetsforlaget. 860 pp.
Hagen, Yngvar. 1974. Tiuren som ikke var norsk. *STERNA 13(4)*, 211 - 214.
Hardeng, Geir. 1978. *Rovfuglforekomster i Søndre Smaalenene*. Rapport. 71 pp.
Hardeng, Geir. 1988. Vandrefalken i Østfold. Tilbakegang, utryddelse og reetablering. *Østfold Natur 27*, 1 – 38.
Hatch, Alden. 1956. *Remington Arms in American History*. Rinehart & Co., New York and Toronto. 359 pp.
Haug, I. 1996. Bakteriologiske og teknologiske aspekter vedrørende produksjon av tettemelk. Hovedfagsoppgave, Institutt for næringsmiddelfag, Norges Landbrukshøyskole, i: Abrahamsen, Roger, Judith A. Narvhus og Siv Skeie. 2003. *Kartlegging av alternative barrierer for produksjon av melkebaserte produkter av ikke-varmebehandlet melk. En meieriteknologisk utredning*. Statens næringsmiddeltilsyn,

rapport 2-2003. 85 pp.

Haugan, R. og Skaare, P. 2011. Nå ser vi nøkkelbiotopene fra lufta. *Glommen 50 (1)*, 12 – 13.

Haugan, Reidar H. 2012. *Sphagnum wulfianum* er vanligere i Hedmark enn tidligere antatt. *Blyttia 70 (4)*, 243 – 249.

Hauge, Andreas. 1978. *Kampene i Norge 1940*. i: VG Nett-debatt 14.10.2005.

Heimbygdsforeningen Finnetunet. 1992. *Livet på Finnskogen*. Flisa boktrykkeri, Flisa. 205 pp

Henriksen, Kristian (red). 2012. Norges Brevdueforbunds 100 årsjubileum 1912 – 2012. *Norsk tidsskrift for Brevduesport 99 (1)*, 2 – 51.

Holt, Morten. 2000. Los og flyktning møttes etter 56 år. *Glåmdalen/Attåt*, Lørdag 5. Februar, 13 – 16.

Hurlbut, Jesse Lyman. 1921 (e-bok 2010). *The story of Chautauqua.*The Knickerbocker Press, New York. 429 pp.

Hveberg, Harald. 1948. *Grueboka. Bind I.* Flisa Aktietrykkeri, Flisa.

Jakobsen, Oddvar. 2000. *Krigsminner fra Austmarka: 1940 – 1945.* Austmarka historielag. 176 pp.

Johannesen, Heidi Bjørvik. 2008. *Sivil motstand i Sandefjord under krigen.* Manuskript til hovedfagsoppgave, 35 pp.

Isaksen, Kjell. 2007. *Kartlegging av flaggermus i Hedmark.* Rapport 2/2007 fra Fylkesmannen i Hedmark, Miljøvernavdelingen. 103 pp.

Kenward, Robert. 2006. *The Goshawk.* T & A D Poyser, London. 360 s.

Kjelstadli, Ole Peder. 2004. Debatt. Hamar, skøyter og publikum. *Skøytesport 38.*

Klingen, Ingeborg. 2013. Virusoverførende bladlus, et problem i norsk potetproduksjon. *Gartneryrket 5,* 11 – 14.

Korsmo, Ole Roger. *Lager Krill.* 40-45 Haslemoen. Webside.

Larsen, Bjørn Mejdell, Rita Hartvigsen, Karen Anna Økland og Jan Økland. 1998. *Utbredelse av andemusling* Anodonta anatina *og flat dammusling* Pseudanodonta complanata *i Norge. En foreløpig oversikt.* NINA oppdragsmelding 521. 32 pp.

Larsen, Bjørn Mejdell. 2005. *Handlingsplan for elvemusling* Margaritifera margaritifera *i Norge. Innspill til den faglige delen av handlingsplanen.* NINA Rapport 122, 33 pp.

Leles, Daniela et. al. 2012. Are *Ascaris lumbricoides* and *Ascaris suum* a single species? *Parasites and Vectors 5*, 42.

Losnegård, Gaute. 2013. *Noregs Ungdomslag.* Allkunne.no. Nynorsk digitalt oppslagsverk.

Løkken, Håkon. 2013. *Last flight from Mikkelsberget.* Videofilm, 14:51 min. Otterway Photo/Video.

Marcot, Roy. 2005. *The History of Remington Firearms.* The Lyons Press, Guilford Connecticut. 128 pp.

Mellem, Liv Irene Sand, Morten Holt, Stein Vidar Lie og Terje Andresen. 2006. *Grue Idrettslag 100 år, 1906 – 2006.* 139 pp.

Moen, Erik. 1987. Tjura. s.129 – 140 i: Bondekvinnelagene i Grue. *Gammalt frå Grue.* Elverum Trykk. 160 pp.

Myrberget, Svein. 1976. Merking av fasan i Norge. *Sterna 15 (3)*, 174 – 176.

Myrvold, Trygve. 2013. Kurértrafikk i Græsberget. *Brandvalitten 28 (1)*, 6-7.

Myrvold, Trygve. 2013. Retort-anlegg – brukt i trekullproduksjon. *Brandvalitten 28 (1)*, 7-8.

Nesholen, Birger, Asbjørn Sollien og Jan Erik Fosseidengen. 1976. Fuglefaunaen på Rønnåsmyra i Hedmark. *STERNA 15*, 87 – 95.

Noer, Halvor. 2014. *Dyrlege Martin Noer. Hans etterkommere og noen av forfedrene.* Flisa Trykk. 250 pp.

Nordbak, Anne-Mette. 2013. *Miljøstatus Hedmark. Deponering, Smidholen.* 1 pp.

Norges Geografiske Opmaaling. 1889. Rev. 1909. *Topografisk kart over Norge. Blad 20 D. Søndre Solør.*

Norsk Institutt for Vannforskning. 2014. Miljøgifter i ferskvann. *Miljøstatus i Norge.* Miljødirektoratet – www.miljøstatus.no. 3 pp.

Paulsen, Gunder. 1944 (1872). *Minder fra Tiden omkring Aaret 1830 til 1848.* Halvorsens bokhandel, Oslo. Gjenopptrykt av Solørforlaget.

Reitan, Ole. 1995. Kanadagås – en problematisk fugleart eller en ressurs? s. 63 – 75 i: Brox, Karl H (red). *Natur 1995.* Tapir forlag, Trondheim.194 pp.

Richert, J. G. (red). 1931. *De tekniska vetenskaperna av avdelning väg- og vattenbyggnader. Band IV. Vattenbyggnader.* Albert Bonniers forlag, Stockholm.

Risbøl, Ole m. fl. 2001. *Kulturminner og kulturmiljø i Gråfjell, Regionfelt Østlandet, Åmot kommune, Hedmark. Arkeologiske registreringer 2000, fase 2.* Norsk Institutt for Kulturminneforskning publikasjoner 102, 1 – 245.

Rom, Knut. 1968. *Jaktloven av 14. desember 1951 med kommentarer.* 3. utgave. Grøndahl & Søns Forlag, Oslo. 147 pp.

Røsås, Solveig m.fl. 2010. *Namnå skole – minner 1954 – 2009.* Flisa trykkeri, Flisa. 170 pp.

Sandaas, Kjell. 2014. *Utbredelse og bestandsstatus. Elvemusling* Margaritifera margaritifera, *i Hedmark 2014.* Rapport fra Naturfaglige konsulenttjenester, 18 pp.

Schartau, Ann Kristin m. fl. 2006. *Forslag til overvåkningslokaliteter for etablering av referanseverdier for økologiske kvalitetselementer i ferskvann. Fase 3: Elver og innsjøer.* NINA Rapport 153, 31 pp.

Schatvedt, Leif. 2003. Je har lært ein sang ta skogen. Om hesteredskapet geitdoning. *Skytilen 21 (1),* 15 – 17.

Sesseng, Haldor m. fl. 2007. *Beverplan – forvaltningsplan for bever (*Castor fiber*) i Trondheim kommune.* Biologisk mangfold i Trondheim: Vilt. Rapport nr. 2/2007.

Simpson, Paul et. al. 2003. *The rough guide to cult football.* Rough Guide/Haymarket Customer Publishing. 340 pp.

Skaraberget, Kjell. 1992. «....ligesom Fiskeret i Skovens Vanddrage....» Om fiske på Grue Finnskog, s. 63 – 75 i: Heimbygdsforeningen Finnetunet. *Livet på Finnskogen.* Flisa Boktrykkeri A/S.

Skogrand, Per. 2009. *Slektshistorien om Eli og Martinius Sørlie og deres etterkommere.* Eget forlag. 171 pp.

Skogrand, Per. 2010. Nordset på Vestsida.Garden og folket. *Brandvalitten 26(1),* 3 – 8.

Skurdal, Jostein. Udatert. *Noen glimt fra fiskeforskningen gjennom 100 år.* Norsk Institutt for Naturforskning. 29

pp.
Skyrud, Asbjørn. 1987. Skolehistorie og skolemiljø. s. 36 – 53 i: *Gammalt frå Grue.* Bondekvinnelagene i Grue. Elverum Trykk. 160 pp.
Skyrud, Asbjørn. 1987. Var dette de siste som sultet ihjel i Grue? s. 155 i: *Gammalt frå Grue*. Bondekvinnelagene i Grue. Elverum trykk. 160 pp.
Slettemark, S.K. og A. Bergo. 1915. *Planter og dyr.* Aschehoug & Co. (W. Nygaard), Kristiania. 301 pp.
Smedshaug, Chr. Anton og Eigil Reimers. 2002. *Småvilt og rovvilt.* Landbruksforlaget. 125 pp.
Sollien, Asbjørn. 1964-1970. *7 dagbøker.* 381 pp.
Sollien, Asbjørn. 1967-1968. *Fiskejournal.* 10 pp.
Sollien, Asbjørn. 1968-1970. *Jaktjournal.* 8 pp.
Sollien, Asbjørn. 1969-1970. *Fiskejournal.* 10 pp.
Sollien, Asbjørn, Birger Nesholen og Jan Erik Fosseidengen.1976. *Fuglefaunaen i Grue*. Berger Langmoen, Brumunddal/www.amazon.co.uk. 78 pp.
Sollien, Asbjørn, Birger Nesholen og Jan Erik Fosseidengen. 1977a. Nøytralisme mellom perleugle og svartspett. *FAUNA 30*, 195 – 200.
Sollien, Asbjørn, Birger Nesholen og Jan Erik Fosseidengen. 1977b. Fuglefaunaen ved Gardsjøen i Hedmark. *STERNA 16*, 269 – 279.
Sollien, Asbjørn, Birger Nesholen og Jan Erik Fosseidengen. 1977c. Avifaunistiske observasjoner fra Hedmark. *FAUNA 30*, 168 - 175.
Sollien, Asbjørn. 1978a. Vandringer hos norsk hønsehauk. Betraktninger om jakt på hønsehauk sett på bakgrunn av norsk ringmerkingsmateriale. *Vår fuglefauna 1*, 52 – 59.
Sollien, Asbjørn. 1978b. Hamstring hos nøtteskrike og skjære. *Vår fuglefauna 1,* 30.
Sollien, Asbjørn. 1978c. Hamstreplass for spurveugle. *Vår fuglefauna 1*, 125.
Sollien, Asbjørn, Birger Nesholen og Jan Erik Fosseidengen. 1978. Observasjoner ved et reir av tretåspett, *Picoides tridactylus*. *Cinclus 1*, 58 – 64.
Sollien, Asbjørn. 1979. Bestandsutviklingen hos hønsehauk *Accipiter gentilis*, i Norge de siste 100 år. *Vår fuglefauna*

*2*, 96 – 106.
Sollien, Asbjørn, Birger Nesholen og Jan Erik Fosseidengen. 1982a. Litt om forekomsten av vadere på høsttrekk på indre Østlandet. *Vår fuglefauna 5*, 13 – 15.
Sollien, Asbjørn, Birger Nesholen og Jan Erik Fosseidengen. 1982b.Ungeperioden i et reir av tretåspett. *Vår fuglefauna 5*, 169 – 174.
Sollien, Asbjørn, Birger Nesholen og Jan Erik Fosseidengen. 1982c.Trekk fra tretåspettens hekkebiologi. *FAUNA 35*, 212 – 124.
Sollien, Asbjørn, Birger Nesholen and Jan Erik Fosseidengen. 1982d. Horizontal partition of the breeding territory of the Three-toed woodpecker *Picoides tridactylus. Fauna Norvegica Series C, Cinclus 5*, 93 – 94.
Sollien. Asbjørn. 2002a. To viser av Torvald Sollien. *Solørboka 11*, 34 – 37.
Sollien, Asbjørn. 2002b. Skjulte ressurser. *Solørboka 11*, 91 – 95.
Sollien, Asbjørn. 2006a. Helga fra Grue gikk tversover Amerika. *Solørboka 15*, 10 – 20.
Sollien, Asbjørn. 2006b. Trekkspillet til hygge og nytte. *Solørboka 15*, 99 – 102.
Sollien, Asbjørn. 2007a. Trostungen. *Solørboka 16*, 16 – 21.
Sollien, Asbjørn. 2007b. Atletgruppe og fotballcup i Namnå idrettslag. *Solørboka 16*, 71 – 77.
Sollien, Asbjørn. 2007c. Julaften. *Solørboka 16*, 130 – 133.
Sollien, Asbjørn. 2008a. I sporene etter bestefar Sollien. *Solørboka 17*, 7 – 15.
Sollien, Asbjørn. 2008b. Fotball-turnering på Namnå. *Solørboka 17*, 42 – 47.
Sollien, Asbjørn. 2008c. Vidundermiddel fra Kina. *Solørboka 17*, 82 –85.
Sollien, Asbjørn. 2008e. Historia om Gardsjøen naturreservat. *Solørboka 17*, 116 – 122.
Sollien, Asbjørn. 2009. Tretåspettens hemmelige liv i Solør. *Solørboka 18*, 64 – 73.
Sollien, Asbjørn. 2010. Mistenkelige fuglekikkere. *Solørboka 19*, 37 – 42.
Sollien, Asbjørn. 2012. *Finnskog og fugleliv.*

www.blurb.com. 124 pp.

Sollien, Asbjørn. 2013a. Smedslekta Gjevert. *Finnkultur 37 (1)*, 31 – 38.

Sollien, Asbjørn. 2013b. Russisk romfarer besøkte Solør. *Finnkultur 37(3)*, 44 – 49.

Sollien, Asbjørn. 2013c. Skadedyr på Finnskogen i gamle dager. *Finnkultur 37 (4)*, 13 – 23.

Sollien, Asbjørn. 2014a. *Scientific publications 1976 – 1986 – and their stories.*www.amazon.co.uk. 186 pp.

Sollien, Asbjørn. 2014b. Rovfugljakt på Finnskogen i gamle dager. *Finnkultur 38 (1)*, 33 – 43.

Sollien, Asbjørn. 2014c. Bygdeslakting. *Finnkultur 38 (2)*, 38 – 44.

Sollien, Asbjørn. 2014d. Femti år etter tømmerfløtinga. *Finnkultur 38(3)*, 44 – 52.

Sollien, Asbjørn. 2015. Trekkspillmusikk fra Finnskogen. www.amazon.co.uk. 34 s.

Sorknes, Johs. P. 1987. Om setrene og Brusetra. s. 69 – 72 i: Bondekvinnelagene i Grue. *Gammalt frå Grue.* Elverum Trykk. 160 pp.

Steen, Odd Frydenlund. 1995. Vandrefalken vender tilbake. s. 9-31 i: Brox, Karl H. (red). *Natur 1995.* Tapir forlag,Trondheim. 194 pp.

Stolpe, Åsne. 2014. *Rolf Lennart Legrem – Musiker og musikkhandler.* Kongvinger - Vinger historielag webside. 3 s.

Storøy, Karl Ivar. 2012. *Rapport om «Laksegårder i Namsen» til Kunnskapssenter for laks og vannmiljø.* 110 pp.

Sund, Hallvard. 1984. *Hjemmestyrkene i Grue.* Hefte, 6 pp.

Sønsterud, Kjell Erik. 2011. *Elgjakt før i tida.* Terra Buskerud, Historieboka. Webside.

Sørensen, Rolf og Jørn Bøhmer Olsen. 1981. *Finnskogene.* Gyldendal Norsk Forlag. 126 pp.

Sætre, Tore. 1978. Hjemmefrontaktivitet i Grue under okkupasjonen. *Solør-Odal 9*, 178 – 182.

Tanga, Gunnar. Ukjent år. *Masshus og Garborg. To brev frå Arne Garborg.* Ukjent publikasjon. 1 pp.

Trøseid, Hans Marius. 1990. *Grueboka Finnskogen. Gards- og slektshistorie.* Grue Kommune. 771 pp.

Tuer, Bjørn. 2001. Namnaa. *Solørboka 10*, 14 - 21.
Tuer, Bjørn. 2002. *Bureising i Solør.* Solørforlaget. 271 pp.
Tuer, Bjørn. 2005. *Navnsjøboerne.* Solør slektshistorielag. 264 pp.
Tuer, Bjørn. 2008. Feit Mus. *Solørboka 17,* 157 – 158.
Tuer, Bjørn. 2009. Krig mot løvetann – under krigen. *Solørboka 18,* 7 –13.
Ødegaard, Ragnar, Jon Bekken og Asbjørn Sollien. 1986. Lerkefalken i Norge. *FAUNA 39,* 1 – 9.
Øieren, Ole. 2011. Fra Løvenskiolds tid på Øierberget. *Brandvalitten 26(1),* 3-7.
Økland, Bjørn og Gro Wollebæk. 2013. *Granbarkbillen. Registrering av bestandsstørrelsene i 2013. Oppdragsrapport fra Skog og landskap 6/2013.* Norsk institutt for skog og landskap, Ås.
Vanebo fagpresse m.fl. 1990. *Sagaen om Grøset herregård 990 – 1990.* Vanebo fagpresse. 84 pp.
Wiger, Einar.1992. Fra «flispuke» til sagmester. S. 76 - 93 i: *Livet på Finnskogen.* Heimbygdsforeningen Finnetunet. Flisa boktrykkeri, Flisa. 205 pp.
Wilson, R.L. 2000. *The World of Beretta. An International Legend.* Random House, New York. 372 pp.
Wilson, R.L. 2004. *Winchester. An American Legend.* Chartwell Books, Edison, New Jersey. 404 pp.

Printed in Great Britain
by Amazon